NCS 직업기초능력평가

2023

직업기초능력
+
공사주요내용

6회

고시넷 공기업
한국지역난방공사
NCS 기출예상모의고사

동영상 강의 WWW.GOSINET.CO.KR

gosinet
(주)고시넷

정오표 및 학습 질의 안내

고시넷은 오류 없는 책을 만들기 위해 최선을 다합니다. 그러나 편집에서 미처 잡지 못한 실수가 뒤늦게 나오는 경우가 있습니다. 고시넷은 이런 잘못을 바로잡기 위해 정오표를 실시간으로 제공합니다. 감사하는 마음으로 끝까지 책임을 다하겠습니다.

WWW.GOSINET.CO.KR

모바일폰에서 QR코드로 실시간 정오표를 확인할 수 있습니다.

학습 질의 안내

학습과 교재선택 관련 문의를 받습니다. 적절한 교재선택에 관한 조언이나 고시넷 교재 학습 중 의문 사항은 아래 주소로 메일을 주시면 성실히 답변드리겠습니다.

이메일주소

qna@gosinet.co.kr

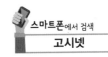

차례

한국지역난방공사 필기시험 정복

- 구성과 활용
- 한국지역난방공사 알아두기
- 모집공고 및 채용 절차
- 한국지역난방공사 기출 유형 분석

파트1 한국지역난방공사 기출예상모의고사

파트2 인성검사

파트3 면접가이드

책 속의 책_정답과 해설

구성과 활용

1

한국지역난방공사 소개 & 채용 절차

한국지역난방공사의 미션, 경영방침, 경영목표, 전략방향, 인재상 등을 수록하였으며 최근 모집공고의 내용 및 채용 절차 등을 쉽고 빠르게 확인할 수 있도록 구성하였습니다.

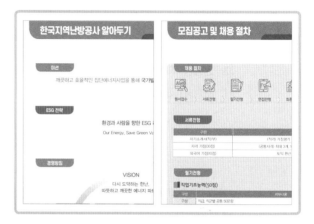

2

한국지역난방공사 기출 유형 분석

최근 기출문제 유형을 분석하여 최신 출제 경향을 한눈에 파악할 수 있도록 하였습니다.

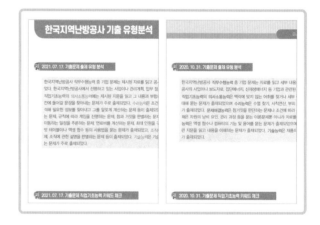

3

기출예상문제로 실전 연습 & 실력 UP!!

총 6회의 기출예상문제로 자신의 실력을 점검하고 완벽한 실전 준비가 가능하도록 하였습니다.

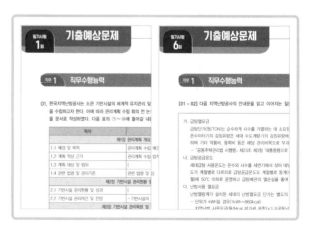

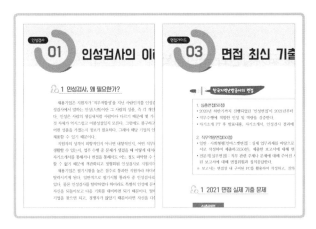

4

인성검사 & 면접으로 마무리까지 OK!!

최근 채용 시험에서 점점 중시되고 있는 인성검사와 면접 질문들을 수록하여 마무리까지 완벽하게 대비할 수 있도록 하였습니다.

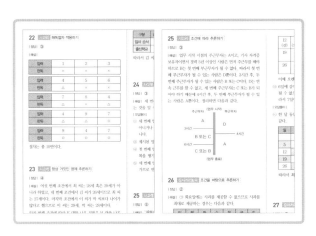

5

상세한 해설과 오답풀이가 수록된 정답과 해설

기출예상문제의 상세한 해설을 수록하였고 오답풀이 및 보충사항들을 수록하여 문제풀이 과정에서의 학습 효과가 극대화될 수 있도록 구성하였습니다.

한국지역난방공사 알아두기

미션

깨끗하고 효율적인 집단에너지사업을 통해 **국가발전과 국민행복**에 기여한다.

ESG 전략

환경과 사람을 향한 ESG 리더

Our Energy, Save Green Value

경영방침

VISION

다시 도약하는 한난,
따뜻하고 깨끗한 에너지 파트너

혁신경영	효율경영	안전경영	투명경영

미래를 대비하는 "혁신경영"	성과를 창출하는 "효율경영"	국민이 신뢰하는 "안전경영"	공정하고 청렴한 "투명경영"

2031년 경영목표

- 부채비율 150%
- 세대수 230만 호
- ESG 평가 "S" 등급
- 조직혁신지수 "S" 등급

전략방향

재무 건전성 확보	사업 경쟁력 강화	대국민 가치 창출	조직역량 제고
재정 건전화	핵심 사업	ESG 경영	업무 혁신
재무 · 경영	미래 사업	친환경	보수 · 인사
리스크 관리	운영 관리	안전 · 상생	청렴 · 공정
비용 최적화	정책 대응	국민소통	조직 · 인재육성

인재상

"미래 에너지를 책임질 수 있는 능력을 갖춘 인재"

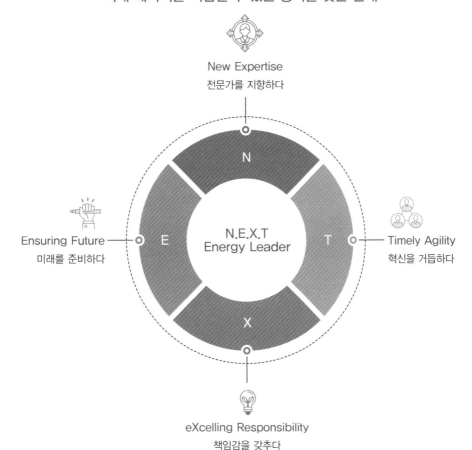

New Expertise
전문가를 지향하다

Ensuring Future
미래를 준비하다

N.E.X.T
Energy Leader

Timely Agility
혁신을 거듭하다

eXcelling Responsibility
책임감을 갖추다

모집공고 및 채용 절차

채용 절차

원서접수 > 서류전형 > 필기전형 > 면접전형 > 최종발표

서류전형

구분	세부내용
자기소개서(적/부)	(적격) 가점평가 대상, (부적격) 불합격 처리
자격 가점(30점)	(공통자격) 최대 3개, 10점 / (직무자격) 최대 2개, 20점
외국어 가점(10점)	토익 환산점수 기준 최대 10점

필기전형

■ 직업기초능력(50점)

구분	세부내용	
구성	직급, 직군별 공통 50문항	
분야	사무직군	6개 영역(의사소통, 직업윤리, 수리 ,문제해결, 정보, 조직이해)
	기술직군	7개 영역(의사소통, 직업윤리, 수리, 문제해결, 정보, 조직이해, 기술)
비고	과락기준 적용(100점 만점 기준 40점 미만, 가점 적용 전 기준)	

■ 직무수행능력(50점)

구분	세부내용	
구성	50문항	
분야	사무직군	선택 직무별 해당 과목
	기술직군	선택 직무별 해당 과목
비고	과락기준 적용(100점 만점 기준 40점 미만, 가점 적용 전 기준)	

※ 전공(30문항)과 기업 문제(10문항)으로 구성됨.

■ 인성검사

구분	세부내용
방식	공사 인재상 및 직무적합도평가를 위해 면접전형 전 정해진 기간 내 온라인 검사 수행
비고	심층면접 시 참고자료로 활용

면접전형

직무역량면접

구분	세부내용
방식	실제 업무과제를 바탕으로 처리방향, 내용 등을 주어진 시간 내에 보고서로 작성하여 제출하고, 제출한 보고서에 대해 면접위원과 질의응답 (답안작성) 면접장 내 구비된 PC를 활용하여 보고서 작성 (질의응답) 면접장에서 화상면접으로 시행
비고	과락기준 적용(100점 만점 미만, 가점 적용 전 기준)

심층면접

구분	세부내용
방식	직무수행에 적합한 인성 및 역량 검증 - 자기소개 PT, 입사지원서 내용 및 인성검사 결과를 바탕으로 면접 진행 - 면접장에서 화상면접으로 시행
비고	과락기준 적용(100점 만점 기준 60점 미만, 가점 적용 전 기준)

합격기준

서류전형

• 공통자격 · 직무자격 및 외국어 가점 평가

필기전형

• 모집분야별 고득점 순으로 합격배수 선발 : 일반 2배수, 사회형평 3배수, 전문직 5배수
• 인성검사 : 적격/부적격 판정, 최저등급 불합격 처리

면접전형

• 면접 고득점 순으로 채용예정인원의 1배수 선발
• 예비합격자 : 채용예정인원의 1배수

한국지역난방공사 기출 유형분석

🖐 2021. 07. 17. 기출문제 출제 유형 분석

한국지역난방공사 직무수행능력 중 기업 문제는 제시된 자료를 읽고 공사와 관련된 내용을 이해하는 문제가 주로 출제되었다. 한국지역난방공사에서 진행하고 있는 사업이나 관리계획, 업무 절차 등과 관련된 소재의 문제가 제시되었다.

직업기초능력의 의사소통능력에는 제시된 지문을 읽고 그 내용과 부합하는 것, 부합하지 않는 것을 찾아내는 문제나 빈 칸에 들어갈 문장을 찾아내는 문제가 주로 출제되었다. 수리능력은 조건을 통해 확률을 계산하는 문제, 제시된 자료를 해석해 필요한 정보를 찾아내고 그를 알맞게 계산하는 문제 등이 출제되었다. 문제해결능력은 조건에 따라 암호를 해독하는 문제, 규칙에 따라 게임을 진행하는 문제, 참과 거짓을 판별하는 문제 등이 출제되었다. 자원관리능력은 최단 거리로 이동하는 일정을 추론하는 문제, 연료비를 계산하는 문제, 최대 인원을 구하는 문제 등이 주로 출제되었다. 정보능력은 피벗 테이블이나 엑셀 함수 등의 사용법을 묻는 문제가 출제되었고, 조직이해능력은 조직도를 보고 적절하게 추론하는 문제, 조직에 관한 설명을 판별하는 문제 등이 출제되었다. 기술능력은 기술에 대한 이해와 기술을 적용하는 방법에 대해 묻는 문제가 주로 출제되었다.

🖐 2021. 07. 17. 기출문제 직업기초능력 키워드 체크

기술능력
디지털 전환, 저탄소 녹색도시, 개인적 위험요인, 벤치마킹

조직이해능력
경영자가 수행하는 직무, 고성과조직, 조직도, SWOT 분석

정보능력
원본 자료와 출력값, 피벗 테이블, 컴퓨터 알고리즘 그래프

자원관리능력
고객의 신뢰도, 온천여행, 공간 내 좌석 배치, 일정에 따른 루트

의사소통능력
쐐기문자 석비, 코이네 언어, 곤충산업, 경로의존성, 베르누이 방정식

수리능력
한중일 3국 간의 무역관계, 콩의 도매가격, 산업분류별 사업체 및 종사자의 수

문제해결능력
암호 해독, 자연수로 만드는 숫자암호, 구슬 뽑기 게임, 신입사원의 나이

2021

5% / 20% / 20% / 20% / 20% / 5% / 10%

2020. 10. 31. 기출문제 출제 유형 분석

한국지역난방공사 **직무수행능력** 중 기업 문제는 자료를 읽고 세부 내용을 이해하는 문제가 출제되었으며, 한국지역난방공사의 사업이나 보도자료, 집단에너지, 신재생에너지 등 기업과 관련된 소재로 제시되었다.
직업기초능력의 **의사소통능력**은 맥락에 맞지 않는 어휘를 찾거나 세부 내용을 이해하는 문제와 지문 중 밑줄 친 부분에 대해 묻는 문제가 출제되었으며 **수리능력**은 수열 찾기, 사칙연산, 부피 계산 등의 문제와 도표의 수치를 분석하는 문제가 출제되었다. **문제해결능력**은 참거짓을 판단하는 문제나 조건에 따라 추론하는 문제가 주로 출제되었으며, **자원관리능력**은 자원의 낭비 요인, 관리 과정 등을 묻는 이론문제뿐 아니라 자료를 보고 금액을 계산하는 문제도 출제되었다. **정보능력**은 엑셀 함수나 컴퓨터의 기능 및 용어를 묻는 문제가 출제되었으며, **조직이해능력**은 조직도에 대해 묻거나 체제 관련 지문을 읽고 내용을 이해하는 문제가 출제되었다. **기술능력**은 제품의 사용 설명서를 이해하고 사례에 적용하는 문제가 출제되었다.

2020. 10. 31. 기출문제 직업기초능력 키워드 체크

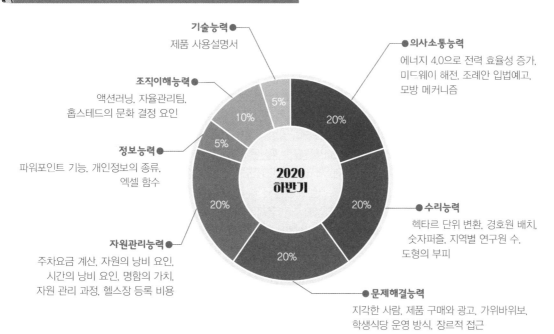

영역별 출제비중

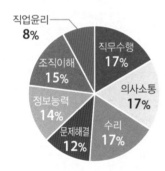

▶ 한국지역난방공사의 전략과제를 이해하는 문제
▶ 공사의 규정에 따라 여비를 처리하는 문제
▶ 지문을 읽고 빈칸에 들어갈 내용을 추론하는 문제
▶ 표나 그래프를 보고 분석하여 계산하는 문제
▶ 해독절차에 따라 암호를 해독하는 문제
▶ 컴퓨터 알고리즘 그래프를 작성하는 문제
▶ 경영목표에 따라 SWOT 분석을 실행하는 문제

직무수행능력에서는 한국지역난방공사의 사업 또는 사내 규정에 대한 지문과 자료를 읽고 이해하는 문제가 다수 출제되었다. 문제해결 모범 사례, 공정거래법, 지역냉난방 열요금 산정 원칙 등이 키워드로 제시되었다.

직업기초능력에서 의사소통능력은 긴 길이의 지문을 읽고 문단을 문맥에 맞도록 나열하는 문제, 내용을 토대로 추론하는 문제가 주로 출제되었다. 그 키워드로는 베르누이 방정식, 경로의존성, 멀미 등이 제시되었다. 수리능력은 자료를 보고 이에 대해 해석하고 분석하여 필요한 계산을 하는 문제가 대부분이었다. 문제해결능력은 일정한 규칙에 따라 암호를 해독하는 문제, 제시된 조건에 따라 참과 거짓을 구분하는 문제 등이 출제되었다. 정보능력은 알고리즘, 피벗 테이블 등 정보와 관련된 기능의 사용에 대한 문제가 주로 출제되었다. 조직이해능력은 조직구조의 특징, 회의록 작성에 대한 문제가 출제되었다. 직업윤리에서는 직업인이 갖추어야 할 자세와 공동체의 윤리덕목, 직장 내 성희롱에 관한 문제가 주로 출제되었다. 기술직의 경우 포함되는 기술능력은 기술에 대한 기본적인 이론에 대해 묻는 문제로 구성되었다.

파트 1 기출예상모의고사

직무 1 직무수행능력　01~10

01. 한국지역난방공사는 소관 기반시설의 체계적 유지관리 및 성능개선을 위해 '기반시설 관리계획'을 수립하고자 한다. 이에 따라 관리계획 수립 회의 전 논의해야 할 항목과 그에 따른 주요 내용을 문서로 작성하였다. 다음 표의 ㉠ ~ ㉤에 들어갈 내용으로 적절하지 않은 것은?

목차	주요내용
제1장 관리계획 개요	
1.1 배경 및 목적	관리계획 수립 배경 및 목적
1.2 계획 작성 근거	관리계획 수립 법적 근거
1.3 계획 대상 및 범위	(㉠)
1.4 관련 법령 및 관리기준	관련 법령 및 상·하위 계획 등
제2장 기반시설 관리현황 및 전망	
2.1 기반시설 관리현황 및 성과	(㉡)
2.2 기반시설 관리여건 및 전망	– 기반시설의 관리여건 현황 및 전망　– 해외사례
제3장 기반시설 관리목표 및 기본방향	
3.1 기반시설 관리목표 및 기본방향	관리목표 및 기본방향 설명 및 사유
제4장 기반시설 관리 실시계획	
4.1 성능평가 및 실태조사 실시계획	향후 3년간 성능평가 및 실태조사 실시계획
4.2 보수·보강 실시계획	향후 3년간 보수·보강 실시계획
4.3 성능개선 실시계획	향후 3년간 성능개선 등 실시계획
제5장 관리재정인력 현황 및 확보방안	
5.1 관리재정 현황 및 전망	– (㉢) – 관리감독기관의 재정여건 및 전망
5.2 관리인력 확보	기반시설 관리를 위한 인력여건 및 확보방안
제6장 기반시설 정보 관리체계 구축	
6.1 정보 수집 방안	(㉣)
6.2 정보 관리체계 구축·보안 방안	(㉤)
6.3 정보 관리체계 활용 계획	정보 관리체계를 활용한 기반시설 관리계획

① ㉠ 대상 시설의 공간적 · 시간적 · 내용적 범위

② ㉡ 기반시설 관리그룹 현황과 성능평가 · 유지관리 · 성능개선 등 현황 및 성과

③ ㉢ 기반시설 유지관리 · 성능개선을 위한 부담금 및 충당금 등 조사 실시

④ ㉣ 정보 관리의 표준화 방안 제시

⑤ ㉤ 정보 관리체계 구축 계획

02. 발주를 담당하는 부서는 용역 발주 업무에 이어 관계법령의 준수, 투명성 확보를 보장하여 의혹을 초래하지 않으며 재산권을 침해하지 않아야 한다. 이에 따라 발주 매뉴얼은 관계 법령을 제공하고 있으며, 모범관행이나 단순 실수 방지를 위한 체크 사항도 포함하고 있다. 용역 발주 과정은 '입찰 이전', '입찰공고', '낙찰 · 평가', '계약이행', '완료 · 사후관리' 단계로 이루어지는데, 이 중 '입찰공고' 단계에서 일어날 수 있는 불공정 관행 및 문제 사례로 적절하지 않은 것은?

① 입찰공고 기간을 짧게 설정하여 사전에 입찰 정보를 확보한 특정 업체나 준비 역량이 충분한 대형 업체에게 유리한 입찰 환경을 조성하는 사례

② 입찰 참가업체에게 제안서 작성에 필요한 시간을 충분히 주지 않음으로써 다수의 업체에게 간접적으로 입찰참가 기회를 제한하는 사례

③ 용역수행실적을 최근 1년 이내의 실적만 인정하여 다수 업체들의 입찰참가 기회를 제한하는 사례

④ 사전규격을 공시하지 않거나 긴급공고를 진행해 사전 협의된 업체들에게만 입찰참가 기회가 주어지는 사례

⑤ 계약내용 변경에 상응하는 계약금 조정을 거치지 않거나 적정대가보다 현저히 낮은 대가를 기준으로 지급하는 사례

03. 한국지역난방공사는 국민이 신뢰할 수 있고 임직원이 안심할 수 있는 안전한 사업장 조성을 위해 안전경영 전략체계를 수립하여 추진하고 있다. '안전, 행복이 함께하는 한난(KDHC)'을 목표로 '혁신적 안전시스템 강화', '안전문화 내재화 및 대국민 신뢰 회복', '안전관련 사회적 책임 이행'의 3대 전략방향을 구축하였으며, 9개의 전략과제(ㄱ ~ ㅈ)를 실행함으로써 안전을 최우선으로 하는 의식 및 시스템 개혁을 도모하고자 한다. 다음 중 전략과제가 바르게 연결된 것은?

안전경영 전략체계

"안전, 행복이 함께하는 한난 KDHC"

안전을 최우선으로 하는 의식 및 시스템 개혁

혁신적 안전시스템 강화	안전문화 내재화 및 대국민 신뢰 회복	안전관련 사회적 책임 이행
ㄱ. _____	ㄹ. 참여형 안전교육 활성화	ㅅ. 협력업체 안전관리 강화
ㄴ. 선진 안전 경영체계 정착	ㅁ. 안전분야 전문인력 양성	ㅇ. _____
ㄷ. 열수송관 안전사고 예방	ㅂ. _____	ㅈ. 유관기관 안전협력 체계확립

	ㄱ	ㅂ	ㅇ
①	재해예방 체계 구축	재해 보상보험 지원 사업 시행	IoT를 활용한 감시 시스템 도입
②	근로자 중심 안전한 작업 환경 구축	대국민 맞춤형 홍보활동을 통한 신뢰 회복	지역사회 안전책임 확대
③	지역사회 안전책임 연계	근로자 중심 안전한 작업 환경 조성	대국민 맞춤형 홍보활동을 통한 신뢰 회복
④	대국민 맞춤형 홍보활동을 통한 신뢰 회복	지역사회 안전책임 확대	근로자 중심 안전한 작업환경 조성
⑤	근로자 중심 안전한 작업 환경 조성	IoT를 활용한 감시 시스템 도입	재해 재난 예방교육 실시

04. 다음 한국지역난방공사의 지역냉난방 열요금 산정 원칙에 대한 설명으로 옳지 않은 것은?

☐ 「지역냉난방 열요금 산정기준 및 상한 지정(산업통상자원부 고시)」에 따른 총괄원가를 보상하는 수준에서 결정

- 공공요금 산정의 기본원칙 준용
  - 총괄원가＝적정원가＋적정투자보수
  - 적정원가＝열 생산·공급에 소요되는 원가
  - 적정투자보수＝열 생산·공급을 위하여 투자된 자산에 대한 적정한 보수

☐ 지역난방 열요금 상한제(산업부 고시 제9조)

사업자가 열요금 신고 시 초과해서는 안 되는 한도로 시장기준요금의 110%에 해당

☐ 적정투자보수 산출 방법

- 적정투자보수＝요금기저×적정투자보수율
- 요금기저＝연평균순가동설비자산＋적정연간운전자금
- 적정투자보수율＝자기자본보수율과 타인자본보수율의 가중평균

요금기저는 요금산정기간의 기초·기말 평균 순가동설비자산액, 기초·기말 평균무형자산액, 운전자금 및 일정분의 건설 중인 자산을 합산한 금액을 기준으로 하되, 지역냉난방 서비스 공급에 직접적으로 공여하지 않은 유휴자산 및 타목적의 자산과 자산재평가차액은 포함하지 아니한다.

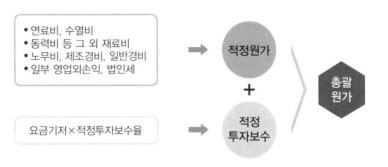

---

① 지역난방 열요금은 시장기준요금을 초과해서는 안 된다.

② 적정원가는 실제 열을 생산하고 공급하는 데에 사용된 자원 비용이 포함되어 있다.

③ 일반 기업의 가격제도와 달리 요금결정원칙이 법률적으로 정해져 있으며 원가 보상이 주요 근거 중 하나이다.

④ 열 생산 설비를 추가로 짓고 있다면 자기자본보수율로서 총괄원가에 이를 반영할 수 있다.

⑤ 적정투자보수는 열의 생산 및 공급에 직접 공여하는 자산에 대한 적정보수를 의미한다.

[05 ~ 07] 다음은 한국지역난방공사에 대한 홍보자료 중 일부이다. 이어지는 질문에 답하시오.

한국지역난방공사(이하 공사)는 기존 집단에너지 사업에 신재생에너지를 융합해 분산형 집단에너지 구축을 진행하고 있다. 분산형 집단에너지는 기존 장거리 송전망과 원자력 발전소 등 기저전원 중심의 에너지 정책이 아닌 신재생에너지, 열병합발전 등 중·소규모 전원이 전략 수요처 인근에 위치하는 방식으로서 송전 손실, 장거리 송전설비 회피 등의 편익이 있다.

분산형 집단에너지를 구현하기 위해서는 신재생에너지, 수소에너지, 저온 미활용열 등의 분산에너지와 안정적으로 에너지를 공급하는 집단에너지를 융합해 에너지 사용 환경에 맞춰 에너지를 전달해 주는 시스템인 '분산형 집단에너지 플랫폼' 개발이 필수적이다.

이미 공사는 2020년 10월 미래개발원 내에 '그린 허브(舊 스마트변온소)' 실증설비를 구축하고 다양한 시스템을 연구하고 있다. 또한 스마트 그리드를 열부문으로 확장한 개념인 '스마트 열그리드'를 개발하고 있다. 이는 디지털 기술을 활용해 열수송관망을 지능화, 고도화해 고품질의 에너지를 제공해 분산에너지 이용 효율을 극대화하는 기술이다. 이 기술은 ▲저온·저압의 열수송을 통한 안전한 열네트워크 시스템 ▲양방향 열공급 기반의 에너지 공유 시스템 ▲열수송 상태 진단 시스템 등으로 구성돼 있다.

뿐만 아니라 공사는 전 사업 분야에서 ㉠디지털 전환(Digital Transformation)을 통해 전통적인 집단에너지 사업 구조를 혁신할 수 있는 운영방식과 서비스를 제공하고자 노력하고 있다. 분산에너지 제원을 하나의 발전소처럼 운영하고 ㉡빅데이터를 분석해 분산에너지 발전량과 재생에너지의 잉여전력을 열로 전환·저장함을 통해 재생에너지의 불확실성을 최소화해 전력계통을 안정화하는 가상발전소(VPP)와 섹터커플링 기술을 개발하고 있다.

최종적으로 공사는 소비자와 ㉢ICT를 기반으로 서로 연결돼 신재생에너지 등 분산전원에서 생산된 미활용 잉여열을 상호 거래하는 (   ) 생태계를 조성할 계획이다. 동시에 ▲데이터센터, 냉동창고, 대형쇼핑몰 등에서 발생된 폐열 ▲하천수, 광역원수 등 미활용열 ▲발전배열, 소각열과 같은 기존 열원 등 도심 내 산재된 다양한 열에너지를 활용하기 위해 국가열지도를 기반으로 하는 열에너지 거래 ㉣플랫폼(Platform)도 구축하고자 한다.

마지막으로 ㉤IoT 지열센터, 드론 등 4차 산업혁명 기술을 기반으로 스마트 수송·분배 시스템을 구축하여 시설노후화 문제 등 수송·분배 과정에서 발생하는 효율 저하 문제를 해결해 열손실을 감축하고 온실가스 유발을 최소화하고자 한다.

05. 다음 중 윗글의 빈칸에 들어갈 용어로 옳은 것은?

① 체리피커   ② 스마트 컨슈머   ③ 스윙 프로듀서

④ 에너지 컨슈머   ⑤ 에너지 프로슈머

06. 윗글의 ㉠~㉤ 중 다음에서 설명하고 있는 것에 해당하는 용어는?

- 비즈니스에서 여러 사용자 또는 조직 간에 관계를 형성하고 비즈니스적인 거래를 형성할 수 있는 정보 시스템 환경이다. 자신의 시스템을 개방하여 개인, 기업 할 것 없이 모두가 참여하여 원하는 일을 자유롭게 할 수 있도록 환경을 구축하여 참여자들 모두에게 새로운 가치의 혜택을 제공해 줄 수 있는 시스템을 의미하기도 한다.
- 컴퓨터 시스템의 기반이 되는 소프트웨어가 구동 가능한 하드웨어 구조 또는 소프트웨어 프레임워크의 일종이다. 구조(Architecture), 운영 체제(Operating System), 프로그래밍 언어 그리고 관련 런타임 라이브러리 또는 그래픽 사용자 인터페이스(GUI ; Graphic User Interface) 등을 포함한다.

① ㉠   ② ㉡   ③ ㉢

④ ㉣   ⑤ ㉤

07. 윗글의 ㉠~㉤ 중 다음에서 설명하고 있는 것에 해당하는 용어는?

- 디지털 기술을 사회 전반에 적용하여 전통적인 사회 구조를 혁신시키는 것을 의미하는 용어로 클라우드 컴퓨팅, 인공지능, 사물인터넷 등을 활용하여 기존의 전통적인 운영 방식과 서비스를 혁신하는 것을 의미한다.
- 아날로그 형태를 디지털 형태로 변환하는 '전산화(Digitization)' 단계와 산업에 정보통신기술을 이용하는 '디지털화(Digitalization)' 단계를 거쳐야 한다.
- 성공적인 사례로 모바일앱으로 매장 주문과 결제를 할 수 있는 A 카페의 '사이렌오더 서비스'가 있다.

① ㉠   ② ㉡   ③ ㉢

④ ㉣   ⑤ ㉤

08. 다음 자료에 따라 관련 계획을 수립 및 추진하고자 할 때, ㉠ ~ ㉤ 각 항목에 따른 세부계획으로 적절하지 않은 것은?

〈제5차 집단에너지 공급 기본계획〉

▶ 열분야 에너지 전환 추진 및 집단에너지 활용 확대

㉠ 저온 열 공급망 기반 마련 : 기술개발·실증을 통해 기술기준을 마련하여 4세대 지역난방시스템 활용기반 구축

㉡ 열거래 개선 : 고효율 열원 활용 제고를 위해 집단에너지 열수송관을 통한 열거래 제도 기반 구축

㉢ 미활용열 활용 지원 : 국가열지도를 활용한 집단에너지 미활용열 활용 사업모델 발굴, 연계시범사업 추진

㉣ 집단에너지 열통계체계 개선 : 열병합 발전 및 열수요(냉난방, 산업 등) 통계를 통합하여 집단에너지 열통계 개선

㉤ 재생열 공급 확대 : 4세대 지역난방시스템 활용기반 구축 등 열분야 에너지 전환 추진 시 재생열에너지(지열, 태양열, 수열) 활용 확대 방안 검토

---

① ㉠ 스마트시티의 열공급 및 거래 실증결과를 활용하여 저온 열 시장 규제·제도 검토

② ㉡ 열생산자·사업자, 사업자 간 열거래 가이드라인 마련 및 열중개사업 기반 마련

③ ㉢ 산업단지의 미활용열을 열배관망을 활용하여 스마트팜과 같은 인근 수요처에 공급

④ ㉣ 집단에너지 관련 타 공단과 기준 협의 후 열통계체계 통합·개선안 마련

⑤ ㉤ 노후된 열수송관 교체로 난방효율 향상 및 난방수 수질불량 문제 해결

09. 경영관리처 동반성장부에서 근무하는 김○○ 씨는 계약체결 과정 중 발생할 수 있는 공정거래법 위반 방지를 위한 교육 자료로 '공정거래법 위반 방지를 위한 실무 활용 체크리스트'를 작성하여 전 직원들에게 배포하고자 한다. 다음 체크리스트의 ㉠∼㉙ 중 체크항목으로 적절하지 않은 것을 모두 고르면?

체크항목	✓
▶ 다음과 같은 조건으로 거래상대방의 이익을 부당하게 제한하는 특약 또는 조건을 설정하지는 않았는가? ㉠ 거래당사자 간 계약서상의 문구해석에 이견이 있을 경우 공공사업자의 해석에 따르도록 하는 조건 ㉡ 계약체결 후 공공사업자가 계약물량, 금액, 납기 또는 계약조건을 일방적으로 변경하거나 공사 등을 중지하더라도 거래상대방은 이에 응해야 하며, 이의신청이나 손해배상청구를 하지 못하게 하는 조건 ㉢ 사후정산조건부로 계약을 체결하면서 정산 시 계약금액의 증액을 인정하도록 하는 조건 ㉣ 계약과 관련하여 사후 감사원, 자체 감사 등 일체의 감사에 의한 판정으로 변상 또는 재시공이 요구될 경우 귀책사유를 감안하지 아니하고 거래상대방이 일방적으로 책임지도록 하는 조건	☐
▶ 설계변경에 따른 계약금액 조정이 이루어졌는가? ㉤ 시설공사에 대한 설계변경을 하면서 예산상의 이유로 계약금은 변경하지 아니하는 행위 ㉥ 정당한 이유 없이 대금지급을 지연시킬 목적으로 물품이나 시설의 검사나 인수를 지연시키는 행위 ㉦ 공공사업자의 사정으로 선시공을 지시하고 이후 설계변경을 하면서 기성대가 지급 시 설계변경이 되지 않았음을 이유로 대가지급을 하지 않다가 사후에 설계변경을 한 후 지급하면서 지연이자를 지급하지 아니하는 행위	☐

① ㉠, ㉢   ② ㉡, ㉢   ③ ㉢, ㉤

④ ㉢, ㉥   ⑤ ㉠, ㉡, ㉦

10. 다음은 한국지역난방공사의 문제해결 모범 사례이다. ㉠에 들어갈 내용으로 옳지 않은 것은?

---

1. 사례 : 적극업무 추진을 통한 미납 부담금 납부처리
2. 부서 : ○○부
3. 내용
   1) 추진배경
      ○ 주택 · 산업단지 기타 이와 비슷한 단지를 조성하기 위해 외부의 기존공급설비로부터 단지경계지점까지 신설하는 일반 공급설비의 설치비용을 간선시설부담금이라고 한다.
      ○ 이번에 새롭게 설치한 시설의 시설부담금은 전기 공급 약관 시행세칙 제67조에 따라 우리 공사와 택지개발사업자인 A 공사가 각각 50%씩 부담해야 한다.
      ○ 우리 공사는 해당 단지 구역 전기사용자에게 원활한 영업활동을 할 수 있도록 전기를 공급해 왔다. 그러나 택지개발사업자 A 공사는 인근 단지와의 금액 차이, 제3자 검증필요 등의 사유로 부담금을 납부하지 않았으며, 해당 업무 실무자 변경 등을 사유로 협의나 회의 참여 요청에도 매우 소극적인 태도를 보이면서 내용 검토 절차조차 지연 · 회피하고 있다.
   2) 추진내용
      (㉠   )
   3) 기대효과
      ○ 강제적인 집행절차를 피해 당 기관 간의 원만한 협의를 이끌어 내 A 공사의 부담금 납부라는 결과를 도출한다.
      ○ 행정적 낭비 방지와 우리 공사의 수익 제고에 기여한다.

---

① 수차례 A 공사에 방문해 해당 업무 실무자와 협의한다.

② 법적 소송과 같은 강력한 집행절차를 실시한다.

③ A 공사에 부담금 납부 관련 공문을 송부한다.

④ 문자나 메일, 전화 등 다양한 수단을 통해 지속적으로 협의를 실시한다.

⑤ A 공사의 해당 업무 직전 담당자와 함께 3자 대면을 실시한다.

01. 다음 글의 빈칸 ㉠에 들어갈 내용으로 적절한 것은?

> 곤충산업은 곤충강에 속한 동물을 기르고 판매하는 산업으로, 곤충을 사육하거나 곤충의 산물 또는 부산물의 생산·가공·유통·판매 등 곤충 관련 재화 또는 용역을 제공하는 업을 일컫는다. 곤충산업은 미래 성장 동력산업이라고 입을 모으고 있다. 우리나라의 경우 곤충산업 육성을 위해 제정된 「곤충산업법」 시행을 기점으로 곤충 사육농가 수가 크게 증가하고 있다.
>
> 현재 시장은 천적, 화분매개, 환경정화, 식용 및 약용, 사료용 목적으로 곤충을 유통하거나 판매하는 경우가 대다수를 차지하고 있다. 그러나 애완곤충 부문에서는 성장세가 지지부진한 상태이다. 우리나라 소비자 일반의 선호를 분석하면 장수풍뎅이류의 인기가 높은 편인 데 반해 시장에서는 이러한 종에 대한 주목도가 낮고 애완곤충 사육 및 관리를 위한 선진기술 도입이 더뎌 산업화 수준이 떨어지기 때문이다.
>
> 마니아적 성향이 강한 일부 애완곤충 애호가들의 행태도 곤충 사육농가들이 애완곤충 분야로의 사업확장을 꺼리게 만드는 요인이다. 애완곤충 시장의 저변 확대를 위해서는 진입장벽을 낮춰야 하는데 그러기 위해선 너무 예민하거나 독성과 같은 위험성을 가진 종을 제외한 돌보기 쉽고 얌전한 종을 선정해 애완곤충으로 개발, 보급하는 것이 적절하다. 그러나 일부 애완곤충 애호가들은 애완곤충 시장의 저변 확대에 필요한 지지를 보여 주지 않는다.
>
> 때문에 곤충산업 관계자들은 (㉠   ) 이 방식은 해당 종의 산업적 활용도 제고와 애완곤충 시장의 저변 확대에 기여할 것으로 기대된다.
>
> ※ 애완곤충 : 곁에 두고 기르며 이로부터 즐거움과 정서적 안정을 얻고 자연에 대한 이해를 돕는 곤충을 일컫는다.

① 「곤충산업법」의 시행이 시장을 왜곡하여 특정 이해당사자들이 시장을 선점하고 신규 시장진입을 제한하고 있으므로 정부개입을 중단해야 한다고 주장하고 있다.

② 애완곤충 구매 시 보조금을 지급함으로써 국민 전반의 애완곤충 인식을 개선하는 동시에 애완곤충 사육농가를 간접적으로 지원해 신기술 도입을 촉진해야 한다고 주장하고 있다.

③ 정부에서 애완곤충 애호가의 행태를 개선하기 위한 교육과정을 개발하고 이에 대한 교과이수를 의무화함으로써 마니아 위주의 시장을 개혁해야 한다고 주장하고 있다.

④ 애완곤충으로서의 가능성이 높은 종 가운데 다른 목적으로 활용이 가능하여 소비자와 시장에서 가치가 높은 종을 선발해 정책적으로 지원해야 한다고 주장하고 있다.

⑤ 애완곤충 수입조건을 완화해 개인 자격으로 다양한 곤충들을 국내에 수입할 수 있도록 했듯이 이렇게 경험을 쌓은 개인들이 애완곤충 산업에 유입되도록 해야 한다고 주장하고 있다.

[02 ~ 03] 다음 글을 참고하여 이어지는 질문에 답하시오.

(가) 국내의 경우 구소련의 붕괴와 중공의 개방이 이루어질 때까지 고려말은 문헌으로만 접할 수 있는 존재로서 단편적인 연구만 이루어졌다. 그러다 20세기 말 국어학자들이 실제로 고려말을 접하게 되자 폭발적인 관심을 받게 되었다. 특히, 고려말은 근대국어의 초기 특성을 반영할 뿐 아니라 우회적으로나마 북한 지역의 방언을 연구할 수 있는 자료로서 방언사, 국어사, 국어 방언학 연구의 자료로 활용되었다.

(나) 고려말이 언어학적 자료로서 갖는 가치는 놀랍도록 다채롭다. 우선, 고려말은 이주로 인해 모국어로부터 격리된 상태에서 함경도 지역 방언이 뒤섞이며 독자적으로 발전된 코이네 언어의 사례에 해당한다. 뿐만 아니라 고려말은 비교언어학적 측면에서도 높은 가치를 가지고 있는데 구스타프 욘 랑스테트가 한국어의 역사를 재정립하고 알타이어족 가설을 수립하는 데에도 고려말을 근거로 했다.

(다) 고려인은 과거 소련 지역에 거주하는 한민족이나 그들의 자손을 일컫는 민족 명칭이다. 한민족의 중앙아시아 이주는 19세기 중반부터 시작되었는데, 대다수 고려인들의 고향은 함경도 지역이었다. 이렇게 형성된 고려인 커뮤니티의 사회문화에 대한 연구는 20세기 초까지는 잘 이루어지지 않았다. 그러나 20세기 중엽부터 언어학을 중심으로 중앙아시아지역 한민족 문화에 대한 연구들이 활발히 이루어지기 시작했다.

(라) 이러한 관심에도 불구하고 오늘날 고려말은 사멸할 위기에 놓여 있다. 지리적 요건으로 인해 냉전기를 거치며 고려인 커뮤니티는 세가 약화되었으며, 당시 소련의 공용어인 러시아어의 영향으로 순수한 고려말 구사자는 세대를 거듭하며 점차 줄어갔다. 게다가 냉전 종식 이후에는 우리나라와 중앙아시아 지역의 교류가 늘어남에 따라 고려인 젊은이들이 고려말 대신 표준어를 사용하게 되었다. 오늘날 고려말은 극소수의 고령층만이 구사하는 방언으로 소멸의 길을 밟고 있다.

02. 윗글을 문맥에 맞게 순서대로 나열한 것은?

① (가)-(다)-(나)-(라) ② (나)-(다)-(가)-(라)
③ (나)-(다)-(라)-(가) ④ (다)-(나)-(가)-(라)
⑤ (다)-(나)-(라)-(가)

03. 윗글을 읽고 이해한 내용으로 적절하지 않은 것은?

① 오늘날 대다수의 고려인은 고려말을 사용하지 않는다.
② 고려말은 모국어와 함경도 지역 방언이 뒤섞이며 독자적으로 발전된 언어이다.
③ 냉전기에도 고려말에 대한 연구가 제한적으로나마 이루어졌다.
④ 고려말의 특성과 오늘날 사용하는 표준어의 특성에는 차이가 존재한다.
⑤ 공산권의 붕괴 이전에도 국내에서 고려말에 대한 문헌 자료를 접할 수 있었다.

[04 ~ 05] 다음 글을 참고하여 이어지는 질문에 답하시오.

무거운 쇳덩어리인 항공기가 하늘에 뜨는 이유는 무엇일까? 아무리 생각해 봐도 공기보다 무거운 이 물체가 유유히 하늘을 떠다니는 것은 굉장히 경이로운 일이 아닐 수 없다. 항공기에 작용하는 힘에는 양력, 항력, 추력, 중력 네 가지가 있는데 이 중 양력은 항공기를 공기 중에 떠 있을 수 있게 하는 힘이다. 양력은 어떻게 발생하는 걸까? 오랜 기간 동안 양력의 발생에 대한 이론들은 뜨거운 논쟁의 주제가 되어 왔다. 이 논쟁은 보통 베르누이 지지자와 뉴턴 지지자들 사이에서 이루어졌다. 베르누이 지지자들은 '양력은 날개를 가로지르는 압력의 차이에 의해 발생한다.'라고 주장했으며, 뉴턴 지지자들은 '양력은 비껴가는 기체의 흐름에 의해 발생한 반작용에 따른 힘이다.'라고 주장했다. 진실은 무엇일까?

기체가 물체 위를 지나 흐를 때 혹은 기체를 통하여 어떤 물체가 움직일 때, 기체 분자들은 그 물체에 대하여 움직임이 자유롭고 고체 상태와는 달리 서로 가깝게 묶여 있지 않다. 기체 분자들의 움직임 때문에 기체는 속도와 연관 지어 생각해 볼 수 있다. 기체의 속도는 물체 주변의 위치마다 다른 값을 가질 수 있다. 베르누이 방정식에서 기체의 압력은 표면의 상대적인 속도와 관련이 있으므로 물체 주변의 속도가 변하면 압력 또한 변화한다고 말한다. 따라서 각 지점에서의 압력 변화량에 표면적을 곱한 후 더하면 물체에 가해지는 공기역학적 힘을 결정할 수 있다. 이때 양력은 물체의 표면에서 기체의 원래 흐름에 대하여 수직 방향으로 발생하는 공기역학적 힘이다. 간단히 말해 윗면과 아랫면의 압력차라고 할 수 있다. 이제 압력 변화 대신 물체 주변의 속도 변화 또한 공기역학적 힘을 결정할 수 있음에 초점을 맞춰 보자. 속도는 방향과 크기를 갖는 벡터이다. 따라서 비행기 날개를 따라 흐르는 기체의 속도 변화는 기체 흐름을 꺾이게 만든다. 이때 뉴턴의 제3법칙에 따라, 흐르는 유체의 운동 방향 변화는 반작용을 낳게 되고, 이를 통해 물체에 공기역학적 힘을 이끌어 낸다는 것을 알 수 있다. 따라서 물체에 대한 공기역학적 힘은 압력과 반작용 각각의 영향을 통합하여 생각해야 한다.

그러나 사람들은 베르누이와 뉴턴의 방정식들을 잘못 인용하거나 양력의 발생을 너무 단순화시켜 서술했고 이 때문에 논쟁이 발생하게 되었다. 양력에 관한 잘못된 이론 중 가장 유명한 것은 베르누이 방정식을 잘못 적용시킨 것이다. 이 이론은 '동시 통과 이론' 또는 '긴 경로 이론'이라고 알려져 있다. 이 이론은 날개의 앞부분에서 위아래로 나뉜 공기의 흐름은 날개 뒤쪽 끝에서 같은 시간 경과 후 다시 합류해야 한다고 주장한다. 항공기의 날개는 아래쪽 표면보다 위쪽 표면이 더 길게 디자인되어 있기 때문에 위쪽 표면의 기체 분자들이 아랫면의 분자들보다 빠르게 이동할 것이고 이때 베르누이 법칙에 따라 날개 아랫면의 압력이 윗면보다 높아지므로 항공기를 떠올리는 양력이 발생한다는 것이다. 그러나 이 이론의 오류는 날개 윗면의 속도를 설명할 때 나타난다. 실제로 날개 위쪽 면을 지나는 공기의 속도는 동시 통과 이론에서 적용하는 속도보다 더 빠르다. 따라서 (⑦) 만약 우리가 올바른 속도를 알고 있다면 베르누이 방정식을 통해 압력을 구하고 그에 따른 힘을 구할 수 있을 것이다. 그러나 동시 통과 이론에서의 날개 위쪽 면 공기분자의 속도는 실제와 다르며 이 이론은 잘못되었다. 또 다른 잘못된 이론으로 뉴턴의 제3법칙을 날개 아랫면에 적용시킨 이론이 있다. 이 이론은 수면 위 물수제비가 튀어 오르는 현상을 양력과 동일시한다. 이때 기체 흐름의 변화가 아랫면뿐 아니라 윗면 모두에 영향을 미친다는 실제 물리적 현상을 무시한다는 점에서 잘못된 이론이다.

양력이 발생하는 실제 원인은 복잡 미묘하여 단순화하기 쉽지 않다. 기체의 흐름에 대한 질량, 운동량, 에너지는 동시에 모두 보존되어야 한다. 뉴턴의 운동 법칙은 운동량 보존에 관한 설명이고 베르누이 방정식은 에너지 보존으로부터 이끌어 낸 방정식이므로 두 식 모두 양력의 발생에 관해 설명할 수 있는 식이다. 즉, 양측 모두를 고려할 때 양력을 보다 정확히 설명할 수 있다.

04. 윗글을 읽고 추론한 내용으로 적절하지 않은 것은?

① 베르누이 방정식을 통해 기체의 속도와 압력의 관계를 알 수 있다.

② 동시 통과 이론에 따라 예측한 양력은 실제보다 더 작게 발생한다.

③ 베르누이 방정식의 활용 없이 양력을 완전히 이해할 수 있다.

④ 속도의 변화는 크기뿐 아니라 방향의 변화로도 나타날 수 있다.

⑤ 뉴턴의 제3법칙을 날개 아랫면에만 적용한 이론은 날개 윗면의 기체 흐름을 고려하지 못한 것이다.

05. 윗글의 빈칸 ㉠에 들어갈 말로 적절한 것은?

① 베르누이 방정식을 양력에 적용하는 것은 부적절하다.

② 날개 아래쪽 표면이 받는 압력이 위쪽 표면이 받는 압력보다 더 작아지게 된다.

③ 날개 끝에서 윗면과 아랫면의 공기가 동시에 만나야 한다는 설정부터가 잘못된 것이다.

④ 날개를 따라 이동하는 기체의 속도 변화는 크기보다 방향의 변화가 더 크다고 할 수 있다.

⑤ 날개 위쪽 면에 흐르는 기체의 속도가 더 빠르기 때문에 아랫면 쪽으로 양력이 발생한다.

[06 ~ 07] 다음 글을 참고하여 이어지는 질문에 답하시오.

일상생활에서 여러 번 되풀이함으로써 저절로 익히고 굳어져서 고치기 어렵게 된 것을 우리는 습관이라고 한다. 경로의존성은 습관의 넓은 의미의 표현이라고 생각하면 쉽게 이해할 수 있다.

경로의존성이란 구시대적인 제도나 표준 따위가 존속하는 현상을 기술하기 위하여 다양한 학제에서 광범위하게 사용되는 개념으로, 일반적으로는 시간순서에 따라 인과관계가 성립되거나 초기 선택에 따른 이후 선택 범위의 제한을 뜻한다. 달리 말하자면 '과거가 미래를 결정한다'라는 문장이 의미하는 바를 한 단어로 나타낸 것이 '경로의존성'이라 할 수 있다.

경로의존성으로 인해 최선이 선택받지 못하는 상황은 다음과 같다. 첫 번째, 제도나 표준 등과 같은 체계를 결정한 최초의 선택과 그 결과가 독립적이고 단일한 사건으로 나타나지 않는 경우다. 이러한 선택의 결과는 다양한 제도적 장치와 연계되므로 시간이 지남에 따라 자기강화적 특성을 가져 최초의 선택이 갖는 영향력은 시간에 따라 더욱 공고해진다. 두 번째, 구체계의 낙후성으로 인한 현 시점에서의 불이익은 구체계의 익숙함이 주는 주관적 효용으로 보상될 수 있는 경우다. 즉, 집단 내 구체계에 익숙한 사람들이 많을수록 구체계를 이용하는 것이 신체계를 익히는 것보다 좋다고 인식되므로 신체계로의 변화 필요성은 낮게 평가되기 쉽다. 세 번째, 구체계는 새로운 체계보다 검증되어 있으므로 더 높은 안정성을 지니고 있을 뿐 아니라 신체계 도입 과정에서 발생하는 기회비용을 고려하지 않을 수 없다고 인식하는 경우다. 게다가 어떠한 체계가 오래 지속될수록 해당 체계에 대한 의존도가 높은 집단은 이러한 변화에 적극적으로 반발하게 될 것이다.

06. 윗글의 제목으로 적절한 것은?

① 경로의존성의 예시

② 경로의존성의 정의

③ 경로의존성의 원인

④ 경로의존성의 극복방안

⑤ 경로의존성의 경제학적 설명

07. 다음 중 경로의존성의 예시로 적절하지 않은 것은?

① 미국은 미터법의 합리성과 단위 표준화의 당위성을 인정했으나 현행 미국식 단위계에 대한 대중의 익숙성과 기반 인프라의 우세성으로 미터법 도입을 하지 못하고 있다.

② 온도의 국제단위인 켈빈(K)은 물의 삼중점에 의존하여 기본 단위를 정의했으나 2019년 5월 20일부터는 특정 물질이 아닌 자연법칙에 따라 변하지 않는 상수로 정의하고 있다.

③ 우리나라는 2014년 1월 1일부터 법정주소로 도로명주소를 사용하고 있으나 아직도 많은 사람들이 지번주소를 이용하고 있으며 부동산 관련 문서에도 지번주소가 사용되고 있다.

④ 드보락 자판은 영어 실정에 맞게 자판을 배열해 빠르고 편안한 문서 작성을 가능케 했으나 시장을 선점하여 각종 단축키와 기능입력의 기준이 된 QWERTY 배열을 넘어서지 못했다.

⑤ ○○국은 인접국에 비해 이른 시기에 철도를 도입해 우수한 철도 시스템을 구축하였으나 당시에 설치한 궤도의 간격이 좁아 현대 철도의 대형화, 고속화 측면에서 뒤처지게 되었다.

[08 ~ 09] 다음 (가) ~ (마)를 문맥에 따라 바르게 나열한 것을 고르시오.

08.

> (가) 이 석비의 정체는 동해보복의 원칙 혹은 눈에는 눈, 이에는 이 원칙으로 널리 알려진 함무라비 법전이었다.
>
> (나) 석비는 높이 2.25m의 검은 현무암 돌기둥으로 윗부분은 부조가 새겨져 있고 아랫부분은 쐐기문자가 새겨져 있었다.
>
> (다) 1901년 이란에서 유적을 발굴하던 프랑스 탐험대는 3조각으로 부서진 석비를 발견해 이를 루브르 박물관으로 옮겼다.
>
> (라) 아시리아어학자 Jean-Vincent Scheil은 쐐기문자의 내용을 해석하고 각종 문헌자료를 토대로 사라진 원문을 복원해 1902년에 이 석비의 내용을 해석하는 데 성공했다.
>
> (마) 쐐기문자로 기록된 내용 중 일부는 손상된 상태였는데 과거에 이 석비를 전리품으로 챙겼을 엘람왕국인들이 자신들의 전공을 새기기 위함으로 추정되었다.

① (나)-(마)-(라)-(가)-(다)   ② (나)-(마)-(라)-(다)-(가)

③ (다)-(나)-(마)-(라)-(가)   ④ (다)-(라)-(나)-(마)-(가)

⑤ (라)-(마)-(다)-(가)-(나)

09.

> (가) 물론 3D 영상 멀미나 영화관 멀미처럼 몸은 가만히 있어도 시야가 움직일 때 멀미가 나타나기도 한다.
>
> (나) 멀미란 교통수단 이용 등과 같이 몸이 흔들릴 때 어지러움, 메스꺼움, 구토, 두통 등의 증상을 경험하는 것이다.
>
> (다) 따라서 대뇌가 이러한 괴리에 적응하거나 이러한 괴리의 예상이 가능한 경우 멀미 증상이 완화될 수 있다.
>
> (라) 이러한 현상의 원인은 평상시 경험할 수 없는 시각 자극과 평형감각의 괴리가 발생함에 따라 뇌가 혼선을 일으키기 때문이다.
>
> (마) 배를 자주 타다 보면 멀미를 하지 않는다거나 운전자는 멀미를 잘 하지 않는다는 것도 이러한 신경생리학적 기저를 반영하고 있다.

① (나)-(가)-(라)-(다)-(마)   ② (나)-(라)-(가)-(다)-(마)

③ (라)-(나)-(다)-(가)-(마)   ④ (마)-(가)-(라)-(다)-(나)

⑤ (마)-(다)-(가)-(라)-(나)

10. 다음은 P 회사 A ~ E 부서의 매출 내역에 관한 자료이다. 이에 대한 설명으로 옳은 것은?

〈P 회사 A ~ E 부서의 매출 내역〉

(단위 : 천 원)

구분	20X1년		
	1월	2월	3월
A 부서	67,922	64,951	65,516
B 부서	69,866	71,888	71,748
C 부서	71,882	70,217	68,501
D 부서	66,748	67,958	66,117
E 부서	67,429	68,657	71,967
매출합계	343,847	343,671	343,849

① D 부서가 매출합계에서 차지하는 비중은 매월 증가한다.

② C 부서와 D 부서의 매출 격차는 매월 줄어들고 있다.

③ 1월과 3월의 매출 차이가 가장 큰 부서는 E 부서이다.

④ 매출합계가 가장 높은 달은 1월이고 가장 낮은 달은 2월이다.

⑤ 1 ~ 3월의 부서별 매출합계가 가장 높은 부서는 C 부서이다.

11. 다음은 A, B, C의 도매가격에 관한 자료이다. 이에 대한 설명으로 옳은 것은?

〈A ~ C의 도매가격〉

(단위 : 원)

구분	1월 2일	1월 3일	1월 4일	1월 5일	1월 6일	1월 7일
A(20kg)	56,600	57,300	55,000	58,600	62,000	60,000
B(35kg)	207,000	213,000	206,000	225,000	228,000	220,000
C(40kg)	416,000	442,000	436,000	442,000	460,000	500,000

① A의 도매가격이 가장 낮은 날과 B의 도매가격이 가장 낮은 날은 같다.

② B의 도매가격이 가장 높은 날과 C의 도매가격이 가장 높은 날은 같다.

③ A 20kg의 평균 도매가격은 58,250원이고, C 40kg의 평균 도매가격은 약 448,333원이다.

④ B의 도매가격은 1kg당 5,900 ~ 6,500원의 범위에 있다.

⑤ 도매가격으로 A, B, C를 매일 각 1kg씩 샀다면 1월 4일의 비용이 가장 낮았을 것이다.

[12 ~ 13] 다음 〈조건〉을 바탕으로 이어지는 질문에 답하시오.

조건

• 민주와 혜정이는 목적지를 사이로 두고 각각 동쪽과 서쪽으로 4km 떨어진 일직선상에 있다.
• 민주와 혜정이는 모두 1km/h의 속도로 일직선상을 따라 목적지를 향해 이동한다.
• 민주와 혜정이는 지정된 범위의 시간대 중 자신이 원하는 시점에 출발한다.
• 민주와 혜정이는 지정된 범위의 모든 시점에 대해 출발할 확률이 동일하다.

---

12. 민주와 혜정이가 오후 2시에서 오후 4시 사이 임의의 시점에 목적지를 향해 각각 출발한다고 할 때, 오후 5시에 민주와 혜정이가 모두 목적지로부터 2km 이내에 위치해 있을 확률은 얼마인가?

① 6.25%   ② 12.5%   ③ 25%

④ 37.5%   ⑤ 50%

13. 민주와 혜정이가 오후 12시에서 오후 4시 사이 임의의 시점에 목적지를 향해 각각 출발한다고 할 때, 오후 4시에 민주와 혜정이 사이의 거리가 2km 이내일 확률은 얼마인가?

① 6.25%   ② 12.5%   ③ 25%

④ 37.5%   ⑤ 50%

14. 다음 자료에 대한 설명으로 옳은 것을 〈보기〉에서 모두 고르면?

〈산업분류별 사업체 수와 종사자 수〉

(단위 : 개, 명)

산업분류	20X0년		20X1년		20X2년	
	사업체 수	종사자 수	사업체 수	종사자 수	사업체 수	종사자 수
A	2,900	32,300	3,000	35,800	3,400	36,200
B	1,100	14,200	1,100	14,300	1,000	14,300
C	265,000	3,772,600	278,700	3,838,400	280,200	3,861,900
D	1,400	61,400	1,400	63,900	1,600	66,800
E	6,600	75,600	6,800	78,200	6,800	79,300
F	94,600	1,055,000	99,100	1,268,800	100,700	1,342,500
G	433,800	2,229,800	453,200	2,368,400	465,100	2,424,600
H	41,600	707,400	40,900	754,400	42,700	766,800
I	346,600	1,514,000	330,900	1,530,800	358,700	1,611,900
J	31,200	478,900	33,600	512,900	33,300	517,200

보기

㉠ 사업체 1개당 평균 종사자 수의 순위는 매년 동일하다.

㉡ 총 종사자 수가 가장 많은 해는 총 사업체 수도 가장 많다.

㉢ 전체 기간 중 사업체 수 항목에서 전체의 35% 이상을 차지하는 산업은 없다.

㉣ 20X2년 사업체 수에서 차지하는 비중이 두 번째와 세 번째로 큰 산업의 사업체 수 합은 전체 사업체 수의 50% 미만이다.

① ㉠, ㉡   ② ㉠, ㉢   ③ ㉡, ㉢

④ ㉡, ㉣   ⑤ ㉢, ㉣

[15 ~ 16] 다음은 20X0 ~ 20X5년의 한국, 중국, 일본 3국 간 무역관계를 나타낸 자료이다. 이어지는 질문에 답하시오(단, 자료에 나타나지 않은 타국과의 무역관계는 고려하지 않는다).

〈한국, 중국, 일본 3국 간 무역관계〉

(단위 : 억 달러)

구분	한국		중국		일본	
	수출	수입	수출	수입	수출	수입
20X0년	797	812	965	1,473	1,307	784
20X1년	759	786	959	1,457	1,379	854
20X2년	814	802	1,021	1,557	1,421	897
20X3년	867	㉠	1,215	1,705	1,456	943
20X4년	845	865	1,164	1,633	1,478	989
20X5년	858	870	( )	1,423	㉡	( )

※ 무역수지＝수출－수입

〈20X5년 국가 간 수입액〉

(단위 : 억 달러)

수입국＼수출국	한국	중국	일본
한국	–	㉢	484
중국	618	–	( )
일본	( )	841	–

15. 다음 중 자료의 ㉠ ~ ㉢에 들어갈 숫자가 바르게 연결된 것은?

	㉠	㉡	㉢			㉠	㉡	㉢
①	890	1,172	342		②	890	1,289	342
③	890	1,289	386		④	895	1,172	342
⑤	895	1,289	386					

16. 위 자료에 대한 설명으로 옳지 않은 것을 〈보기〉에서 모두 고르면?

> **보기**
>
> ㄱ. 20X5년 한국, 중국, 일본 3국의 수출액의 합은 수입액의 합보다 크다.
> ㄴ. 중국은 20X0 ~ 20X5년 동안 매년 무역수지 적자를 기록하였다.
> ㄷ. 20X0 ~ 20X5년 중 한국의 무역수지 적자가 가장 큰 해는 20X2년이다.
> ㄹ. 20X5년 일본은 한국 및 중국과의 교역 모두에서 무역수지 흑자를 보이고 있다.

① ㄱ, ㄷ   ② ㄱ, ㄹ   ③ ㄴ, ㄷ
④ ㄴ, ㄹ   ⑤ ㄱ, ㄷ, ㄹ

17. 다음은 20X0 ~ 20X4년 에너지원별 발전량 현황에 관한 자료이다. 이에 대한 설명으로 옳은 것은?

〈에너지원별 발전량 현황〉

(단위 : GWh)

구분	계	석탄	원자력	가스	신재생	유류	양수
20X0년	528,091	211,393	164,762	118,695	19,464	10,127	3,650
20X1년	540,440	213,803	161,995	121,018	25,836	14,001	3,787
20X2년	553,531	238,799	148,427	126,039	30,817	5,263	4,186
20X3년	570,645	238,967	133,505	152,924	35,598	5,740	3,911
20X4년	560,791	227,384	145,910	144,355	36,392	3,292	3,458

① 가스 발전량은 매년 세 번째로 많았고 양수 발전량은 매년 가장 적었다.

② 원자력 발전량의 비중이 가장 높았던 해는 20X0년, 가장 낮았던 해는 20X2년이다.

③ 신재생 발전량이 차지하는 비중은 매년 증가하고 있으나 6%를 초과하지는 못하고 있다.

④ 20X4년 원자력 발전량의 전년 대비 증감률의 절댓값은 가스 발전량의 전년 대비 증감률의 절댓값보다 크다.

⑤ 20X0 ~ 20X4년 동안 총 발전량에서 유류와 양수 발전량의 합이 차지하는 비중이 3%를 넘었던 해는 없다.

[18 ~ 19] 다음은 한국지역난방공사의 여비규정 일부이다. 이어지는 질문에 답하시오.

제13조(국내출장여비지급 기준) ① 근무지로부터 편도 100km 미만의 출장은 공사차량 이용을 원칙으로 하며, 다음 각호에 따라 (별표1)에 해당하는 여비를 지급한다.

1. 일비*
   가. 근무시간 4시간 이상 : 전액
   나. 근무시간 4시간 미만 : 1일분의 2분의 1
2. 식비 : 명령권자가 근무시간이 모두 소요되는 1일 출장으로 인정한 경우에는 1일분의 3분의 1 범위 내에서 지급
3. 숙박비 : 편도 50km 이상의 출장 중 출장일수가 2일 이상으로 숙박이 필요할 경우, 증빙자료 제출 시 숙박비 지급

② 제1항에도 불구하고 공사차량을 이용할 수 없어 개인소유차량으로 업무를 수행한 경우에는 일비를 지급하지 아니하고 사장이 따로 정하는 바에 따라 교통비를 지급한다.

③ 근무지로부터 100km 이상의 출장은 (별표1)에 따라 교통비 및 일비는 전액을, 식비는 1일분의 3분의 2를 지급한다. 다만, 업무형편상 숙박이 필요하다고 인정할 경우에는 출장기간에 대하여 숙박비, 일비, 식비 전액을 지급할 수 있다.

(별표1)
〈국내여비정액표〉
(단위 : 천 원)

구분	교통비				일비 (1일)	숙박비 (1박)	식비 (1일)
	철도임	선임	항공임	자동차임			
임원 및 본부장	1등급	1등급	실비	실비	30	실비	45
1, 2급 부서장	1등급	2등급	실비	실비	25	실비	35
2, 3, 4급 부장	1등급	2등급	실비	실비	20	실비	30
4급 이하 팀원	2등급	2등급	실비	실비	20	실비	30

주) 1. 교통비는 실비를 기준으로 하되, 실비정산은 국토해양부장관 또는 특별시장·광역시장·도지사·특별자치도지사 등이 인허한 요금을 기준으로 한다.
  2. 수로여행 시 '페리호'를 이용하는 경우에는 1등급 해당자는 특등, 2등급 해당자는 1등을 적용한다.
  3. 철도임 구분표 중 1등급은 고속철도 특실, 2등급은 고속철도 일반실을 적용한다.
  4. 임원 및 본부장의 식비가 위 정액을 초과하였을 경우 실비를 지급할 수 있다.
  5. 운임 및 숙박비의 할인이 가능한 경우에는 할인요금으로 지급한다.
  6. 자동차임 실비 지급은 연료비와 실제 통행료를 지급한다.
    ※ 연료비 = 여행거리(km) × 유가 ÷ 연비
  7. 임원 및 본부장을 제외한 직원의 숙박비는 7만 원을 한도로 실비정산할 수 있다.

* 일비 : 여행 중 출장지에서 소요되는 현지교통비, 통신비 등 각종 비용을 충당하기 위한 비용. 단, 회사차량을 이용할 경우 일비는 2분의 1을 지급하며, 하중이 무거운 수하물 운반 등 부득이한 사유로 현지교통비, 통신비 등이 일비 총액을 초과하는 경우에는 초과분에 대해 실비정산(관련증빙 제출 필)할 수 있다.

18. 다음 〈보기〉의 ㉠~㉢은 직원들이 청구한 여비를 처리한 내용이다. 잘못 처리한 것을 모두 고르면?

> **보기**
>
> ㉠ 편도 200km인 P 지역에 당일(무박) 출장을 다녀온 5급 직원이 고속철도 일반실로 이용요금, 일비 2만 원, 식비 3만 원을 청구하여 식비는 2만 원까지만 가능하다고 안내하였다.
>
> ㉡ 2급 부서장이 출장 중 갑작스런 현지 사정으로 현지에서 숙박을 하게 되어 숙박비로 지불한 10만 원을 여비로 청구하였다. 숙박비는 7만 원 한도가 있지만 영수증 제출 시 실비 정산 가능하다고 안내하였다.
>
> ㉢ 4급 팀원 2명이 출장 중 운반할 짐이 많아 현지에서 택시를 탑승하였다. 발생한 택시비 6만 원을 영수증과 함께 청구하여 전액 지급해 주었다.

① ㉠ ② ㉡ ③ ㉢
④ ㉠, ㉢ ⑤ ㉡, ㉢

19. A 사원은 한국지역난방공사 본사(성남)에서 청주지사로 출장을 가고자 한다. 고속도로와 국도 중 자동차임 실비가 더 저렴한 이동방법과 그 금액 차이를 순서대로 바르게 나열한 것은?

구분	고속도로	국도
이동거리(km)	110	130
유가(원/L)	1,500	
연비(km/L)	5	
통행료(원)	6,500	없음.

① 고속도로, 500원 ② 고속도로, 1,000원 ③ 고속도로, 1,500원
④ 국도, 500원 ⑤ 국도, 1,500원

[20 ~ 22] 1 ～ 9의 서로 다른 자연수 9개 중 세 개를 뽑아 세 자리 암호를 만들려 한다. 암호 해독기
가 아래의 〈규칙〉과 〈해독절차〉를 따른다고 할 때, 이어지는 질문에 답하시오.

〈규칙〉

• 암호 해독기는 〈해독절차〉에 따라 암호를 대입하는 방식으로 암호를 해독한다.
• 암호 해독기는 생성한 암호를 구성하는 각 자리의 숫자가 실제 암호에 사용되었는지, 그리고 해당
  숫자가 올바른 위치에 있는지 파악할 수 있다.

〈해독절차〉

절차 1) 예상 암호 123을 입력한다.

절차 2) 암호 각 숫자의 사용 여부와 실제 암호를 기준으로 올바른 위치에 있는지 파악한다. 암호
       에 사용되었으며 올바른 위치에 있는 수는 ○, 암호에 사용되었으나 올바른 위치에 있지
       않은 수는 △, 암호에 사용되지 않은 수는 ×라고 코딩한다. 만약 모든 수가 ○로 코딩되면
       절차를 종료한다.

절차 3) ○인 수는 고정하고, ×인 수는 제거, △인 수는 아직 값이 결정되지 않은 자릿값 중 가장
       왼쪽으로(만약 △인 수가 가장 왼쪽에 있다면 가장 오른쪽으로) 이동시킨다. 이동 후 빈칸
       이 남아 있다면 아직 입력되지 않은 숫자들 중 가장 작은 숫자부터 순서대로 가장 왼쪽
       빈칸에서부터 입력한다. 이후 절차는 암호문을 찾을 때까지 절차 2, 3을 반복한다.

※ 단, 어떠한 암호의 참/거짓 판별은 절차 2에 해당하는 과정을 거쳤을 때만 판별이 가능하며, 절차 3에 해당하
  는 과정에서 입력할 수 있는 암호의 경우의 수가 한 가지뿐이어서 해당 암호가 반드시 참인 경우에도 절차
  2에 해당하는 과정을 거쳐야만 한다.

예)

1) 실제 암호가 134라고 했을 때, 절차 1에 따라 예상 암호 123을 입력한다. 절차 2에 따라 1은
   실제 암호에 사용되었고 올바른 위치에 있기 때문에 ○, 2는 실제 암호에 사용되지 않았으므로
   ×, 3은 실제 암호에는 사용되었으나 올바른 위치에 있지 않기 때문에 △가 나온다.

입력	1	2	3
판독	○	×	△

2) 절차 3에 따라 ○의 위치는 고정되고, △ 표시가 나온 3은 아직 값이 결정되지 않은 자릿값
   중 가장 왼쪽인 두 번째 칸으로 이동한다. 빈칸에는 아직 입력되지 않은 숫자들 중 가장 작은
   숫자인 4를 입력한다.

입력	1	3	4
판독			

---

3) 절차 2를 반복하여 각 자리의 수를 판독한다. 모든 자리의 수가 ○로 코딩되면 절차를 종료한다.

입력	1	3	4
판독	○	○	○

20. 다음 중 가장 많은 해독절차를 거쳐야 하는 것은?

① 691   ② 931   ③ 398

④ 759   ⑤ 917

21. 다음 중 해독절차의 수가 다른 하나는?

① 819   ② 379   ③ 974

④ 895   ⑤ 389

22. 암호가 947일 때 필요한 해독절차의 수는?

① 6   ② 8   ③ 10

④ 12   ⑤ 14

23. 4명으로 구성된 마케팅팀 직원들은 출신학교와 나이, 성씨가 모두 다르다. 다음 〈조건〉을 고려할 때, 항상 거짓인 것은?

조건

- 마케팅팀 직원들의 나이는 26, 27, 28, 29세이다.
- 마케팅팀 직원들의 출신학교는 S 대, E 대, H 대, K 대이다.
- 마케팅팀 직원들의 성은 김, 이, 박, 최이다.
- 마케팅팀에서 26세인 직원의 성은 김 씨이며 4명의 직원 중 첫 번째로 입사했다.
- 입사 순서가 세 번째인 마케팅팀 직원보다 1살 어린 마케팅팀 직원은 S 대를 나왔다.
- 마케팅팀에서 최 씨 성을 가진 사람은 28세나 29세가 아니다.
- 마케팅팀에서 E 대를 나온 직원은 H 대를 나온 직원보다 1살 많고, H 대를 나온 직원은 입사 순서가 마지막인 직원보다 한 살 많다.
- 이 씨 성을 가진 마케팅팀 직원은 박 씨 성을 가진 마케팅팀 직원보다 입사 순서가 빠르고 나이가 많다.

① 28세인 마케팅팀 직원은 박 씨이다.

② S 대를 나온 마케팅팀 직원은 최 씨이다.

③ K 대를 나온 마케팅팀 직원은 26세이다.

④ 김 씨 성의 마케팅팀 직원은 S 대 출신이다.

⑤ 입사 순서가 두 번째인 마케팅팀 직원은 27세 혹은 29세이다.

24. 다음 〈보기〉의 명제들이 모두 참일 때 항상 참인 것은?

보기

- 겨울이 되었고 스키장에 간다면 스키복을 챙긴다.
- 겨울이 되면 스키장에 간다.
- 겨울이 되었고 휴가를 쓴다면 반드시 스키장에 간다.

① 스키장에 가지 않는다면 휴가를 쓰지 않은 것이다.

② 스키장에 가지 않는다면 스키복을 챙기지 않는다.

③ 겨울이 되었고 휴가를 쓴다면 스키복을 챙긴다.

④ 스키장에 간다면 반드시 스키복을 챙긴다.

⑤ 휴가를 쓰면 반드시 스키장에 간다.

25. 다음 추론 과정이 성립하기 위해 빈칸 ㉠에 들어갈 조건으로 적절한 것은?

- 헬스를 하는 사람은 단백질 보충제를 먹는다.
- 채현이는 단백질 보충제를 먹는다.
- (㉠   )
- 그러므로 채현이는 헬스를 한다.

① 헬스를 하지 않는 어떤 사람은 단백질 보충제를 먹지 않는다.

② 단백질 보충제를 먹는 사람은 헬스를 하지 않는다.

③ 헬스를 하는 사람은 단백질 보충제를 먹지 않는다.

④ 단백질 보충제를 먹지 않는 사람은 헬스를 한다.

⑤ 헬스를 하지 않는 사람은 단백질 보충제를 먹지 않는다.

[26 ~ 27] 수호와 단비는 다음 〈규칙〉에 따라 게임을 진행한다. 각 〈규칙〉에 따라 수호가 승리하기 위해 맨 처음 가져가야 할 구슬의 수는? (단, 수호와 단비는 모두 게임 승리를 목표로 최선을 다하며, 수호는 맨 처음 가능한 한 많은 구슬을 가져가기로 한다)

26.

규칙

1. 바구니에 구슬이 11개 들어 있고 마지막 구슬을 가져간 사람이 패배한다.
2. 수호와 단비가 번갈아 가며 구슬을 최소 1개, 최대 5개 가져간다.
3. 수호가 게임을 먼저 시작한다.

① 1   ② 2   ③ 3

④ 4   ⑤ 5

27.

규칙

1. 바구니에 구슬이 21개 들어 있고 마지막 구슬을 가져간 사람이 패배한다.
2. 수호와 단비는 번갈아 가며 구슬을 최소 1개, 최대 6개 가져간다.
3. 수호가 게임을 먼저 시작한다.

① 2   ② 3   ③ 4

④ 5   ⑤ 6

[28 ~ 29] 다음 제시된 컴퓨터 알고리즘 그래프 작성법을 읽고 이어지는 질문에 답하시오.

알고리즘 그래프는 (V, E)의 쌍으로 정의한다. V는 노드(node)라고 불리는 성분들을 최소한 하나 이상 포함하는 유한집합이다. E는 아크(arc)라고 불리는 성분들의 집합으로, V에 포함된 서로 다른 두 성분의 순서가 정해지지 않은 쌍의 유한집합이다. 알고리즘 그래프는 동일한 노드를 연결하는 아크인 루프(Loop)와 두 노드를 연결하는 다수의 아크(Multiple Arcs)를 허용한다.

〈알고리즘 그래프 예시〉

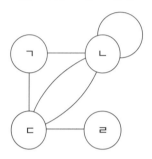

V = {ㄱ, ㄴ, ㄷ, ㄹ}
E = {(ㄱ, ㄴ), (ㄱ, ㄷ), (ㄴ, ㄴ), (ㄴ, ㄷ), (ㄷ, ㄴ), (ㄷ, ㄹ)}

28. V={ㄱ,ㄴ,ㄷ,ㄹ}, E={(ㄱ,ㄴ), (ㄱ,ㄷ), (ㄱ,ㄹ), (ㄷ,ㄷ), (ㄹ,ㄱ), (ㄹ,ㄷ)}일 때, 그래프의 모형으로 알맞은 것은?

①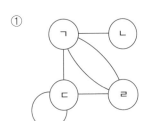

②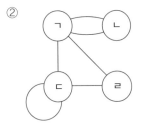

③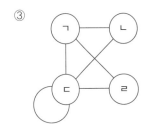

④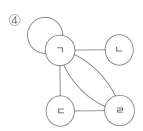

⑤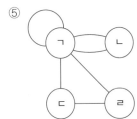

29. 다음 〈보기〉의 그래프에 해당되는 아크 집합으로 적절한 것은?

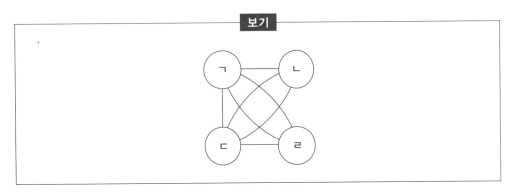

보기

① E={(ㄱ,ㄴ), (ㄱ,ㄹ), (ㄷ,ㄱ), (ㄷ,ㄷ), (ㄹ,ㄱ)}
② E={(ㄱ,ㄷ), (ㄱ,ㄹ), (ㄴ,ㄷ), (ㄴ,ㄱ), (ㄷ,ㄹ), (ㄹ,ㄱ)}
③ E={(ㄱ,ㄴ), (ㄱ,ㄷ), (ㄱ,ㄹ), (ㄴ,ㄷ), (ㄷ,ㄴ), (ㄷ,ㄹ), (ㄹ,ㄱ)}
④ E={(ㄴ,ㄷ), (ㄷ,ㄴ), (ㄱ,ㄹ), (ㄹ,ㄱ), (ㄴ,ㄱ), (ㄱ,ㄷ)}
⑤ E={(ㄱ,ㄹ), (ㄱ,ㄴ), (ㄷ,ㄹ), (ㄴ,ㄷ), (ㄹ,ㄱ), (ㄷ,ㄴ)}

[30 ~ 31] 원본 데이터와 결괏값을 비교하여 잘못 기입된 행을 표시하려 한다. 이어지는 질문에 대한 답을 고르시오.

〈원본 데이터〉

코드	구분	입고량	출고량	출고율	재고량
A6435	월간지	2,567	1,235	97	1,268
B1246	과학서적	168	357	31	290
C8577	외국서적	532	365	98	281
D8544	번역서	124	127	82	210
E7132	어학서적	5,376	799	95	1,604
F0728	법률서적	390	289	88	523
G2311	외국서적	2,495	794	72	865
H1447	역사서적	167	113	67	249
I0509	교과서	531	426	85	442
J0328	아동 · 어린이	225	155	76	178
K1890	음반 · DVD	472	440	93	660
L2243	참고서	613	572	99	417

30. 다음의 결괏값에서 오류가 발생한 행은?

가	코드	A	6	4	3	5
나	입고량		2	5	6	7
다	출고량		9	2	3	5
라	출고율				9	7
마	재고량		1	2	6	8

① 가   ② 나   ③ 다
④ 라   ⑤ 마

31. 다음의 결괏값에서 오류가 발생한 행은?

가	코드	K	1	8	9	0
나	입고량			4	7	7
다	출고량			4	4	0
라	출고율				9	3
마	재고량			6	6	0

① 가   ② 나   ③ 다
④ 라   ⑤ 마

32. 다음 데이터를 바탕으로 피벗 테이블을 만들려 한다. 피벗 테이블 작성에 대한 설명으로 적절하지 않은 것은?

(단위 : 개, 천 원)

판매방식	지점	품목	단가	수량	총 판매금액
스마트스토어	을지로	침대	450	3	1,500
스마트스토어	을지로	책상	300	5	1,500
매장	을지로	스탠드	1,000	2	2,000
매장	을지로	책상	300	1	300
매장	아현	스탠드	1,000	8	8,000
스마트스토어	아현	책상	300	9	2,700
매장	아현	침대	450	4	3,600
매장	아현	책상	300	8	2,400
매장	아현	침대	450	3	1,250
스마트스토어	중곡	책상	300	5	1,500
스마트스토어	중곡	침대	450	2	900
스마트스토어	중곡	스탠드	1,000	1	1,000
매장	중곡	스탠드	1,000	2	2,000
스마트스토어	중곡	책상	300	1	300

① 값 내용은 합계뿐만 아니라 개수, 평균, 최댓값 등으로 다양하게 설정할 수 있다.

② 판매방식을 기준으로 구분해 지점별 매출액을 확인할 수 있다.

③ 판매방식에 대한 지점별 매출액을 확인할 때 단가와 수량은 작성하지 않아도 된다.

④ 판매방식별로 지점을 구분해서 품목별 매출을 확인할 수 있다.

⑤ 품목과 판매방식을 열 레이블에다가 설정하면 지점별 매출액은 확인할 수 없다.

[33 ~ 34] 다음 프로그램 완성과정의 오류 수정 규칙을 토대로 이어지는 질문에 답하시오.

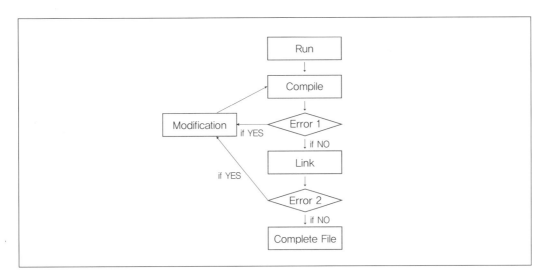

항목	세부 사항
Compile	정보를 입력하여 각 자리 수를 더한 값
Error 1	Compile한 값의 정보가 짝수일 경우 NO, 홀수일 경우 YES
Error 2	Link의 결괏값이 두 자릿수 이하일 경우 NO, 두 자릿수 초과일 경우 YES
Link	(Error 1에서 주어진 결괏값)×3
Modification	(Error 1, 2에서 주어진 결괏값)의 각 자리 수를 더한 값
Complete File	Error 2에서 주어진 결괏값의 각 자리 수를 더한 값

33. 'Run : 1328'이 주어졌을 때 산출되는 결과는?

① 4 ② 6 ③ 8
④ 10 ⑤ 12

34. 'Run : 79598'이 주어졌을 때 산출되는 결과는?

① 15 ② 16 ③ 18
④ 20 ⑤ 24

35. 다음은 알고리즘 그래프의 인접행렬을 설명한 것이다. V={ㄱ,ㄴ,ㄷ,ㄹ}, E={(ㄱ,ㄴ), (ㄱ,ㄷ), (ㄴ,ㄴ), (ㄴ,ㄷ), (ㄷ,ㄴ), (ㄷ,ㄹ)}를 인접행렬로 만들었을 경우 올바른 것은?

알고리즘 그래프 G=(V, E)의 인접행렬 $X=(x_{ab})$에서 x_{ab}는 v_a에서 v_b로 잇는 아크의 수이다. 각 행과 열은 노드를 의미하며, 노드의 순서는 ㄱ, ㄴ, ㄷ, ㄹ이다.

〈인접행렬 예시〉
V={ㄱ,ㄴ,ㄷ,ㄹ}
E={(ㄱ,ㄴ), (ㄱ,ㄹ), (ㄷ,ㄱ), (ㄷ,ㄷ), (ㄹ,ㄱ)}

$$X=\begin{cases} 0112 \\ 1000 \\ 1010 \\ 2000 \end{cases}$$

① $\begin{cases} 0110 \\ 1210 \\ 1101 \\ 0010 \end{cases}$
② $\begin{cases} 0110 \\ 1211 \\ 0011 \\ 0010 \end{cases}$
③ $\begin{cases} 0210 \\ 2110 \\ 1101 \\ 0010 \end{cases}$

④ $\begin{cases} 0110 \\ 1120 \\ 1201 \\ 0011 \end{cases}$
⑤ $\begin{cases} 0110 \\ 1120 \\ 1201 \\ 0010 \end{cases}$

36. 다음 중 메인비즈제도(MAINBiz)에 대한 설명으로 옳은 것은?

> MAINBiz란 MANAGEMENT(경영), INNOVATION(혁신), BUSINESS(기업)의 합성어로 중소벤처기업부로부터 경영혁신형 중소기업으로 인증받은 기업이다. 제품 및 공정 중심의 기술혁신과 달리 마케팅 및 조직혁신 등 비기술 분야의 경영혁신형 중소기업을 육성하기 위해 「중소기업기술혁신 촉진법」 제15조 제3항에 의거하여 도입된 제도이다.
>
> 중소기업은 기본적으로 부분보증 이용 시 부분보증비율 85%를 적용하므로 대출금액의 85%에 보증료율을 곱하여 보증료를 계산한다. 이때 기본 보증료율은 1.2%이지만 MAINBiz 인정 기업은 보증료율을 0.1%p 차감받는다(협회 회원사 가입 시 0.1%p 추가 차감으로 총 0.2%p 차감). 신보매출채권보험료를 15% 차감하는 혜택도 있다. 매출채권보험이란 거래금(외상, 어음)에 대한 손실금을 보상해 주는 보험으로, 메인비즈 인증서 사본을 제출해야 한다.
>
> 한편, MAINBiz 인증 기업은 무역촉진단 파견사업 지원 신청 시 가산점을 받을 수 있다. 해당 사업은 마케팅 능력이 취약하고 수출전문 인력이 부족하여 해외시장 개척에 애로를 겪는 중소기업을 단체전시회, 시장개척단, 수출컨소시엄으로 해외에 파견하여 지원하는 것이다. 각 사업에 대해 업체당 1,000만 원 이내의 금액을 지원받을 수 있다. 혁신 관련 인증 개수에 따라 점수가 배분되며, 중소기업중앙회 무역촉진부에 전화하거나 온라인 홈페이지에서 신청할 수 있다.

① 메인비즈기업의 신보매출채권보험료가 10억 원인 경우 1억 원을 차감받을 수 있다.

② 10억 원을 대출한 메인비즈기업이 협회 회원사로 가입하면 기본 보증료율은 총 0.3%p 차감받을 수 있다.

③ 무역촉진단 파견사업의 종류는 3가지이며 1,000만 원까지 지원받을 수 있다.

④ 메인비즈제도 신청은 중소기업중앙회 무역촉진부에 전화해야 가능하다.

⑤ 메인비즈제도 비기술 분야 혁신으로 마케팅, 조직혁신, 공정 등의 혁신이 포함된다.

37. 다음 중 주식과 주권에 대한 설명으로 옳은 것을 〈보기〉에서 모두 고르면?

제335조(주식의 양도성) ① 주식은 타인에게 양도할 수 있다. 다만, 회사는 정관으로 정하는 바에 따라 그 발행하는 주식의 양도에 관하여 이사회의 승인을 받도록 할 수 있다.

② 제1항 단서의 규정에 위반하여 이사회의 승인을 얻지 아니한 주식의 양도는 회사에 대하여 효력이 없다. 〈신설 1995. 12. 29.〉

③ 주권발행 전에 한 주식의 양도는 회사에 대하여 효력이 없다. 그러나 회사성립 후 또는 신주의 납입기일 후 6월이 경과한 때에는 그러하지 아니하다. 〈개정 1984. 4. 10.〉

제335조의2(양도승인의 청구) ① 주식의 양도에 관하여 이사회의 승인을 얻어야 하는 경우에 주식을 양도하고자 하는 주주는 회사에 대하여 양도의 상대방 및 양도하고자 하는 주식의 종류와 수를 기재한 서면으로 양도의 승인을 청구할 수 있다.

② 회사는 제1항의 청구가 있는 날부터 한 달 이내에 주주에게 그 승인여부를 서면으로 통지하여야 한다.

③ 회사가 제2항의 기간 내에 주주에게 거부의 통지를 하지 아니한 때에는 주식의 양도에 관하여 이사회의 승인이 있는 것으로 본다.

④ 제2항의 양도승인거부의 통지를 받은 주주는 통지를 받은 날부터 20일 내에 회사에 대하여 양도의 상대방의 지정 또는 그 주식의 매수를 청구할 수 있다.

제335조의3(양도상대방의 지정청구) ① 주주가 양도의 상대방을 지정하여 줄 것을 청구한 경우에는 이사회는 이를 지정하고, 그 청구가 있은 날부터 2주간 내에 주주 및 지정된 상대방에게 서면으로 이를 통지하여야 한다.

② 제1항의 기간 내에 주주에게 상대방지정의 통지를 하지 아니한 때에는 주식의 양도에 관하여 이사회의 승인이 있는 것으로 본다.

보기

㉠ 설립 3개월째인 회사의 주식 양도가 주식 발행보다 선행한 경우 양도는 무효이다.

㉡ 주주가 주식을 양도 받을 상대방을 지정한 것에 대해 이사회가 한 달 넘게 승인여부를 통지하지 않는다면 승인이 거부된 것으로 간주한다.

㉢ 이사회 승인을 받아야 하는 주식을 양도하려 했다가 거부당한다면 주주는 그로부터 20일 내에 회사에 양도상대방 지정을 요청할 수 있다.

㉣ 주주가 이사회에 양도상대방의 지정청구를 했으나 이사회에서 양도상대방을 기간 내에 통지하지 않았을 경우 주주는 새로운 양도상대방을 지정하여 이사회에 재심사를 청구해야 한다.

① ㉠, ㉡　　　　② ㉠, ㉢　　　　③ ㉡, ㉢

④ ㉠, ㉢, ㉣　　　⑤ ㉡, ㉢, ㉣

38. 다음은 A 기관의 경영목표 SWOT 보고서이다. 이에 대한 이해로 적절하지 않은 것은?

〈SWOT 보고서〉

		강점(S)	약점(W)
		• 국토정책 종합연구기관으로서 브랜드 가치 보유 • 국토, 도시, 주택, 인프라, 공간정보 등 분야별 최고연구역량 확보 • 국토분야 자산 및 정보시스템 보유 • 우수한 연구 네트워크	• 변화에 대응한 즉시적·선제적 연구 수행체계 미흡 • 상호협력 지식정보 공유체계 부재 • 직급 간·직종 간 협력 부족 • 혁신적 연구활동에 대한 동기부여 미흡
기회(O)	• 청사 이전으로 정부부처 및 국책연구기관과 협력기회 증대 • 남북협력, 빅데이터 등 새로운 연구수요 증가 • SNS 등 대국민 연구성과 확산 채널 다각화 • 해외 국토개발 경험 공유 및 공동연구 요청 확대	• 미래지향적 중장기 국토정책 발굴 및 대응 • 연구·협력 네트워크 강화 • 글로벌 협력·연구 내실화	• 민생현안 연구확대 • 국민수요 연구 발굴 및 수행 • 협동 및 융복합연구 강화
위협(T)	• 경쟁 연구기관 증가로 독창성, 우월성 경쟁 심화 • 정책고객과 국민의 높아진 눈높이와 기대 • 시대 변화에 따른 정책수요와 연구트렌드 변화 • 청사 이전으로 신규 우수인력 확보, 연구협력 및 자문 어려움 증대	• 국민 눈높이 연구성과 확산 • 공공기관의 사회적 가치 실현 • 창의적, 증거기반 연구 및 행정지원 강화	• 참여형 연구 지원 • 민주적 소통 및 상생적 노사협력 • 투명하고 공정한 평가

① 직급 간 신뢰기반 소통문화 정착으로 창의적·혁신적 조직역량을 극대화하고, 상호 배려하는 상생적 조직문화를 정착시켜 정책고객과 국민의 눈높이를 만족시키는 것은 ST 전략에 해당한다.

② 국토분야 남북 산업협력 방안, 동북아의 초국경 협력 확대, 한반도 상생번영을 위한 경제협력과 국토, 도시, 주택, 인프라 등 연구역량 활용 및 문화성대 회람 구축 연구는 SO 전략에 해당한다.

③ 국민제안 연구과제 전담반 상시 운영 및 시민단체, 지역연구원 등과 협업하여 현장 변화에 대응한 즉시적이고 선제적인 연구 수행체계를 구축하는 것은 WO 전략에 해당한다.

④ 지식자산에 대한 정보공개, 자유로운 의사 개진이 가능한 경영개선제 상시 운영, 혁신적 연구원 양성과 평가 프로그램 실태 점검 및 환류기능 강화는 WT 전략에 해당한다.

⑤ 사회공헌을 위한 국토분야 자산 및 정보시스템 공유로 공공기관의 사회적 가치를 실현하고, 이를 기반으로 대내외 연구협력 네트워크를 공고화하고자 하는 전략은 ST 전략에 해당한다.

39. 다음 중 조직에 관한 설명으로 적절하지 않은 것은?

① 조직은 개인 단독으로는 성취할 수 없는 공통의 목표나 목적을 가지고 있다.

② 조직을 구성하는 인적, 물적 요소는 목표달성을 위해 상호 독립적인 역할을 담당한다.

③ 조직은 외부환경으로부터 받아들인 자원으로 제품을 생산하고, 제품과 서비스를 외부에 공급한다.

④ 조직은 사회시스템 내의 하위시스템이고 조직 내에도 또 다른 하위시스템이 구성되어 있다.

⑤ 사람들이 모여 있다고 해도 어떠한 의도나 공동의 목적이 없다면 조직이 성립되지 않는다.

40. 다음 중 기업의 경영자가 수행하는 직무가 아닌 것은?

① 경영에 대한 통제　　② 목표의 설정　　③ 계획의 수립

④ 조직의 편성　　⑤ 생산활동

41. 다음 중 고성과조직에서 나타나는 일반적인 특징으로 적절하지 않은 것은?

① 승자독식　　② 상호신뢰　　③ 가치창출

④ 학습경영　　⑤ 품질경영

42. 다음 글을 읽고 '특허요건 및 특허출원'에 대한 설명으로 옳은 것을 〈보기〉에서 모두 고르면? (단, 특허는 창작의 고도성이 요구되는 자연법칙을 이용한 기술적 사상이며, 실용신안이란 산업상 이용할 수 있는 물품의 형상, 구조 또는 조합에 관한 고안으로 지적재산권의 일종이다)

제36조(선출원) ① 동일한 발명에 대하여 다른 날에 둘 이상의 특허출원이 있는 경우에는 먼저 특허출원한 자만이 그 발명에 대하여 특허를 받을 수 있다.

② 동일한 발명에 대하여 같은 날에 둘 이상의 특허출원이 있는 경우에는 특허출원인 간에 협의하여 정한 하나의 특허출원인만이 그 발명에 대하여 특허를 받을 수 있다. 다만, 협의가 성립하지 아니하거나 협의를 할 수 없는 경우에는 어느 특허출원인도 그 발명에 대하여 특허를 받을 수 없다.

③ 특허출원된 발명과 실용실안등록출원된 고안이 동일한 경우 그 특허출원과 실용신안등록출원이 다른 날에 출원된 것이면 제1항을 준용하고, 그 특허출원과 실용신안등록출원이 같은 날에 출원된 것이면 제2항을 준용한다.

④ 특허출원 또는 실용신안등록출원이 다음 각호의 어느 하나에 해당하는 경우 그 특허출원 또는 실용신안등록출원은 제1항부터 제3항까지의 규정을 적용할 때에는 처음부터 없었던 것으로 본다. 다만, 제2항 단서(제3항에 따라 준용되는 경우를 포함한다)에 해당하여 그 특허출원 또는 실용신안등록출원에 대하여 거절결정이나 거절한다는 취지의 심결이 확정된 경우에는 그러하지 아니한다.

1. 포기, 무효 또는 취하된 경우

2. 거절결정이나 거절한다는 취지의 심결이 확정된 경우

⑤ 발명자 또는 고안자가 아닌 자로서 특허를 받을 수 있는 권리 또는 실용신안등록을 받을 수 있는 권리의 승계인이 아닌 자가 한 특허출원 또는 실용신안등록출원은 제1항부터 제3항까지의 규정을 적용할 때에는 처음부터 없었던 것으로 본다.

⑥ 특허청장은 제2항의 경우에 특허출원인에게 기간을 정하여 협의의 결과를 신고할 것을 명하고, 그 기간에 신고가 없으면 제2항에 따른 협의는 성립되지 아니한 것으로 본다.

보기

㉠ 제2항의 이유로 거절결정이 내려진 특허는 처음부터 없었던 것으로 한다.

㉡ 두 사람이 동일한 내용으로 특허와 실용신안등록출원을 했을 경우 둘 중 하나만 인정된다.

㉢ 동일한 날 출원한 동일한 발명일 경우 협의가 이루어지지 않으면 특허를 받을 수 없다.

㉣ 다른 날 출원한 동일한 발명일 경우 둘 중 하나만 특허를 받을 수 있다.

① ㉠, ㉡   ② ㉠, ㉢   ③ ㉡, ㉣

④ ㉢, ㉣   ⑤ ㉡, ㉢, ㉣

43. 다음과 같은 유형의 조직구조가 가지는 특징으로 적절하지 않은 것은?

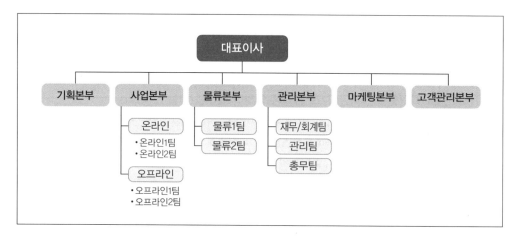

① 기능별 목표를 관리하고 달성하는 데 유리하다.

② 각 본부가 전체 조직목표에 대해 제한된 시각을 갖기 쉽다.

③ 직급이 높아질수록 의사결정 범위와 권한이 커진다.

④ 전체 조직차원에서 기술의 통합과 전문화가 곤란하다.

⑤ 조직 외부의 전문적인 지식이나 기술이 활용되기 어렵다.

44. 다음 두 조직 ㉠, ㉡의 구조적 특징에 대한 설명으로 적절하지 않은 것은?

> A사에서는 최근 사회적인 요구를 반영하기 위한 임시조직으로 ㉠'채용심사감독위원회'를 설치하였다. 사내 경영진과 중간 관리자, 외부와 중립적인 인사들로 구성된 채용심사감독위원회는 다음 달에 있을 대규모 신입사원 채용의 모든 사항을 관리, 감독하는 역할을 수행하게 된다.
> B사에서는 스마트폰 앱 개발에 관심이 있는 직원들이 모여 정보 공유와 앱 공동개발을 목적으로 하는 ㉡'애플리메이킹' 조직을 구성하였다. 이 모임은 누구나 가입과 탈퇴가 자유로우며, 조직의 리더도 별도로 정하지 않았다. 공동의 의견을 하나로 모아야 할 경우에는 항상 다수결로 결정하며 따로 정해진 모임 시간이나 규칙도 없이 온라인을 통한 구성원들의 대화가 주된 의사소통 방식이다.

① ㉠은 의도적으로 만들어진 조직이다.

② ㉠의 임무는 보통 명확하지 않고 즉흥적인 성격을 띤다.

③ ㉡은 공식적인 임무 이외에도 다양한 요구들에 의해 구성되는 경우가 많다.

④ ㉡의 구성원은 임의로 지정되어 구성된다.

⑤ ㉡의 활동은 자발적이며 행위에 대한 보상은 '보람'이다.

45. ○○기업 김 사원은 다음 회의록을 작성한 후, 이 대리에게 검토를 요청했다. 이 대리가 이메일로 제안한 수정사항에 따라 회의록을 수정할 때, 수정할 내용으로 적절하지 않은 것은?

경영본부 회의록	
일시	202X년 6월 8일 PM 14:00 ~ 16:00
장소	2층 회의실
참석	8명
내용	

내년 상반기로 예정된 조직개편계획에 따라 임직원 성과지표의 타당성이 떨어질 것이다. 때문에 새로운 성과지표를 마련해야 한다. 임직원 평가가 중장기적인 조직목표 달성에 기여할 수 있도록 각 부서의 업무 전문가와 인터뷰를 진행할 예정이며, 구성원들이 새로운 성과지표를 쉽게 받아들일 수 있도록 기존 성과지표와의 차이점을 강조해야 한다. 초안 작성 후 외부 전문가에게 검토를 받을 예정이므로 빨리 진행해야 한다. 이를 위해서는 예산을 확보해야 한다. 이번 기회에 이 대리님께 각종 기안 작성법을 배울 것이다.

또한 지원본부에 연락해 형광등 교체를 요청해야 한다.

비고	특이사항 없음.

보낸 사람	이 대리
받는 사람	김 사원
제목	회의록 수정 제안

안녕하세요. 작성하신 회의록은 잘 읽어 보았습니다. 다만, 아래 규칙에 따라 회의록을 수정해서 공유 바랍니다.

1. 회의 장소, 참석 일시, 참석자 명단 구체적으로 작성
2. 회의 안건 공유, 두괄식 구성
3. 안건 집행 관련 결정사항 기재-협력 부서 및 기한, 역할 등
4. 회의 내용과 무관한 사적 내용은 기입 금지
5. 주요 안건 외 관련도가 낮은 내용을 삭제

그럼 잘 부탁합니다.

① '임직원 성과지표 개정' 등 안건 분류
② '빨리'와 같은 표현 대신 구체적인 기한 명시
③ 참석자 수뿐 아니라 회의 참석자 기재
④ '각종 기안 작성법을 배우겠다.' 등 사담 삭제
⑤ '지원본부 협조 요청' 등 협력 부서 내용 기록

46. 다음 기사를 통해 파악할 수 있는 직업인으로서 갖추어야 할 기본적 윤리자세로 가장 적절한 것은?

> A사는 기후 서약에 처음으로 서명한 회사다. 이 서약은 A사가 기후 변화에 중점을 둔 조직인 글로벌 옵티미즘과 함께 설립한 것으로, 파리협정의 2050년 목표보다 10년 앞서 기업이 사업 전반에 걸쳐 탄소중립을 실천하겠다는 야심찬 포부를 내세우고 있다. 현재까지 전 세계적으로 200개가 넘는 주요 기업이 이 서약에 동참하는 등 A사는 환경 선도 기업으로서의 위상을 견고하게 다져나가고 있다.

① 직업적인 양심과 정직
② 연대의식과 다른 사람에 대한 배려
③ 끈기와 인내를 실천하면서 미래를 볼 줄 아는 안목
④ 전문적인 지식과 지속적인 기술 연마
⑤ 노동에 대한 긍정적인 사고

47. 다음 중 직업인으로서의 기본자세와 그 내용에 대한 설명으로 옳지 않은 것은?

① 소명의식 : 자신이 맡은 일은 하늘에 의해 맡겨진 일이라고 생각하는 태도
② 책임의식 : 직업에 대한 사회적 역할과 책무를 수행하고 책임을 다하는 태도
③ 원칙의식 : 자신이 하고 있는 일이 사회나 기업을 위해 중요한 역할을 하고 있다고 믿고 자신의 활동을 수행하는 태도
④ 전문가의식 : 자신의 일이 누구나 할 수 있는 것이 아니라 해당 분야의 지식과 교육을 밑바탕으로 성실히 수행해야만 가능한 것이라 믿고 수행하는 태도
⑤ 봉사의식 : 직업 활동을 통해 다른 사람과 공동체에 봉사하는 정신을 갖추고 실천하는 태도

48. 다음 중 공동체의 윤리 덕목 중 하나인 '책임'의 의미에 대한 설명으로 적절하지 않은 것은?

① 다른 사람을 비판만 하는 것은 문제를 해결하는 진정한 해결책이 될 수 없다고 믿는 태도

② 누구의 잘못인지에 상관없이 어떤 상황에 있어서도 내가 주체라고 생각하는 태도

③ 직업인으로서 개인의 이익보다 더 큰 조직이나 사회에 공헌할 수 있는 부분이 무엇인가에 대해 고민하는 태도

④ 나의 행동과 선택이 결과에 영향을 미칠 수 있다고 믿는 태도

⑤ 나의 업무는 나 자신보다는 남을 위하여 일하는 것이라는 태도

49. 다음 사례를 참고할 때, '봉사'의 의미로 올바른 것은?

> 소고기 전문점을 운영하는 Y씨는 지난 2월부터 인근 독거노인에게 하루 설렁탕 30그릇씩 한 달에 1천 그릇을 무상으로 제공하고 있다. 코로나19로 경로당이 폐쇄돼 끼니를 해결하기 어려운 노인이 늘었다는 소식을 듣고서다. Y씨는 "음식 장사를 30년 했지만 코로나 사태가 닥친 지금이 제일 힘들긴 하다."고 하면서도 "이제 은퇴가 머지않았는데 이때 아니면 언제 좋은 일을 할까 싶어서 결심했다. 음식 재료가 빨리 회전되니 장사에도 도움이 된다."고 호탕하게 웃었다. 코로나19 팬데믹으로 큰 폭의 매출감소를 겪으면서도 자신보다 더 어려운 이들을 위해 발 벗고 나서게 된 것이다.

① 시민으로서의 권리를 보장받고, 다른 사람의 권리를 보호해 주며 사회 질서를 유지하는 태도

② 사회 구성원으로서 신뢰를 형성하고 유지하는 데 필요한 가장 기본적이고 필수적인 규범

③ 명시화된 업무가 아니더라도 타인을 배려하고 자신을 희생하여 조직과 사회에 기여하는 태도

④ 공통된 생활방법으로 정립되어 관습적으로 행해지는 사회계약적인 생활규범

⑤ 직업에 대한 사회적 역할과 책무를 충실히 수행하며 맡은 업무를 어떠한 일이 있어도 수행해 내는 태도

50. 다음 글을 참고할 때, 직장 내 성희롱에 대한 인식과 그 판단 기준으로 적절하지 않은 것은?

> 여성가족부가 발표한 '2018 성희롱 실태조사 결과'에 따르면, 전체 응답자 약 1만 명 중 8.1%가 최근 3년간 직장에서 성희롱 피해를 경험한 적이 있다고 응답했다. 성희롱은 '업무와 관련하여 성적 언어나 행동 등으로 굴욕감을 느끼게 하거나 성적 언동 등을 조건으로 고용상 불이익을 주는 행위'이다. 형사처벌 대상으로서의 범죄행위인 '성추행'이나 '성폭행'과는 구분되어 형사처벌 대상은 아니지만, 성희롱 행위에 대해 회사는 필요한 인사조치 또는 징계조치를 해야 하고, 피해자는 가해자에게 민사상 손해배상 청구할 수 있다. 어떤 행위가 성희롱이냐 하는 데 있어서 법률적인 기준의 특징은 가해자가 '의도적으로 성희롱을 했느냐'를 중시하는 것이 아니라, 피해자가 '성적 수치심이나 굴욕감을 느꼈는지 아닌지'를 중요한 기준으로 삼는다.

① 직장 내에서 성희롱 범죄가 발생하였을 경우, 가해자에 대해서는 법률적인 책임뿐 아니라 직장에서도 상응하는 징계가 이루어져야 한다.

② 성적 언동 및 요구는 성적 함의를 포함하는 언행과 요구 모두를 말한다.

③ 성희롱은 행위자가 성적 의도를 가지고 한 행동이냐를 가장 중요한 판단 기준으로 삼는다.

④ 성적 수치심은 성적 언동 등으로 인해 피해자가 느끼는 불쾌한 감정으로 그 느낌은 행위자가 아닌 피해자의 관점을 기초로 판단해야 한다.

⑤ 성희롱은 「남녀고용평등과 일·가정 양립 지원에 관한 법률」에 명문화되어 있으나 형사처벌 대상은 아니다.

51. 특정 분야에서 탁월한 업체의 방식에서 장점을 배워 자사 환경에 맞추어 재창조하는 과정을 벤치마킹이라고 한다. 다음 〈사례〉의 A 기업이 사용한 벤치마킹의 종류는?

사례

복사기 회사 A 기업은 복사기 시장점유율을 82%까지 차지할 정도로 시장 지배력이 강력한 기업이었으나, B 기업의 시장 진입으로 인해 시장점유율이 50%대로 떨어지는 위기를 맞았다.

B 기업은 A 기업에 비해 현저히 낮은 가격과 탁월한 기능으로 시장점유율을 늘려갔다. A 기업은 경쟁 당사자인 B 기업의 생산, 판매, 마케팅, 디자인 등을 분석하여 핵심 과제를 설정하고 실행하여 위기를 벗어났다.

---

① 내부 벤치마킹
② 간접적 벤치마킹
③ 글로벌 벤치마킹
④ 경쟁적 벤치마킹
⑤ 비경쟁적 벤치마킹

52. P 공사에 다니는 가 ~ 마 직원은 건강검진 결과 뇌심혈관 질환 발병의 위험요인이 있는 것으로 나타났다. 위험요인을 개인적 위험요인과 업무적 위험요인으로 구분할 때, 다음 중 개인적 위험요인에 해당하는 직원은? (단, 주어진 조건 이외의 것은 고려하지 않는다)

① 가 직원은 고혈압과 당뇨가 있어 위험하다는 지적을 받았다.
② 나 직원은 평소 과도한 업무량에 시달리고 있어 업무를 줄이라는 지적을 받았다.
③ 다 직원은 평소 직장 상사와의 인간관계에서 과도한 스트레스를 받고 있음이 지적되었다.
④ 라 직원은 평소 이황화탄소와 일산화탄소가 너무 많은 작업장에서 일하고 있음이 지적되었다.
⑤ 마 직원은 퇴근 후 직장 동료들과 시간을 보내는 일을 극도로 싫어하고 있음이 지적되었다.

53. ○○공사에서 근무하는 김 대리는 '저탄소 녹색도시로 탈바꿈하기 위한 계획'과 관련하여 보고서를 작성 중이다. (A)에 들어갈 계획기법으로 적절한 것은?

구분		계획지표	계획기법
탄소저감	에너지 절약 (Energy Saving)	토지이용	
		녹색교통	(A)
	에너지 순환 (Energy Recycling)	자원순환	
	에너지 창출 (Energy Cleaning)	에너지 창출	
탄소흡수	에너지 절약 (Energy Saving)	공원녹지	
		생태공간	

① 빗물 이용 ② 태양광, 태양열, 지열

③ 자연형 하천조성 ④ 자전거 활성화 시스템

⑤ 식목일 나무 심기

54. 4차 산업혁명의 디지털 전환은 두 가지 유형으로 구분할 수 있다. (A)에 해당하는 사례로 적절한 것은?

구분	유형 Ⅰ	유형 Ⅱ
혁신의 성격	존속성	파괴적 혹은 보완적
혁신의 주도	기존 업체(제조업체)	외부의 ICT 기업과 스타트업
주요 사례	(A)	파괴적 : (B)
		보완적 : (C)
혁신의 주안점	하드웨어 장비 제조역량과 소프트웨어의 결합	주로 소프트웨어적 혁신

① 핀테크 ② O2O

③ 스마트공장 ④ 디지털 헬스케어

⑤ 리걸테크

55. 다음은 기술능력의 향상을 위한 교육 방법을 정리한 내용이다. 밑줄 친 내용 중 적절하지 않은 것은?

방식	내용
전문연수원을 통한 기술과정 연수	– ① 다년간에 걸친 연수 분야의 노하우를 가지고 체계적이고 현장과 밀착된 교육이 가능하다. – ② 일반적으로 연수비가 자체적으로 교육을 하는 것보다 비싸지만, 고용보험 환급을 받을 수 있다.
E-learning을 활용한 기술교육	– 이메일, 토론방, 자료실 등을 통해 의사교환과 상호작용이 자유롭게 이루어 질 수 있다. – ③ 업데이트를 통해 새로운 교육 내용을 신속하게 반영할 수 있어 교육에 소 요되는 비용을 절감할 수 있다.
상급학교 진학을 통한 기술교육	– ④ 학문적이면서 최신의 기술의 흐름을 반영하고 있는 기술교육이 가능하다. – 원하는 시간에 학습을 할 수 없고 일정 시간을 할애해야 하며, 학습자 스스로 가 학습을 조절하거나 통제할 수 없다.
OJT를 활용한 기술교육	– 직장 상사나 선배가 지도·조언을 해 주는 형태로 훈련이 행하여지기 때문 에 교육자와 피교육자 사이에 친밀감이 조성된다. – ⑤ 지도자의 높은 자질이 요구되며 교육훈련 내용의 체계화가 어렵다.

직무 1 직무수행능력   01 ~ 10

01. 다음은 글의 서론에 해당하는 내용이다. 본론에서 필자가 다룰 사항과 거리가 먼 것은?

석유의 대체에너지로 오늘날 주목받고 있는 바이오연료는 오랜 연원을 가지고 있다. 1895년 독일의 루돌프 디젤이 개발한 바이오디젤은 디젤엔진의 연료로 사용되었고, 바이오에탄올은 1899년 포드사의 에탄올용 자동차 개발과 더불어 활용되었다. 1859년 시작된 근대석유산업의 역사와 비교하면 큰 차이가 없다. 그러나 휘발유와 경유 등 값싸고 성능 좋은 운송용 연료가 대량으로 보급되면서 바이오연료는 경쟁력을 상실했고 세간의 관심에서 멀어졌다.

오랜 기간 잊혔던 바이오연료 산업은 1973년 1차 오일쇼크를 계기로 회생의 전기를 마련하였다. 중동 산유국들의 원유금수(禁輸) 조치와 유가급등에 놀란 서방국가들이 대체에너지 개발에 나서면서 바이오연료가 유력한 대안으로 부상하였고, 2000년대 중반 고유가 시대의 개막과 환경문제의 본격적 대두는 바이오연료가 차세대 에너지원으로 뿌리내리는 데 결정적 역할을 하였다.

바이오연료는 지속가능하고 오염물질 배출이 적은 신재생에너지 중에서도 가장 중요한 에너지원으로 꼽힌다. 태양광, 수력, 풍력, 지열 등과 달리 운송연료로 사용이 가능하며, 지역발전과 농업분야의 고용창출·소득 상승 등 연관 산업에 미치는 파급효과도 크기 때문이다. 생산비용이 높고 에너지 효율성이 낮다는 점이 걸림돌이기는 하지만 이는 부단한 기술개발에 의해서 극복될 것으로 보인다.

바이오연료 산업은 최근 많은 어려움에 직면해 있다. 2014년 하반기 이후 지속되고 있는 저유가와 비전통원유인 셰일오일의 등장, OPEC의 생산경쟁 등은 대체에너지 개발 필요성을 저하시켰고, 각국의 에너지안보에 대한 경각심도 낮아졌다. 농산물을 에너지원으로 활용하는 데 따른 식량 부족 및 가격 불안정 문제 등도 아직 해결되지 않은 상황이다. 그럼에도 바이오연료 산업은 향후 발전 가능성이 높은 것으로 평가된다. 가격 순환주기에 비추어 고유가 시대가 언젠가는 다시 도래할 것이고, 갈수록 악화되는 지구 온난화 문제로 기후변화에 대한 글로벌 차원에서의 대응도 강화될 수밖에 없기 때문이다. 원유를 전량 수입에 의존하는 우리나라의 경우 특히 매력적인 에너지원이 아닐 수 없다.

① 바이오연료의 연관 산업과의 파급 및 고용창출 기대 효과
② 바이오연료의 탄생 배경과 타 에너지원과의 생산비용 비교
③ 각국의 바이오연료 기술개발 현황
④ 바이오연료와 타 에너지원과의 이산화탄소 배출량 비교
⑤ 우리나라의 에너지 사용 현황과 대체에너지의 필요성

02. 다음 중 ㉠에게 필요한 능력으로 추론할 수 없는 것은?

세계는 지금 지구 온난화의 주범인 온실가스를 줄이려는 노력을 경주하고 있다. 온실가스 중에 대표적인 것이 이산화탄소(CO_2)이다. 2005년 온실가스를 줄이기 위한 국제 협약인 교토의정서가 발효됨에 따라 의무 감축 국가들은 온실가스를 감축할 의무를 갖게 되었고 온실가스 배출량을 줄이기 위한 방법으로 온실가스를 배출할 권리를 사고파는 '탄소배출권 거래제'라는 제도를 도입함으로써 국가와 기업들이 다양한 온실가스 감축사업을 통해 온실가스를 줄이고, 감축한 만큼의 온실가스를 사용 또는 방출할 권리를 다른 국가나 기업에 매매할 수 있는 탄소 시장이 열리게 되었다.

호주는 사용하는 에너지의 대부분을 석탄을 이용한 화력발전소로부터 공급하는데, 석탄을 연소하면 불가피하게 대기 중으로 이산화탄소가 방출된다. 이때 사람들이 기존 전구를 에너지 절약형 전구로 교체하면 더 적은 양의 에너지를 사용하게 되므로 대기로 방출되는 이산화탄소량이 줄어든다. 따라서 기차역이나 쇼핑센터 주변에서 절전형 전구와 물 절약형 샤워헤드를 사람들에게 무료로 나눠 주어 그 사용량을 늘리면 이를 통해 사람들이 덜 방출한 이산화탄소가 탄소배출권(carbon credits)이라는 경제적 가치를 창출하게 된다. 전구와 샤워헤드 한 세트(전구 6개와 샤워헤드 1개)가 6 carbon credits의 가치를 가지는데 1 carbon credits는 12AUD의 가치를 가지므로 전구와 샤워헤드 한 세트는 72AUD의 가치를 가지게 된다. 이런 방식으로 국가 전체가 확보한 탄소배출권의 총량 범위 내에서 국가나 기업은 다른 나라나 기업에 탄소배출권을 판매할 수 있게 되는 것이다.

이러한 배경으로 성립된 탄소 시장에서 탄소배출권을 사고팔려는 국가나 기업 간의 거래를 주선하는 사람이 바로 ㉠탄소배출권 거래중개인이다. 탄소배출권 거래중개인은 탄소배출권 판매자와 구매자 정보를 확보하여 온실가스 저감 사업에 대해 조언하거나 사업에 직접 관여하는 등 고객 확보를 위해 다방면의 노력을 기울인다. 판매자와 구매자가 확보되면 협상을 체결하기 위해 적절한 매매 가격 산정이나 배출권 이전 및 발행의 보증 문제 등에 대해 조율한다. 거래에 따른 위험을 관리하는 방법을 찾아 고객에게 조언하는 것도 중요한 일이다. 이렇게 모든 것이 갖추어지면 최종적으로 감축분에 대해 구매 계약을 체결하게 된다.

① 많은 수의 잠재적인 판매자 혹은 구매자에 대한 정보를 확보하는 능력이 필요하다.

② 미래의 시장 수요를 예측할 수 있는 판단 능력이 필요하다.

③ 정부의 정책적 신호 등의 변화를 감각적으로 읽고 민감하게 대처할 수 있는 능력이 필요하다.

④ 영어 등 외국어 구사 능력이 필요하다.

⑤ 공식적으로 정해진 탄소배출권 가격을 정확히 파악하고 전달해야 한다.

03. 다음 글의 내용과 일치하지 않는 것은?

친환경 스마트시티는 기존 도시의 건물들이 친환경 에너지를 생산해 내는 주체가 된다. 친환경 에너지 자립형 건물들은 온실가스의 발생 원인 중 하나인 화력발전소를 대체한다. 건물의 벽면 및 창문 등을 태양광 발전이 가능하도록 활용하는 것이 핵심이다. 지구촌 이상기온 현상은 여름에는 폭염을, 겨울에는 혹한을 동반한다. 냉 · 난방이 동시에 가능한 삼중열병합 연료전지 기술이나 밤과 낮, 계절에 상관없이 태양열에너지를 저장해 필요할 때 사용할 수 있는 에너지저장장치(ESS) 기술 개발 또한 앞으로 미래 도시 설계에서 중요한 축을 차지할 것으로 보인다.

자동차에서 내뿜는 이산화탄소 등 각종 온실가스는 전기차, 수소차로 대체함으로써 감축시킬 수 있다. 수소전기차의 연료를 가정용 에너지로 전환하는 에너지저장기술(P2G)도 앞으로 더욱 발전시켜야 할 항목이다. 이에 우리 정부도 온실가스 감축을 위해 스마트 공장, 전기차 · 수소차 지원, 스마트 건축물 리모델링, 소규모 분산전원을 모아 전력을 거래하는 전력중개사업 등을 통해 온실가스 감소를 위한 정책을 적극 시행할 방침이다. 스마트 계량기 보급 사업과 신재생통합관제시스템 구축 사업도 함께 진행될 계획이다.

도시 자체를 '폭염 저감형'으로 설계하는 것도 폭염 등 기상이변을 막을 수 있는 또 하나의 해법이다. 현대 도시는 구조상 열 배출이 어렵다. 도시 내부의 열을 식히기 위한 냉방장치에서 발생되는 열은 도시 안에서 돌고 돌아 '열섬현상'이 발생한다. 악순환이 반복되는 것이다.

조○○ 울산과학기술원(UNIST) 도시환경공학부 교수는 실제로 도시가 도시 외곽에 비해 더 높은 온도를 유지하는 열섬현상이 발생하고 있다는 것을 울산 시내 44곳에 관측소를 설치해 알아냈다. 조 교수는 "열섬효과로 발생한 1.5도의 온도 차이는 도시 주요 도로 주변에 녹지를 확보해 개방하고 차로를 줄이고 보도를 넓히는 도로 개선 방법 및 바람길 확보 등의 도시 설계로 낮출 수 있다."고 지난 1일 발표한 연구논문을 통해 밝혔다.

박○○ 광주전남연구원 책임연구위원도 지난 2일 광주전남연구원이 발간한 '광전 리더스 인포(Info)'에 실은 보고서를 통해 1968년부터 50년간 광주 · 전남지역의 폭염 기간이 지속적으로 늘고 있음을 밝히고 폭염에 대비하기 위해서는 도시에 녹지 확대 및 바람길 조성 등 도시 자체를 폭염 저감형으로 만드는 노력이 필요하다고 강조했다.

① 스마트시티의 건축물은 태양열을 에너지원으로 활용하며 에너지 저장기술도 보유하게 된다.
② 스마트시티의 건축물로 도시의 열섬현상을 완화시키는 것은 불가능에 가깝다.
③ 스마트 건축물 리모델링의 주요 목적 중 하나는 온실가스 감축이다.
④ 차로를 줄이고 인도를 넓히는 것은 도시의 온도를 낮춰 줄 수 있는 방법이 된다.
⑤ 스마트시티의 건축물은 기상이변을 막는 데에도 도움이 된다.

04. 다음 글을 정리한 표에서 수정이 필요한 부분은?

스마트시티가 지역 경제 활성화를 위한 새로운 정책적 대안으로 떠오르고 있다. 교통 혼잡, 환경오염, 에너지 부족 등 도시 문제까지 해결할 수 있는 아이템으로 주목받으면서 지방자치단체들이 사활을 걸고 있다.

대구시는 2022년까지 수성알파시티 97만 9,000㎡에 사업비 560억 원을 들여 스마트시티 테스트베드를 조성한다. 수성알파시티는 정보통신망과 전기공사 등 기반공사를 마무리했고 공공시설과 산업연구시설, 주택건설용지 등 단지 인프라도 갖췄다. 올해는 10월까지 국제표준 사물인터넷(IoT)을 적용해 스마트 가로등과 지능형 도보 안전 시스템, 차량번호인식 CCTV 등 13개 서비스도 구축한다. 현재 새로운 인프라도 마련되고 있다. 2020년 착공 예정인 스마트 비즈니스센터는 도시 통합관제센터 기능과 빅데이터 관리, 창업 지원, 인재 육성, 홍보 및 체험시설을 갖춘다. 도시 일대를 자율주행 규제완화 구역으로 지정해 차량 시험 환경도 구축한다.

제주도도 스마트시티 구축에 뛰어들었다. 특히 관광지, 올레길 등을 중심으로 공공 무선인터넷 인프라를 확대하고, 공공 WiFi와 비콘 등을 통해 관광객 이동경로와 체류시간 등을 파악할 수 있는 데이터 분석 체계를 구축 중이다. 대중교통체계도 개편했다. 지난해 모든 버스에 공공 무선인터넷을 구축하고 수집된 데이터에 기반한 '수요 응답형' 대중교통 정책을 추진하고 있다. 또 데이터를 저장·분석할 수 있는 빅데이터 플랫폼을 구축해 버스·교통정보, 관광정보 등의 통합 데이터마트를 구축해 시각화하고 있다. 올해 제주도는 도항선·유람선 등 500개의 공공시설에 공공 무선인터넷 확대 구축을 추진함과 동시에 버스 WiFi에 고정밀 위성항법(GNSS)단말기 및 센서를 적용해 '버스 기반 이동형 IoT 플랫폼' 구축에 힘을 쏟을 계획이다.

화성시는 2040년을 목표로 '에코도시·스마트도시·연결도시' 발전 방안을 마련했다. 3대 목표를 구체화하기 위해 8대 중장기 추진전략을 설정하고 세부적으로 20가지 추진과제를 담았다. 특히 스마트도시 구축을 위해 안전한 도시 구현, 첨단기술 체험공간 조성, 주민이 편리한 생활기반 조성을 목표로 삼았다. 구체적 실현을 위해 안심귀가를 위한 공공 드론 도입 등 실행 방안을 마련할 계획이다.

구분	중장기 플랜
대구시	• ① 안심귀가를 위한 공공 드론 시스템 도입 • 차량번호인식 CCTV 구축 • ② 스마트 비즈니스센터 건설 및 단지 인프라 구축
제주도	• 공공 무선인터넷 인프라 확대 • ③ 최첨단 데이터 분석 체계 구축 • ④ 버스 기반 이동형 IoT 플랫폼 구축
화성시	• 안전한 도시 구현 • ⑤ 첨단기술 체험공간 조성 • 주민이 편리한 생활기반 조성

05. 다음 글을 읽고 추론한 내용으로 적절하지 않은 것은?

> 정부는 정부서울청사에서 제13차 도시재생 특별위원회를 열고, 「2018년도 도시재생 뉴딜사업 선정안」을 의결했습니다. 오늘 회의에서는 지난 제11차 도시재생 특별위원회에서 결정한 뉴딜사업 선정계획에 따라 2018년도 도시재생 뉴딜사업 총 99곳을 선정했습니다.
>
> 선정된 사업 중 파급효과가 큰 중·대규모 사업(경제기반형·중심시가지형) 20곳은 지역의 쇠퇴한 산업기반을 회복하도록 하여 지역경제 활력을 제고하고 지역 내 일자리를 창출할 계획입니다. 그 밖의 사업들은 지역주민들이 직접 사업효과를 체감할 수 있는 소규모 사업으로서 기초적인 생활인프라를 공급하고 지역 주민의 생활여건을 개선하게 됩니다. 정부는 이번 사업 선정을 토대로 지역밀착형 생활 SOC 투자를 본격화하여 주민들의 삶의 질이 높아질 수 있도록 범정부적 차원에서 역량을 집중할 계획입니다. 특히 부처 간 협업을 강화하여 주차장, 도서관, 체육시설 등 각 부처의 생활 SOC 투자를 도시재생과 연계하는 한편, 도시재생 뉴딜사업에 생활 SOC를 추가하여 지원하는 방안도 검토해 나갈 계획입니다.
>
> 전국적인 인구감소 지역 증가와 고령화 가속화 등에 따른 도시소멸 위기에 시급히 대응하기 위해 올해에는 99곳의 뉴딜사업을 선정하였습니다. 전체 사업의 약 70%(69곳)를 시·도에서 선정하게 하여 지역의 권한과 책임을 강화했으며, 나머지 약 30%(30곳)는 중앙정부에서 선정했습니다. 사업 선정 시에는 특정지역에 사업이 집중되지 않도록 지역 간 형평성을 고려하는 한편, 지역규모 및 사업준비 정도 등을 종합적으로 감안해서 선정했습니다. 다만 이번 뉴딜사업에 포함된 서울시의 경우 일부 지역이 투기지역으로 추가 지정되는 등 부동산시장이 과열양상을 보이고 있음을 감안하여 소규모 사업만을 승인하였으며 향후 부동산시장 과열 조짐이 나타나는 경우 활성화 계획 승인을 보류하고, 사업 추진시기를 조정하거나 선정을 취소하는 것을 조건으로 하였습니다.
>
> 이번 선정에서는 도시재생이 다양한 분야를 모으는 플랫폼 역할을 한다는 점을 감안해 관계 부처 협업을 강화했으며 99곳 중 80곳에서 관계부처 연계사업 382개가 포함됐습니다. 또한 더욱 다양한 지역별 맞춤형 사업이 추진될 수 있도록 공공기관 참여를 확대하여 금번 공공기관 제안사업의 경우 작년(2개)보다 많은 8개 공공기관이 제안한 15곳 사업이 선정됐습니다.

① 2018년 도시재생 뉴딜사업은 99곳으로 선정되었으며, 이 중 20곳은 중·대규모 사업으로 진행될 것이다.

② 정부는 이번 사업 선정 과정에서 주민들의 삶의 질이 높아질 수 있도록 도시재생 사업에 생활 SOC를 추가 지원하는 방안을 검토 완료하였다.

③ 지난해에는 전체 중 시·도에서 선정한 뉴딜사업 선정지의 비율이 올해보다 작았다.

④ 향후 뉴딜사업 선정으로 인해 서울시 부동산시장의 과열 조짐이 나타날 경우, 사업 선정을 취소할 가능성도 있다.

⑤ 도시재생은 다양한 분야를 아우르므로 여러 부처 간의 협력이 특히 강조되며, 정부 또한 이를 인지하여 400건에 가까운 관계부처 연계사업을 시행하려 한다.

06. 다음은 ○○공사의 신입사원 교육과정 중 에너지소비효율등급 표시제도에 대한 내용이다. 교육을 마친 직원들이 나눈 의견 중 교육내용과 부합하지 않는 의견은?

> 에너지소비효율등급 표시제도란 제품이 에너지를 얼마나 소비하는지 1등급부터 5등급까지 나누어 표시하는 의무적인 신고제도이다.
>
> 에너지소비효율등급은 제품 간의 비교를 통해 상대적으로 정해진다. 그래서 등급 기준은 품목마다 다르고, 같은 품목이라 하더라도 제품의 용량이나 크기에 따라 달라진다. 한국에너지공단의 자료에 따르면 42인치 텔레비전의 경우 월간 소비 전력량이 1등급은 43.7kWh/월, 5등급은 105.9kWh/월로 그 차이가 매우 크다는 것을 알 수 있다.
>
> 에너지소비효율등급 기준은 소비 전력량 외에도 제품의 기술 개발 수준과 시장 점유율 등을 고려하여 정해진다. 그런데 시간이 지나 기술이 발전하거나 소비효율이 높은 제품들의 시장 점유율이 높아지면서 1등급 제품이 많아지게 되면 이전보다 강화된 등급 기준을 정하게 된다. 그래서 새로운 기준이 적용되는 시점부터 생산된 제품은 같은 모델이라 하더라도 그 이전에 생산된 제품과 등급이 다를 수 있다.
>
> 에너지소비효율등급을 표시하는 이유는 소비자로 하여금 에너지소비효율이 높은 제품을 구입해 쓰도록 유도하기 위한 것이다. 그렇게 되면 생산자와 판매자 모두 에너지소비효율이 높은 제품을 생산하고 판매하게 된다.
>
> 에너지소비효율등급을 표시한 라벨을 보면 등급 표시 아래에 월간 소비 전력량, 이산화탄소 배출량과 연간 에너지비용 등의 정보도 표시되어 있다. 특히 이산화탄소 배출량을 표시하는 것은 제품을 사용할 때 지구 환경을 해치는 이산화탄소의 배출량을 보여 줌으로써 에너지 소비에 대한 경각심을 일깨워 주기 위한 것이다.

① 이번 교육을 통해 에너지소비효율등급을 정하는 기준이 절대적인 소비 전력량이 아니라 품목별 특징에 따라 제품 간 비교를 통해 상대적으로 정해진다는 것을 알게 됐어.

② 이번 달에 부모님께서 김치냉장고를 구입하신다는데 덕분에 전기료가 상대적으로 적게 나오는 제품을 골라 드릴 수 있게 되었어.

③ 김치냉장고의 기술 개발 수준이 일반 냉장고보다 더 높은 편이라는 전제하에 김치냉장고의 에너지소비효율등급이 일반 냉장고의 에너지소비효율등급보다 항상 더 높다는 것을 유념해야 해.

④ 우리 이모께서는 작년에 산 우리 집 TV와 동일한 모델을 구입하실 예정인데 그 사이에 에너지소비효율을 더 높이는 신기술이 다른 모델에 많이 적용되는 바람에 에너지소비효율등급이 낮아졌을 수 있을 것 같아.

⑤ 에너지소비효율등급을 표기함으로써 소비자는 단순히 소비 전력량뿐만 아니라 이산화탄소 배출량과 같은 환경 보호를 위한 정보를 함께 접할 수 있어 환경 보호를 위한 소비를 하는 데 도움이 되는구나.

07. 다음 글을 읽고 제안한 내용으로 적절하지 않은 것은?

> 저소득 가구의 주거면적이 넓어지고 가구원 수가 늘어난 현실을 반영해 에너지바우처를 활용한 지원 수준을 확대해야 한다는 지적이 나왔다. 에너지경제연구원이 최근 발표한 '저소득층 지원을 위한 가정용 냉난방 에너지 소비행태 분석' 보고서에 따르면 중위소득 30%와 국토교통부의 최저주거기준을 적용했을 때 저소득 가구가 실제 쓰는 난방 비용 대비 지원 수준이 50 ∼ 80%에 그치는 것으로 분석됐다.
>
> 가구원 수별로 보면 1인 가구는 지원액이 실제 비용의 88.7% 수준이었고 2인 가구는 67.9%, 3인 가구는 59.9%로 추산됐다. 4인 가구의 경우 지원액은 3인 가구와 동일하지만 실제 에너지 비용은 3인 가구보다 많아 비용 대비 지원액 수준이 51.8%에 불과했다. 연구진은 "일반적으로 저소득 가구에 대한 현물지원은 발생한 비용 전액보다 조금 낮은 수준으로 지원하는 것이 적절하다."며 1인 가구에 대한 지원 수준이 적절하다고 평가했다. 다만 "가구원 수가 추가될수록 에너지 비용과 지원액 사이의 차이가 확대됐다."면서 2인 이상 가구에 대한 지원 규모 조정이 필요하다고 지적했다. 연구진은 또 "현재는 3인 이상 가구에 대해 가구원 수와 관계없이 동일한 금액을 지원하고 있으나 4인이나 5인 이상 가구로 구분을 확대하는 방안을 검토해야 한다."고 덧붙였다.
>
> 연구진은 중위소득 50%와 최저주거기준보다 20% 넓은 면적을 기준으로 했을 때 에너지 비용 필요액과 부족액도 함께 계산했다. 소득 기준을 교육급여 대상 수준으로 맞추고 실제 가구의 주거면적이 최저주거기준보다 넓다는 점을 반영해야 한다고 본 것이다. 이 경우 가구별 에너지 비용 대비 지원액 수준은 1인 가구 77.8%, 2인 가구 59.5%, 3인 가구 52.6%, 4인 가구 45.5%로 중위소득 30% 및 최저주거기준을 적용했을 때보다 최대 10%p 이상 낮아졌다. 연구진은 가구당 지원 부족액을 에너지바우처 지급액 조정을 통해 해결하는 것이 가장 합리적이라고 제언했다. 에너지바우처가 가구원 수를 고려해 지원에 차등을 두고 있어서다.
>
> 에너지 지원 기준을 '중위소득 50%와 최저주거기준 20% 확대'로 적용할 경우 에너지바우처 지급액을 조정하는 데 추가로 들어가는 예산은 290 ∼ 320억 원으로 추산됐다. 연구진은 "이 정도 규모는 현재 에너지 및 자원사업 특별회계 재정수지 상황을 고려할 때 부담이 되지 않는다."며 "다만 현재의 에너지바우처 사업 예산 규모에 비하면 큰 폭의 증액이 필요하므로 2 ∼ 3년에 걸쳐 단계적으로 증액하는 방안을 고려할 필요가 있다."고 말했다.

① 저소득층에 대한 지원 기준인 중위소득과 주거면적 수준을 현실화하여 비용 대비 지원금액 비율을 조정할 필요가 있습니다.

② 가구원 수가 늘어날수록 제도 도입의 목적과 현실의 괴리가 크게 나타나는 상황입니다.

③ 연구진의 지적에 따라 제도를 개선하면 가구원 수가 증가함에 따라 에너지바우처 지급액이 증가하는 구간이 확대될 것입니다.

④ 에너지바우처 사업 예산 규모를 고려할 때 저소득 가구에 대해서는 발생한 비용의 전부를 지원하는 현물지원 방식이 적합합니다.

⑤ 저소득층 대상 에너지바우처 지원 수준이 현실 변화를 반영하지 못하고 대응성이 떨어진다는 지적이 있습니다.

08. 다음 글을 이해한 내용으로 적절한 것은?

> 국토교통부와 ○○공사는 2017년 12월에 선정한 도시재생 뉴딜 시범사업지 통영에서 첫 사업으로 '통영 리스타트 플랫폼' 내부 리모델링에 착수하여 19년 하반기 개소한다고 밝혔다. 통영은 주력사업인 조선업 쇠퇴로 경제에 큰 어려움을 겪고 있는 산업위기 · 고용위기 지역으로, 도시재생 뉴딜사업을 통해 지역경제 회복을 지원하고 도시 활력을 제고하고자 통영 리스타트 플랫폼 사업을 조기에 추진하게 되었다.
>
> 통영 리스타트 플랫폼은 폐조선소 부지 내 기존 건물을 활용하여 청년과 조선소 실직자들을 위한 창업 · 취업교육을 지원하고, 지역주민과 관광객을 위한 문화 · 예술 관련 프로그램 등을 운영할 수 있는 창업지원센터 및 다목적 공유 공간으로 쓰일 계획이다. 또한, 운영 인력에 지역 주민을 우선 채용하여 지역 일자리를 창출하고, 청년 창업자 및 사회적 기업 등에게 창업 시제품 판매, 관광 콘텐츠 사업 등을 위한 공간을 저렴한 임대료로 제공할 계획이다.
>
> 통영의 도시재생 활성화 계획은 12월 18일 도시재생특별위원회 심의를 통해 국가 지원사항을 최종 확정하여 이번 달부터 사업을 본격 착수하게 되었으며, 2023년까지 국비 250억 원, 지방비 471억 원, ○○공사 투자 1,200억 원, 민간투자 2,800억 원 등 총사업비 약 5,421억 원 규모의 사업들이 추진될 예정이다.
>
> 2017년 12월 뉴딜 사업지 선정 이후 폐조선소 부지를 이듬해 4월에 ○○공사가 매입하였고 7월에 경상남도 − 통영시 − ○○공사 간 통영 재생사업 추진 기본협약을 체결하였으며, 9월에 폐조선소 부지 종합계획(마스터플랜) 국제공모에서 '캠프 마레'가 선정되어 이를 반영한 도시재생 활성화 계획을 수립하게 되었다.
>
> '캠프 마레(마레는 라틴어로 바다를 뜻함)'는 폐조선소 부지를 활용하여 인근 녹지의 그린네트워크와 바다의 블루네트워크를 연결하고, 기존 조선소 도크와 크레인을 보전 · 활용하는 특징을 가지고 있다. 역사 문화와 자연 환경이 공존하는 지속 가능한 도시재생 모델을 제시함으로써 기존의 국제 음악당, 케이블카 · 루지, 동피랑 마을 등과 함께 통영의 문화 · 예술 · 관광 벨트를 형성할 것으로 기대된다.
>
> 더 나아가 지역의 전통 · 문화 자원을 발굴하여 핵심 콘텐츠로 활용하기 위해 통영의 공예와 예술 등 전통적 공방을 모티브로 한 12개 교육 프로그램을 폐조선소 부지 내에서 운영할 예정으로, 이를 통해 통영 주민들의 일자리를 창출할 뿐만 아니라 방문객의 장기 체류형 관광을 유도하여 통영의 지역경제 활성화를 견인할 것으로 기대하고 있다.

① 도시재생 사업자로 선정된 통영 지역은 이전에 관광업 중심의 지역이었다.

② 통영 리스타트 플랫폼은 폐조선소 부지에 취업 지원 및 문화 · 예술 활동 공간을 지원하는 것을 바탕으로 한다.

③ ○○공사는 통영 도시재생 활성화 계획에 가장 많은 금액을 투자하였고, 이는 국가와 공공기관의 자본만으로 진행되는 국영사업이다.

④ 국제공모 당선작에는 기존 도크와 크레인을 철거하고 조각 작품을 설치할 계획이 담겨 있다.

⑤ 폐조선소 부지에는 국제음악당, 케이블카 · 루지 등의 문화 · 예술 · 관광 시설이 신출될 계획이다.

[09 ~ 10] 다음은 ○○공사의 인재채용 기준이다. 이어지는 질문에 답하시오.

채용분야	회계(6급)	분류 체계	대분류	02. 경영 · 회계 · 사무	
			중분류	03. 재무 · 회계	
			소분류	02. 회계	
			세분류	01. 회계 · 감사	02. 세무
주요사업	지역난방, 지역냉방, CES, 전력사업, 신재생에너지, 해외사업				
능력단위	• (회계 · 감사) 01. 전표관리, 02. 자금관리, 03. 원가계산, 04. 결산관리, 05. 회계정보 시스템 운용, 06. 재무분석, 07. 회계감사, 09. 비영리회계 • (세무) 01. 전표관리, 02. 결산관리, 03. 세무정보 시스템 운용, 04. 원천징수, 05. 부가가치세 신고, 06. 종합소득세 신고, 07. 법인세 신고, 08. 지방세 신고, 09. 기타세무 신고, 10. 세무조사 대응, 11. 조세불복 청구, 12. 절세방안 수립				
직무수행내용	• (회계 · 감사) 기업 및 조직 내 · 외부의 효율적인 의사결정을 위한 유용한 정보 제공, 전표, 자금, 결산 등을 관리 및 분석하며 제공된 회계정보의 적정성을 파악 • (세무) 세법범위 내에서 기업 활동과 관련된 조세부담을 최소화시키는 조세전략 수립, 정확한 과세소득과 과세표준 및 세액을 산출하여 과세당국에 신고 · 납부하는 업무 수행				
전형방법	서류전형 → 필기전형 → 면접전형 → 합격자 발표 → 신체검사 · 신원조회 → 인턴 → 임용				
교육요건	학력	무관(4년제 대학졸업 수준 능력 소지자)			
	전공	무관			
필요지식	• (회계 · 감사) 기업실무에 적용되는 회계 관련 규정, 계정과목에 대한 지식, 재무제표 및 재무비율에 대한 지식, 원가관리, 손익분석, 원가분석 등 회계분석을 위한 기초 지식, 재무제표 작성 지식 등 • (세무) 교환거래, 손익거래, 혼합거래, 세무정보시스템에 대한 이해, 각 세법(부가가치세, 법인세, 소득세, 종합부동산세) 관련 규정, 세무 회계 구조 이해, 조세불복 청구 관련 법령 및 절차 이해 등				
필요기술	• (회계 · 감사) 재무제표 작성, 자금관리 및 관련 문서 작성 방법, 원가계산능력, 손익산정능력, 회계 관련 분석프로그램 활용능력, 자산 · 부채평가능력, 내 · 외부감사 준비능력, 내부감사 결과 보고서 작성 능력 등 • (세무) 세무 관련 증빙서류 관리 관련 규정, 전표 작성 능력, 세무정보시스템 운용 능력, 세무신고 및 관련 자료 작성 능력 등				
직무수행태도	(공통) 규정 준수에 대한 의지, 수리적 정확도를 기하려는 자세, 원활한 의사소통 자세, 적극적인 협업 태도, 객관적/체계적 분석 태도, 세심한 자료 정리 태도, 종합적인 판단력 등				
필요자격	유효 영어성적 보유자(TOEIC 기준 700점 이상)				
직업기초능력	의사소통능력, 수리능력, 문제해결능력, 대인관계능력, 조직이해능력, 직업윤리				

09. 다음 중 인재채용 기준을 바르게 이해한 것은?

① 각 분야별 인재채용 기준으로 누구나 응시가 가능하다.

② 블라인드 채용으로 서류전형 없이 필기와 면접으로 채용하게 된다.

③ 전공과 학력은 무관하나 일정 수준의 능력을 보유한 자를 채용하게 된다.

④ 회계 및 세무 관련 자격증을 보유한 자를 채용하게 된다.

⑤ 회계 관련 경력과 지식을 갖출 것을 요구하는 채용 기준이다.

10. 제시된 채용 기준에 따를 때, 채용될 수 없는 사람은? (단, 언급되지 않은 기준은 모두 충족하는 것으로 가정한다)

① NCS 영역 중 의사소통능력과 문제해결능력에 뛰어난 자질을 보이는 회계사 자격증 보유자 A 씨

② 세무 · 회계 관련 경험과 능력이 출중하며 TOEIC 점수가 680점인 B 씨

③ 자료 정리와 종합 판단력이 뛰어나며 회계 마인드가 남다른 C 씨

④ 검정고시 출신으로 지방의 M 대학 석사를 마친 회계학 전공자 D 씨

⑤ 경쟁사 회계팀 근무 경력이 있고 세무신고 관련 지식이 풍부한 E 씨

01. 다음 빈칸에 들어갈 단어로 적절한 것은?

> 한국과학기술원 수소 · 연료전지연구팀은 암모니아를 수소와 질소로 분해하는 촉매의 효율을 높이고 저렴하게 생산할 수 있는 수소분리막 소재를 개발, 암모니아로부터 수소를 생산하는 반응과 동시에 자체 개발한 저가금속 기반의 분리막으로 고순도 수소를 (   )하는 기술을 개발했다고 밝혔다.

① 추출(抽出) ② 차출(差出) ③ 착취(搾取)
④ 체취(體臭) ⑤ 채취(採取)

02. 문맥상 ㉠에 들어갈 어휘로 적절한 것은?

> 정부 정책이 추구하는 궁극적 목표는 '국민의 행복 추구'이다. 개인의 행복을 결정하는 요소는 매우 다양하다. 소득 수준, 직업, 주거 환경 등 경제적 측면뿐 아니라 학업 수준, 혼인 여부, 고용 형태 등 사회적 조건 모두가 행복 및 불행을 결정한다. 나아가 가족관계, 인간관계 등에서 비롯되는 개인의 주관적 감정 역시 행복에 영향을 미친다. 따라서 국민의 행복 증진을 위해서는 먼저 '행복에 대한 (㉠   )인 이해'에서 벗어나야 한다. 소득 불평등 해소는 행복 증진의 가장 실제적인 요소이다. 정부의 주요 목표가 국민 행복 증진이라면, 소득 불평등 해소를 위한 구체적 정책 방향을 모색해야 한다.

① 관념적 ② 구체적 ③ 방어적
④ 사회적 ⑤ 합리적

03. 다음 ㉠ ~ ㉤ 중 문맥에 맞게 쓰인 단어가 아닌 것은?

사실 에너지 4.0은 관련 업계에만 국한된 문제가 아니다. 공급자뿐만 아니라 에너지를 사용하는 수요자, 즉 모든 국민이 에너지 생산에 커다란 영향을 준다. 배터리 기술이 발전하고 있다지만 전력은 여전히 저장성이 상당히 낮은 수준이고, 따라서 결국 사람들의 수요에 의해 공급량이 결정되기 때문이다. 고로 에너지 공급의 ㉠효율성(效率性)을 높이려면 가장 먼저 에너지 수요를 면밀하게 분석할 필요가 있다. 개개인이 사용하는 전력량을 완벽하게 파악하지는 못하더라도, 각 집이나 기업에서 사용하는 에너지양과 세부 소비 패턴은 충분히 파악할 수 있다. 양방향 정보통신기술(ICT)의 발달 덕분이다. 스마트계량기를 달면 몇 시부터 몇 시까지 전력이 많이 사용되는지, 전력이 거의 사용되지 않는 때는 언제인지 세밀하게 알 수 있고, 이에 발맞춰 에너지 생산량을 ㉡수동적(受動的)으로 늘리고 줄일 수 있다.

전력 공급 업체는 전력의 생산·공급·수요 정보를 한데 모아 빅데이터를 구축한다. 가까운 예로, ○○공사에서는 연간 3조 4천억 건에 달하는 전력 데이터가 쌓인다. 이를 세세하게 분석하면 ㉢신뢰성(信賴性) 높은 전력 공급 예측량을 얻을 수 있고, 전력 공급량을 적절한 수준으로 조절할 수 있다. 또한 발전소의 각 설비와 주변에 스마트센서를 부착함으로써 온도·진동·주변 상황 등에 대한 ㉣객관적(客觀的) 정보를 실시간으로 받아 볼 수 있고, 설비에 이상이 생기기 전에 부품 교체·정비·순환 발전 등을 시행하며 한층 효율적으로 전력을 생산할 수 있다. 전력 사용량이 갑자기 늘어나면 소비자 각 집이나 기업에게 사용량을 줄여달라고 요청하고, 이에 상응하는 보상안을 제공할 수도 있다.

한편 전력 사용자들은 집안 곳곳에 구축된 사물인터넷과 인공지능을 통해 전력을 똑똑하게 소비할 수 있다. 방에 사람이 없으면 자동으로 불이 꺼지고, 전기료가 싼 시간대에 알아서 세탁기를 돌리는 식이다. 4차 산업혁명의 핵심 기술 덕분에 전기료와 낭비되는 전력을 ㉤효과적(效果的)으로 아낄 수 있게 되었다.

---

① ㉠   ② ㉡   ③ ㉢

④ ㉣   ⑤ ㉤

04. 다음 글을 읽고 이해한 내용으로 적절한 것은?

그동안 인류 역사에서 여러 윤리 체계가 제시되어 왔다. 공리주의는 최대 다수의 최대 행복을 도모하는 행위가 선하다고 보지만, 신공리주의 윤리는 행복의 최대화보다는 고통의 최소화가 더 중요하다고 주장한다. 이타주의는 남의 이익을 자기 이익보다 우위에 놓는 원칙이며, 이기주의는 반대로 자신의 이익을 앞세우는 윤리 체계이다.

여기서 주목해야 할 것은, 전통적인 윤리 체계에서는 사람과 사람 사이의 갈등을 해소하기 위한 원칙만을 문제 삼았다는 점이다. 그러나 20세기에 대두된 환경 문제는 사람 사이의 갈등이 주제가 아니라 사람과 동물, 사람과 식물, 그리고 사람과 무생물인 강산 사이의 관계가 문제가 된다. 그러므로 환경 윤리는 사람과 자연물과의 관계를 대상으로 한다는 점에서 새로운 차원의 윤리라고 볼 수 있다. 환경 윤리의 전개를 위해서 중요한 질문은 '자연물에 어떠한 가치가 있는가?'이다. 물론 자연물에는 인간을 위한 유용한 가치가 있다. 집, 옷, 식량 등은 모두 자연이 제공하는 것이다. 아름다운 강과 산은 인간에게 휴식처를 만들어 주고, 곰팡이나 약초 등은 인간에 유익한 많은 의약품을 제공했으며, 의약품의 안전성을 검사하는 데에는 생쥐가 사용되므로, 동식물을 포함한 자연물은 인간을 위한 도구적 가치를 지니고 있다고 말할 수 있다.

자연물이 도구적 가치를 지니고 있다는 사실을 인정하는 것만으로도 우리는 환경 윤리를 확립할 기초를 발견할 수 있다. 한 동물종으로서 인간은 먹이 사슬의 아래 단계를 차지하는 동식물 없이는 살아갈 수 없다. 그러므로 숲의 파괴를 막고 새와 어족을 보호하는 것은 인간에게 이로운 행위이며, 동식물의 생활 근거지인 땅과 물을 황폐화하지 않는 것은 결국 인간을 위한 것이다. 희귀종인 식물을 멸종시키지 않는 것도 마찬가지이다. 언젠가는 인간의 병을 치료할 특이한 물질이 그 식물에서 발견될지도 모르므로 일단은 보호하는 것이 인간에게 도움이 된다고 볼 수 있다.

새로운 환경 윤리에 따르면 자연물은 인간을 위한 도구적 가치뿐만 아니라 내재적 가치를 지니고 있다고 본다. 자연물에 내재적 가치가 있다함은 그것이 다른 존재를 위하여 유용하기 때문에 가치로운 것이 아니고, 자연물 그 자체의 존재에 존엄한 가치가 포함되어 있다는 것을 말한다. 여기에는 현대의 생명과학에서 밝혀진 사실, 즉 자연계는 무기물과 유기물, 식물과 동물, 그리고 인간이 물질 대사를 통하여 상호 의존하고 있는 하나의 생태계를 이루며, 국지적으로 한 요소의 단절은 그 지역 생태계의 파괴를 일으킨다는 사실이 크게 작용하였다.

동양 사상에서는 자연을 존중하며, 인간과 자연을 주관과 객관으로 엄격히 구별하지 않았다. 인간을 자연의 일부로서 간주하고, '자연에서 태어나 자연으로 돌아간다'라는 평범한 명제가 순순히 받아들여졌다. 서구인들은 인간의 힘으로 자연을 정복할 수 있다고 보았지만, 동양인들은 자연에 비하면 인간은 미미한 존재라고 생각하여 자연과의 조화를 추구했다. 이러한 사상은 단편적으로 동양화에 잘 나타나 있다. 커다란 화폭에 산과 구름, 나무와 강이 펼쳐진 한편에 자연스럽게 사람이 그려져 있는 것이다.

① 동양 사상은 자연물의 도구적 가치를 경시한다.

② 전통적인 윤리 체계에서는 자연물의 가치를 고려하지 않았다.

③ 신공리주의는 자신의 이익보다 타인의 이익을 우위에 놓는다.

④ 환경 윤리는 자연물이 가진 도구적 가치를 가장 중시한다.

⑤ 현대 생명과학은 새로운 환경 윤리의 내용과 상반된다.

05. 다음 글을 읽고 ㉠에서 말하는 세 요소를 고르면?

1941년 12월의 진주만 공격으로 대규모 함대 전력을 상실한 미국은 태평양 전쟁 초반부터 막강한 해군력을 가진 일본에 밀렸다. 이 전세가 180도로 바뀌게 된 계기가 1942년 6월의 미드웨이 해전이었다. 단 수십 분 만에 침몰한 항모 3척을 포함해서 전투에 참여한 전체 항모 4척을 잃었으며, 250여 대의 전투기가 파괴되었다. 미드웨이 해전을 계기로 일본은 해상전력에 심대한 타격을 입게 되고, 이는 일본이 2차 세계대전에서 패전하게 되는 결정적인 계기가 됐다.

일본이 미드웨이 해전에서 패하게 된 원인을 간략히 살펴보면 첫째, 정보 수집력에 있어서 미국과 일본 사이에 현저한 차이가 존재했다는 점이다. 당시 미국은 일본의 암호를 85% 이상 해독한 상태였기 때문에 적의 전략을 꿰뚫어 볼 수 있었고 일본군이 미드웨이 섬으로 향하고 있다는 것도 알았다. 반면 일본은 그러한 정보력이 없었다. 미군이 일본 항모를 먼저 발견해 공격할 수 있게 된 것도 지속적인 정찰과 정보수집 활동 때문이었다. 둘째, 당시 미국의 니미 츠 제독에게는 있었지만 일본 해군의 야마모토 제독에게는 없었던 게 있다. 바로 데블스 애드버킷(Devil's advocate)이다. 로마 카톨릭에서 유래된 데블스 애드버킷은 어떤 사안에 대해 일부러 반대 입장을 취하도록 역할을 부여받은 사람을 의미한다. 야마모토 제독이 미드웨이 작전에 돌입할 때 그의 참모들이 일본 해군의 재정비와 휴식이 필요하다고 건의했지만 그는 자신의 권력과 지위로 작전을 강행했다. 반면, 니미츠 제독은 의사결정 중간 중간에 참모들이 수집한 정보력을 바탕으로 치밀하게 검토한 작전을 감행했다. 셋째, 파일럿이 현장에서 기지를 발휘해 작전을 수행할 수 있도록 재량권을 주고 사기를 북돋우는 환경이 미군에게는 있었다. 미드웨이 해전사를 보면 이와 같은 에피소드는 너무 많아 일일이 소개하기 힘들 정도다.

이상에서 언급한 미드웨이 해전의 성공 요소를 정책 분야에도 적용해 볼 수 있을 것이다. 결론적으로 말해 ㉠<u>정책의 수립과 시행이 성공하기 위해서는 위에서 언급한 세 요소가 필요</u>하다고 하겠다.

보기

ⓐ 의사결정 단계에서 반대 의견을 자유롭게 개진할 수 있는 환경이 필요하다.

ⓑ 집단적 의사결정에서 발생할 수 있는 쏠림 현상을 막을 수 있는 리더가 필요하다.

ⓒ 정밀하고 광범위하게 수집된 정보를 분석하는 과정이 필요하다.

ⓓ 보유한 자산의 장점을 최대화하고 단점을 최소화하는 자산의 활용도 향상이 필요하다.

ⓔ 참여구성원에 적절한 재량권을 부여하고 이들의 사기를 돋우는 노력이 필요하다.

---

① ⓐ, ⓑ, ⓒ   ② ⓐ, ⓒ, ⓓ   ③ ⓐ, ⓒ, ⓔ

④ ⓑ, ⓒ, ⓓ   ⑤ ⓑ, ⓒ, ⓔ

[06 ~ 07] 다음 글을 읽고 이어지는 질문에 답하시오.

중세부터 르네상스 시대에 이르기까지 생리학 분야의 절대적 권위는 2세기경 그리스 의학을 집대성한 갈레노스에게 있었다. 갈레노스에 따르면, 정맥피는 간에서 생성되어 정맥을 타고 온몸으로 영양분을 전달하면서 소모된다. 정맥피 중 일부는 심실 벽인 격막의 구멍을 통과하여 우심실에서 좌심실로 이동한 후 거기에서 공기의 통로인 폐정맥을 통해 폐에서 유입된 공기와 만나 동맥피가 된다. 그 다음에 동맥피는 동맥을 타고 온몸으로 퍼져 생기를 전해주면서 소모된다. 이 이론은 피의 전달경로에 대한 근본적인 오류를 포함하고 있었으나 갈레노스의 포괄적인 생리학 체계의 일부로 권위 있게 받아들여졌다. 중세를 거치면서 인체 해부가 가능했지만, 그러한 오류들은 고대의 권위를 추종하는 학문 풍토 때문에 시정되지 않았다.

16세기에 이르러 베살리우스는 해부를 통해 격막에 구멍이 없으며, 폐정맥이 공기가 아닌 피의 통로라는 사실을 발견했다. 그 후 심장에서 나간 피가 폐를 통과한 후 다시 심장으로 돌아오는 폐순환이 발견되자 갈레노스의 피의 소모 이론은 도전에 직면했다. 그러나 당시의 의학자들은 갈레노스의 이론에 얽매여 있었으므로 격막 구멍이 없다는 사실로 인해 생긴 문제, 즉 우심실에서 좌심실로 피가 옮겨 갈 수 없는 문제를 폐순환으로 설명할 수 있다고 생각하였다.

이러한 판도를 바꾼 사람은 하비였다. 그는 생리학에 근대적인 정량적 방법을 도입했다. 그는 심장의 용적을 측정하여 심장이 밀어내는 피의 양을 추정했다. 그 결과, 심장에서 나가는 동맥피의 양은 섭취되는 음식물의 양보다 훨씬 많았다. 먹은 음식물보다 더 많은 양의 피가 만들어질 수 없으므로 하비는 피가 순환되어야 한다고 생각했다. 그는 이 가설을 검증하기 위해 실험을 했다. 하비는 끈으로 자신의 팔을 묶어 동맥과 정맥을 함께 압박하였다. 피의 흐름이 멈추자 피가 통하지 않는 손은 차가워졌다. 동맥을 차단했던 끈을 약간 늦추어 동맥피만 흐르게 해 주자 손은 이내 생기를 회복했고, 잠시 후 여전히 끈에 압박되어 있던 정맥의 말단 쪽 혈관이 부풀어 올랐다. 끈을 마저 풀어 주자 부풀어 올랐던 정맥은 이내 가라앉았다. 이로써 동맥으로 나갔던 피가 손을 돌아 정맥으로 돌아온다는 것이 확실해졌다.

이 실험을 근거로 하비는 1628년에 '좌심실 → 대동맥 → 각 기관 → 대정맥 → 우심방 → 우심실 → 폐동맥 → 폐 → 폐정맥 → 좌심방 → 좌심실'로 이어지는 피의 순환 경로를 제시했다. 반대자들은 해부를 통해 동맥과 정맥의 말단을 연결하는 통로를 찾을 수 없음을 지적하였다. 얼마 후, 말피기가 새로 발명된 현미경으로 모세혈관을 발견하면서 피의 순환 이론은 널리 받아들여졌다. 그리고 폐와 그 밖의 기관들을 피가 따로 순환해야 하는 이유를 포함하여 다양한 인체 기능을 설명하는 새로운 생리학이 구축되었다.

06. 다음 중 '피의 순환 이론'의 성립이나 수용에 기여하지 않은 것은?

① 새로운 생리학의 구축
② 과학적 발견들과의 부합
③ 정량적 사고방식의 채택
④ 새로운 관찰 도구의 도입
⑤ 실험적 방법의 적극적 활용

07. 〈보기〉는 하비가 제시한 피의 순환 경로의 일부이다. 하비가 '끈 실험'에서 피의 순환을 차단했던 위치로 바른 것은?

보기

좌심실 $\xrightarrow{\text{㉠}}$ 대동맥 $\xrightarrow{\text{㉡}}$ 각 기관 $\xrightarrow{\text{㉢}}$ 대정맥 $\xrightarrow{\text{㉣}}$ 우심방

① ㉠, ㉡
② ㉠, ㉢
③ ㉠, ㉣
④ ㉡, ㉢
⑤ ㉢, ㉣

08. 다음 (가) ~ (라)를 〈보기〉에 제시된 소제목의 순서에 맞게 재배열한 것은?

(가) 온실가스 배출권을 적극적으로 확보하여 2015년 도입된 배출권거래제에 대응할 계획이며, 2025년까지 약 338만 톤의 온실가스 배출권을 확보할 계획입니다. 또한 2030년 BAU(Business As Usual) 대비 국내 감축목표 25.7% 달성을 위해 최선을 다하겠습니다.

(나) △△발전은 산업안전보건법에 따라 노동조합과의 단체협약에 안전보건과 재해보상에 대해 회사의 의무사항, 근로자의 건강에 대한 권리사항, 노동조합과의 협의사항 등의 내용을 담고 있습니다. 관계법령 및 단체협약에 따라 매분기 산업안전보건위원회를 5개 사업장에서 개최하고 있으며, 작업환경 측정 및 개선을 통하여 안전한 작업환경 구축에 노력하고 있습니다. 또한 직원건강 증진을 위해 본사 및 전 사업소에 보건관리자 9명을 선임하였으며, 협력업체를 포함하여 약 2,000여 명이 근무하는 보령의 경우 2명의 보건관리자를 운영하고 있습니다.

(다) 온실가스 감축 잠재량을 파악하고 경제적인 감축수단으로 노후설비 성능개선, 신재생에너지 개발, 이산화탄소 포집 및 저장기술 상용화 등에 2025년까지 8조 4천억 원을 투자하여 1,246만 톤의 온실가스를 감축할 계획입니다. 온실가스 감축 옵션별로 바이오매스 혼소에 1조 8천억 원, 신재생설비 확대 2조 6천억 원, 노후설비 성능개선 등에 1조 1천억 원을 투자할 계획입니다.

(라) 기후변화협약 체계적 대응, 녹색성장, 온실가스 감축 등을 위하여 조직정비 및 본사 처·실 간 업무분장을 조정하였으며, 탄소경영시스템을 효율적으로 운영하기 위하여 최고경영자부터 탄소담당 부서장까지 조직의 책임과 권한을 명확히 규정하였고 의사결정 주요 내용을 외부에 공개하고 있습니다.

보기

1. 기후변화 대응 역량 강화
2. 온실가스 배출권 확보
3. 기술개발 투자
4. 재난안전경영

---

① (가)-(라)-(다)-(나) ② (나)-(가)-(다)-(라)
③ (라)-(가)-(나)-(다) ④ (라)-(가)-(다)-(나)
⑤ (라)-(다)-(가)-(나)

09. 다음은 어느 자치단체의 일부 개정 조례안 입법예고의 한 부분이다. '개정 이유'에 들어갈 내용으로 적절한 것을 〈보기〉에서 모두 고르면?

〈○○시 야영장 관리 및 운영 조례 일부 개정 조례안 입법예고〉

1. 개정 이유
   ○ _____
   ○ 손해배상에 대하여 자치법규에서 이를 강제 규정하는 것은 부적절하다는 행정안정부의 권고에 따라 강제 문언을 개정하고자 함.

현행	개정안
제4조(예약) ① 사용자는 야영장 시설을 사용하고자 할 경우 사전 예약을 하여야 하며, 시설 사용예정일 30일 전부터 사용 예정일 2일 전까지 문서, 방문, 전화 또는 정보통신망 등으로 예약할 수 있다. 다만, 방문하여 예약하는 경우에는 사용 당일도 예약이 가능하다.	제4조(예약) ① 사용자는 야영장 시설을 사용하고자 할 경우 사전 예약을 하여야 하며, 시설 사용일 30일 전부터 이용을 시작하는 날까지 관리자가 운영하는 인터넷 등을 이용하여 예약할 수 있다. 〈단서 삭제〉 ② 사용자의 선발은 추첨으로 하며 ○○시에 주소를 두고 있는 ○○시민의 경우에는 우선 추첨 등 편의를 제공할 수 있다. 〈신설〉
제11조(손해배상 등) ① · ② (생략) ③ 관리자는 사용자의 부주의로 인하여 사용자 스스로 입은 손해에 대하여 책임을 지지 아니한다.	제11조(손해배상 등) ① · ② (현행과 같음) ③ 사용자는 시설 사용 시 부주의로 인하여 입은 손해에 대하여 책임을 질 수 있다.

보기

ⓐ 우선 추첨 등의 편의를 제공하여 ○○시민의 야영장 이용 기회를 확대하기 위하여
ⓑ 사용자의 사전 예약 및 취소에 따른 손해배상의 범위를 명확하게 하기 위하여
ⓒ 야영장 사용 예약과 관련한 현행 규정의 일부 미비점을 개선 · 보완하기 위하여
ⓓ 손해배상과 관련하여 관리자의 책임을 보다 강화하기 위하여

① ⓐ, ⓒ   ② ⓑ, ⓒ   ③ ⓐ, ⓑ, ⓓ
④ ⓐ, ⓒ, ⓓ   ⑤ ⓐ, ⓑ, ⓒ, ⓓ

[10 ~ 11] 다음 글을 읽고 이어지는 질문에 답하시오.

지라르에게 '모방 메커니즘'이라는 표현은 아주 다양한 현상을 포함하는 단어이다. 이 말은 모방적 욕망에서 시작하여 모방적 경쟁을 거쳐 모방위기 또는 희생위기로 격화되었다가 마침내 희생양의 해결로 끝나는 모든 과정을 가리킨다. 이러한 모방 메커니즘에 있어서 어떤 대상이 한 대상을 상대로 욕망을 가져야 하는데, 그러한 존재가 모델이 된다. 지라르는 모델의 존재에 대해서 다음과 같이 말한다.

욕망이 모방적이라면, 즉 모방에 의해 욕망이 생겨나면 주체는 그의 모델이 소유하거나 욕망하는 것을 욕망한다. 주체는 그의 모델과의 거리가 밀접할 수도 있고, 거리를 뛰어넘을 수 없을 수도 있다. 후자의 경우, 즉 주체와 모델 사이의 거리를 뛰어넘을 수 없는 경우 주체는 당연히 그의 모델이 소유하거나 욕망하는 대상을 소유할 수 없고, ㉠이때 모델과는 외적 중개의 관계만 맺게 된다. 말하자면 외적 중개는 갈등을 불러일으키지 않는다. 그와 반대로 내적 중개는 우리가 우리의 모델과 같은 사회적 환경에 살고 있다면, 다시 말해 모델이 우리의 이웃이라면 그가 소유하거나 욕망하는 대상을 우리도 소유하고 욕망할 수 있게 된다. 그러므로 내적 중개는 갈등 관계를 끝없이 계속 교체해 나아간다. 주체와 모델의 물리적·심리적 근접성 때문에 내적 중개는 갈수록 더 많은 대칭을 만들어 낸다. 그의 모델이 자신을 모방하는 만큼 주체는 모델을 모방한다. 결국 주체는 그의 모델의 모델이 된다. 그리하여 그들의 관계는 갈수록 더 많은 상호성 쪽으로, 더 많은 갈등으로 나아가게 된다. 지라르는 이것을 짝패(double)의 관계라고 부른다.

경쟁관계가 뜨거워지면 욕망의 대상은 사라지는데 이때 두 경쟁자를 사로잡고 있는 유일한 목표는 대상을 획득하는 것이 아니라 상대방을 이기는 것으로 바뀌게 되고 이렇게 되면 대상물은 별 의미도 없어지면서 그 갈등을 격화시킨 단순한 핑곗거리가 되고 만다. 이렇게 되면 경쟁자들은 갈수록 더 똑같은 사람이 되는데, 이런 상태가 바로 짝패이다.

그러므로 짝패는 본질적인 대상에 대한 존경심이나 욕망의 모습은 잊어버린다. 단지 서로 경쟁관계만 생각해서 경쟁이 과열되면 갈등만 증폭되는 그러한 모순에 빠지게 된다. 이러한 갈등이 증폭되면 짝패는 집단적 갈등 측면에서 서로 혼합되고 또는 서로 경쟁관계 속에서 모방위기를 겪게 된다. 이러한 모방위기는 항상 무차별의 위기이며, 주체와 모델의 역할이 이런 경쟁 상태로 변할 때 이 같은 무차별화가 생겨난다.

이러한 무차별화는 개인의 정체성을 약화시킨다. 자신의 존재적 위상을 위해서 모방하였는데, 나의 정체성이 사라지는 상황이 오는 것이다. 이렇게 공동체 안에 남은 갈등은 증폭된다. 모방을 부추기는 사회에서 내가 따라 할 수 없는 것들이 점점 더 많아지고, 따라 한다고 해도 나의 차별성은 삭제된다. 그러면서 갈등이 발생한다. 지라르는 이런 공동체의 위기가 닥칠 때 희생양 메커니즘이 작동한다고 보았다. 희생양 메커니즘이란 공동체가 어떤 존재를 희생시킴으로써 공동체의 위기 상황을 극복해 가는 희생제의 과정이다. 희생제의는 차이의 소멸로 생성된 극단의 무질서와 폭력의 에너지를 일정한 방향으로 배출시키는 일종의 '대체 폭력'으로, 위기에 빠진 집단의 내부적 폭력을 '정화'하는 기능을 말한다.

10. 다음 중 제시된 글에 대한 이해로 적절하지 않은 것은?

① 모방 메커니즘은 모방적 욕망에서 시작하여 모방적 경쟁을 거쳐 모방위기 또는 희생위기로 격화되었다가 희생양의 해결로 끝나는 모든 과정을 가리킨다.

② 주체와 모델은 그 사이의 거리가 밀접할 수도 있고 거리를 뛰어넘을 수 없을 정도로 클 수도 있는데 전자를 내적 중개의 관계에 있다고 하였으며 후자를 외적 중개의 관계에 있다고 하였다.

③ 외적 중개는 갈수록 더 많은 대상을 만들어 내는데 이때 주체와 모델의 관계는 더 많은 상호성을 가지게 되며 더 많은 갈등 관계로 나아간다.

④ 갈등의 관계가 증폭되면서 주체와 모델은 더욱 똑같은 사람이 되는데 이런 상태를 짝패라고 한다.

⑤ 주체와 모델은 모방위기를 겪게 될 때 항상 무차별의 위기가 나타나고, 이 무차별화는 개인의 정체성을 약화시킨다.

11. 다음 중 ㉠에 해당하는 사례로 옳은 것은?

① 친구가 가지고 있는 물건과 같은 모델의 가격을 살펴본다.

② 유명한 배우가 가지고 있는 명품 브랜드의 물건을 찾아본다.

③ 구매목록에서 동료의 물건과 같은 디자인의 물건을 제외한다.

④ 제품 후기를 살펴보고 그중 가장 가성비가 좋은 것을 사고 싶어한다.

⑤ 대중적으로 유행하는 브랜드의 물건은 되도록 구입하지 않으려 한다.

12. 다음 주어진 단위에 알맞게 변환할 때 빈칸에 들어갈 값은?

$$1\text{ha} = (\qquad)\text{m}^2$$

① 10   ② 100   ③ 1,000

④ 10,000   ⑤ 100,000

13. 다음 전개도로 만들어지는 입체도형의 부피는 얼마인가?

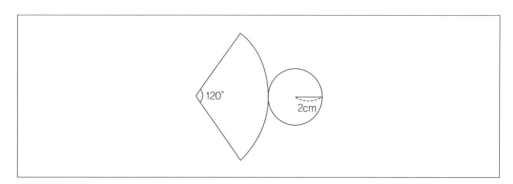

① $\dfrac{10}{3}\pi\,\text{cm}^3$ ② $\dfrac{14}{3}\pi\,\text{cm}^3$ ③ $\dfrac{16\sqrt{2}}{3}\pi\,\text{cm}^3$

④ $\dfrac{20\sqrt{2}}{3}\pi\,\text{cm}^3$ ⑤ $\dfrac{22\sqrt{2}}{3}\pi\,\text{cm}^3$

14. 다음 〈조건〉에 따를 때 행사장에 필요한 경호원은 최소 몇 명인가?

> **조건**
>
> • 행사장은 가로 120m, 세로 72m의 직사각형 모양이다.
> • 경호원은 행사장의 가장자리에 배치된다.
> • 경호원 사이의 간격은 모두 동일하며 5m 미만이다.
> • 직사각형 4개의 꼭짓점 위치에는 경호원이 배치되어야 한다.

① 84명   ② 88명   ③ 92명

④ 94명   ⑤ 96명

15. 부서에서 비밀번호를 복잡하게 설정하기 위해 숫자퍼즐을 활용하기로 했다. 다음과 같은 숫자 퍼즐에서 '?'에 들어갈 알맞은 숫자는?

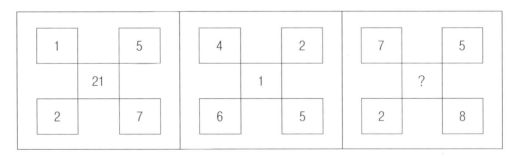

① 84   ② 86   ③ 88

④ 90   ⑤ 92

16. 다음은 ○○공사의 에너지원별 점유율과 전력생산비율 도표이다. 〈보기〉 중 도표에 대한 설명으로 옳지 않은 것을 모두 고르면?

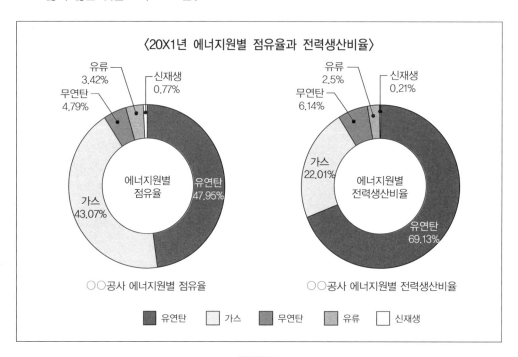

보기

㉠ 에너지원별 점유율은 가스와 유연탄이 90% 이상을 점유하고 있다.

㉡ 유연탄은 점유율과 전력생산비율의 폭이 가장 큰 에너지원이다.

㉢ 에너지원별 점유율 대비 전력생산비율이 가장 높은 에너지원은 유연탄이고, 가장 낮은 에너지원은 가스이다.

① ㉠   ② ㉡   ③ ㉢

④ ㉠, ㉡   ⑤ ㉡, ㉢

17. 다음 자료를 이해한 내용으로 옳지 않은 것은?

〈자료 1〉 20X0년 지역별 연구원

(단위 : 명, 만 원)

구분	서울	부산	대구	인천	광주	대전	울산	세종
연구원 수	110,080	14,683	11,453	18,435	8,485	34,509	7,372	3,562
1인당 연구개발비	9,524	8,457	10,441	12,962	9,844	21,079	10,872	13,154

구분	경기	강원	충북	충남	전북	전남	경북	경남
연구원 수	166,737	5,886	11,505	17,362	9,172	4,199	17,873	17,722
1인당 연구개발비	19,822	6,662	18,300	17,165	9,815	12,380	13,527	12,378

〈자료 2〉 20X1년 지역별 연구원

(단위 : 명, 만 원)

구분	서울	부산	대구	인천	광주	대전	울산	세종
연구원 수	118,541	14,371	11,781	19,635	7,722	35,745	7,807	4,109
1인당 연구개발비	11,110	9,765	10,508	12,978	10,273	21,537	9,349	11,772

구분	경기	강원	충북	충남	전북	전남	경북	경남
연구원 수	172,583	6,668	12,324	17,139	9,126	4,493	19,335	19,584
1인당 연구개발비	22,286	6,753	17,956	14,945	11,311	12,221	14,724	12,529

① 20X0년과 20X1년 두 해 모두 연구원 수가 가장 많은 지역은 경기이다.

② 서울, 대전, 세종 중 20X1년에 전년보다 연구원 수가 가장 많이 증가한 지역은 서울이다.

③ 20X1년에 전년보다 연구원 수가 감소한 지역은 4개이다.

④ 20X0년 세종의 총 연구개발비는 4,500억 원을 넘지 않는다.

⑤ 20X0년과 20X1년을 통틀어 총연구개발비가 가장 적은 지역은 20X0년도에 있다.

[18 ~ 19] 다음은 ○○발전소의 3 · 4호기 비상발전기 점검 현황 자료이다. 이어지는 질문에 답하시오.

〈202X년도 3 · 4호기 비상발전기 점검 현황〉

구분		점검 종류		실시 여부	미실시 사유
1월	첫째 주	주간점검		실시	
	둘째 주		월간점검	실시	
	셋째 주	주간점검		실시	
	넷째 주	주간점검		미실시	사유 모름
2월	첫째 주	주간점검		실시	
	둘째 주		월간점검	미실시	사유 모름
	셋째 주	주간점검		실시	
	넷째 주	주간점검		실시	
3월	첫째 주	주간점검		미실시	사유 모름
	둘째 주		월간점검	실시	
	셋째 주	주간점검		실시	
	넷째 주	주간점검		실시	
	다섯째 주	주간점검		미실시	사유 모름
4월	첫째 주	주간점검		미실시	사유 모름
	넷째 주	주간점검		실시	
5월	첫째 주	주간점검		실시	
	다섯째 주	주간점검		실시	
6월	첫째 주	주간점검		실시	
	둘째 주		월간점검	실시	
	셋째 주	주간점검		실시	
	넷째 주	주간점검		실시	
7월	첫째 주	주간점검		실시	
	둘째 주		월간점검	미실시	인력 부족
	셋째 주	주간점검		실시	
	넷째 주	주간점검		실시	
8월	첫째 주	주간점검		미실시	인력 부족
	둘째 주		월간점검	미실시	인력 부족
	셋째 주	주간점검		미실시	인력 부족
	넷째 주	주간점검		실시	
	다섯째 주	주간점검		미실시	인력 부족

9월	첫째 주	주간점검		미실시	인력 부족
	둘째 주		월간점검	미실시	인력 부족
	셋째 주	주간점검		실시	
	넷째 주	주간점검		미실시	인력 부족
10월	첫째 주	주간점검		미실시	인력 부족
	둘째 주		월간점검	미실시	인력 부족
	셋째 주	주간점검		미실시	인력 부족
	넷째 주	주간점검		실시	
계	주간점검	( )회		실시 ( )회, 미실시 ( )회	
	월간점검		( )회	실시 ( )회, 미실시 ( )회	

주) 1. 「발전설비 주기점검 리스트」에 따르면 매주 화요일은 비상발전기 기동상태를 점검, 매월 둘째 주 화요일은 비상발전기를 정상출력으로 전력계통에 연결하여 병입운전 실시

2. 202X년 4월 둘째 주와 셋째 주는 비상발전기 제어반 교체로 점검 불가, 202X년 5월 둘째 주, 셋째 주, 넷째 주는 비상발전기 제어반 교체에 따른 교육으로 점검 불가

18. 자료에 대한 설명으로 옳지 않은 것은?

① 실시 여부와 상관없이 점검 횟수는 주간점검 30회, 월간점검 8회이다.

② 월간점검을 실시한 횟수는 3회이다.

③ 주간점검 미실시 사유를 모르는 경우는 4회이다.

④ 주간점검을 미실시한 횟수는 11회이며, 월간점검을 미실시한 횟수는 5회이다.

⑤ 인력 부족으로 인한 미실시 횟수는 주간점검보다 월간점검이 많다.

19. 주간점검 미실시율과 월간점검 미실시율의 차이는 어떻게 되는가? (단, 소수점 아래 둘째 자리에서 반올림한다)

① 25.8%p ② 36.7%p ③ 45.6%p
④ 52.7%p ⑤ 62.5%p

20. 다음 자료를 바탕으로 보고서를 작성할 때, ㉠에 들어갈 수치로 적절한 것은?

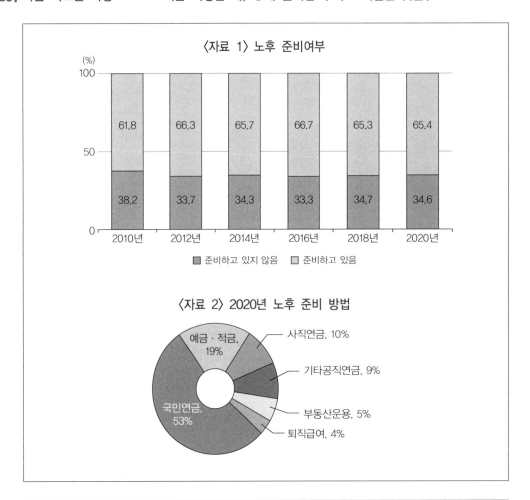

〈자료 1〉 노후 준비여부

〈자료 2〉 2020년 노후 준비 방법

　2020년 조사에서 노후를 준비하고 있다고 대답한 사람은 2010년보다 3.6%p 증가했다. 2020년 노후를 준비하는 사람들에게 노후 준비 방법에 대해 질문하였다. 국민연금으로 노후 준비를 하는 인원이 가장 많았으며, 이는 조사대상자 전체 중 약 ___㉠___에 해당한다.

① 6.3%　　　　　　② 9.8%　　　　　　③ 22.9%

④ 34.7%　　　　　　⑤ 53.5%

21. 다음 문장을 읽고 유추할 수 있는 내용으로 적절한 것은?

> - 신재생에너지팀에 근무하는 직원은 소각스팀을 생산하고, 소각열도 관리한다.
> - 기술지원을 하는 사람은 소각스팀을 생산한다.
> - 우드칩 영업을 하는 사람은 신재생에너지팀에 근무한다.

① 소각스팀을 생산하는 사람은 소각열을 관리하지 않는다.

② 소각열을 관리하지 않는 사람은 우드칩 영업을 하지 않는다.

③ 신재생에너지팀에 근무하는 직원은 기술지원을 하지 않는다.

④ 기술지원을 하지 않는 사람은 소각열을 관리한다.

⑤ 기술지원을 하는 사람은 신재생에너지팀에 근무하지 않는다.

22. 다음 중 한 명이 거짓을 말하고 있다고 할 때, 반드시 지각한 사람을 모두 고르면?

> - A : 저는 지각을 하지 않았습니다.
> - B : 저는 지각을 했습니다. 그리고 E도 지각을 했습니다.
> - C : 저는 E와 함께 5분 정도 지각을 하였습니다.
> - D : A는 진실만을 말하고 있습니다.
> - E : 저는 지각을 하지 않았습니다.

① A, B, C   ② A, D, E   ③ B, C, D

④ B, C, E   ⑤ C, D, E

23. 일미, 이현, 삼순 세 명이 동시에 가위바위보 게임을 1회 진행한다. 제시된 정보의 진위 여부가 정확하지 않다고 할 때, 〈보기〉의 추론 중 옳은 것을 모두 고르면?

[정보 1] 일미는 보를 냈고, 이현은 게임에서 이겼다.
[정보 2] 삼순은 게임에서 졌고, 이현은 게임에서 이겼다.
[정보 3] 이현은 가위를 냈고, 삼순은 주먹을 냈다.
[정보 4] 삼순은 일미와 같은 것을 냈다.

보기

A. [정보 1]이 참이라면, [정보 3]은 거짓이다.
B. [정보 3]이 참이라면, [정보 2]는 거짓이다.
C. [정보 1]과 [정보 2]가 모두 참이라면, [정보 4]도 참일 수 있다.
D. [정보 3]과 [정보 4]가 모두 참이라면, [정보 1]과 [정보 2] 두 정보는 모두 참이 될 수 없다.

① A, B
② A, C
③ A, B, D
④ B, C, D
⑤ A, B, C, D

24. 영업팀 사원 12명은 다양한 방법으로 출근을 한다. 출근하는 방법에 대한 〈정보〉가 모두 참일 때, 〈보기〉 중 항상 참인 추론은?

정보

• 사원들은 각자 대중교통, 자가용, 도보 중 한 가지 방법으로 출근을 한다.
• 자가용으로 출근하는 사람은 1명 이상이다.
• 도보로 출근하는 사람이 자가용으로 출근하는 사람보다 많다.
• 대중교통을 이용하는 사람이 도보로 출근하는 사람보다 많다.

보기

A : 도보로 출근하는 사람이 2명이라면 자가용으로 출근하는 사람은 1명이다.
B : 자가용으로 출근하는 사람이 3명이라면 대중교통으로 출근하는 사람은 6명이다.
C : 대중교통으로 출근하는 사람이 6명이라면 자가용으로 출근하는 사람은 2명이다.

① A
② B
③ A, C
④ B, C
⑤ A, B, C

25. ○○제품 공장 직원들은 8시간의 업무 시간 동안 2인 1조로 일해야 한다. 다음 〈조건〉을 바탕으로 할 때, 올바른 추론이 아닌 것은?

조건

- 업무시간은 총 8시간이며, 3시간마다 주근무자를 교대한다(업무 시작 3시간 뒤와 6시간 뒤, 총 2회 교대).
- 주근무자는 기사 자격증을 보유하여야 한다.
- 부근무자는 경력이 5년 이상이어야 하고, 4시간에 1번씩 교대한다(업무 시작 4시간 뒤, 총 1회 교대).
- 기사 자격증 보유자이면서 경력 5년 이상인 사람은 주근무를 먼저 한 후 부근무를 할 수 있다.
- 주근무와 부근무를 휴식시간 없이 연이어 할 수 없고, 주근무자 또는 부근무자가 되었던 사람은 반드시 근무를 쉬고 있던 사람과 교대하여야 한다.
- 처음 주근무자는 A이다.
- 직원 A, B, C, D에 관한 정보는 아래와 같다.

구분	기사 자격증 보유	경력 5년 이상
직원 A	○	○
직원 B	○	○
직원 C	○	×
직원 D	×	○

---

① 업무를 처음 시작할 때 직원 C는 휴식 중이다.

② 업무 시작 후 3시간이 지난 시점의 부근무자는 직원 D이다.

③ 직원 A는 경력 5년 이상임에도 불구하고 한 번도 부근무자가 되지 않았다.

④ 두 번째 주근무자가 될 수 있는 사람은 B 또는 C이다.

⑤ 직원 B와 직원 D는 함께 근무를 서지 않을 수도 있다.

[26 ~ 27] 다음 자료를 보고 이어지는 질문에 답하시오.

〈학생식당 운영 방식〉

• 매주 화요일은 사과를 제공하지 않는다.

• 동일한 과일을 연속해서 제공하지 않는다.

• 학생들에게 하루에 한 가지 과일만 제공한다.

• 학생식당은 쉬는 날 없이 주말에도 운영한다.

〈5월 달력〉

일	월	화	수	목	금	토
			1	2	3	4
5	6	7	8	9	10	11
12	13	14	15	16	17	18
19	20	21	22	23	24	25
26	27	28	29	30	31	

26. 학생식당에서는 매일 사과, 감, 오렌지 중 한 가지 과일이 디저트로 제공된다. 〈보기〉 중 5월에 제공되는 과일에 대한 추론으로 옳은 내용을 모두 고르면?

보기

㉠ 한 달 동안 사과는 최대 14일 제공할 수 있다.

㉡ 한 달 동안 오렌지는 최대 15일 제공할 수 있다.

㉢ 8일부터 16일 사이에 사과는 한 번도 제공되지 않을 수 있다.

㉣ 6일에 감이 제공된다면 7일에는 오렌지가 제공되어야 한다.

① ㉠, ㉡ ② ㉠, ㉢, ㉣ ③ ㉡, ㉢

④ ㉡, ㉢, ㉣ ⑤ ㉠, ㉡, ㉢, ㉣

27. 학생식당에서는 13일에 사과를 제공하기로 하였다. 〈학생식당 운영 방식〉을 모두 충족할 때, 5월 중 감을 최소로 제공하는 날은 총 며칠인가?

① 1일 ② 2일 ③ 3일
④ 4일 ⑤ 5일

28. 다음 명제를 참고할 때 참인 추론은? (단, A ~ E는 모두 제품을 구매하였으며, 제품의 구매에는 한 가지 요인만 영향을 미친다)

- A는 TV 광고, SNS 광고, 신문 기사를 통해 제품을 접했다.
- B는 TV 광고, 전문 블로거의 리뷰, 지인 소개를 통해 제품을 접했다.
- C는 전문 블로거의 리뷰, SNS 광고, 신문 기사를 통해 제품을 접했다.
- D는 전문 블로거의 리뷰, 지인 소개를 통해 제품을 접했다.
- E는 SNS 광고, 신문기사, 지인 소개를 통해 제품을 접했다.

① A, C의 경우만 고려한다면 신문 기사를 통해 제품을 접한 소비자는 제품을 구매한다.
② B, E의 경우만 고려하면 지인 소개는 제품 구매에 영향을 미치지 않는다.
③ D, E의 경우만 고려하면 전문 블로거의 리뷰는 제품 구매에 영향을 미친다.
④ A, B, D의 경우만 고려하면 TV 광고를 통해 제품을 접한 소비자는 제품을 구매한다.
⑤ B, C, D의 경우만 고려하면 전문 블로거의 리뷰를 통해 제품을 접한 소비자는 제품을 구매한다.

[29 ~ 30] 다음 글을 읽고 이어지는 질문에 답하시오.

한국의 영화 관객들에게 장르는 그다지 익숙하지 않은 주제다. 그러나 장르를 모르고서 현대 미국 영화를 제대로 이해하기란 거의 불가능에 가깝다. 어떤 문화 양식이라도 그것의 역사와 관습을 이해하는 것은 그 양식의 이해를 위해 필수적인 일이다. 장르의 중요성은 할리우드 영화가 장르적 전통을 통해 산업적, 미학적으로 발전되어 왔다는 점에 있다. 우리나라에서 이루어지고 있는 영화적 담론의 불행은 장르적 전통에 대한 통찰 없이 그 전통 위에 서 있는 영화를 읽어 내려고 한다는 것이다.

할리우드의 고전기라 불리는 1920년대부터 1960년대 초에 이르기까지 할리우드가 만들어 낸 대다수의 영화는 장르 영화였다. 영화를 궁극적으로 하나의 상품으로 취급하는 할리우드 영화 제작자가 장르 영화를 만드는 가장 중요한 이유는 상업적 안정성 때문이다. 하나의 영화 장르는 관객이 선호하는 것으로 드러나 있는 영화적 관습의 체계다. 장르 영화를 제작함으로써 영화 제작자는 일정한 수 이상의 관객 동원을 기대할 수 있다. 또한 비슷한 무대와 공간, 장비, 소품 등을 계속 사용함으로써 얻게 되는 경제적 효과도 무시할 수 없다.

할리우드 영화의 경이로운 점은 이 같은 상업적 고려에 의해 탄생한 장르를 통해 20세기 대중 예술의 가장 위대한 성취 가운데 하나를 이룩했다는 점일 것이다. 세계 영화의 거장 반열에 오른 존 포드, 오슨 웰스, 하워드 혹스 등의 감독들은 다름 아닌 장르 영화를 통해 세계의 대중들과 비평가들을 끊임없이 매혹시켜 왔다. 장르가 산업적 관심사일 뿐만 아니라 주요한 미학적 관심사가 될 수밖에 없는 이유다.

웨스턴, 갱스터, 뮤지컬 등 고전기의 주류 장르들이 뒷전으로 밀려난 것처럼 보이는 오늘의 할리우드 영화에도 장르적인 요소는 여전히 의미심장한 부분으로 남아 있다. 장르 영화를 통해 형성된 영화적 경험이 오늘의 영화 작가들을 지배하고 있기 때문이다. 감독이 자신의 영화적 경험을 작품에 어떻게 반영하고 있는가에 대한 분석은 이제 영화 비평의 주요한 과제가 되고 있다.

고전기 할리우드의 세계적 지배력을 상기한다면 이 같은 점은 할리우드뿐만 아니라 전 세계의 많은 감독들에게 적용된다고 볼 수 있다. 자신은 인생에 대해 아는 바가 거의 없으므로 결국 지금까지 본 영화들을 베낄 수밖에 없다고 시인한 적이 있는 장 뤽 고다르가 『네 멋대로 해라』를 『스카페이스』 등의 할리우드 갱스터 영화에 의존해 만들었다는 얘기는 유명하다. 요컨대, 영화 장르는 고전기 할리우드 영화는 물론 영화라는 대중 예술의 본질에 다가가는 데 필수 불가결한 개념인 것이다.

장르 어프로치는 할리우드 영화를 이해하고 분석하는 데 가장 유용한 수단이다. 물론 이미 오래 전부터 영화 장르는 주요한 비평의 주제로 취급되어 왔지만 이전의 장르 연구들은 대개 영화 장르를 개별적이고 고립된 텍스트로 다루어 왔다. 장르 어프로치는 영화 제작을 영화 산업과 관객과의 역동적인 상호작용으로 다룸으로써 '장르적인 것'의 총체적 탐구를 시도하고 있다. 여기서 장르 영화는 하나의 문화적 의식으로 드러난다.

29. 제시된 글을 이해한 내용으로 적절하지 않은 것은?

① 장르는 영화를 이해하기 위해 알아야 할 필수적인 요소이다.

② 고전기 할리우드 영화의 대부분은 장르 영화이다.

③ 제작자가 장르 영화를 만드는 가장 큰 이유는 미학적 이유이다.

④ 할리우드에서 상업적 고려에 의해 탄생한 장르가 20세기 대중 예술의 가장 위대한 성취를 이루 어냈다.

⑤ 영화는 영화 산업과 관객과의 역동적인 상호작용을 거치는 상품이다.

30. 제시된 글의 필자가 〈보기〉의 관점을 가진 이에게 제기할 수 있는 반론은?

> **보기**
>
> 우리의 영화 사상 획기적이며 무수한 관객을 울린 작품, 이후 많은 무성영화의 제작을 가 능하게 한 작품 『아리랑』은 조선키네마사가 1926년 9월에 단성사에서 개봉한 동사(同社) 제 2회 작품이었다. 『아리랑』은 두말할 것도 없이 춘사 나운규가 처음으로 쓴 작품이었다. 『아 리랑』의 발표는 『의리적 구투』로부터 치면 7년째, 『월하의 맹세』로 보면 3년 만에 제작, 발 표되었다.
>
> 그러면 왜 작품 『아리랑』은 한국영화 사상 최대의 문제작으로 오늘에 이르는가. 그것은 크게 보아 세 가지 측면에서 기인한다. 첫째는 『아리랑』이야말로 민족의 비애와 불타오르는 민족 정신을 형상화한 민족영화였다. 둘째는 춘사 나운규가 『아리랑』으로 하여 한국영화를 높은 예술적 수준에 올려놓았고, 셋째로 영화인 춘사 나운규의 여러 가지 전설적인 문제가 『아리 랑』에 거대하게 투영되어 있었던 것이다.

① 조선키네마사가 『아리랑』을 통해 민족주의적 의상을 고양시킨 것이 아닌가요?

② 춘사 나운규가 처음으로 쓴 작품이라면 영화적 경험이 반영되었다고 할 수 있나요?

③ 『아리랑』이 이후 무성영화의 제작이 이어진 것은 관객의 역할도 있는 것이 아닌가요?

④ 『아리랑』에 대한 비평가의 평가와 관객의 평가는 다르게 판단해야 하는 것이 아닌가요?

⑤ 이전의 작품들과 『아리랑』이 예술성 성취면에서 전혀 다른 차이가 있다고 할 수 있나요?

31. 빅데이터(Big Data)란 디지털 환경에서 생성되는 데이터 혹은 이를 저장, 관리, 분석하는 기술로, 빅데이터에서 취급하는 데이터는 대규모, 빠른 생성 속도, 다양한 형태라는 특징을 가진다. 다음 글의 ㉠ ~ ㉢에 해당하는 빅데이터의 분석법을 바르게 연결한 것은?

（　㉠　） 접근법은 문제해결의 방법을 찾기 위해 필요한 데이터를 수집 및 분석하는 전통적 분석법이다. 문제해결을 위한 근본적인 원인을 파악하고 분석 과제를 도출한 뒤 그 해결방안을 제시한다. 이때 제시된 해결방안에 대한 실현 가능성과 우선순위를 결정하기 위해 데이터를 수집, 가공, 분석한다.

（　㉡　） 접근법은 현재 보유하고 있는 데이터를 분석하여 의미 있는 관계나 패턴을 찾아 지식을 발견하고 문제를 해결하는 방식이다. 정형 데이터와 다양한 원천의 비정형 데이터를 조합하고 시각화하여 의미 있는 패턴을 파악한 뒤 이를 적용하여 문제를 해결하는 데이터 기반의 접근법이다.

（　㉢　） 접근법은 （　㉡　） 접근법의 하나로 일단 먼저 분석을 시도해 보고 그 결과를 확인하면서 반복적으로 개선해 나가는 방식이다. 사용자가 요구사항이나 데이터를 정확히 정의하기 어렵고 원천 데이터도 명확하지 않을 때 주로 사용한다.

	㉠	㉡	㉢
①	상향식	하향식	쌍방향식
②	상향식	하향식	프로토타이핑
③	하향식	상향식	쌍방향식
④	하향식	상향식	프로토타이핑
⑤	하향식	하향식	프로토타이핑

32. 인사팀 김 대리는 엑셀프로그램을 이용하여 2023년 출장자 명단을 만들고 있다. 〈조건〉에 따를 때, [F4] 셀에 들어갈 함수식은?

	A	B	C	D	E	F
1			2023년 출장자 명단			
2						
3	순번	사원번호	소속부서	부서(2)	성명	부서+성명
4	1	19325	기획조정실	기획	김나영	기획+김나영
5	2	15207	안전관리본부	안전	한승구	안전+한승구
6	3	16517	IT전략실	IT	오태식	IT+오태식
7	4	15213	안전관리본부	안전	도민영	안전+도민영
8	5	20132	경영지원실	경영	박지현	경영+박지현
9	6	17119	경영지원실	경영	유채린	경영+유채린
10	7	16412	구매물류실	구매	임한울	구매+임한울
11	8	18823	차량본부	차량	김영환	차량+김영환
12	9	19740	기술본부	기술	이태성	기술+이태성
13	10	20138	경영지원실	경영	이혜미	경영+이혜미
14	11	17335	기획조정실	기획	조원영	기획+조원영
15	12	15602	고객서비스본부	고객	박상태	고객+박상태
16						

조건

- '부서(2)'와 '성명'을 함께 기재하기 위해 '부서+성명'을 이용하려 한다.
- 부서와 성명 사이에 '+'도 함께 기재하고자 한다.

① =SUM(D4, "+", E4)

② =SUM(D4, E4)

③ =CONCATENATE(D4 : E4)

④ =CONCATENATE(D4, "+", E4)

⑤ =CONCATENATE(D4, +, E4)

33. 다음은 인터넷의 〈보안 위협 형태〉와 그 설명이다. 위협 형태와 설명을 맞게 짝지은 것은?

〈보안 위협 형태〉

A. 백 도어(Back door)　　　　　　　　B. 피싱(Phishing)

C. 서비스 거부(Denial of service attack)　　D. 스푸핑(Spoofing)

가. 시스템에 오버플로우를 일으켜 정상적인 서비스를 수행하지 못하도록 만드는 행위

나. 악의적인 목적으로 임의로 웹 사이트를 구축해 일반 사용자의 방문을 유도한 후 시스템 권한을 획득하여 정보를 빼가거나 암호, 기타 정보를 입력하도록 속이는 해킹 수법

다. 인증되지 않은 사용자에 의해 컴퓨터가 무단으로 사용될 수 있도록 몰래 설치된 통신 연결 기능

라. 유명 기업이나 금융기관을 사칭한 가짜 웹 사이트나 이메일 등으로 개인의 금융정보와 비밀번호를 입력하도록 유도하여 예금 인출 및 다른 범죄에 이용하는 수법

	A	B	C	D
①	라	다	가	나
②	다	라	가	나
③	다	라	나	가
④	나	라	가	다
⑤	다	가	라	나

34. 다음 중 전자상거래에 대한 특징으로 옳지 않은 것은?

① 전자상거래는 형태별로 B2B, B2C, C2C로 구분할 수 있다.

② C2C는 옥션과 같은 경매 사이트가 대표적이다.

③ B2B는 대량의 도매 거래가 주를 이루며 상품을 도매가로 사고팔 수 있는 마켓 플레이스이다.

④ C2C 시장은 품질이 보증된 다양한 상품들이 유통되고 있어 매우 유용한 마켓으로 각광받고 있다.

⑤ B2C는 중간 단계의 유통 과정이 생략되어 기업과 소비자 직거래를 통한 할인된 가격의 제품을 구매할 수 있다.

[35 ~ 36] 다음 자료를 보고 이어지는 질문에 답하시오.

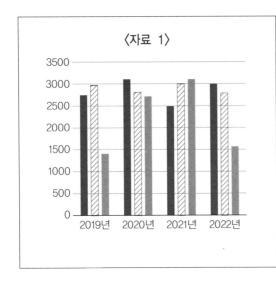

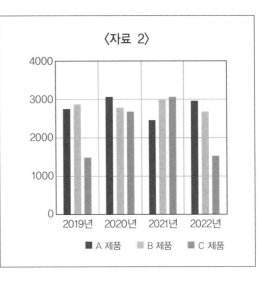

35. 〈자료 1〉을 〈자료 2〉로 변경할 때 사용한 MS Power Point의 기능이 아닌 것은?

① [범례]　　　　　　② [눈금선]　　　　　　③ [축 서식]

④ [그림 영역]　　　　⑤ [도형 효과]

36. 〈자료 2〉에서 연도별 각 제품의 수치를 그래프 바로 위에 표시하기 위해서 사용할 데이터 레이블 옵션으로 적절한 것은?

① 레이블 내용 [값]−레이블 위치 [가운데]

② 레이블 내용 [값]−레이블 위치 [안쪽 끝에]

③ 레이블 내용 [값]−레이블 위치 [바깥쪽 끝에]

④ 레이블 내용 [항목 이름]−레이블 위치 [가운데]

⑤ 레이블 내용 [항목 이름]−레이블 위치 [바깥쪽 끝에]

[37 ~ 38] 다음 자료를 보고 이어지는 질문에 답하시오.

〈자료 1〉 개인정보의 종류

구분	예시
일반 정보	이름, 주민등록번호, 운전면허번호, 주소, 전화번호, 생년월일, 출생지, 본적지, 성별, 국적
가족 정보	가족구성원들의 이름, 출생지, 생년월일 주민등록번호, 직업, 전화번호
교육 및 훈련 정보	학교출석사항, 최종학력, 학교성적, 기술 자격증 및 전문 면허증 등
병역 정보	군번 및 계급, 제대유형, 주특기, 근무부대
부동산 및 동산 정보	소유주택, 토지, 자동차, 기타소유차량, 상점 및 건물 등
소득 정보	봉급액, 봉급경력, 보너스 및 수수료, 기타소득의 원천, 이자소득, 사업소득
신용 정보	대부잔액 및 지불상황, 저당, 신용카드, 지불연기 및 미납의 수 등
고용 정보	현재의 고용주, 회사주소, 상급자의 이름, 직무수행평가기록, 훈련기록 등
법적 정보	전과기록, 자동차 교통 위반기록, 파산 및 담보기록, 구속기록, 이혼기록 등
의료 정보	가족병력기록, 과거의 의료기록, 정신질환기록, 신체장애, 혈액형 등
조직 정보	노조가입, 종교단체가입, 정당가입 등
통신 정보	전자우편(E-mail), 전화통화내용, 로그파일(Log file), 쿠키(Cookies)
위치 정보	GPS나 휴대폰에 의한 개인의 위치정보
신체 정보	지문, 홍채, DNA, 신장, 가슴둘레 등
습관 및 취미 정보	흡연, 음주량, 선호하는 스포츠 및 오락, 여가활동, 비디오 대여기록 등

〈자료 2〉 지역난방공사 개인정보처리방침 및 보유기간 현황

이용자 개인정보는 원칙적으로 개인정보의 처리목적이 달성되면 지체 없이 파기합니다. 단, 다음의 정보에 대하여는 아래의 사유로 명시한 기간 동안 보존합니다.

No	파일명	보유근거	보유항목	보유기간
			보유목적	정보주체 수
1	홈페이지 가입자 현황	정보주체 동의	필수 : 이름, 아이디, 비밀번호, 주소, 이메일, 전화번호 선택 : 지역난방 공급지역 거주여부, 사보 신청 여부	회원 탈퇴 시까지
			가입회원 관리, 홍보활용 등 서비스 제공	4,328명

2	에너지복지 요금 감면 대상자 현황	집단에너지사업법 제17조, 집단에너지사업법 시행령 제31조의2	필수 : 지원대상자(세대주) 성명, 지원대상자(세대주) 휴대폰, 주소, 지원대상 종류, 입금은행, 계좌번호, 예금주명, 예금주와의 관계, 지원대상자(세대주) 주민등록번호	자격 만료 후 2년
			요금 감면을 위한 대상 자격 확인 등	104,991명

※ 다만 다음의 사유에 해당하는 경우에는 해당 사유 종료 시까지 보유합니다.
  1) 관계 법령 위반에 따른 수사 · 조사 등이 진행 중인 경우에는 해당 수사 · 조사 종료 시까지
  2) 홈페이지 이용에 따른 채권 · 채무관계 잔존 시에는 해당 채권 · 채무관계 정산 시까지

37. 다음 개인정보 유형 중 성격 테스트결과 직무태도는 어디에 해당하는가?

① 고용 정보　　　　　　　　　　② 신용 정보
③ 의료 정보　　　　　　　　　　④ 교육 및 훈련 정보
⑤ 부동산 및 동산 정보

38. 다음 중 지역난방공사의 개인정보처리방침에 대해 옳은 설명을 한 사람은 몇 명인가?

- 재영 : 가입자 정보는 가입 후 2년까지 보유하며, 기간이 지나면 지체 없이 파기해야 해.
- 하윤 : 에너지복지요금 감면 대상자의 경우 세대주의 주민등록번호를 입력해야 요금 감면 혜택을 제공받을 수 있어.
- 태형 : 신규 가입 시 사보를 신청하지 않더라도 홈페이지 가입에는 문제가 없어.
- 지훈 : 채권 · 채무가 남아있더라도 홈페이지를 탈퇴하면 개인정보를 파기해야 해.

① 0명　　　　　　　② 1명　　　　　　　③ 2명
④ 3명　　　　　　　⑤ 4명

39. 다음 글에 제시된 액션러닝에 대한 설명으로 옳은 것은 몇 개인가?

> 문제 해결을 위해 프로젝트 수행 경험으로부터 학습을 통해 해결해 나가는 접근인 액션러닝은 조직이나 상황에 맞게 디자인되며 문제를 해결하는 과정을 통해 자연스럽게 리더십이 개발될 수 있다.
>
> 액션러닝을 실행할 만한 적절한 상황은 시도해 볼 명확한 해결방법이 없거나 어느 누구도 해결방안을 도출할 준비가 안 되어 있는 경우라고 볼 수 있다. 그러나 이것만으로는 충분하지 않으며, 조직과 조직의 임원급 경영진이 시행착오를 통한 문제 해결이라는 액션러닝의 테크닉을 이해하고 적응할 준비가 되어 있는 경우에만 성공적으로 액션러닝을 도입하고 그것을 통해 성과를 창출해낼 수 있다.
>
> 경영환경이 급변하고 그 안에서 발생하는 문제가 더욱 다양해지고 있다. 또한 문제의 원인 규명조차 쉽지 않은 상황이 지속되면서, 이에 따른 문제해결 방안으로 액션러닝에 더욱 많은 관심을 기울이고 이를 자신들의 조직에 적응하고자 노력하는 기업이 더욱 많아지는 추세이다.
>
> 액션러닝을 실행할 때, 해결해야 하는 팀의 중심과제는 계획된 지식과 학습에 초점이 맞춰져 있는 동시에 개개인이 그룹에 가져오는 현실적 문제가 중심이 된다. 이는 문제 해결에 대한 대안적 방법을 제시할 뿐만 아니라 프로세스를 통한 학습에 의의를 두고 있기 때문이다. 또한 액션러닝을 수행하면서 팀원들은 직급과 무관하게 서로 영향을 주고 받으며 문제를 해결해 나가게 된다.

보기

> ㉠ 액션러닝을 진행하면서 팀의 신입사원과 숙련된 직원들은 함께 역량이 개발될 수 있을 것이다.
> ㉡ 문제에 대한 명확한 해결책이 이미 존재하고 있는 경우에는 액션러닝을 사용하기 적절하지 않은 상황이라고 볼 수 있다.
> ㉢ 변화가 심하고, 다양한 문제상황에 직면하는 경영환경에 대응하기 위해 액션러닝을 도입하는 기업이 점차 증가할 것으로 보인다.
> ㉣ 액션러닝은 많은 인원이 필요하여 비용은 비교적 많이 소요되지만 큰 성과를 낼 수 있는 방법이다.
> ㉤ 액션러닝을 진행하면서, 미리 정해진 학습과 우연히 발생하는 학습이 함께 일어날 수 있을 것이다.

① 1개   ② 2개   ③ 3개

④ 4개   ⑤ 5개

40. 다음은 ○○공사 조직도의 일부이다. 이에 대한 직원들의 대화 중 적절하지 않은 것은?

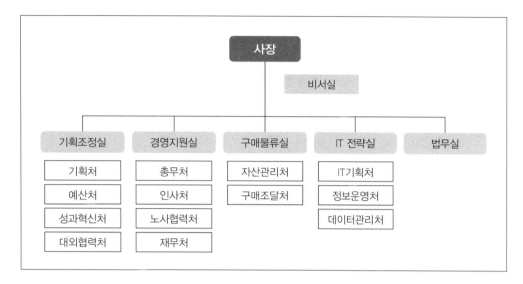

① 이 대리 : 기능별 조직은 상호 관련성 있는 업무를 동일 부서에 배치하는 설계방식입니다.

② 김 팀장 : 우리 공사의 조직구조는 명령전달체계, 의사소통 경로로서 중요한 내부 환경의 한 요소입니다.

③ 안 주임 : 제품이나 서비스를 생산하기보다 다른 회사의 경영권을 확보할 목적으로 만들어진 조직구조 형태를 지주회사라고 합니다.

④ 최 사원 : 모든 조직구조는 장단점이 존재합니다. 중요한 것은 기업의 상황에 적합한 조직구조를 취하여야 한다는 점입니다.

⑤ 박 과장 : 기업의 초기단계에 가장 많이 나타나는 조직구조 형태는 사업부 조직으로 여러 비관련 산업을 포괄할 수 있습니다.

41. 다음 자율관리팀에 대한 글에 따를 때 적절하지 않은 내용은?

자율관리팀(Self-managed Work Team)은 자율감독, 자율조정, 고성과작업팀 등 다양하게 불리며 서로 관련된 다양한 과업을 수행하는 인력으로 구성된다. 팀의 구성원은 자율적으로 과업 행동을 통제하고 과업할당 및 작업방법에 대한 의사결정을 행한다. 조직의 전체 범위 내에서 팀의 생산 목표를 설정하고 장비 구매, 품질관리 등의 지원업무에 대한 책임도 진다. 임금도 연공보다는 지식과 기술에 따라 지급하며, 성과에 따라 지급되는 경우, 개인 성과보다는 팀 성과가 보다 일반적 기준이 된다.

자율관리팀의 다양한 장점으로 인해 점차 많은 산업과 조직에서 자율관리팀을 도입하고 있는 실정이다. 2006년 Fortune에서 실시한 1,000대 기업에 대한 조사결과 65% 정도가 자율관리팀을 사용하고 있는 것으로 나타났다. 이는 2001년에 비해 소폭 감소하였으나 1987년 대비 40% 증가한 수치. 비록 자율관리팀의 작업설계가 대부분의 구성원에 적용될 수 있는 것은 아니지만, 분명히 이를 활용하는 기업의 수는 매우 증가하고 있다.

아래 자율관리팀을 나타내고 있는 그림에서 팀 기능이란 구성원 사이의 의사소통과 조정이 얼마나 잘 이루어지는가, 갈등이나 문제를 얼마나 잘 해결하는가, 과업 관련 의사를 얼마나 잘 결정하고 실행하는가 등을 의미한다. 또 팀 기능은 세 가지 투입요소, 즉 팀의 과업설계, 팀 프로세스 개입, 조직 지원시스템의 영향을 받는다. 결국 이러한 세 가지 요소가 팀의 운영 및 성과에 영향을 미치기 때문에 자율관리팀을 설계하고 실행함에 있어 이들 요소에 초점을 두고 개입이 이루어진다.

〈자율관리팀〉

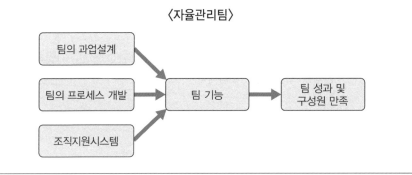

① 자율관리팀의 모형을 보면 팀 성과와 구성원 만족은 팀이 어떻게 효율적으로 기능하는가에 직접적으로 영향을 받는다는 것을 알 수 있다.

② 자율관리팀의 구성원들은 다양한 업무에 대해서 직접 의사결정을 하고 실행해 나가야 하기 때문에 우수한 역량이 요구된다.

③ 자율관리팀의 활용이 증가하고 있는 추세라고 해도, 이를 도입하기 위해서는 도입 시 장단점에 대해서 면밀히 검토하는 과정이 선행되어야 할 것이다.

④ 자율관리팀이란 명칭에 걸맞게 팀원들은 철저히 자율적으로 업무를 진행하며, 업무 효율성을 높이기 위해 서로 간의 업무에 대해 거의 개입하지 않는 것이 좋다.

⑤ 조직의 지원시스템이 적절하게 뒷받침되지 않으면 원활한 팀 기능을 할 수 없을 것이다.

42. ○○공사에서는 새로운 조직 설계를 위하여 맥킨지사로부터 다음과 같은 내용의 컨설팅을 받게 되었다. ○○공사 직원들이 ㉠에 대해 나눈 대화 중 잘못된 내용은?

주택을 지을 때 건축계획이 건축설계도를 통하여 나타난다면, 조직 설계에 있어서 설계도는 조직도라고 할 수 있다.

조직도는 조직목표를 달성하기 위하여 필요한 업무의 분담과 공식적인 권한 관계를 나타낸 것으로, 분화와 통합, 집권화와 분권화와 같은 부분들을 ㉠주어진 상황에 가장 적합하도록 설계하는 것이 필요하다.

---

① A : 규모가 커질수록 조직구조가 영향을 크게 받을 수 있습니다.

② B : 조직이 처한 환경적 측면에서 확실한 상황에서는 기계적 구조보다 유기적 구조로 설계하는 것이 필요합니다.

③ C : 챈들러(Chandler)는 전략과 조직구조가 크게 관련된다고 말합니다.

④ D : 조직이 사용하는 기술에 따라 조직구조가 영향을 받을 수 있습니다.

⑤ E : 조직의 목표에 따라 조직구조가 영향을 받을 수 있습니다.

43. 다음 글을 통해 알 수 있는 조직 성장을 위한 원칙은?

> 내가 세운 회사가 업계에서 살아남는다면 시간이 지난 뒤 결정을 해야 한다. 얼마나 크게 그리고 얼마나 빨리 성장할지를 선택해야 하기 때문이다. 회사를 키우려면 당장 자본 조달이 필요하고 무리한 확장 이후에 사업에 실패를 하면 돌이킬 수가 없게 된다. 덩치 큰 공룡보다 작은 몸집의 포유류나 곤충이 살아남은 자연 생태계도 이와 같은 메커니즘이다. 많이 성장할수록 많이 먹어야 하는데 먹을 게 없어지면 죽게 된다. 과연 끝없는 성장은 옳은 길인가?
>
> 우리 사회는 무조건 큰 것이 더 좋다는 인식이 만연하다. 대부분의 사람들은 모든 경영자들이 사업 기회를 활용해 최대한 빨리 회사를 성장시켜 제2의 구글이나 페이스북 같은 기업을 만들려고 한다고 생각한다. 사회에 널리 퍼져 있는 이러한 추측은 회사 입장에서는 성장에 대한 또 다른 압박으로 다가온다. 특히 사회적 지위와 명성이 연관되어 있다면 더욱 그렇다.
>
> 칼튼은 말한다. "성장에 관한 결정은 결코 쉽지 않습니다. 경영자의 자존심이 걸린 문제니까요. 저는 내면을 들여다보는 시간을 자주 가집니다. 내 삶에서 가장 중요한 것은 무엇인가? 내가 사업을 하는 목적은 무엇인가? 인생에서 얻고자 하는 것은 무엇인가? 세상은 언제나 더 큰 성장을 독려합니다. 하지만 저는 그것을 따라야 할 필요성을 느끼지 못했습니다."

① 일반적인 상식을 배제해야 한다.

② 지속적인 성장을 위해 사업에 몰입해야 한다.

③ 주어진 사업 기회를 놓치지 않아야 한다.

④ 스스로에게 자문하면서 성찰해야 한다.

⑤ 사회적 지위와 명성을 높이기 위해 노력해야 한다.

44. 다음은 홉스테드(Hofstede)가 연구한 문화를 결정짓는 요소이다. 글을 이해한 내용으로 옳은 것은?

- 개인주의 vs 집단주의 : 개인주의 문화에서 조직 구성원은 자신의 정체성을 자신이 속한 집단과는 별개로 정의하고 개인에게 가장 도움이 되는 방향으로 의사결정을 내리는 경우가 많다. 또한 가치의 초점이 개인의 성취에 맞춰져 있다. 그러나 집단주의 문화에서는 자신과 집단을 동일시하여 개인과 조직을 구분하기 보다는 자신이 속한 내집단과 자신이 속하지 않은 외집단을 구분한다. 또한 내집단이 구성원들을 돌보고 책임지는 것을 당연시하기 때문에 개인의 이익보다는 내집단의 이익에 도움이 되는 의사결정을 내리는 경우가 종종 있다.
- 권력거리 : 조직 내에서 구성원들이 불균등한 권력의 분포를 받아들이고 예상하는 정도이다. 권력거리가 작으면 직급과 관계없이 조직 구성원은 동등한 권한과 직위를 가지고 있다고 생각하지만, 권력거리가 크면 직위가 높은 사람이 의사결정을 하고 부하직원 역시 이러한 결정에 자연스럽게 따르는 경향을 보인다.
- 남성성 vs 여성성 : 전통적인 성역할 및 그와 관련된 가치관이 얼마나 강하게 자리 잡고 있는가와 관련이 있다. 남성성이 높은 문화에서는 경쟁, 야망, 자기주장 등을 강조하며, 육아의 책임이 여성에게 있다고 본다. 반면에 여성성이 높은 문화에서는 겸손이나 배려와 같은 가치들을 강조하며, 남성과 여성 모두에게 공정한 기회를 부여하고 육아 및 부양의 책임이 있다고 여긴다.
- 불확실성 회피 : 구성원들이 모호성을 얼마나 위협적인 것으로 인식하는지 또는 그렇게 모호한 상황을 피하거나 예방하기 위해 예측가능성과 확실성을 만들려고 노력하는 정도를 의미한다. 불확실성 회피가 높은 문화의 조직에서는 혁신보다는 안정을 추구하고, 반대의 경우에는 새로운 것에 대한 수용력이 높아 모험을 추구하고 높은 목표에 도전하는 경향이 높다.

① 권력거리가 큰 조직에서는 상사의 잘못된 의사결정에 대해 부하직원이 동등한 입장에서 이의나 변론을 제기하기 쉬울 것이다.

② 집단주의 조직의 구성원은 개인주의 조직의 구성원보다 자신과 집단의 이익을 별개로 구분하지 않는 경향이 클 것이다.

③ 남성성이 높은 조직의 경쟁에서 여성이 살아남을 수 있는 유일한 방법은 배려로 자신을 차별화하는 것이다.

④ 불확실성은 기업을 경영하는 데 부정적인 영향을 주기 때문에 가능하면 이를 회피하는 문화를 확산시켜야 한다.

⑤ 여성성이 높은 조직에서는 남성과 여성이 모두 육아를 담당하게끔 배려하므로, 그만큼 업무 생산성이 하락될 가능성이 높다.

[45 ~ 46] 다음 글을 읽고 이어지는 질문에 답하시오.

조직의 경영전략은 경영자의 경영이념이나 조직의 특성에 따라 다양하다. 이 중 대표적인 경영 전략으로는 마이클 포터(Michael E. Porter)의 본원적 경영전략이 있다. 본원적 경영전략은 해당 사업에서 경쟁우위를 확보하기 위한 전략으로 단기우위 전략, 차별화 전략, 집중화 전략으로 구분 된다.

원가우위 전략은 원가절감을 통해 해당 산업에서 우위를 점하는 전략으로, 이를 위해서는 대량 생산을 통해 단위 원가를 낮추거나 새로운 생산기술을 개발할 필요가 있다. 온라인 소매 업체가 오프라인에 비해서 저렴한 가격과 구매의 편의성을 내세워서 시장 점유율을 넓히는 사례가 대표적 이다. 차별화 전략은 조직이 생산품이나 서비스를 차별화하여 고객에게 가치가 있고 독특하게 인 식되도록 하는 전략이다. 차별화 전략을 활용하기 위해서는 연구개발이나 광고를 통하여 기술, 품 질, 서비스, 브랜드 이미지를 개선할 필요가 있다. 국내 주요 가전업체들이 경쟁업체 의 저가 전략 에 맞서 고급 기술을 적용한 고품질의 프리미엄 제품으로 차별화를 하여, 고가 시장의 점유율을 높여 나가는 사례가 대표적이다. 집중화 전략은 특정 시장이나 고객에게 한정된 전략으로, 원가우 위나 차별화 전략이 산업 전체를 대상으로 하는 것과 달리 특정 산업을 대상으로 한다.

45. 다음 중 위의 세 가지 경영전략에 대한 특징으로 올바르지 않은 것은?

① 신기술 개발을 지양하고 가격경쟁력 확보에 주력하는 것은 원가우위 전략의 특징이다.

② 연구개발이나 광고를 통하여 기술, 품질, 서비스, 브랜드 이미지를 개선할 필요가 있는 것은 차 별화 전략의 특징이다.

③ 저가 항공사들이 쓰는 대표적인 경영전략은 집중화 전략이다.

④ 온라인 소매 업체가 오프라인 대비 저렴한 가격과 구매의 편의성을 내세워서 시장 점유율을 높 이는 것은 원가우위 전략의 특징이다.

⑤ 집중화 전략은 특정 시장에 한하여 원가우위 전략이나 차별화 전략을 활용하는 것이다.

46. 다음 (가)와 (나)의 사례에 나타난 경영전략이 올바르게 짝지은 것은?

> (가) 세탁기를 생산하는 L 전자는 최근 부진한 매출을 극복할 방안을 세탁기의 용량에서 찾
> 았다. 경쟁업체들이 많아져 더 이상 제품의 새로운 기능 위주의 영업 전략으로는 한계가
> 있음을 파악한 L 전자는 최근 1인 가구가 증가하고 있다는 점에 착안하여 소형 세탁기를
> 출시하기로 하였다. 혼자 살거나 자녀가 없는 가구를 주 고객으로 하여 세탁기의 불필요
> 한 기능을 과감하게 제거하고 비용은 낮추어 구매 욕구를 불러일으킬 수 있는 방안을
> 모색한 것이다. 기존 대용량 세탁기 생산은 유지하되, 1인 가구를 위한 초저가 소형 세탁
> 기를 출시한 L 전자는 고객들의 뜨거운 반응에 힘입어 매출 신장을 기대하고 있다.
>
> (나) 아웃도어 의류 생산 업체인 N사는 저가의 상품을 생산하는 경쟁업체들이 늘어나 시장
> 내 점유율이 계속 낮아져 고심 중이다. 최근 N사의 영업전략 회의에서 마케팅본부장 최
> 이사는 N사가 추구해야 할 경영전략은 고급화라는 점을 다시 한번 강조하며, N사의 제
> 품을 구매하는 고객에게 다른 사람들과는 다른 최고급 의류를 구매한 것이라는 인식을
> 심어 주기 위해 더욱 값비싼 소재를 사용한 높은 가치의 상품을 만들어야 한다는 의견을
> 제시하였다.

	(가)	(나)
①	원가우위 전략	차별화 전략
②	차별화 전략	원가우위 전략
③	차별화 전략	집중화 전략
④	집중화 전략	원가우위 전략
⑤	집중화 전략	차별화 전략

[47 ~ 48] 다음은 콜버그(Kohlberg)의 도덕성 발달이론에 관한 내용을 읽고 이어지는 질문에 답하시오.

콜버그(Kohlberg)는 인간의 도덕성 발달과정에 관심을 두고, ㉠인간의 도덕적 판단 구조는 스스로 선택한 행동에 대한 추론으로 이루어진다고 보았다. 그의 이론에 따르면 도덕적 판단은 도덕적 행위를 결정하는 가장 중요한 요인으로 ㉡도덕적 발달수준이 높으면 높을수록 도덕적으로 더 높은 수준에서 행동을 선택할 가능성이 높아진다. 사회적 관습이나 인습을 획득하느냐에 대한 여부를 기준으로 하여 인습 이전 수준, 인습 수준, 인습 이후 수준의 세 수준으로 도덕 발달 단계를 구분하였다.

〈콜버그의 도덕성 발달 단계〉

수준 및 단계		기본 특성	도덕적 행위의 동기 및 태도
㉢인습 이전 수준	1단계	복종과 처벌 지향	
	2단계	상대적 쾌락주의	(가)
㉣인습 수준	3단계	착한 어린이 지향	
	4단계	사회 질서와 권위 지향	
㉤인습 이후수준	5단계	민주적 법률의 수용	
	6단계	보편적 원리 지향	

47. 윗글의 ㉠ ~ ㉤에 관한 설명으로 올바르지 않은 것은?

① 콜버그의 주장에 따르면 ㉠은 올바른 설명이다.
② 콜버그의 주장에 따르면 ㉡은 올바른 설명이다.
③ ㉢ 수준에 있는 아동은 내적 요인에 따라 어떠한 행위를 할지 결정한다.
④ ㉣ 수준에 있는 아동은 타인 또는 사회 속에서 규정된 기준에 따라 도덕적 판단을 한다.
⑤ ㉤의 수준에서는 사회적 계약, 보편적 윤리 등의 보다 높은 수준의 원칙에 따라 행동한다.

48. (가)에 들어갈 내용으로 적절한 것은?

① 개인을 존중하는 보편적 인간 가치에 대한 희생의 신념
② 인생의 가치는 가족의 애정과 연민에 기초
③ 반환되는 이익이나 보상을 받는 데 목표
④ 공명정대한 의견의 존중과 유지에 동조
⑤ 벌을 피하기 위해 규율에만 복종

49. 다음 글은 윤리의 형성에 관한 설명으로, 윤리규범 형성요인과 가장 거리가 먼 것은?

> 마땅히 해야 할 행위와 결코 해서는 안 될 행위 등으로 각각의 가치를 인정받아 윤리규범이 형성된다.

① 공동행동의 규범   ② 공동생활   ③ 협력의 필요
④ 사적 욕구 추구   ⑤ 도덕적 가치신념

50. 다음 중 직업의 속성과 내용의 연결이 잘못 된 것을 고르면?

① 경제성 – 직업은 경제적 거래 관계가 성립되어야 함을 의미한다.
② 윤리성 – 비윤리적인 영리 행위나 반사회적인 활동을 통한 경제적 이윤추구가 아님을 의미한다.
③ 계속성 – 명확한 주기가 주어지는 일만 계속해야만 직업으로 인정받을 수 있음을 의미한다.
④ 자발성 – 속박된 상태에서의 직업 활동은 경제성이나 계속성의 여부와 관계없이 직업으로 인정하지 않음을 의미한다.
⑤ 사회성 – 모든 직업 활동이 사회 공동체적 맥락에서 의미 있는 활동임을 의미한다.

NCS 3 기술능력[기술직]

51. 다음 사고에 대한 설명으로 옳지 않은 것은?

> P 역 스크린도어 작업자 사망사고를 수사 중인 경찰이 사고 당일 스크린도어 작업이 2인 1조로 이루어졌다고 기록된 작업일지를 확보해, 사고 책임을 은폐하려 한 정황에 대해 수사하고 있는 것으로 알려졌다. 경찰서 관계자는 "스크린도어 유지·보수 협력업체의 사고 당일 작업일지에는 '2인 1조'로 기록돼 있었다."고 밝혔다.
>
> 지난달 28일 정비직원 A 씨는 2인 1조 작업 원칙을 지키지 않고 혼자서 스크린도어 정비 작업을 하다 역으로 들어오는 열차를 확인하지 못해 숨졌다. 2인 1조 원칙이 지켜지지 않은 것이 사고의 큰 원인으로 작용한 것이다. 따라서 경찰은 만약 작업일지가 A 씨 사고 이후에 작성됐다면, 책임자가 자신의 과실을 은폐하기 위해 기록을 조작했을 가능성이 있다고 보고 있다.

① 해당 사고처럼 산업 활동 중의 사고로 인해 사망하거나 부상 등 작업성 질환이나 신체적 장애를 가져오는 것을 산업재해라고 한다.

② 기업은 근로자들의 근로의욕 침체와 생산성 저하를 겪을 것이다.

③ 모두 예상하지 못했던 사고였으므로 예방이 불가능하였다.

④ 산업재해에 대한 보상 및 배상을 위해서는 업무상 재해로 인정받아야 한다.

⑤ 산업재해의 발생 원인 중 작업관리상 원인인 적절하지 않은 인원배치, 작업 지시 부적당 등을 원인으로 볼 수 있다.

52. 다음은 기술시스템의 발전 단계이다. ㉠, ㉡에 들어갈 내용으로 옳은 것은?

단계	내용
1단계 발명 · 개발 · 혁신의 단계	기술시스템의 탄생과 성장
2단계 기술 이전의 단계	성공적인 기술이 다른 지역으로 이동
3단계 기술 경쟁의 단계	기술시스템 사이의 경쟁
4단계 기술 (㉠) 단계	(㉡)

	㉠	㉡
①	공고화	최종 기술시스템의 관성화
②	적용	새로운 기술을 산업에 적용
③	모방	기술시스템 간에 모방
④	분쟁	기술시스템 특허 분쟁
⑤	변화	새로운 기술 탄생에 의해 기존 기술이 후퇴

[53 ~ 55] 다음은 H 공사에서 사용하는 에어컨 사용 설명서이다. 이어지는 질문에 답하시오.

〈사용 시 주의사항〉

1. 필터에 먼지가 끼면 냉방 능력이 떨어지고, 전기요금이 많이 나옵니다. 가정에서는 2주에 한 번씩, 식당에서는 1개월에 한 번씩, 그 외의 장소에서는 3개월에 한 번씩 청소해 주는 것이 좋습니다.
2. 창문에서 들어오는 햇빛을 커튼이나 블라인드로 막아 주면 실내 온도가 약 2℃ 정도 떨어집니다.
3. 필요 이상으로 온도를 낮추면 과도한 전기 소모로 인해 전기요금이 많이 나올 뿐만 아니라 고장의 원인이 될 수 있습니다. 설정 온도는 25 ~ 26℃가 적당합니다.
4. 사용 시 자주 켰다 끄지 않습니다. 전기요금이 더 많이 나올 수 있습니다.
5. 냉방 시 온열기기를 사용하면 전기요금이 많이 나올 수 있으므로 삼가야 합니다.
6. 에어컨 바람을 막는 장애물이 없는 곳에 설치해야 합니다.

〈장시간 사용하지 않을 때 제품 보관 방법〉

1. 공기 청정 버튼을 눌러 에어컨 내부의 습기와 곰팡이를 제거합니다. 맑은 날 1시간 이상 해야 합니다.
2. 주전원 스위치를 내리고 전기 플러그를 뽑습니다. 전원을 차단하면 실외기로 전기가 흐르지 않아 천재지변으로부터 안전할 수 있습니다.
3. 부드러운 천을 사용해서 실내기와 실외기를 깨끗하게 청소합니다.

〈A/S 신청 전 확인사항〉

제품에 이상이 생겼을 경우, 서비스 센터에 의뢰하기 전에 다음 사항을 먼저 확인해 주십시오.

증상	확인	조치 방법
운전이 전혀 되지 않음	주전원 스위치가 내려져 있지 않은가?	주전원 스위치를 올려 주세요.
	전압이 너무 낮지 않은가?	정격 전압 220V를 확인하세요.
	정전이 되지 않았는가?	다른 전기기구를 확인해 보세요.
정상보다 시원하지 않음	희망 온도가 실내 온도보다 높지 않은가?	희망 온도를 실내 온도보다 낮게 맞추세요.
	제습 또는 공기청정 단독운전을 하고 있지 않은가?	냉방 운전을 선택해 주세요.
	찬 공기가 실외로 빠져나가고 있지 않은가?	창문을 닫고 창문의 틈새를 막으세요.
	햇빛이 실내로 직접 들어오지 않은가?	커튼, 블라인드 등으로 햇빛을 막으세요.
	실내에 열을 내는 제품이 있는가?	열을 내는 제품과 같이 사용하지 마세요.
	실내기와 실외기의 거리가 너무 멀지 않은가?	배관 길이가 10m 이상이 되면 냉방 능력이 조금씩 떨어집니다.
	실외기 앞이 장애물로 막혀 있지 않은가?	실외기의 열 교환이 잘 이루어지도록 장애물을 치우세요.

찬바람이 연속으로 나오지 않음	제품을 정지한 후 곧바로 운전시키지 않았는가?	실외기의 압축기 보호장치가 동작하였기 때문입니다. 약 3분 후에 찬바람이 나올 것입니다.
실내기에서 물이 넘침	무거운 물건이 호스를 누르고 있지 않은가?	호스를 누르고 있는 물건을 제거하세요.
	배수 호스 끝이 물받이 연결부보다 높게 설치되어 있거나 호스가 꼬여있지 않은가?	배수 호스는 물이 잘 빠지도록 물받이 연결부보다 반드시 낮게 설치해야 합니다.

53. 다음 중 총무팀 K 사원이 전기요금을 줄이기 위해 해야 하는 행동으로 적절하지 않은 것은?

① 공기 청정 운전을 한다.　　　　② 필터를 청소한다.

③ 자주 켰다 끄지 않는다.　　　　④ 냉방 시 온열기기 사용을 삼간다.

⑤ 적정 온도로 설정한다.

54. 여름날 K 사원이 에어컨을 틀었는데 평소보다 시원하지 않았다. 다음 중 원인파악을 위해 확인해야 하는 사항은?

① 리모컨이 꺼져 있는지 본다.

② 주전원 스위치를 내려 본다.

③ 이상한 소리가 나지 않는지 살펴본다.

④ 햇빛이 실내로 직접 들어오는지 살펴본다.

⑤ 호스를 무거운 물건이 누르고 있는지 확인한다.

55. 어느 날 K 사원이 에어컨 실내기에 물이 넘쳐 있는 것을 발견하였다. 다음 중 원인파악을 위해 확인해야 하는 사항은?

① 찬 공기가 실외로 빠져나가고 있지 않은지 확인한다.

② 실내기 내부의 물 색깔을 확인한다.

③ 배수 호스 끝과 물받이 연결부의 위치를 확인한다.

④ 실내기 앞이 장애물로 막혀 있는지 확인한다.

⑤ 실내기와 실외기의 거리를 확인한다.

직무 **1**   **직무수행능력**   01 ~ 10

[01 ~ 02] 다음 자료를 보고 이어지는 질문에 답하시오.

〈에너지를 통한 선제적 사회 안전망 구축〉

추진 배경	• 에너지 전문기업의 목적과 연계하여 사회적 가치를 실현할 수 있는 사업 요구 – 시민참여를 통한 서민 수익창출, 소외계층 지원, 신재생에너지 확대 및 중소기업 신규수익 창출 등 사회적 가치 확산을 위한 대안 마련 필요 • 에너지 빈곤층 특성을 고려한 행정서비스 필요 • 국민 기본생활권을 위한 맞춤형 사회보장 강화 추세 반영

	주요활동	세부추진계획
추진 내용	민관협력사업을 통한 사회적 취약계층 지원 (햇빛 · 나음 발전사업 등)	시민, 중소물류기업 수익창출 및 사회취약계층 지원을 위한 민 · 관 협력으로 태양광 발전사업 추진 : 각 참여사별 전문성을 활용, 협력 사업으로 인천항 북항배후단지, 갯골물류단지에 태양광 발전사업 추진
	선제적 에너지 복지 행정서비스 구형	• 에너지 사각지대 해소를 위한 정보 공유 확대 : 각 부처별 정보 (복지부 : 기초생활수급자, 보훈처 : 국가유공자 등) 공유를 통한 온라인 요금 감면 신청 대행 확대 • 에너지 빈곤층 세대설비 무상점검 및 설비교체 지원
	크라우드 펀딩과 연계한 에너지 취약계층 지원	에너지 빈곤층을 대상으로 국민참여, 기관협업을 통해 사회복지시설 의 사연을 공모하고 난방비 지원 : SNS를 통해 국민참여 모금 진행

	주요활동	일정(연도)	예산(백만 원)	인력(명)
추진 경과	1. 햇빛 · 나음 발전사업	2018, 2019	360	4
	2. 선제적 에너지 복지 행정서비스 구현	2018, 2019, 2020	106	9
	3. 크라우드 펀딩과 연계한 에너지 취약계층 지원	2018	505	4

	성과지표	성과목표				
		2018년	2019년	2020년	2021년	2022년
성과 지표 및 목표	민관협력사업 REC 구매량	11,543	26,043	29,043	32,043	35,043
	에너지복지지원 대상자 수	186천 호	188천 호	200천 호	201천 호	202천 호
	국민참여 모금액(만 원)	1,500	1,700	2,000	2,500	3,000

기대 효과	• 사회적 약자 지원 및 중소기업과의 동반성장 강화 • 신재생에너지 확보를 통한 안정적인 RPS 의무 이행 • 정보 공유를 통한 에너지 복지 사각지대 해소 등으로 국민체감형 행정서비스 제공 및 사회안전 망 강화 • 동절기 에너지 빈곤층에게 난방비 지원을 통한 사회적 책임 이행

01. 다음 중 〈에너지를 통한 선제적 사회 안전망 구축〉의 목적 및 기대효과로 옳지 않은 것은?

① 정보격차 해소를 위한 에너지 복지 구현

② 국민체감형 행정서비스 제공

③ 민·관 협력 및 기관협업을 통한 사업 지원

④ 중소기업과의 동반성장 강화

⑤ 크라우드 펀딩을 통한 사회적 가치 실현

02. 다음 중 위 자료를 토대로 그린 그래프로 옳지 않은 것은?

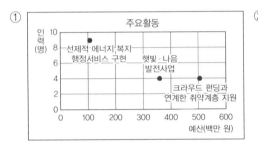

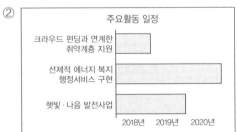

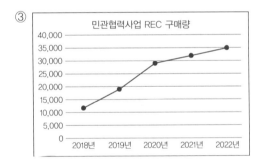

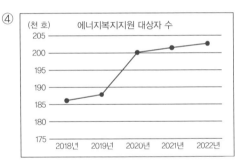

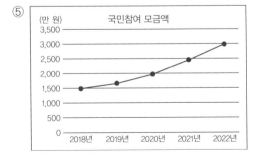

03. 다음 중 연구과제 공모에 대한 이해로 옳은 것은?

〈중소기업지원(동반성장) 연구과제 공모 안내〉

1. 과제공모 방법
    가. 참여대상
        • 중소기업 : 집단에너지 산업과 관련된 중소기업
        • 기타기관 : 중소기업이 주관하는 컨소시엄에 구성원으로 참여하는 기관
    나. 주요 공모과제
        • 집단에너지 관련 기술개발 연구 과제
    다. 공모방법
        • 온라인 : 한국지역난방공사 홈페이지 공모 게시
        • 오프라인 : 집단에너지 관련 유관기관에 공문 / 이메일 발송
    라. 공모기간 및 과제접수
        • 공모기간 : 20X9. 08. 01. (목) ～ 08. 30. (금)
        • 접수방법 : 제안서 이메일 접수
        ※ 구매조건부 신제품개발사업은 기간에 상관없이 수시 공모

2. 중소기업 지원 연구과제 유형
    • 유형1 : 구매조건부 신제품개발사업(민 / 관 공동투자 기술개발사업)
        − 우리공사의 구매를 전제로 우리공사가 필요로 하는 중소기업의 신제품 및 국산화 개발 과제를 정부(중소기업청)와 1 : 1 매칭펀드 방식으로 지원하는 사업(최대 2년간 10억 원)
        − 연구비 구성 : 우리공사 37.5% 이내, 정부 37.5% 이내, 중소기업 25% 이상
    • 유형2 : 구매조건부 신제품개발사업(국내수요처)
        − 우리공사가 일정량 이상의 구매 의사를 밝히고 개발 제안한 과제에 대하여 정부(중소기업청)가 중소기업의 기술개발비를 지원하는 사업(최대 2년간 5억 원)
        − 연구비 구성 : 우리공사 15% 이내(현금 20% 이상), 정부 60% 이내, 중소기업 25% 이상(현금 60% 이상)
        − 의무구매액 : 정부출연금의 1배 이상
    • 유형3 : 협력 연구개발사업
        − 우리공사의 구매를 전제로 연구개발지원과 중소기업의 산업기술자원을 상호 결합하여 우리공사에 꼭 필요한 기술을 중소기업을 통해 개발하는 사업
        − 연구비 구성 : 우리공사 75%, 중소기업 25%, 정부 0%(공사 자체 사업)
    • 유형4 : 수위탁 기업간 네트워크형 공동사업(구 원가절감형 공동사업)
        − 과제 수행을 통해 창출된 부가가치로 원가경쟁력을 확보하고 그 성과를 공정하게 배분하는 사업(최대 7개월 간 1억 원)
        − 연구비 구성 : 우리공사 30%(현금 20% 이상), 정부 50%, 중소기업 20%(현금 25% 이상)

---

① 제시된 자료의 연구과제는 중소기업이 아닌 기관은 참여할 수 없다.

② 정부와 1 : 1 매칭펀드 방식으로 지원하는 과제 유형은 공모기간 내에 반드시 신청하여야 한다.

③ 모든 유형 중 공사 자체 사업인 경우에 중소기업의 연구비 구성 비율이 가장 낮다.

④ 유형2와 유형3 과제의 차이는 공사의 구매 진행 여부에 있다.

⑤ 유형4 과제의 경우 지원금은 최대 7개월간 지원하며 원가경쟁력 확보 등에 목적을 둔다.

04. 신입사원 A 씨가 다음 자료를 바탕으로 〈보기〉에 대한 감면내용을 산정하려고 할 때, 그 내용으로 옳은 것은?

- 신규 열공급 개시 서비스 보증
  우리공사의 사유로 열수급계약서상에 명시된 열공급 개시 예정일에 열공급을 개시하지 못할 경우 열공급 규정의 정해진 기간에 따라 기본요금의 30%를 위약금으로 부담하겠습니다.

- 열공급 정지시간 준수 보증
  우리공사의 사정으로 인해 열공급을 중단하거나 사용을 제한한 경우에는 해당기간에 대한 기본요금을 감면하겠습니다.

구분		감면내용
온수	[11~3월] 당일 20시~익일 08시 이전	기본요금 1일분 / 1시간
	[11~3월] 당일 08시~익일 20시 이전	기본요금 1일분 / 3시간
	이외 기간	기본요금 1일분 / 12시간
	[5~9월] 중온수 냉방 사용자 09~18시 사이	기본요금 1일분 / 6시간
냉수	고이용율 냉수 사용자	기본요금 1일분 / 6시간
	고이용율 이외 냉수 사용자	기본요금 1일분 / 6시간

보기

지역난방이 공급되는 아파트에서 거주하는 이○○ 씨는 12월 5일 23:00부터 다음 날 14:00까지 난방(열공급)이 공급되지 않아 관리사무소에 연락을 해 보니, 이번 중단은 한국지역난방공사에서 사전에 고지한 열수송관 점검 때문이라는 것을 알 수 있었다.

① 기본요금 10일분 감면   ② 기본요금 11일분 감면   ③ 기본요금 12일분 감면
④ 기본요금 13일분 감면   ⑤ 기본요금 14일분 감면

[05 ~ 06] 다음 자료를 보고 이어지는 질문에 답하시오.

에너지 바우처는 소외계층에게 원하는 난방에너지(전기, 도시가스, 지역난방, 연탄, 등유, LPG)를 구입할 수 있도록 에너지이용권을 지급하는 제도이다. 이 제도의 목적은 난방비 부담을 경감시켜 따뜻한 겨울을 보낼 수 있도록 최소한의 에너지 사용을 보장하려는 데 있다. 2015년부터 시작한 에너지 바우처는 2018년까지 4회에 걸쳐 시행되었으며, 2016년 523,664가구(예산 487억 원)가 에너지 바우처를 사용했다.

에너지 바우처 지원대상은 「국민기초생활보장법」에 따른 생계급여 또는 의료급여 수급자로서 주민등록표상 가구원 중 노인(만 65세 이상)이나 영유아(만 6세 미만) 또는 장애인, 임산부, 중증질환자, 희귀난치성질환자가 있는 가구이다. 초기의 에너지 바우처 지원대상은 노인(65세 이상), 장애인(1 ~ 6등급), 영유아(6세 미만)가 있는 가구였으나 2016년에 임산부 가구를 추가했고, 2018년에는 장애인 가구 지원을 확대하고, 중증(희귀난치성)질환자가 있는 가구를 신설했다.

에너지 바우처는 현재 거주하는 읍·면·동 주민센터에 신청한다. 동절기의 경우, 신청기간은 2018년 10월부터 2019년 1월까지이다. 작년에 대상자였던 경우 올해 신청정보의 변동이 없다면 자동으로 신청되며, 거동 불편 등으로 본인이 신청하기 어려운 경우는 대리인이 신청 가능하므로 가족과 이웃의 관심이 필요하다. 지원금액은 가구원 수에 따라 지원금이 차등 지원되는데 1인 가구는 86,000원, 2인 가구는 120,000원, 3인 이상 가구는 145,000원을 지원받는다. 바우처 사용기간은 2018년 11월부터 2019년 5월까지(7개월간) 사용할 수 있다.

에너지 바우처로 신생에너지원을 선택적으로 구입 및 사용할 수 있는데, 현금 지원방식이 아닌 난방용 에너지만 구매할 수 있도록 (전자)카드 형태의 이용권을 지급한다. 여러 종류의 난방에너지원을 사용하기 원한다면 신용카드(신용 또는 체크카드)가 유용하며 전기, 가스, 지역난방 등 네트워크에너지를 주 에너지원으로 사용하길 원한다면 가상카드(요금차감 방식)가 편리하다. 카드방식은 대상자가 선택해서 사용할 수 있다. 에너지 바우처 대상자로 선정되었으나 쪽방촌, 고시원, 원룸 등 월세에 전기 및 난방요금이 합산 청구돼서 에너지 바우처를 사용하지 못했다면 미사용 금액은 절차에 따라 예외지급(현금 환급)을 받을 수 있다.

05. 다음 중 윗글에 대한 이해로 적절한 것은?

① 에너지 바우처는 에너지 빈곤 해결을 위해 냉·난방 에너지원을 다각화하고 있다.

② 에너지 바우처 신규 선정 시에는 본인이 직접 신청하여야 한다.

③ 가구원 수가 증가할수록 에너지 바우처 지원금의 가구원 1인당 평균액도 증가한다.

④ 에너지 바우처는 경우에 따라 현금으로 환급된다.

⑤ 전기, 가스 지역난방 등의 네트워크에너지원 사용에는 실물카드가 권장된다.

06. 다음 자료를 참고할 때 A ~ E 중 적절하지 않은 조치를 취한 사람은?

1. 에너지 바우처 신청대상 : 아래 소득기준과 가구원 특성 기준을 모두 충족하는 가구

구분	내용
소득기준	「국민기초생활보장법」에 따른 생계급여 또는 의료급여 수급자
가구원 특성기준*	(노인) 주민등록기준 1954. 12. 31. 이전 출생자(2019년 기준) (영유아) 주민등록기준 2014. 01. 01. 이후 출생자(2019년 기준) (장애인) 「장애인복지법」에 따라 등록된 장애인 (임산부) 임신 중이거나 분만 후 6개월 미만인 여성 (중증질환자) 「국민건강보험법 시행령」에 따른 중증질환자 (희귀질환자) 「국민건강보험법 시행령」에 따른 희귀질환자 (중증난치질환자) 「국민건강보험법 시행령」에 따른 중증난치질환자

* 가구원의 경우 수급자(본인) 또는 세대원이 해당 기준에 부합될 때 가능하다.

2. 에너지 바우처 지원 제외 대상
   1) 보장시설 수급자 : 보장시설에서 생계급여를 지급받는 경우 제외 대상이나, 생계급여를 지급받지 않는 일반 보호시설에 거주하고 있는 경우는 지원대상이 됨.
   2) 가구원 모두가 3개월 이상 장기 입원 중인 것이 확인된 수급자

3. 에너지 바우처와 중복지원 불가 대상
   1) 한국에너지재단의 2019년 등유나눔카드를 발급받은 자(가구)
   2) 한국광해관리공단의 2018년 연탄쿠폰을 발급받은 자(가구)
   3) 2019년 10월 이후, 연료비를 지급 받는 긴급복지지원 대상자

① A : 「국민기초생활보장법」에서 명시하는 의료급여 수급자에 대한 내용을 알아봐야겠어.

② B : 임산부가 에너지 바우처를 신청하기 위해 임산부임을 증명하는 서류가 필요한지 확인해 봐야겠어.

③ C : 「국민건강보험법 시행령」에서 언급하는 중증, 희귀, 중증난치질환자의 기준을 확인해 봐야겠어.

④ D : 생계급여를 지급받는 보장시설에서 거주하는 사람도 에너지 바우처 지원 대상이니 해당 절차를 알아봐야겠어.

⑤ E : 지금까지 혜택 받은 에너지 지원 내용 중 에너지 바우처와 중복지원이 불가한 내용이 있는지 확인해 봐야겠어.

07. 다음 중 밑줄 친 ㉠에 대한 정보로 옳지 않은 것은?

> 한국지역난방공사는 30일 한국토지주택공사(이하 LH공사)와 ㉠쿠웨이트 압둘라 스마트시티 지역냉방사업 협력을 위한 업무 협약을 체결하였다고 밝혔다. 사업협력분야는 쿠웨이트 압둘라 스마트시티 등 지역냉방사업분야에서의 정보교환, 경험 및 기술제공, 국내 기업과 기자재의 쿠웨이트 진출 지원 등이다.
>
> 중동지역은 무더운 날씨로 인해 전체 에너지 생산량의 대부분을 에어컨 등의 냉방용품을 가동하는 용도로 사용하고 있는데, 개별냉방 대신 지역냉방 도입 시 전체 에너지 사용량의 약 30%를 절감할 수 있는 것으로 알려져 있다.
>
> 국내의 첨단에너지사업 선도기관인 한국지역난방공사와 국내외 신도시 개발 전문기관인 LH공사는 협업을 통해 쿠웨이트에 동반 진출함으로써 압둘라 스마트시티의 지역냉방 조기 도입 및 활성화에 기여하고, 국내 일자리 창출과 관련기업의 쿠웨이트 진출기회 제공 등 다양한 사회적 가치를 실현할 것으로 기대된다. 양 기관은 쿠웨이트뿐 아니라 중동지역에 지역냉방기술을 적극 홍보하고 지속 가능한 발전에 적극 앞장설 계획이다.
>
> 압둘라 신도시는 쿠웨이트 수도인 쿠웨이트시에서 서쪽으로 약 30km 떨어져 있다. 쿠웨이트가 추진하는 9개 신도시 중 입지가 가장 뛰어나다. 면적은 $64.4km^2$로 경기도 분당 신도시의 세 배 규모이며 2만 5,000 ~ 4만 세대가 입주한다. 상업지역 이외엔 미국 서부 '비버리 힐즈' 같은 최고급 주택단지도 지을 계획이다. 석유 일변도 산업구조에서 벗어나 금융 · 무역 · 관광 허브로 도약하기 위해 쿠웨이트가 추진하는 전략 신도시다.
>
> 한국지역난방공사 사장은 "압둘라 스마트시티 개발 사업에 공사가 보유한 우수한 지역냉방 기술력을 제공하고 LH공사와 협력해 압둘라 신도시 지역냉방사업을 성공적으로 추진해 해외 지역냉방사업을 확대해 나가겠다. 아울러 이번 협약을 계기로 양 기관은 해외 사업의 상호 협력을 강화해 일자리 창출 등 공공기관의 사회적 가치 실현을 위해 노력하겠다."라고 밝혔다.

① 해외 지역냉방 사업을 확대하기 위한 것이다.

② 국내 관련 기업의 일자리 창출에 기여할 것이다.

③ 중동지역에 지역냉방 기술을 홍보하기 위한 것이다.

④ 압둘라 스마트시티에 지역냉방 기술력을 제공하기 위한 것이다.

⑤ 개별냉방의 효율성을 증대시켜 지속 가능한 발전을 추진하기 위한 것이다.

08. 한국지역난방공사의 상생결제시스템에 대한 이해로 옳지 않은 것은?

〈한국지역난방공사 상생결제시스템〉

공사는 지난해 협력중소기업의 결제환경 개선을 위한 하도급 대금 지급 보장 관련 상생결제시스템을 적극 도입, 구축하였습니다. 이후 공사는 공기업으로서 공정거래 상생 문화 조성 등 사회적 책임 이행을 위하여, 다음과 같이 동 시스템을 확대 운영하고자 하오니 계약 입찰 참여 기업 등 관련 기업들의 많은 협조 부탁드립니다.

• 상생결제시스템 주요 개념
2차 이하의 중소기업에 대한 대금 지급을 보장하고 결제일 이전에 대기업 수준의 낮은 금융비용으로 결제 대금을 현금화할 수 있도록 하는 결제시스템

• 세부추진안
(적용기준확대) 추정금액 : 50억 원 이상의 하도급이 있는 계약의 건으로 적용대상 기준 확대

구분	기존	변경
금액기준	추정금액 100억 원 이상	추정금액 50억 원 이상
계약종류	하도급이 있는 공사 계약의 건	하도급이 있는 전 계약

※ 시행기준일 : 2019. 01. 01.(계약체결일) 기준

– 상생결제시스템(또는 하도급지킴이)을 활용한 거래 기업*에 대하여 공사 동반성장 고유목적 사업 참여 시 가점 부여
– 사업 지원기업의 산정 및 평가 시 가점 부여
  * 단, 공사의 계약 체결 후 동 시스템 이용을 위하여 당사 협약은행과 사전약정을 맺으셔야 하며, 기타 문의 사항은 경영관리처 동반성장부 또는 재무처 계약부로 연락바랍니다.

---

① 상생결제시스템은 2차 이하의 중소기업에 대한 대금 지급을 보장하기 위한 제도이다.
② 하도급이 있는 전 계약의 금액이 40억 원에 달하는 A사는 상생결제시스템 이용 대상이 아니다.
③ 상생결제시스템을 이용하기 위해 B사는 공사의 협력은행과 사전약정을 맺어야만 한다.
④ C사는 공사의 동반성장 고유목적 사업에 가점을 얻기 위해 상생결제시스템을 이용할 예정이다.
⑤ 2018년에 70억 원의 계약을 체결한 D사는 대금 결제 시 변경된 상생결제시스템을 적용받는다.

09. 다음 내용을 바탕으로 대답할 수 없는 질문은?

1. 입찰명 : 20XX년 상반기 제어분야 예비용 구매
2. 입찰방법 : 제한경쟁입찰(소상공인, 소기업, 벤처기업, 중소기업 창업자) 총액 입찰, 전자입찰
3. 입찰참가자격 : 소상공인, 소기업, 벤처기업, 중소기업 창업자

※ 입찰참가자격 확인 관련

구분	소기업, 소상공인	벤처기업	중소기업창업자
보유서류	소기업, 소상공인 확인서	벤처기업 확인서	중소기업, 소상공인 확인서, • 법인 : 법인등기부등본 • 개인 : 사업자등록증
관련규정	중소기업 범위 및 확인에 관한 규정	벤처기업확인요령	중소기업 창업지원법
확인장소	중소기업현황 정보시스템 공공구매 종합정보	벤처확인공시시스템	중소기업현황 정보시스템 공공구매 종합정보
비고	각 확인서는 입찰마감일 전일까지 발급된 것으로 유효기간 내에 있어야 함.		

4. 전자입찰진행일정

구분	일정	입찰 및 개찰 장소
전자입찰서 접수개시	20XX. 03. 04. (월) 13:00	국가종합전자조달시스템
전자입찰서 접수마감	20XX. 03. 12. (화) 13:00	(https://www.g2b.go.kr)
전자입찰서 개찰	20XX. 03. 12. (화) 13:00	입찰담당과 PC

5. 낙찰자 결정방법 : 적격심사 낙찰제

   가. 우리공사 '물품구매 적격심사 세부기준'에 의하여 낙찰자를 결정하므로 이 기준을 반드시 사전에 열람하셔야 합니다.[열람장소 : 나라장터 입찰공고 및 우리공사 전자계약 시스템 홈페이지]

   • 낙찰하한율 : 84.245(%) 이상 최저가격 입찰자순으로 적격심사를 하여 종합평점이 85점 이상인 업체를 낙찰자로 결정합니다.

   나. 각 심사항목별 심사기준일은 입찰공고일로 하고, 입찰공고일 다음날 이후에 발생 또는 신고하였거나 수정된 자료는 평가에서 제외합니다.

   다. 본 입찰의 적격심사에 적용되는 주요 세부기준은 다음과 같습니다.

   ※ 평가기준 : 경영상태(30점), 입찰가격(70점), 결격사유(−30점)

이상과 같이 공고합니다.

20XX년 2월 21일

한국지역난방공사 ○○지사장

① 최저가격으로 입찰한 업체가 선정되는 건가요?

② 적격심사 과정에서 결격사유가 되는 구체적 내용은 무엇인가요?

③ 입찰공고일 이후에 발급받은 벤처기업 확인서를 제출해도 되나요?

④ 입찰에 참가하려고 하는 업체가 소상공인인 것은 어떻게 알 수 있나요?

⑤ 사전에 열람해야 하는 물품구매 적격심사 세부기준은 어디서 확인할 수 있나요?

10. 다음 내용을 바탕으로 작성한 한국지역난방공사의 홍보문구로 가장 적절한 것은?

> ### 제5차 중장기 경영전략 수집
>
> 한국지역난방공사는 지난해 10월 '제5차 중장기 경영전략'을 수립하였다. '해피 에너지 2020'으로 불리는 이 전략은 2020년까지 매출 4조 5,000억 원, 투자자본수익률(ROIC) 6%를 목표로 하는 내용을 담고 있다. 또한 10대 전략과 30대 전략과제도 수립하였다. 2019년까지 매출 3조 3,000억 원, ROIC 5% 달성이라는 기존 '비전 2019'를 강화한 것이라는 설명이다.
>
> 공사는 기존의 핵심주력사업인 지역난방과 전력사업을 공고히 하는 한편 지역난방과 신재생에너지 해외 진출 등 미래성장 분야를 확대한다는 방침을 정하였다. 특히 수익성 있는 해외사업은 공사가 중점적으로 추진하고 있는 전략사업 중 하나다. 이를 위해 공사는 '사업참여방식의 다각화'와 '내부 역량 강화'라는 과제를 세우고 공적개발원조(ODA) 참여확대, 신재생 에너지원 개발 및 도입 사업 등 세부 과제도 수립하였다. 공사 관계자는 "미래성장사업인 해외사업을 위한 로드맵을 확립하고 순차적으로 수행하고 있다."고 전했다.
>
> ### 신수출 분야 발굴에도 주력
>
> 공사는 기존 주력사업 이외의 미래성장 분야에서 해외 사업을 계획하고 있다. 공사는 대구 우드칩 발전설비, 광주 전남 혁신도시 폐기물고형연료(RDF) 발전설비 등을 운영한 경험을 바탕으로 팔라우 폐기물 연료를 활용한 발전사업 타당성 조사를 시행하였다. 열병합발전(CHP) 잉여열 등을 이용한 지역냉난방 사업도 계획 중인데, 이는 국내 발전회사와 해외 사업에 공동으로 참여한 뒤 CHP 잉여열을 활용해 지역난방 에너지원으로 활용하는 사업이다.
>
> 민간기업과 패키지로 해외신도시와 단지개발사업에 진출하는 것도 검토하고 있다. 최근 중동과 독립국가연합(CIS) 국가들에서 대규모 도시개발과 전후복구사업이 활기를 띠고 있다. 아프리카 역시 달러 유입에 따른 신도시 개발사업을 추진 중이다. 공사 측은 국내 건설업체도 활발히 해외에 진출하고 있다며 에너지사업자와 연계한 신도시 사업을 제안하고 공동 진출을 계획하고 있다고 밝혔다. 이에 더해 기술용역 분야 및 사업관리사업도 강화할 방침이다.

① 4차 산업혁명을 선도하는 혁신 에너지　　② 생활의 품격을 생각하는 에너지

③ 따뜻한 세계를 만드는 글로벌 에너지　　④ 안정적이고 경제적인 에너지 연계 운전

⑤ 지구를 생각하고 환경을 보전하는 미래 에너지

01. 다음 글의 ㉠~㉤을 대체할 어휘로 적절하지 않은 것은?

> 전자문서화가 더딘 이유는 '손에 잡히는' 익숙함과 관성 때문일 것이다. 그렇지만 일선 실무자들의 '종이문서가 진정한 문서'라는 인식과 ㉠관행(慣行)을 고집하는 점도 원인이다. 더 늦기 전에 종이문서 중심의 관행을 전자문서 중심으로 바꾸는 발상의 전환이 필요하다. 이를 위해 우선 기본법에 해당하는 전자문서법의 ㉡개정(改正)을 해야 하며 이를 통해 '전자문서가 종이문서와 동일한 효력을 가진다'는 법률근거를 보다 명확히 해야 한다. 상속·유언·보증 등 전자문서가 인정되지 않는 예외적인 경우는 별도로 ㉢명시(明示)할 필요가 있다. 이와 함께 보안 우려 불식, 이용간편화 등 이용자 중심의 환경 개선이 이루어져야 한다. 보안 우려 해소를 위해 문서의 중요도에 따라 보안수준을 차등화하고, 모바일 위주의 이용 ㉣추세(趨勢)를 반영하여 이용편의성을 높이고 클라우드, 블록체인 같은 다양한 신기술을 이용하여 이용자 선택권을 넓혀야 한다. 특히 공공분야는 선도적으로 전자문서화를 추진하여 관련 산업의 발전을 지원하며 확산의 마중물 역할을 해야 한다. 또한 파급효과와 비용절감이 큰 분야를 대상으로 한 플래그십(Flagship) 사업을 ㉤실시(實施)하여 국민의 인식을 바꿔나가야 한다. 아날로그에서 디지털로 패러다임 전환이 이루어질 당시, 아날로그적 방식에 더 집착했던 제품과 기업들은 쇠락의 길을 피하지 못했다.

① ㉠ 관행(慣行) → 관습(慣習)
② ㉡ 개정(改正) → 경정(更定)
③ ㉢ 명시(明示) → 주시(注視)
④ ㉣ 추세(趨勢) → 추이(推移)
⑤ ㉤ 실시(實施) → 시행(施行)

02. 다음 글의 맥락상 ㉠에 들어갈 단어로 적절하지 않은 것은?

> 전쟁의 상흔은 민초의 삶을 어떻게 바꿔 놓을까? 삶의 (㉠)이/가 달라지는 고통은 상상 이상이다. 삶은 변화하는 게 아니라 망가지고, 파괴된다. 일본의 식민지배는 우리나라와 주변국에 역사적 상흔을 안겼다. 지배적 역사가 개인의 삶을 어떻게 파괴하는지, 역사에 담지 못한 개인의 삶을 따라가다 보면 그 참상은 더욱 처참하다.

① 갈피
② 궤도(軌道)
③ 궤적(軌跡)
④ 방향(方向)
⑤ 행보(行步)

03. ㉠ ~ ㉣ 중 어문규정에 어긋난 어휘를 모두 고른 것은?

- 일이 하도 많아 밤샘 작업이 ㉠예삿일이 되어 버렸다.
- ㉡등굣길의 학교 앞 문구점에는 준비물을 구입하려는 학생들로 복잡했다.
- 김 과장은 반지하 ㉢전셋방에서 살림을 시작한 지 10년 만에 자기집을 마련하였다.
- 오늘 우리 부서 점심 회식은 ㉣피잣집에서 할 예정이다.

---

① ㉠, ㉡   ② ㉠, ㉢   ③ ㉡, ㉢
④ ㉡, ㉣   ⑤ ㉢, ㉣

04. 다음 ㉠ ~ ㉤에 들어갈 적절한 어휘로 짝지어진 것은?

　　○○기업은 이달 초 동절기 안전사고 발생에 대응하기 위해 안전대책을 ㉠수립/설립한 데 이어, 이달 말까지 전국 건설현장 및 입주단지에 동절기 대비 사전 점검을 실시한다고 밝혔다. 이번 동절기 안전대책은 정부의 국정과제인 '안전사고 예방 및 재난 안전관리의 국가책임체제 구축'의 이행을 위한 것으로 건설 현장에서 한파특보 발령 시 추위에 직접 노출되는 근로자의 동상, 저체온증을 예방하기 위하여 작업을 중지하고 휴식시간을 제공하는 지침을 내려 근로자 보호를 최우선으로 하였다. 또한 주위 쉼터를 설치하여 난로, 따뜻한 음료, 구급세트 등을 ㉡배치/비치해 휴식을 보장하고, 동상, 저체온증 발생과 같은 응급상황에 신속하게 대응할 수 있도록 안내서를 제작하였다.

　　동절기 지하층, 옥탑과 같이 환기가 불리한 콘크리트 구조물 양생 시 갈탄 대신 열풍기로 급열방식을 변경하여 유독가스에 의한 사망 사고를 원천적으로 차단할 뿐만 아니라 미세먼지를 ㉢절감/저감하여 작업환경을 개선할 예정이다.

　　기업주단지에는 각종 배관 동파 발생을 예방하기 위하여 보온조치와 한파 기동대책반을 운영하여 ㉣만반/만발의 준비를 갖추고 폭설 및 결빙에 대비하여 단지별 ㉤제설/재설 장비와 비상대책반을 운영한다. 또한 동절기 화재발생에 대비해 각종 소방시설을 점검하고 입주민 긴급대피 요령과 절차를 안내하고 홍보할 예정이다.

	㉠	㉡	㉢	㉣	㉤
①	수립	배치	저감	만발	제설
②	설립	비치	절감	만반	재설
③	수립	배치	저감	만발	재설
④	수립	비치	저감	만반	제설
⑤	설립	비치	절감	만반	재설

05. 다음 자율주행자동차의 센서에 대한 설명문에서 ㉠에 들어갈 내용으로 적절한 것을 〈보기〉에서 모두 고르면?

> 자율자동차가 외부환경을 인지하는 데 사용되는 센서는 대표적으로 '카메라(Camera)', '레이더(Rader)', '라이더(Lider)' 등으로 구성된다. 이들 센서는 각각의 장단점이 뚜렷하기 때문에 단독으로 활용하기보다는 함께 작용돼 상호보완 작용을 하게 된다. 카메라는 사람의 눈과 같은 센서로 전방 사물이나 차선 인식, 신호등, 표지판, 보행자 등 복합 환경을 인식하는 역할을 담당한다. 카메라는 자율주행에서 '레벨 3'은 4개 이상, '레벨 4 ~ 5'에서는 8개 이상의 충분한 빛이 없으면 제 기능을 수행할 수 없다는 단점이 있다.
>
> 최근 카메라 센서는 단일 렌즈를 사용하는 모노(Mono) 방식에서 두 개의 렌즈를 사용하는 스테레오(Stereo) 방식으로 진화하고 있다. 스테레오 방식은 사람의 두 눈으로 바라보듯 두 개의 렌즈를 통해 3차원으로 인지할 수 있어 단순한 형상에 대한 정보뿐만 아니라 원근감까지 측정할 수 있다. 그러나 스테레오 방식은 모노 방식에 비해 (㉠   ) 따라서 업체들은 비용 절감을 위해 모노 방식의 카메라를 고수하면서 그 성능을 고도화하거나 혹은 스테레오 방식을 사용하면서 영상신호데이터 처리 속도를 높이기 위한 칩을 적용하고 있다.

보기

> ⓐ 가격이 비싸다.
> ⓑ 정밀도가 떨어진다.
> ⓒ 날씨의 영향을 많이 받는다.
> ⓓ 처리해야 할 데이터 양이 많아 속도가 느려진다.

① ⓐ, ⓓ   ② ⓑ, ⓒ   ③ ⓒ, ⓓ
④ ⓐ, ⓑ, ⓓ   ⑤ ⓐ, ⓑ, ⓒ, ⓓ

[06 ~ 07] 다음 글을 읽고 이어지는 질문에 답하시오.

> 과학 기술은 인간의 사유 체계와 생활 양식의 진보에 따른 결과물인 동시에 그 원동력이기도 하다. 이에 오래 전부터 인간은 과학과 기술의 힘을 통해 삶의 질을 높여 왔다. 두 발로 선 이래 도구를 이용해 사냥을 하고 불을 지펴 추위를 이기면서 인간은 생각과 행동을 조직하고 계획할 수 있었고 이로써 진보를 거듭할 수 있었다.

과학 기술, 지식과 수단이 정교해질수록 이전과는 전혀 다른 생활이 가능해졌다. 그리고 ㉠생활 환경의 변화는 다시 새로운 과학적, 기술적 도약을 가능케 하는 조건이 되었다. 인류 역사는 인간과 인간이 만들어 낸 것들 사이의 상호 작용을 통해 발전해 왔다. 증기기관이 그러했듯 컴퓨터는 이미 전 세계의 산업적, 경제적, 사회적, 문화적 환경을 완전히 뒤바꾸어 놓았다. 그리고 아직 실현되지 않은 놀랍고도 새로운 변화를 꿈꿀 수 있게 해 주고 있다.

이러한 발전은 축적된 지식과 경험을 효과적으로 전달할 수 있는 도구와 시스템의 존재로 인해 가능했다. 아마도 처음에는 매우 단순한 형태의 몸짓이나 행동, 소리 등을 통해 과학적 지식과 경험을 전달했을 것이다. 그러나 그 수단은 점차 다양하고 정교해졌다. 오늘날에는 전화, 전신, 컴퓨터와 전자우편 등의 여러 가지 의사소통의 방식이 일상화, 보편화되고 있다. ㉡정보와 지식의 공유가 공동체 내부에 국한되는 것이 아니라 전 세계로 확장되면서 낯선 사람과의 소통이나 다양한 집단들 사이의 교류도 가능해졌다. 이 같은 변화는 새로운 탐구와 창조를 담당한 과학 기술자들의 역할 및 연구 개발 활동에 큰 영향을 미치고 있다.

현대 과학 기술자는 개인의 호기심을 충족시키는 데에만 관심을 쏟는다든지 자신이 속한 집단 안에서만 활동할 수 없다. 그는 서로 다른 영역의 전문가들과 만나 자신의 문제의식과 연구 전략, 기술적 실현 여부, 시장에서의 성공 가능성을 설명하거나 설득해야 하며, 사회적 요구와 정치, 문화적 환경을 고려하는 가운데 자신의 연구와 발명을 계획해야 한다. 따라서 ㉢다른 분야에 관한 지식과 의사소통 능력이 부족한 과학 기술자는 설 자리가 점점 좁아지고 있다.

대학과 산업의 연구 분야에서도 다양한 학문 간 협력과 학제 간 연구, 융합 연구의 중요성이 대두되고 있다. 따라서 ㉣전문 지식과 기술적 능력뿐만 아니라 의사소통 능력과 리더십이 뛰어난 과학 기술 인재가 환영받고 있다. 그럼에도 불구하고 과학 기술 분야의 전공자들에게 의사소통 능력과 리더십을 키워줄 수 있는 체계적인 교육이 이루어진 것은 얼마 되지 않는다. 21세기의 과학 기술자들은 반드시 전문 분야 및 그와 연관된 다른 분야 공동체, 그리고 사회의 각 영역에서 자신의 생각과 의견을 제시할 수 있는 표현 능력을 갖추어야만 한다.

06. ㉠ ～ ㉣ 중 필자가 강조하고자 하는 내용이 포함된 문장을 고르면?

① ㉠, ㉡   ② ㉡, ㉣   ③ ㉠, ㉡, ㉣

④ ㉡, ㉢, ㉣   ⑤ ㉠, ㉡, ㉢, ㉣

07. 윗글을 서론으로 사용하여 글을 이어가려고 할 때 다루기에 적합하지 않은 화제는?

① 동굴벽화와 커뮤니케이션   ② 리더십과 의사소통

③ 숫자와 문자의 탄생   ④ 융합형 과학 인재의 시작

⑤ 새로운 과학 연구의 방법론

[08 ~ 09] 다음 글을 읽고 이어지는 질문에 답하시오.

(가) 유교의 영향을 받은 동양의 여러 나라들은 대체로 예절을 숭상하는 전통이 있거니와, '동방 예의의 나라'라고 일컬어진 우리 한국도 고래(古來)로 예절을 도의의 근본으로서 소중히 여겨 왔다. 그리고 예절이란 본래 행동의 양식과 절차를 심히 따지는 규범인 까닭에 예절의 숭상은 생활 전반에 걸쳐서 외관과 형식을 존중하는 기풍으로 발전하였다. 뿐만 아니라 외형적인 것을 앞세우는 풍조는 오늘의 한국에 있어서도 매우 강한 것으로 관찰된다.

(나) 외형적인 것을 앞세우는 우리나라의 풍습은 의식주의 어느 생활 측면에 있어서도 눈에 뜨인다. 의생활에 있어서 속옷보다도 겉옷을 더 사치스럽게 입는가 하면, 식탁을 차릴 때는 내용과 실질보다도 겉모양과 가짓수에 치중하는 경향이 있다. 그리고 건물에 있어서도 실내의 설비나 실용적 고려보다 대문, 담장, 겉벽 등 겉으로 드러난 부분에 역점을 두는 것이 흔히 보이는 현상이다. 더욱이 근래에 와서는 이른바 허례허식을 일삼는 풍조까지 일어나게 되어 식자들의 걱정거리가 되고 있는 실정이다.

(다) 실질을 망각하고 외관과 형식만을 존중하는 우리나라의 경향은 예의와 범절을 숭상하는 유교의 정신이 잘못 전해져 변질되는 가운데서 생겨난 폐단이라 하겠거니와, 그러한 풍조가 근래에 이르러 특히 심하게 된 것은 동양적 전통과는 관계가 먼 새로운 사정 때문이라고 생각된다. 그 새로운 사정이란 첫째로 광복 이후의 우리나라가 건실한 발전을 이룩하지 못하고 실질보다도 외관과 명성에 현혹되는 폐풍을 자아냈다는 사실과 둘째로 선전을 일삼고 전시 효과를 노리기에 급급한 오늘의 상품 문화적 풍조이다.

(라) 형식을 존중하는 전통 속에는 매우 중요한 의의가 깃들어 있다. 실리만을 따지는 옹색한 생활 태도 가운데서 슬기로운 문화가 창조될 수 없다는 것은 만인의 상식이니, 형식의 존중은 정신 문화의 발전을 위한 필수 조건이라 하여도 과언이 아니다. 실용성을 초월하여 행위의 형식을 존중하는 데서 인류의 예절이 생겼고, 실용을 넘어서서 외형의 아름다움을 추구함으로 말미암아 예술의 창조가 가능하였다.

(마) 뿐만 아니라 훌륭한 내용을 담으려면 그에 적합한 형식의 그릇이 필요한데, 이는 전통적 형식을 충실히 지키는 가운데 귀중한 내용이 강화되는 경우가 적지 않은 것을 통해 알 수 있다. 예컨대 국경일에 국기를 게양하는 것은 일종의 형식으로 그러한 형식을 존중히 여겨 거듭 지켜가는 가운데 우리들의 국가 의식이 강화되는 경우와 같다.

(바) 그러나 형식이 참된 가치를 갖는 것은 충실한 내용에 의하여 뒷받침될 때에 국한된다. 예절은 진정으로 존경하고 아끼는 마음의 뒷받침이 있을 때 참으로 귀중하고, 예술은 슬기로운 창조 정신의 표현일 경우에 비로소 값지며, 명성은 실력 또는 업적에 근거를 두었을 경우에만 자랑스럽다. 만약 내용의 충실을 꾀함이 없이 오로지 겉모습과 형식만을 추구한다면 그 폐단은 일반이 상상하는 것보다도 더욱 심각하다. 그것은 곧 허례허식, 허영과 사치, 위선과 기만, 그리고 천박한 모방 등 여러 가지 종류의 악덕으로 연결되는 것이다.

(사) 그리고 오늘날 우리 한국 사회에 있어서의 형식 내지 외관의 존중이 본질을 망각한 경박한 풍조로 연결되고 있다는 사실은 새로운 가치 체계의 수립을 공통의 과제로 삼아야 하는 우리에게 적지 않은 문제점이 아닐 수 없다.

08. 윗글의 내용을 크게 세 부분으로 나누었을 때 가장 적절한 것은?

① (가) / (나)(다)(라)(마)(바) / (사)
② (가)(나) / (다)(라)(마) / (바)(사)
③ (가)(나) / (다)(라)(마)(바) / (사)
④ (가)(나)(다) / (라)(마) / (바)(사)
⑤ (가)(나)(다) / (라)(마)(바) / (사)

09. 윗글에서 필자가 강조하는 내용으로 적절한 것은?

① 유교적 전통의 계승
② 근검절약 하는 습관
③ 실질과 형식의 조화
④ 전통예절에 대한 비판
⑤ 정신문화 발전의 필요성

[10 ~ 11] 다음 글을 읽고 이어지는 질문에 답하시오.

생태학적 관점에서 섬은 매우 역동적인 공간이다. 섬의 형태는 물리적으로 파도와 바람에 의해 결정되며 섬에 사는 생물체에게는 염도에 적응하기 위한 특수한 적응전략이 필요하다. 그리고 육지의 포식자들을 피하는 동시에 자신들을 먹이로 하는 다양한 해양 포식자들을 피하기 위한 집단 시스템이 요구된다. 따라서 섬에서는 육지와는 또 다른 생태계가 형성되어 있다.

육지 패러다임으로 바라본 섬이 고립과 폐쇄성의 공간이라면 해양 패러다임으로 바라본 섬은 바다를 통한 소통의 공간이라고 할 수 있다. 고대부터 섬주민은 육지와 달리 수렵채집사회를 유지해 왔다. 어업기술의 발전으로 섬주민들도 주수입원을 얻기 위해 농경사회와 같이 기르는 과정을 거친다. 하지만 이 역시 바다가 제공하는 식량 자원을 채집하는 형태를 띠고 있다. 고립과 소통으로 대표되는 ㉠섬에 사는 바닷새들은 한반도 해양생물의 다양성을 유지하고 지속 가능하게 하는 데 지대한 영향력을 발휘해 왔다. 우리나라를 중심으로 동아시아, 대양주 철새 이동 경로에 있는 섬들은 이동성 물새 및 바닷새에게 중요한 중간 기착지 역할을 한다.

특히 대표적인 바닷새인 도요물떼새는 섬과 갯벌에서 장거리 이동에 필요한 에너지원을 섭취하고 안전한 서식지를 제공받는다. 우리나라와 중국 사이에 있는 서해안에는 한반도와 중국에 있는 큰 하천에서 영양물질이 많이 흘러나오는 곳으로 많은 해양생물에게 풍부한 먹이를 제공한다. 게다가 넓은 갯벌을 형성하고 있기 때문에 바닷새들의 집단 번식지를 제공한다. 서해안은 육지에서 흘러온 많은 영양물질들을 기반으로 촘촘한 먹이그물망을 형성하여 바람과 태풍 등의 모진 풍파에도 불구하고 야생조류들의 최적의 번식지가 되었다.

고립무원인 섬은 야생조류에게 집단 지성의 힘을 일깨우게 한다. 육지 못지않은 강력한 포식자들의 침입에도 불구하고 야생조류들은 집단 서식의 정보소통을 통해 빠르게 경계태세로 대항할 수 있었으며 생존율을 높일 수 있었다. 바닷새는 안락한 육지와는 비교할 수 없을 정도로 험악한 기상 환경과 척박한 환경에 노출되어 있지만, 상대적으로 풍부한 먹이와 정보소통의 힘으로 멸종 위기의 환경에서도 버티며 살아갈 수 있었던 것이다.

그러나 최근 섬에 사는 야생조류들은 ㉡문명 발전에 속절없이 당하는 신세로 전락하고 말았다. 인구밀도가 가장 높은 동북아시아의 해안에는 값싼 석유화학 제품의 홍수 속에 플라스틱 쓰레기 더미가 몰려오고 있다. 이로 인해 많은 해양 조류와 포유류들이 희생당하고 있다. 각종 플라스틱 폐품쓰레기가 바닷새의 몸 안에 축적되어 가고 있으며 폐사한 바닷새의 위에서는 해양쓰레기들이 발견된다. 기후 변화에 따른 먹이 자원의 변화도 눈에 띈다. 또한 섬을 방문하는 외부인들은 오랫동안 섬주민과 형성해 온 공생 시스템과 외래종의 침입 장벽을 와해시키고 있다. 짧고 강력한 위협 요인들은 바닷새에 적응할 시간을 주지 않고 있는 것이다.

10. ㉠의 생존방식으로 적절하지 않은 것은?

① 험악한 기상환경에 대한 적응력을 높였다.

② 염도에 적응하기 위한 생존전략을 구축했다.

③ 집단서식으로 정보소통이 용이했다.

④ 척박한 생태계에서 부족한 먹이를 선점하기 위한 경쟁력을 확보했다.

⑤ 육지와 해양의 포식자들 모두에게 대응할 수 있는 시스템을 발전시켰다.

11. ㉡에 대한 필자의 관점으로 적절한 것은?

① 섬에서의 수렵채집활동을 불가능하게 만들었다.

② 고립된 섬의 문화를 개방시켜 소통할 수 있게 해 주었다.

③ 인간과 자연의 공존방식을 연구하여 섬을 발전시키고 있다.

④ 기후변화에 대한 대응책을 강화하여 섬의 생태계를 활성화시켰다.

⑤ 섬에 사는 생물들이 환경에 적응하여 생존하는 것을 어렵게 만들었다.

[12 ~ 13] 다음 글을 읽고 이어지는 질문에 답하시오.

자율관리팀을 만들기 위해서는 '과업자율화', '경계통제', '과업통제' 세 가지의 작업요소가 필요하다.

과업자율화는 각 팀이 과업이 자율적이면서 상대적으로 자기완결적 전제를 형성하는 정도를 말하는데, 자기완결적 전제란 부분적 결합에 의해 새로운 성질을 갖는 전제가 출현하는 것을 말한다. 즉 각 팀은 서로 다르면서도 상호 관련된 업무를 진행하면서 전체로서의 관점에서는 새로운 성질을 갖는 조직을 출현하게 만드는 것이다. 이때 팀의 규모는 대면접촉을 통해 조정과 의사결정이 이루어질 수 있도록 가능한 한 (㉠)가 되도록 해야 한다.

경계통제는 투입과 산출의 형태 및 비율과 같이 구성원이 과업 환경 변화에 영향을 미칠 수 있는 정도를 의미한다. 경계통제를 향상시키기 위해서는 수행 영역이 (㉡) 정의된 과업 영역, 외부 규제자에 대한 의존을 줄이는 품질 보증, 외부 자원에 의존하지 않고 과업을 수행하기 위한 구성원교육 등이 필요하다. 이를 통해 구성원들은 명료화된 과업하에 변화하는 환경에 유연하게 대처하고, 적응적인 활동을 할 수 있게 된다.

과업통제는 구성원이 서비스나 완성된 제품을 생산하기 위해 자신의 행동을 조절하는 정도를 의미한다. 이는 구성원이 작업방법 선택, 활동계획 수립, 환경과 과업 요구에 맞는 생산목표 설정 등의 권한을 갖는 것을 말한다. 과업통제를 위해서는 팀 구성원이 과업수행과 관련한 장비, 원재료, 기타 자원을 관리할 수 있는 권한을 지니고 있어야 한다. 또한 구성원이 과업수행에 대한 책임을 수용하게 만들려면 그들에게 작업 권한을 부여하여야 한다.

과업통제를 통해 자율관리팀은 주요 원천별로 기술적 변이를 재빨리 발견하고 해결할 수 있게 된다. 기술적 변이는 생산과정에서 혹은 특별한 목표나 기준으로부터 발생할 수 있다. 예컨대 제조과정에서는 원재료, 기계작동, 작업흐름이 완성품의 양이나 질에 영향을 미치는 변이의 원인이 있을 수 있다. 서비스 작업에서는 비정상적 주문, 특별한 대우, 특별한 요구 등으로 스트레스를 주는 변이가 발생한다. 전통적으로 기술적 변이는 지원스태프나 관리자에 의해 통제되었는데, 이는 시간과 비용이 많이 드는 방법이다. 자율관리팀은 기술적 변이가 발생되는 현장에서 필요한 자율성 기능 정보를 갖고 변이를 통제한다.

12. 윗글의 ㉠과 ㉡에 들어갈 적절한 표현을 바르게 짝지은 것은?

	㉠	㉡		㉠	㉡
①	소규모	포괄적으로	②	소규모	명확하게
③	대규모	포괄적으로	④	대규모	명확하게
⑤	대규모	임의적으로			

13. 자율관리팀의 작업요소에 대한 설명으로 적절하지 않은 것은?

① 과업자율화의 정도가 높으면 팀의 자기완결성이 좀 더 높아질 것이다.

② 생산과정에서 활동계획, 목표설정과 같은 일을 팀의 구성원이 직접 수행하게 되면 기술적 변이를 좀 더 신속하게 해결할 수 있다.

③ 팀 구성원에게 다기능 교육 훈련을 꾸준히 제공하는 것이 경계통제를 높이는 데 도움이 될 것이다.

④ 과업통제에는 구성원이 부여받은 권한을 직접 실행하는 것이 가장 중요하기 때문에 먼저 작업 권한을 부여하고, 수행에 대한 책임은 팀장이 지는 것이 좋다.

⑤ 현장에서 자율관리팀이 직접 생산과정에서의 문제에 대해 시의적절한 대응을 하게 되면 지원 부분의 역할은 줄어들 것이다.

[14 ~ 15] 다음 글을 읽고 이어지는 질문에 답하시오.

성과관리는 구성원의 업무행동과 결과를 정의, 평가, 개발, 강화하는 일련의 활동들을 통합한 과정이라고 할 수 있다. 성과관리의 주요 요소에는 목표설정, (㉠), (㉡), (㉢) 등이 있다.

목표설정은 바람직한 성과의 유형을 명확히 하는 것이다. (㉠)는 목표설정과 관련된 결과를 평가하는 것이다. 또한 (㉡)은/는 개인의 역량을 구축하는 것이고, (㉢)은/는 바람직한 결과가 지속되도록 긍정 또는 부정적인 강화요인을 제공하는 것이다.

성과관리는 전체 조직 상황의 맥락에서 이루어지기 때문에 사업 전략, 기술, 구성원 관여 등의 세 가지 상황적 요인들이 성과관리제도에 영향을 줄 수 있다. 또한 목표설정, (㉠), (㉡), (㉢)이/가 이러한 상황적 요인들과 조화를 이룰 때 우수한 성과를 보일 수 있다.

요인 중 사업 전략은 조직의 성과를 달성하기 위해서 조직과 조직을 둘러싼 환경과의 의도된 관계, 목표, 목적 및 정의 등으로 정의할 수 있다. 조직의 유형(영리/비영리 등)을 막론하고 사업 전략은 조직의 활동이 현재의 사업을 달성할 수 있도록 해야 한다.

다음으로 기술은 성과관리제도가 개인에 초점을 둘지 아니면 집단에 초점을 두어야 할지를 결정하는 데 영향을 주게 된다.

마지막으로 조직에서 구성원 관여의 수준은 성과관리제도의 성격을 결정하게 된다. 조직이 관료적이고 구성원의 참여 수준이 낮을 때 목표설정, (㉠), (㉡), (㉢)은/는 공식화되고 경영진이나 인사부서에서 관여하게 된다. 반면에 고관여 상황에서 구성원들은 성과관리의 모든 단계에 참여하게 되고 조직 내 제도의 설계나 관리에 상당한 수준으로 관여하게 된다.

14. ㉠, ㉡, ㉢에 들어갈 내용을 바르게 짝지은 것은?

	㉠	㉡	㉢
①	유형평가	교육 및 개발	보상시스템
②	유형평가	역량평가	시스템재설계
③	유형평가	교육 및 개발	시스템재설계
④	설계평가	교육 및 개발	보상시스템
⑤	설계평가	역량평가	보상시스템

15. 다음 중 성과관리에 대한 이해로 적절하지 않은 것은?

① 성과관리제도를 설계할 때 사업 전략, 기술, 구성원 관여 등의 상황적 요인들까지 고려해야 한다.

② 기술 측면에서 구성원 간 상호의존성이 낮고 개인 개별 직무 중심으로 과업이 설계되었다면, 성과관리제도는 조건보다는 개인에 초점을 두고 운영되는 것이 보다 바람직하다고 할 수 있다.

③ 성과관리제도는 개인 및 집단의 성과에 서로 영향을 주지만, 그중에서도 조직의 성과에 더욱 큰 영향을 준다고 볼 수 있다.

④ 구성원의 관여수준이 낮은 상황보다는 높은 상황에서 관리자와 구성원이 공동으로 목표를 설정하고 함께 적절한 개발 프로그램을 논의할 가능성이 높을 것이다.

⑤ 잘 개발된 성과관리 과정을 가진 조직은 그러한 과정이 없는 조직보다 더 나은 성과를 보일 가능성이 높다.

16. 다음은 대부분의 조직에서 활용하고 있는 부서 구분과 해당 업무의 예를 나타낸 표이다. (가) ~ (라)에 해당하는 부서가 아닌 것은?

부서명	업무 내용
(가)	의전 및 비서업무, 집기비품 및 소모품의 구입과 관리, 사무실 임차 및 관리, 차량 및 통신시설의 운영, 국내외 출장 업무 협조
(나)	조직기구의 개편 및 조정, 업무분장 및 조정, 노사관리, 평가관리, 상벌관리, 인사발령, 교육체계 수립 및 관리, 임금제도, 복리후생제도 및 지원업무, 복무관리, 퇴직관리
(다)	경영계획 및 전략 수립, 전사기획업무 종합 및 조정, 중장기 사업계획의 수립 및 조정
(라)	재무상태 및 경영실적 보고, 결산 관련 업무, 재무제표 분석 및 보고, 법인세 · 부가가치세 · 국세 · 지방세 업무자문 및 지원, 보험가입 및 보상업무

① 영업부   ② 기획부   ③ 회계부
④ 인사부   ⑤ 총무부

17. 다음은 권력의 유형을 정리한 것이다. (A)에 들어갈 내용으로 적절한 것은?

권력의 종류	영향력의 원천	특징
강압적 권력	처벌이나 위협	(A)
합법적 권력	조직 내 지위	
보상적 권력	돈, 승진 등의 보상	
전문적 권력	전문적인 기술이나 지식	
준거적 권력	카리스마와 같은 개인적 특성	

① 부하 직원들의 저항을 유발할 수 있지만 위기 또는 악습 타파 등 상황에 따라서 효과적일 수 있다.
② 단기적으로 직원의 동기 부여 및 성과 창출에 기여하지만 장기적으로 상대적 박탈감과 불만족을 유발할 수 있다.
③ 장기적이고 지속적인 영향력 행사가 가능하고 부하 직원들에게 리더의 가치를 내제화시킬 수 있다.
④ 부하 직원들의 자발적 추종을 유발할 수 있지만 리더의 지식수준이 다른 사람보다 뛰어나야만 효과가 있다.
⑤ 회사 내 높은 계급으로 부하 직원들을 통제할 수 있다는 믿음이지만 부하 직원들에게 기대할 수 있는 수준은 순응에 불과하다.

18. 조직 구조를 다음의 기준으로 (가)와 (나)로 나눌 때 이에 대한 설명으로 적절한 것은?

(가)		기준		(나)
최고층에 집중	⇦	권한의 위치	⇨	능력과 기술을 가진 곳
상급자의 결정	⇦	갈등해결 방식	⇨	토론, 상호작용
제한적	⇦	정보의 흐름	⇨	자유로움
높음	⇦	공식화	⇨	낮음

① (가)의 경우 대표적인 예로는 군대 조직을 들 수 있다.

② (가)는 의사결정권이 하부 구성원들에게 많이 위임된다.

③ (나)는 상하 간 의사소통이 공식적인 경로를 통해 이루어진다.

④ (나)는 구성원들의 업무가 분명하게 정의되고 많은 규칙이 있다.

⑤ 급변하는 환경에서는 (가)의 조직 구조가 적합하고 안정적이고 확실한 환경에서는 (나)의 조직 구조가 적합하다.

19. 건조기 겸용 세탁기를 개발한 (주)AA전자는 생산설비를 구축하고 제품 생산을 시작하였다. (주)AA전자가 들인 제작비용과 판매가격이 다음과 같을 때, 손익분기점에 해당하는 건조기 겸용 세탁기의 판매 대수는?

〈제작비용〉

• 생산설비 : 370,000,000원

• 원료 및 인건비를 포함한 기타 제반 비용 : 145,000,000원

〈판매가격〉

• 건조기 겸용 세탁기 : 1대당 1,250,000원

---

① 296대

② 412대

③ 425대

④ 4,120대

⑤ 4,250대

20. (주)AA 기업은 직원들을 위한 통근버스를 운영하고 있다. 퇴근 시 버스 배차간격이 다음과 같을 때, 각 노선이 첫 운행 이후 다시 동시에 출발하는 시간은 언제인가?

〈배차간격과 운행시간〉

구분	A 노선	B 노선	C 노선
배차간격	8분	12분	15분

※ 각 노선은 동일하게 오후 4시 50분에 첫 운행을 시작한다.

① 오후 5시 50분　　　② 오후 6시 10분　　　③ 오후 6시 30분
④ 오후 6시 50분　　　⑤ 오후 7시 10분

21. A 씨는 신규 프로젝트를 맡으며 새로운 팀에 합류하게 되었다. A 씨가 팀장 B 씨와 근속년수를 비교해 보았더니 다음과 같았다. 현재를 기준으로 B 씨의 근속년수가 A 씨의 두 배가 될 때는 언제인가?

• 현재 A 씨와 B 씨의 근속년수의 합은 21년이다.
• 3년 전에는 B 씨의 근속년수가 A 씨의 근속년수의 4배였다.

---

① 2년 후　　　② 3년 후　　　③ 4년 후
④ 6년 후　　　⑤ 9년 후

22. 다음 ○○공사의 사원 60명의 출·퇴근 방식에 관한 조사 자료를 통해 알 수 있는 내용으로 옳은 것은? (단, 주어진 자료의 내용만을 고려하며, 대중교통 수단은 한 가지만 이용하는 것으로 가정한다)

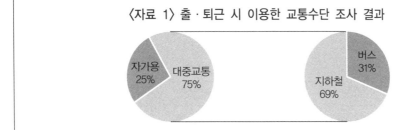

〈자료 1〉 출·퇴근 시 이용한 교통수단 조사 결과

자가용 25% / 대중교통 75%

버스 31% / 지하철 69%

〈자료 2〉 전체 사원의 출·퇴근 시 환승 횟수 조사 결과

환승 횟수	없음	1번	2번	3번
비율	42%	27%	23%	8%

※ 모든 계산은 소수점 아래 첫째 자리에서 반올림한 값이다.

※ 자가용 이용자는 환승 횟수 '없음'으로 응답하였다.

① 자가용을 이용하는 사원은 25명이었다.

② 버스를 이용하는 사원은 13명이었다.

③ 환승 횟수가 3번 이상인 사원은 4명이었다.

④ 대중교통을 이용하는 사원 중 한 번도 환승을 하지 않는 사원은 15명이었다.

⑤ 대중교통을 이용하는 사원 중 환승 횟수가 한 번 이상인 사원은 전체 사원의 58%이다.

23. 다음 초콜릿 수출입에 관한 자료를 통해 알 수 있는 것은?

〈자료 1〉 우리나라 연도별 초콜릿 수출입

(단위 : 톤(TON), 천 불(USD 1,000))

구분	수출총량	수입총량	수출금액	수입금액	무역수지
20X4년	2,941	26,186	23,394	169,560	−146,166
20X5년	2,827	29,963	22,514	195,643	−173,129
20X6년	2,703	30,669	24,351	212,579	−188,228
20X7년	2,702	31,067	22,684	211,438	−188,754
20X8년	3,223	32,973	22,576	220,479	−197,903
20X9년	2,500	32,649	18,244	218,401	−200,157

〈자료 2〉 20X9년 우리나라의 초콜릿 수출입 주요 6개국 자료

(단위 : 톤(TON), 천 불(USD 1,000))

구분	수출총량	수입총량	수출금액	수입금액	무역수지
미국	89.9	6,008	518	39,090	−38,572
중국	900.0	3,624	6,049	14,857	−8,808
말레이시아	15.3	3,530	275	25,442	−25,167
싱가포르	13.9	3,173	61	12,852	−12,791
벨기에	0.0	3,155	0	23,519	−23,519
이탈리아	0.0	2,596	0	27,789	−27,789

※ 〈자료 2〉의 수치는 우리나라를 기준으로 해당 국가와의 수출, 수입총량과 금액을 의미한다.

① 무역수지는 수출금액에서 수입총량을 뺀 값과 같다.

② 수출입 주요 6개국의 수출금액 평균은 1,000천 불 이하다.

③ 20X7년의 단위 총량당 수입금액은 20X6년에 비해 감소하였다.

④ 20X6년부터 20X9년까지 우리나라는 전년에 비해 수출총량이 감소하면 수출금액도 감소하는 경향을 보인다.

⑤ 20X9년 우리나라의 수출총량에서 중국으로의 수출총량은 40%를 차지한다.

24. 다음 자료에 대한 해석으로 적절한 것은?

〈가정 내 대기전력 감소 노력〉

(단위 : %)

구분		20X8년				20X9년			
		노력함		노력하지 않음		노력함		노력하지 않음	
		매우 노력함	약간 노력함	별로 노력 하지 않음	전혀 노력 하지 않음	매우 노력함	약간 노력함	별로 노력 하지 않음	전혀 노력 하지 않음
전체	계	28.5	50.8	18.2	2.5	28.2	50.1	19.2	2.5
성별	남자	22.9	52.0	22.0	3.1	23.8	50.3	22.8	3.1
	여자	34.1	49.7	14.4	1.8	32.4	50.0	15.7	1.9
연령	13 ~ 19세	20.5	50.5	25.6	3.4	18.5	46.1	31.5	3.9
	20 ~ 29세	19.7	50.2	25.8	4.3	18.2	49.1	27.5	5.2
	30 ~ 39세	24.3	52.6	20.4	2.7	22.0	52.2	22.9	2.9
	40 ~ 49세	25.1	55.8	17.1	2.0	26.0	54.2	18.0	1.8
	50 ~ 59세	31.6	50.9	15.7	1.8	30.7	52.1	15.5	1.7
	60 ~ 64세	41.4	45.6	11.3	1.7	41.4	44.3	12.9	1.4
	65세 이상	43.6	43.9	10.8	1.7	43.7	41.2	13.7	1.4

① 조사기간 동안 가정 내 대기전력 감소를 위해 노력하는 여자가 남자보다 더 많았다.

② 20X8년 모든 성별 및 연령별 구분 집단에서 가정 내 대기전력 감소를 위해 노력을 한다는 비율이 70%를 넘었다.

③ 조사기간 동안 가정 내 대기전력 감소를 위해 노력한다고 응답한 비율이 가장 높은 연령층은 모두 65세 이상 집단이다.

④ 조사기간 동안 남녀 응답자 수의 차이가 가장 큰 집단은 20X8년 가정 내 대기전력 감소를 위해 매우 노력한다고 응답한 집단이다.

⑤ 20X8년에 비해 20X9년에 13 ~ 49세 연령층에서 가정 내 대기전력 감소를 위해 전혀 노력하지 않는다고 응답한 비율이 늘어났다.

[25 ~ 26] 다음 자료를 보고 이어지는 질문에 답하시오.

〈자료 1〉 출장복명서

출장목적	플랜트설비 진단(SF6 가스분석 및 열화상 진단)				
출장지역	광주전남지사				
출장자	성명	소속		직급	비고
	한석봉	플랜트안전처 설비진단부		5급	
출장기간	20XX. 10. 12. ~ 10. 13.				
세부일정	구분	지역	일자	시간	출장내용
	출발	분당 본사	20XX. 10. 12.	09:00	SF6 가스분석 및 열화상 진단
	목적지	광주전남지사	20XX. 10. 12.	14:00	SF6 가스분석 및 열화상 진단
	목적지	광주전남지사	20XX. 10. 13.	09:00	SF6 가스분석 및 열화상 진단
	목적지	광주전남지사	20XX. 10. 13.	13:00	본사 복귀
	도착	분당 본사	20XX. 10. 13.	18:00	본사 복귀
업무내용	SF6 가스분석 및 열화상 진단				
기타사항	– 출장일 변경 여부 : 없음 – 업무용 차량 이용 여부 : 사용				
첨부	붙임 : 출장비 정산 내역서 (끝)				

〈자료 2〉 출장비 정산 기준

구분	교통비			일비 (1일)	숙박비 (1박)	식비 (1일 한도)
	철도운임	선박운임	자동차운임 (자가용)			
임원 및 본부장	1등급	1등급	실비	30,000원	실비	45,000원
1, 2급 부서장	1등급	2등급	실비	25,000원	실비	35,000원
2, 3, 4급 팀장	1등급	2등급	실비	20,000원	실비	30,000원
4급 이하 팀원	2등급	2등급	실비	20,000원	실비	30,000원

1. 교통비는 실비를 기준으로 하되, 실비정산은 국토해양부장관 또는 특별시장·광역시장·도지사·특별자치도지사 등이 인허한 요금을 기준으로 한다.
2. 수로여행 시 '페리호'를 이용하는 경우 1등급 해당자는 특등, 2등급 해당자는 1등을 적용한다.
3. 철도임 구분표 중 1등급은 고속철도 특실, 2등급은 고속철도 일반실을 적용한다.
4. 식비는 실비로 정산하며, 정액을 초과하였을 경우 초과분은 지급하지 아니한다.
5. 운임 및 숙박비의 할인이 가능한 경우에는 할인요금으로 지급한다.

6. 자동차운임(자가용) 실비 지급은 연료비와 실제 통행료(유료도로 이용료)를 지급한다.

연료비＝여행거리(km)×유가÷연비

7. 숙박비는 7만 원을 한도로 실비 정산할 수 있다.

8. 업무용 차량 이용 시 교통비는 별도로 지급하지 않으며 일비는 절반을 지급한다.

---

25. 〈자료 2〉와 다음 〈보기〉를 참고하였을 때, 〈자료 1〉의 출장자가 정산받을 출장비는?

보기

한석봉 씨의 출장 중 실비와 숙박비의 내역은 다음과 같다.

• 식사 1(10월 12일) : 12,000원   • 식사 2(10월 12일) : 10,000원

• 식사 3(10월 12일) : 7,000원   • 식사 4(10월 13일) : 13,000원

• 식사 5(10월 13일) : 10,000원   • 숙박비 : 80,000원

① 132,000원   ② 140,000원   ③ 142,000원

④ 162,000원   ⑤ 172,000원

---

26. 이몽룡 팀장(3급)은 자가용 차량을 이용해 출장을 다녀왔으며, 자세한 내역은 〈보기〉와 같다. 이를 참고하였을 때 이몽룡 팀장이 정산받을 출장비 중 교통비는 얼마인가?

보기

• 이몽룡 팀장은 자가용 차량을 이용해 출장을 다녀왔다.

• 이몽룡 팀장의 이번 출장 중 자가용 차량을 이용한 거리는 총 650km였으며, 자동차 연비는 10km/L, 유가는 1,500원/L이었다.

• 이몽룡 팀장의 이번 출장 중 발생한 유료도로 통행료는 총 20,000원이었다.

① 97,500원   ② 107,500원   ③ 117,500원

④ 127,500원   ⑤ 137,500원

27. Microsoft Office Excel에서 셀에 데이터를 입력하다가 Alt+Enter를 눌렀을 때 실행되는 내용은?

① 위쪽 셀로 이동한다.　　　　　　② 아래쪽 셀로 이동한다.

③ 오른쪽 셀로 이동한다.　　　　　④ 작업내용이 저장된다.

⑤ 동일한 셀에서 줄 바꿈이 된다.

28. 다음은 개인정보 해당 여부에 대한 판단 기준이다. 〈보기〉에서 개인정보에 해당하는 것은 몇 개인가?

〈개인정보 해당 여부 판단 기준〉

가. 「개인정보보호법」 등 관련 법률에서 규정하고 있는 개인정보의 개념은 다음과 같으며 이에 해당하지 않는 경우에는 개인정보가 아님.

나. 개인정보는 ⅰ) 살아 있는 ⅱ) 개인에 관한 ⅲ) 정보로서 ⅳ) 개인을 알아볼 수 있는 정보이며, 해당 정보만으로는 특정 개인을 알아볼 수 없더라도 ⅴ) 다른 정보와 쉽게 결합하여 알아볼 수 있는 정보를 포함.

다. 이때, '개인에 관한' '정보'에 여럿이 모여서 이룬 집단의 통계값 등은 개인정보에 해당하지 않음. '다른 정보와 쉽게 결합하여'란 결합 대상이 될 다른 정보의 입수 가능성이 있어야 하고, 또 다른 정보와의 결합 가능성이 높아야 함을 의미함.

보기

㉠ 돌아가신 할아버지의 주민등록번호

㉡ 직장인 1,000명을 개별 설문하여 얻은 직장인 평균 소득

㉢ 택시 블랙박스(CCTV)에 촬영된 승객 얼굴

㉣ 거래하는 회사의 사업자등록증

① 0개　　　　　　　② 1개　　　　　　　③ 2개

④ 3개　　　　　　　⑤ 4개

29. 다음 중 1 ~ 10번 문의사항에 대한 답변으로 적절하지 않은 것은?

1	포인트 충전방법과 결제방법을 말해 주세요.
2	결제방법을 변경하고 싶은데 어떻게 하면 되나요?
3	할인 쿠폰 등록이 안돼요. 어떻게 해야 하나요?
4	이벤트에 당첨 됐는데 경품이 오지 않습니다.
5	내가 응모한 이벤트는 어디서 확인할 수 있나요?
6	로그인 시 비밀번호 오류 횟수가 5회를 초과하였다고 나오는데 어떻게 해야 되나요?
7	비밀번호를 잊어버렸는데 어떻게 확인할 수 있나요?
8	본인 확인을 했는데 정보가 일치하지 않는다고 나와요. 어떻게 해야 하나요?
9	사용 중인 닉네임과 프로필 사진을 바꾸고 싶어요.
10	내가 쓴 글과 채팅 내용을 수정하거나 삭제하고 싶어요.

① 포인트는 휴대폰, 신용카드, 통신사 멤버십할인 등의 방법으로 충전 또는 결제할 수 있습니다. 빠른 결제방법으로 결제를 처리하고자 할 경우 [내 정보]→[내 구매 정보]→[결제방법 변경 / 관리] 메뉴에서 원하시는 결제방법을 선택한 후 결제방법을 변경하실 수 있습니다.

② 이전에 등록한 본인 인증 정보와 현재 진행하신 본인 인증 정보가 다를 경우, 서로 다른 사람이 서비스에 접속한 것으로 인식하기 때문에 해당 서비스 이용에 제한이 발생합니다. 이전에 등록한 본인 확인 정보를 확인하여 본인 인증을 진행해 주세요.

③ 이벤트 당첨 연락을 받으신 경우, 경품을 수령할 주소와 휴대폰 번호를 정확히 전달했는지 먼저 확인해 주세요. 경품의 구매와 배송까지는 약 2주의 시간이 소요되며, 이후에도 연락을 받지 못하신 경우에는 고객센터로 전화 또는 [1 : 1 문의하기]를 이용해 주세요.

④ 아이디는 회원정보에 등록된 정보 또는 본인 확인을 통해 찾으실 수 있습니다. 휴대폰 번호, 이메일 등 인증번호를 수신할 수 있는 방법을 선택한 후 인증번호를 요청해 주세요. 입력한 휴대폰 번호, 이메일 정보와 이름이 동일할 경우 인증번호를 발송해 드립니다.

⑤ 홈페이지에서 서비스를 이용할 때, 회원님의 정보보호를 위해 비밀번호 오류 허용 횟수를 5회로 제한하고 있습니다. 오류 횟수 5회 초과 시에는 비밀번호 찾기를 통해 본인임을 확인한 후 비밀번호를 재설정을 진행하셔야 합니다.

30. 다음 A 공사 B 연구소의 내부품의서를 통해 파악할 수 없는 정보는?

12345 서울특별시 □□구 ○○로 101 ☎ 02)123-4567 FAX : 02)2580-2580
B 연구소 발전시스템그룹 선임연구원 이몽룡(leemrong@kkel.co.kr)

문서번호	발전-AA10101
등록일	20X2. 07. 10.
보관연한	5년
수신	내부결재
참조	

감사	결재	선임 연구원	P / L		그룹장
봉준호		이몽룡	홍길동		송강호
입안 보조			통보 협의		
직무 권한		그룹장 / 센터장			

제목   공무 국외출장 시행

　B 연구소 청정발전연구부서에서 연구과제 수행 중인 '발전분야 EPRI 프로그램 가입 및 활용' 과제 관련 공무 국외출장을 아래와 같이 시행하고자 합니다.

1. 출장명 : 발전분야 EPRI 프로그램 활성화 방안 협의 및 공동연구과제 전도 회의
2. 출장자 : 수석 마동석, 선임 이몽룡
3. 출장지 : 미국, 샬렛(노스캐롤라이나 주)
4. 출장기간 : 20X9. 07. 23. (화) ~ 07. 28. (일) (4박 6일)
5. 수행업무
　　가. 발전분야 EPRI 재가입에 따른 기술세미나 및 시스템 개선을 통한 활성화 방안 논의
　　나. 10월 개최 예정인 EXPO 발전분야 Review Marketing을 위한 전체국제공동연구과제
　　다. G급 가스터빈 고온부품 최적장비기술 개발 공동연구 전도회의 수행

① 내부품의서에서 이름이 확인되는 A 공사 직원의 이름은 모두 5명이다.
② 발전시스템그룹과 청정발전연구부서 모두 B 연구소 산하의 조직이다.
③ B 연구소는 서울에 있으며, 주로 정부의 의뢰를 받아 연구과제를 수행한다.
④ 본 내부품의서는 20X2년 7월 10일부터 20X7년 7월 9일까지 보존된다.
⑤ 발전시스템그룹의 업무에는 발전분야와 관련된 기술개발 및 연구 업무가 포함된다.

31. 다음 자료를 바탕으로 엑셀 프로그램을 이용해 G 아파트에서 사용한 월별 발전사용량의 평균(8 ~ 12월)을 백의 자리에서 올림한 값으로 구하려고 한다. 해당 수식을 바르게 쓴 것은?

	A	B	C	D	E	F
1						
2	구분	8월	9월	10월	11월	12월
3	A 아파트	3,391,280	4,210,019	3,360,065	3,814,136	8,605,544
4	B 아파트	6,867,963	6,995,088	6,466,724	6,389,367	8,854,861
5	C 아파트	2,705,812	3,184,248	3,471,139	4,248,924	4,837,348
6	D 아파트	4,577,992	4,970,483	4,177,463	4,577,771	5,371,782
7	E 아파트	1,500,600	1,401,764	1,147,781	1,578,900	2,189,433
8	F 아파트	7,968,815	7,695,988	8,563,169	9,148,633	9,642,963
9	G 아파트	3,758,073	3,885,417	3,494,629	4,263,900	5,424,424
10	H 아파트	4,406,095	3,382,666	4,289,583	4,279,840	5,241,912

① =ROUND(AVERAGE(B9:F9),3)　　　　② =ROUND(AVERAGE(B9:F9),−3)

③ =ROUNDUP(AVERAGE(B9:F9),−3)　　④ =ROUNDUP(AVERAGE(B9:F9),3)

⑤ =ROUNDUP(AVERAGE(B9:F9),4)

32. 다음과 같은 상황에서 문제를 해결하는 방법으로 적절한 것은?

> K는 회사 컴퓨터의 운영체제를 Windows 7에서 10으로 업그레이드하려고 한다. 컴퓨터를 재부팅하고 부팅 USB의 설치 모드로 접근하려고 하였는데 기존의 Windows 운영체제의 바탕화면으로 넘어가 포맷과 설치를 진행할 수 없다.

① [제어판]−[시스템 및 보안]−[시스템]−[시스템 보호] 창에서 '시스템 복원'을 클릭하고 업그레이드를 진행한다.

② 바이오스 설정에서 부팅 1순위를 하드디스크에서 USB로 변경한다.

③ C:₩Windows₩Setup 폴더 전체를 삭제한 후 재부팅을 진행한다.

④ 부팅을 할 때 바탕화면의 시작 메뉴에서 다시 시작을 선택한 후 진행한다.

⑤ 명령 프롬프트를 실행하고 start 명령어를 입력하여 설치한다.

33. 다음은 (주)AA 기업의 컴퓨터 활용 및 보안교육자료 중 일부이다. (가)를 참고하여 (나)를 설명한 내용으로 알맞은 것은?

> (가) 파일 확장자
>
> 파일 확장자는 컴퓨터 파일의 이름에서 파일의 종류와 그 역할을 표시하기 위해 사용하는 부분이다. 간단히 확장자라고도 한다. 많은 운영 체계들은 파일 이름에서 마지막 점 뒤에 나타나는 부분을 확장자로 인식한다.
>
> 예를 들어 readme.txt의 확장자는 txt이며 index.ko.html의 확장자는 html이다. 파일 확장자는 단순히 종류를 나타내는 것뿐 아니라 인터페이스(GUI)상에서 파일의 아이콘이나 그에 관련된 작업들을 결정하는 데 사용된다. pptx, dock, xlxs 확장자는 파워포인트, 워드, 엑셀 등 Microsoft, Office 문서 편집 프로그램에서 실행할 수 있다. 반면에 hwp 확장자는 한글 프로그램, txt 확장자는 메모장에서 작성한 문서 파일임을 나타낸다. bmp, gif, jpg, png 확장자는 이미지 파일을 의미하며, wav, wma, wme, mp3, mp4 확장자는 소리 또는 영상 파일을 뜻한다.
>
> (나) K 사원의 파일 목록
>
> | | | |
> |---|---|---|
> | File01.png | File02.pptx | File03.mp4 |
> | File04.jpg | File05.jpg | File06.txt |
> | File07.pptx | File08.txt | File09.png |
> | File10.wma | File11.pdf | File12.txt |
> | File13.bmp | File14.txt | File15.wme |
> | File16.pptx | File17.mp3 | File19.mp4 |

① (나)의 파일 목록 중 6개는 소리 및 영상과 관련된 파일이다.

② File02와 File04는 실행 프로그램은 같지만 파일의 종류는 다르다.

③ (나)의 파일 목록은 이미지, 문서, 소리 / 영상, 시스템, 디자인 총 5개 종류로 분류할 수 있다.

④ (나)의 파일 목록 중 문서 작성과 관련된 것은 모두 7개이다.

⑤ (나)의 파일 목록 중 이미지 파일은 모두 파일명에 홀수 번호가 매겨져 있다.

34. 다음은 A 애견카페를 이용한 방문객에 대한 정보이다. 정보에 대한 진위여부는 정확하지 않을 때, 다음 〈보기〉의 추론 중 반드시 참인 것은? (단, 반려견을 동반하지 않은 반려인 출입은 불가능하다)

> [정보 1] 총 3명의 반려인이 방문했다.
> [정보 2] 반려인은 각각 최소 2마리 이상의 반려견과 함께 방문했다.
> [정보 3] 이날 방문한 반려견의 수는 최소 6마리이다.
> [정보 4] 이날 방문한 반려견의 수는 짝수이다.

보기

> (가) [정보 1]과 [정보 2]가 참이면 [정보 3]도 참이다.
> (나) [정보 2]가 참이면 [정보 4]도 참이다.
> (다) [정보 1]과 [정보 3]이 참이면 [정보 2]도 참이다.

① (가)　　　　　② (나)　　　　　③ (다)
④ (가), (다)　　　　⑤ (나), (다)

35. A는 친구들을 집에 초대하여 함께 식사를 하고 있다. 다음 조건을 참고할 때 A와 친구들의 자리에 대한 설명으로 옳은 것은?

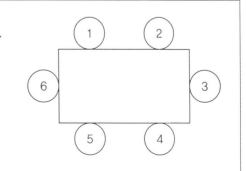

> • A가 초대한 친구는 B, C, D, E, F 5명이다.
> • A는 4번 자리에 앉아 있다
> • C는 F의 바로 맞은편에 앉아 있다
> • E는 C의 왼쪽 바로 옆에 앉아 있다.
> • B의 왼쪽 바로 옆에는 D가 앉아 있다.
> • B의 오른쪽 바로 옆에는 F가 앉아 있다.

① 1번 자리에 앉아 있는 사람은 E이다.　　② A의 왼쪽에 앉은 사람은 F이다.
③ F는 A와 B 사이에 앉아 있다.　　　　④ D와 E는 마주보고 앉아 있다.
⑤ A와 E는 나란히 옆에 앉아 있다.

[36 ~ 37] 다음 글을 읽고 이어지는 질문에 답하시오.

〈열병합 발전 시스템 설치 지원〉

- 지원대상
  - 설치장려금 : 열병합 천연가스 요금을 적용받는 자가열병합 발전 설비를 신·증설한 자로서 자가열병합 발전 시스템 설치 당시 열병합 발전 설비의 소유주
  - 설계장려금 : 열병합 천연가스 요금을 적용받는 자가열병합 발전 설비의 원동기(가스엔진, 가스터빈, 연료전지 등) 계통을 설계한 기계설비 설계사무소

- 지원금액
  - 설치장려금 : 50,000원/kWe(1억 원 한도)
  - 설계장려금 : 10,000원/kWe(2천만 원 한도)

- 지급제한 기준
  - 천연가스 열병합 발전 시스템이 설치되어 있는 건축물에 설비 증설한 경우에도 증설용량에 대하여 지급
  - 기계설비와 전기설비 부문의 설계를 서로 다른 설계사무소에서 시험한 경우, 열병합 발전 시스템의 원동기(가스엔진, 가스터빈, 연료전지 등) 계통을 설계한 설계사무소에 지급
  - 시험용·연구용 설비는 지급대상에서 제외
  - 기존에 여타 장소에 설치 및 사용되었던 설비인 경우 지급대상에서 제외
  - 신청자가 판매를 목적으로 하는 에너지(열·전기) 공급사업자인 경우 지급대상에서 제외

- 신청 방법
  - 장려금 신청자가 설치 완료된 발전 시스템 설비가 소재하는 ○○공사 관할지역본부에 직접 신청(제출 서류 누락 시 미신청으로 처리)

- 제출 서류
  - 공통 서류 : 장려금신청공문(법인에 한함), 발전 시스템이 설치된 건물등기부등본, 열병합 발전 설비 설치 사진, 법인(개인) 통장사본, 인감증명서, 사업자등록증사본, (주민등록등본), 계좌입금 거래약정서
  - 설치장려금 : 설치장려금 지급신청서, 열병합 발전 설비 구입확인서(세금계산서 또는 구매계약서), 설비완성검사필증 사본, (부지·건물 임차 시) 임대차계약서
  - 설계장려금 : 설계장려금 지급신청서, 설계수정 실적증명서(계약서 또는 용역확인용) 열병합 발전 설비 장비일람표, 배관평면도, 설비완성검사필증 사본, 엔지니어링 활동주체증 또는 기술사개설등록증

---

36. 윗글의 내용에 근거하여 추론한 내용으로 적절한 것은?

① A 대학에서 연구용으로 열병합 발전 설비를 신규 설치하는 경우 설치장려금을 받을 수 있다.

② A 업체가 사용하던 열병합 발전 설비를 B 업체가 사서 신규 설치하는 경우 설치장려금을 받을 수 있다.

③ A 발전소에서 열병합 발전 시스템을 설치하여 해당 지역에 전기를 판매하는 경우 설치장려금을 받을 수 없다.

④ 열병합 발전 시스템을 설치하고자 기계설비를 A 설계사무소에, 전기설비를 B 설계사무소에 맡긴 경우 A, B 설계사무소 모두 설계장려금을 받을 수 있다.

⑤ 이미 천연가스 열병합 발전 시스템이 설치되어 있는 건축물에 설비를 증설한 경우에는 열병합 발전 시스템 설치장려금을 받을 수 없다.

37. 법인회사를 운영하는 A는 사업장에 열병합 발전 시스템을 설치하고자 개인사업자인 B에게 설계를 의뢰하였고, A와 B는 모두 열병합 발전 시스템 설치 지원을 받고자 한다. 다음 중 옳지 않은 것은?

① 장려금을 신청할 때 A는 장려금신청공문이 필요하지만 B는 필요하지 않다.

② A와 B는 모두 장려금을 신청할 때 A 사업장의 건물등기부등본이 필요하다.

③ A가 설계 계약 후 장려금을 신청하려고 하자, B는 설치 완료 후 신청할 수 있다고 알려주었다.

④ A가 설치장려금과 설계장려금을 모두 신청하려고 하자, B는 A가 설치장려금만 신청할 수 있다고 알려주었다.

⑤ 장려금을 신청할 때 A는 사업장이 위치한 ○○공사 □□지역본부에 신청하고, B는 설계사무소가 위치한 ○○공사 ◇◇지역본부에 신청하면 된다.

[38 ~ 39] 다음 글을 읽고 이어지는 질문에 답하시오.

　　인간의 사회적 역사는 인간이 자연계와 일체를 이룬 상태로부터 벗어나 자신을 둘러싸고 있는 자연이나 다른 사람들과는 구분되는 별개의 존재로 인식하게 됨으로써 비로소 시작되었다. 이러한 인식은 역사에서 오랫동안 아주 희미한 상태로 남아있었으며, 개인은 스스로 벗어난 자연적 · 사회적 세계와 여전히 밀접하게 이어져 있었다. 그러니까 개인은 희미하기는 하지만 자신을 독립적인 실체로 인식하는 한편 스스로를 외부 세계의 일부라고도 느끼고 있었다. 개인이 그와 관련되었던 최초의 관계들로부터 점차 확실하게 벗어나는 과정, '개체화'라고 할 수 있는 이 과정은 종교개혁으로부터 현대에 이르기까지 수대에 걸친 근대사에서 그 절정에 달했던 것으로 보인다.

　　우리는 한 개인의 생애에서도 이와 같은 과정을 찾아볼 수 있다. 아이는 태어남과 동시에 어머니로부터 분리된 하나의 생물학적인 존재가 된다. 이와 같은 생물학적 분리는 인간 개인으로서의 시작이지만 아이는 상당 기간 동안 기능적으로는 여전히 그의 어머니와 일체를 이룬 채 남아 있다.

　　한 개인이 자신을 외부 세계와 연결시킨 탯줄을 완전히 끊어버리지 못한다면 그에게는 바로 그만큼의 자유가 없다. 그러나 이 관계는 그에게 안정감과 소속감, 어딘가 뿌리를 내리고 있다는 느낌을 갖게 해준다. 이와 같이 개체화의 과정에 의한 한 개인이 완전하게 출현되기 이전에 존재하는 관계를 '일차적 관계'라고 한다. 이 관계는 정상적인 인간 발달의 일부라는 점에서 유기적이며, 개체성이 결여되어 있지만 그것은 개인에게 안정감과 아울러 나아갈 방향을 제시해 준다. 어린 아이를 그의 어머니와, 원시 공동체의 구성원을 그 씨족과 자연에, 또는 중세의 인간을 교회와 그의 사회적 계급에 연결짓는 것은 모두 일차적 관계이다.

　　개체화가 완전한 단계에 도달하여 개인이 이들 일차적 관계로부터 자유롭게 되면 새로운 과제, 즉 그는 자신에게 나아갈 방향을 지시하고 자신을 외부 세계에 정착시키며, 전(前) 개인주의적 존재의 특징이었던 방식과 다른 방식으로 안전을 찾는 새로운 과제에 직면하게 된다. 그렇게 되면 자유는 이러한 단계에 이르기 이전과는 다른 의미를 지니게 된다.

---

38. 윗글을 바탕으로 추론한 내용으로 적절하지 않은 것은?

① 인간의 자유는 개체적인 과정이 완수되었을 때 질적 차원의 변화가 나타난다.

② 인간의 사회화 역사는 자신을 타자와 구분하면서 시작되었다.

③ 개체화를 획득한 개인은 이전과 다른 방식으로 안전을 찾아야 한다.

④ 개인은 개체화의 과정이 최종 단계에 이르게 되면 일차적 관계에 속한 대상들로부터 확실하게 벗어난다.

⑤ 아이가 개인으로 성장하는 길은 어머니와의 육체적인 분리 차원뿐만 아니라 정신적인 분리 차원에까지 동시에 이루어진다.

39. 윗글과 (가) ~ (다)를 읽고 추론한 내용으로 적절하지 않은 것은?

(가) 인간 존재는 본능에 의한 행동 고착의 결여가 일정 지점을 벗어날 때, 자연에 대한 적응이 그 강제성을 상실하게 될 때, 또한 행동양식이 유전적인 메커니즘에 의해 더 이상 고착되지 않을 때 비로소 시작된다. 다시 말해 '인간 존재와 자유'는 그 발단부터 분리할 수 없는 것이다. 여기에서 자유란 '~에 대한 자유(Freedom to ~)'라는 적극적인 의미가 아니라 '~ 로부터의 자유(Freedom from ~)', 즉 그 행위를 본능적으로 결정하는 것으로부터의 자유라는 소극적 의미이다.

(나) 근대인은 자기가 좋다고 생각하는 대로 행동함으로써 생각하는 것을 방해하는 외적인 속박으로부터 자유롭게 되었다. 그는 만일 자기가 바라고 생각하고 느끼는 것을 알기만 하면 자기의 의사에 따라 자유롭게 행동할 수 있다. 그러나 그는 그것을 알지 못한다. 그는 익명의 권력에 협조하여 자기의 것이 아닌 자기를 받아들였다. 그런데 이렇게 하면 할수록 인간은 더욱 무력함을 느끼며 그 결과 더욱 순응을 강요당한다.

(다) 개체화가 이루어진 상태에서 사랑은 자아를 상대 속에 용해시키는 것도 아니고 상대를 소유하는 것도 아니며, 상대를 자발적으로 긍정하며 개인의 자아의 보존을 바탕으로 하여 그 개인을 다른 사람과 결합시키는 것이다. 사랑의 역학적인 성질은 바로 이러한 양극성 속에 있다. 곧 사랑은 분리를 극복하려는 욕구에서 생겨나며 일체를 이끌지만 개체성을 배제하지 않는다.

---

① 인간은 본능적으로 자유를 지향하는 존재라는 점에서 공통적이지만, 개체성을 확보한 개인의 위치에 발휘되는 자유는 모든 인간이 향유할 수 있는 것이 아니다.

② 적극적 의미의 자유는 자신의 행위가 자발성에 의한 것인지 성찰할 수 있는 단계에 이르게 된 개인에게서 발현된다.

③ 근대의 개인은 익명의 권위에 자신도 모르게 휩쓸리더라도 개체성을 상실하지 않는다.

④ 일차적 관계로부터 자유로워진 이후에도 새로운 과제를 수행해야 소극적 의미를 넘어선 적극적 의미의 자유를 얻을 수 있다.

⑤ 일차적 관계에서 대상과 자아의 관계는 서로의 자발성을 동등한 위치에서 인정하지 않으며, 한 편이 다른 한 편을 좀 더 소유하거나 의존한다는 특성을 지닌다.

[40 ~ 41] 다음 글을 읽고 이어지는 질문에 답하시오.

A 씨가 해 주신 질문 감사합니다. 사실 '네이션(Nation)'을 '민족'으로 번역할 것인가 '국민'으로 번역할 것인가의 문제는 명쾌한 해답이 없는 질문입니다. 그런데 먼저 염두에 두어야 할 점은 '네이션'의 의미가 사용자에 따라 '민족'이 되기도 하고 '국민'이 되기도 한다는 사실입니다. 그리고 이러한 사실 자체가 '네이션'의 개념에 우리말의 '민족'과 '국민'의 의미가 공히 포함되어 있음을 방증하고 있다는 것입니다. 번역의 문제와 관련하여 일찍이 저는 '네이션'에 우리말의 '민족'과 '국민'의 뜻이 동시에 간직되어 있음을 인정하면서도 양자 중 어느 하나를 굳이 선택해야 한다면 '국민'보다는 '민족'이 상대적으로 더 타당할 것이라는 의견을 개진한 바 있습니다. 제가 그렇게 생각한 이유는 우리말의 '국민'에는 '민족'에 담겨 있는 혈연적, 문화적 요소가 빈약하다고 보았기 때문입니다. 물론 '민족'이라는 말에도 '국민'에 담겨 있는 계약적, 정치적 요소가 희박하기는 하지만 '민족'보다 더 강한 혈연적이고 문화적 유대에 기초한 '종족'이라는 개념이 있으므로 이를 사용하던 '민족'을 '종족'과 '국민'의 중간적 개념으로 이해할 수도 있다는 것이 저의 제안이었습니다.

A 씨께서 질문하신 세 가지 중 첫 번째에 대한 답변을 드리겠습니다. 이 질문은 저의 의견에 대한 반론을 내포하고 있습니다. 하지만 '민족'의 사전적 정의는 일상생활에서 통용되는 최소한의 정의일 뿐 그 말이 담고 있는 역사적인 맥락과 의의까지 감당하지는 못합니다. 한국사의 맥락에서 '민족'은 국권 수호와 독립국가의 근거로서 단순히 이것이 혈연적이고 문화적인 공동체로 이해된 것은 아니었습니다. 또한 '민족'은 서구식 근대국가의 근거로 호출됨으로써 혈연적 공동체이자 정치적 공동체의 의미를 동시에 포괄하게 되었습니다.

A 씨께서 해주신 두 번째 질문에 대한 답변은 다음과 같습니다. A 씨의 견해는 유익하고 계몽적이라고 할 수 있습니다. 저로서도 '에스닉(Ethnic)'이 우리말 '민족'의 사전적 의미에 매우 가깝다는 점을 충분히 인정합니다. 게다가 점점 더 다문화적으로 변모하는 오늘날의 현실에서 '에스닉'은 한 국가나 국민 내에서 존재하는 다양한 문화적 정체성들을 범주화하는 데 유용한 개념으로 부각되고 있지요. 그러나 특정한 맥락 속에서 민족은 '에스닉'처럼 문화적 공동체이기도 하다는 점에서 '민족'과 '에스닉'을 일대일로 대응시키는 것은 무리라고 생각됩니다. 이러한 맥락에서 '에스닉'을 '민족'으로 번역하면 우리말 '민족'에 포함되어 있는 정치적 개념이 희석될 공산이 클 것입니다.

마지막으로 세 번째 질문을 살펴보면 요컨대 A 씨는 '종족'은 나쁜 것, '시민'은 좋은 것으로 본다는 것을 비판하고자 하는 것으로 보입니다. 그 비판도 물론 충분히 가능합니다. 그러나 '네이션'이 국민이 될 때 그러한 이분법적 함정에서 벗어날 수 있을까요? 그렇지는 않을 것입니다. 또한 '네이션'이 '민족'으로 번역되더라도 배타성을 갖지는 않습니다.

40. 윗글에 나타난 A 씨의 질문 및 전제를 추론할 때 옳지 않은 것은?

① '네이션'을 '민족'으로 번역하는 것은 적절하지 않다.

② '민족'이라는 단어는 혈연 공동체의 관념을 대표하기 때문에 가령 한국 국적을 보유한 타 인종을 포함하지 못한다.

③ 사전적 정의를 생각해 볼 때 '에스닉'이 '네이션'보다 우리말 '민족'에 더 잘 어울리는 단어이다.

④ '네이션'이 '에스닉'보다 혈연 공동체의 관념을 잘 표현한다.

⑤ '네이션'은 '국민'으로 번역되어야 하며, 만약 '민족'으로 번역될 때 단어는 배타적 성격이 된다.

41. 윗글을 쓴 필자의 주장을 바탕으로 한 추론으로 적절하지 않은 것은?

① 필자는 '네이션'이라는 개념에 우리말의 '민족'과 '국민'의 의미가 함께 있다고 생각하는군.

② 필자는 '민족'의 사전적 정의에는 역사적인 맥락과 의미가 전부 포함되어 있지는 않다고 생각하는군.

③ 필자는 '에스닉'에는 '민족'에 내포된 정치적 개념이 담겨 있지만 국가 내 다양한 문화적 정체성을 범주화하는 성격은 부족하다고 생각하고 있어.

④ 필자는 자신의 주장이 '종족'은 나쁜 것이고 '시민'은 좋은 것으로 비춰질 가능성이 있다는 점을 인정하고 있어.

⑤ 필자는 A 씨의 반박에도 불구하고 '네이션'이 '국민'이 아니라 '민족'으로 번역되는 것을 옳다고 생각하는군.

[42 ~ 43] 다음 회의록을 읽고 이어지는 질문에 답하시오.

〈회의록〉

회의명	신제품 출시 홍보 관련 상반기 계획 논의(1차)		
일시	20XX년 1월 5일	장소	본관 제5회의실
참석자	기획부 : A 부장 영업부 : C 차장, D 대리, E 사원 홍보부 : F 과장, G 대리, H 사원		

회의내용	1. 목적 　　－ 20XX년 1월 출시되는 신제품 관련 상반기 국내 홍보 방안 기획 및 세부 일정 2. 추진방향 　　1) 신제품 출시 기념 '○○쇼핑몰'에서 홍보 이벤트 행사 추진 　　2) 상반기 주요 기념품에 맞춘 제품 홍보 방안과 판촉 행사 기획 　　3) 아이디어를 적극적으로 활용한 광고 및 참여 이벤트 구상 3. 팀 운영 계획 및 추진 방향

기획부	－'○○쇼핑몰' 홍보 행사 기획 － 상반기 주요 기념일 확인 후 현장 이벤트 행사 기획
홍보부	경쟁사 제품의 판매율과 광고 분석, 차별화된 홍보 방안 구상
영업부, 홍보부	미디어를 활용한 이벤트 및 홍보 방법 구체화
기획부, 영업부	종전 구제품 판매전략과 차별화된 판매 전략 모색

[추가] 다른 부서 협력 요청 담당 － 홍보부 H 사원
1) '○○쇼핑몰' 섭외 및 경쟁업체 행사 유무 : 경영지원부(1 / 9까지)
2) 국내외 미디어별 홍보 성공 사례 분석 : 콘텐츠부(1 / 10까지)
3) 20XX년 상반기 예산안 검토, 지원 가능 예산 정리 : 총무부(1 / 9까지)

4. 기획 및 준비 기간 : 20XX년 1월 5～31일
5. To Do List
　　－ 쇼핑몰별 홍보 행사 사례 조사
　　－ 기념일 특별 이벤트 행사 건 지난 3년간 국내 성공 사례 조사 및 분석
　　－ 경쟁사 제품과 자사 제품과의 비교
　　－ 미디어별 홍보 효과 기대치 분석
　　－ 전년도 출시 제품의 판매율, 제품과 홍보에 대한 소비자 반응 정리 분석
6. 다음 회의 일정 : 20XX년 1월 15일
　　－ 2차 회의는 1차 회의 참석 예정 명단에 경영지원부 1명, 콘텐츠부 2명 참석 의뢰
　　－ 최근 자사 홍보 콘텐츠의 경향 분석 및 정리 자료 콘텐츠부에 사전 요청
　　－ 1차 예산안 검토 위해 총무부에 2차 회의 전 예산안 검토 요청

42. 회의록을 참고하였을 때, 2차 회의까지 각 부서별로 해야 할 업무를 가장 적절히 수행한 직원은?

① 기획부 B 대리는 지난 3년간 가정의 달 5월을 맞이하여 국내에서 실시한 프로모션의 성공 및 실패 사례를 조사한 후 그 사례 전체를 유형별로 분류하는 보고서를 작성하였다.

② 영업부 C 차장은 전년도 자사 제품의 판매 전략을 살펴보고 이와 차별화된 전략을 세우는 한편, 미디어를 활용한 신제품 홍보 방법도 제안하였다.

③ 영업부 E 사원은 국내외 미디어별 홍보 성공 사례를 조사하고 분석한 후 이전과 다른 새로운 홍보 방식과 관련된 아이디어를 보고서로 작성하였다.

④ 홍보부 G 대리는 경쟁업체 제품의 광고 사례를 조사한 후, 해외 홍보를 기획하여 매출을 높일 수 있는 아이디어를 제안하였다.

⑤ 홍보부 H 사원은 1월 10일까지 국내의 미디어 홍보 성공 사례와 최근 자사 홍보 콘텐츠의 경향을 분석하였다.

43. 회의에 참석한 사원들이 회의록과 〈보기〉를 읽고 자사 제품의 홍보 및 판매와 관련하여 내놓은 의견으로 적합하지 않은 것은?

보기

　최근 1인 가구가 늘어남에 따라 명절에도 홀로 지내는 이들이 많아지는 추세이다. ○○기업은 이러한 사회적 변화를 반영하여 명절 음식이 포함된 혼밥 세트를 출시했다. 여기에는 다양한 콘텐츠를 즐기면서 식사를 할 수 있도록 국내 최대 동영상 서비스의 1개월 무료 이용권이 구성품으로 들어가 있다. 이 세트는 인터넷 쇼핑몰뿐만 아니라 SNS의 선물하기 등의 기능을 이용하여 온라인과 모바일에서 손쉽게 구입할 수 있다. 또한 명절 전까지 SNS에서 세트 출시 기념 이벤트를 하고 있다. 사연을 올려주면 선정된 이에게 명절 선물로 상기 제품을 보내준다.

---

① '나홀로 문화'가 늘고 있는 만큼 신제품 홍보에 이 같은 사회적 변화를 반영할 수 있도록 한다.

② SNS를 구매 도구로 활용한 점이 좋다고 생각한다. 모바일에서 구매가 이루어지고 있다는 점을 활용할 필요가 있다.

③ 콘텐츠를 즐기는 문화를 염두에 두고 동영상 사이트 무료 이용권을 세트로 넣은 것이 이색적이다. 미디어의 발달에 고려하여 제품 홍보에 모바일 이용권을 활용할 방법이 있는지 생각해 볼 필요가 있다.

④ 기념일을 적극적으로 활용한 프로모션으로 흥미로운 사례이다. 해당 기념일이 가진 본래의 의미를 상기하게 하는 기획을 구상할 필요가 있다.

⑤ 미디어를 활용한 이벤트인데 사연을 올리는 방식은 과거의 이벤트 방식과 동일한 듯하다. 좀 더 색다른 아이디어를 떠올려 보면 좋겠다.

44. 다음은 알레르기 반응과 알레르기 약의 효능에 관한 기술이다. 알레르기 반응(두드러기)의 원인이 새우, 복숭아 또는 땅콩이라고 할 때, 진술 가운데 참이 아닌 것은? (단, 알레르기의 원인이 있는 요인들은 독립적으로 영향을 준다. 모든 사람들은 동일한 알레르기 약을 먹었으며, 동일한 효과를 보인다)

> ㉠ A는 새우를 먹었고 두드러기가 났다.
>
> ㉡ A는 새우와 복숭아를 먹고 알레르기 약도 먹었으나 두드러기가 났다.
>
> ㉢ B는 복숭아를 먹고 두드러기가 났으나 알레르기 약을 먹고 가라앉았다.
>
> ㉣ C는 땅콩을 먹었고 두드러기가 났다.
>
> ㉤ C는 땅콩을 먹으면서 알레르기 약을 같이 먹었고, 두드러기가 나지 않았다.

① ㉠, ㉡의 경우만 고려하면 A는 새우와 복숭아 알레르기를 모두 가지고 있다.

② ㉣, ㉤의 경우만 고려하면 알레르기 약은 땅콩 알레르기에 효과가 있다.

③ ㉠, ㉡, ㉢의 경우만 고려한다면 알레르기 약은 새우 알레르기에는 효과가 없다.

④ ㉢, ㉣, ㉤의 경우만 고려하면 알레르기 약은 복숭아와 땅콩 알레르기 모두에 효과가 있다.

⑤ ㉠～㉤ 모두를 고려한다면 A, B, C 세 사람은 모두 최소한 한 가지 이상의 알레르기가 있다.

45. A, B, C, D 팀원들은 각자 순서대로 ㉠, ㉡, ㉢, ㉣ 네 개의 실험을 신청하였다. 실험 결과 ㉠ ～㉣ 중 단 한 실험에서만 오류가 발견되었다. 다음 대화에서 한 명은 거짓을, 세 명은 진실만을 말하였을 때, 거짓을 말한 사람과 오류가 있는 실험을 차례로 바르게 나열한 것은?

> • A : 실험 ㉢에서 오류가 있었습니다.
>
> • B : 나는 실험을 문제없이 진행했습니다.
>
> • C : 실험 ㉡에는 오류가 전혀 없었습니다.
>
> • D : 실험 ㉣에 오류가 전혀 없었습니다.

	거짓을 말한 사람	오류가 있는 실험
①	A	㉠
②	A	㉡
③	C	㉡
④	D	㉠
⑤	D	㉣

46. 다음 중 ㉠에 나타난 오류와 동일한 오류를 범하고 있는 것은?

> 인간이라면 누구든지 만 세 살 정도밖에 안 되는 몽매(蒙昧)한 나이에 전화까지 받을 수 있을 정도로 모어(母語)에 유창해진다. 나이가 든 뒤 외국어를 배우기 위해 쩔쩔맨 경험을 생각해 본다면 어린이의 언어 습득 능력이 얼마나 신기한 능력인지를 알 수 있을 것이다.
>
> 이런 점에서 ㉠인간의 두뇌 속에는 아주 어린 나이에 언어를 습득할 수 있는 특별한 장치가 있는 것이 아닌가 하는 가설이 제기되었다. 하지만 이러한 가설에 대해서 아무도 반증하지 않는 것을 보니, 어린 아이의 두뇌 속에는 특별한 장치가 있음이 틀림없다.

① 한라산에 철쭉꽃이 만발했으니 보나마나 우리나라 전체에 철쭉꽃이 피었을 것이다.

② 시계가 빨리 간다고 좋은 시계는 아니다. 마찬가지로 남보다 부지런히 한 발 앞서 사는 것은 바람직하지 못하다.

③ A 지방 출신 김 씨는 부지런하다. 같은 지방 출신인 이 씨도 그렇고 박 씨도 그렇다. 그러므로 일반적으로 A 지방 출신 사람들은 부지런한 사람들이다.

④ 핵을 금지하자고 주장하는 사람들은 방사능 낙진이 인간의 생명에 위험하다는 것을 증명해 내지 못했다. 그러므로 핵무기 실험계획을 계속해 나가는 것은 안전하다.

⑤ 야구장에 온 어린이 100명에게 가장 좋아하는 운동이 무엇인지 물으니 100명 중 80명이 야구라고 답했다. 우리나라 어린이들이 가장 좋아하는 운동은 야구임에 틀림없다.

47. 다음 사례에서 나타난 공직자의 비윤리적 행위 요인은?

> L 공사 직원 황 씨는 가족 이름까지 빌려 주택 15채를 분양받았으며, 수억 원의 뇌물을 받고 수의 계약을 통해 L 공사 아파트를 여러 채 보유하는 등 각종 비리에 연루된 것으로 드러났다. 그러나 황 씨는 조사 과정에서 '다른 직원들도 다 하는 것이고 이것은 관행이다', '그것으로 인하여 남들에게 피해를 준 바가 없다', '업무는 원칙에 의거하여 처리하였다. 또한 받은 뇌물을 나 혼자만 받은 것이 아니라 동료 상사와 함께 분배해서 가졌다', '우리만 그러는 게 아니니 잘못된 것은 아니지 않느냐?', '무엇이든 법대로 처리하겠다'며 막무가내로 나왔다.

① 도덕적 타성   ② 도덕적 태만   ③ 거짓말

④ 도덕적 무지   ⑤ 무절제

48. 다음 사례를 읽고 윤리적 사고와 판단을 할 때, A 씨가 참고할 수 있는 가치에 대한 설명으로 적절하지 않은 것은?

> A 씨는 H 대학병원 의사이다. 얼마 전 중국 우한에 거주하는 중국인이 여행을 목적으로 한국을 방문했다가 코로나19 확진을 받았다. 그런데 어젯밤 코로나19가 급성 폐렴으로 발전하여 고열과 기침이 심해져 중환자실로 이송되었다. 기저질환까지 확인되어 응급조치 후 수술 일정을 잡았는데, 알고 보니 이 환자는 한국에 마약을 판매하는 유명한 마약 판매상이라고 한다. 아무리 의사의 본분이 인종, 신분, 나이를 초월해 누구든 치료가 필요한 사람을 치료하고 생명을 살리는 일에 최선을 다하는 것이라지만, 치료해야 하는 사람이 대한민국 국민들의 생명과 안전을 위협하는 사람이라고 생각하니 치료하고 싶은 마음이 사라졌다.

① 일관성 : 다른 상황에도 그렇게 하겠는가?

② 일치성 : 이 판단이 주위 사람들에게 도움이 되겠는가?

③ 적절성 : 혹시 이 판단이 다른 결과를 만들지는 않을까?

④ 상호성 : 만일 모든 다른 사람들이 나처럼 행동한다면 어떻게 되겠는가?

⑤ 지속성 : 10년이나 20년 후의 결과는 어떨까?

49. 다음 중 직장 내 괴롭힘 사례로 적절하지 않은 것은?

① 이 부장은 같은 팀 김 사원이 실수를 하자 "머리는 폼으로 달고 다니니? 월급이 아깝다."라고 반복적으로 폭언을 했다.

② 최 대리가 디자인 담당자에게 새로운 제품 디자인에 대한 보완을 여러번 요구하여 담당자 박 대리는 큰 스트레스를 받았다.

③ 마라톤을 좋아하는 박 부장은 신입사원들에게 1주일에 2회씩 마라톤에 반드시 참여하도록 했고, 참여하지 않는 신입사원의 인사는 받아 주지 않았다.

④ 최 팀장은 회식자리에서 본인을 존경하는 만큼 술을 마셔 보라며 사발에 술을 섞어 마시도록 팀원들에게 강요했다.

⑤ 김 대표는 직원들에게 주말에 운전기사, 수행비서 역할을 시키며 세차를 하게 했다.

50. 박 사원은 다음 달에 열릴 사내 체육대회 포스터의 최종 시안을 인쇄소로 보내려고 하는데, 김 대리가 이메일에 자신을 참조해 달라고 하였다. 이메일 예절을 참고하여 메일을 작성하였을 때 다음 중 이를 적절하게 평가하지 못한 것은?

〈직장에서의 이메일 예절〉
- 상단에 보내는 사람의 이름을 적는다.
- 수신인과 참조인을 정확히 구분해야 한다.
- 메시지에는 언제나 요점을 빗나가지 않고, 구체적이고 간결한 제목을 쓴다.
- 메시지는 상대방이 읽기 쉽도록 간략하게 적는다.
- 정확한 답변 기한 또는 작업완료 기한을 정한다.
- 첨부파일은 파일의 요약내용을 본문에 별도로 적는다.
- 필요시 연락이 가능하도록 자신의 연락처를 남긴다.

⇨ 보내기	미리보기	임시저장	내게쓰기

받는 사람	김 대리
참조	인쇄소
제목	[요청] 인쇄 요청의 건
파일첨부	포스터 디자인.PSD

안녕하세요. ○○회사의 사원 박□□입니다.
사내 체육대회 포스터 인쇄를 요청 드립니다(A3 size, 수량 500매).
인쇄는 다음 주 수요일까지 완료 부탁드립니다. 다음 주 목요일 오전쯤에 인쇄물을 찾으러 가겠습니다.
궁금하신 점 있으시다면 아래 번호로 연락 부탁드립니다.
감사합니다.

박□□ 드림

① 인쇄소를 방문할 시점을 명확하게 제시하지 않았다.
② 받는 사람과 참조의 대상이 잘못 기재되었다.
③ 제목은 간결하나 체육대회 포스터 인쇄라는 메일의 요점을 쓰지 않았다.
④ 본문에 포스터 용지 사이즈의 영문 철자를 틀리게 기입하였다.
⑤ 자신의 연락처를 남기지 않았다.

NCS 3 기술능력[기술직]

51. 정부에서는 산업재해를 선진국 수준으로 감소하기 위한 혁신방안인 '중대 산업재해 예방대책'을 다음과 같이 발표하였다. 적절한 예방대책으로 보기 어려운 것은?

〈산업안전 패러다임 전환〉

구분	현재	개선
01. 책임주체	사업주 중심	원청 · 발주자 등 책임 강화
02. 보호대상	근로자	특수형태근로종사자 등 포함
03. 보호범위	신체건강 보호	정신건강까지 보호
04. 사고조사	수사 · 처벌	조사 · 구조개선까지 유도
05. 안전보건관리	외부위탁	정규직이 직접 수행

① 원청 사업주가 안전관리비용 투자계획 및 집행내역을 소속 근로자 및 하청근로자에게 공개하도록 한다.

② 현장 관리자의 권한 위임을 강화하여 위험 요인 잠재 시의 작업 지속여부 판단을 일임한다.

③ 상시근로자 1인 미만 사업장 등 영세사업자, 에어컨 등 가전제품 설치 및 수리 기사 등 고위험 업종에 대한 산재보험 적용을 추진한다.

④ 고객응대 근로자에 대한 보호법안의 제정을 추진한다.

⑤ 사업장 감독 방식의 문제 발생 사업장에 대한 사후감독에서 문제의 징후를 파악하여 시행하는 예방감독으로 전환한다.

[52 ~ 53] 처음 상태에서 스위치를 두 번 누르자 다음과 같이 바뀌었다. 다음 표를 참고하여 누른 스위치를 순서대로 나열한 것을 고르시오.

스위치	기능
1	모든 기계 시계 방향으로 한 칸 이동
2	모든 기계 시계 방향으로 두 칸 이동
3	모든 기계 시계 방향으로 세 칸 이동
4	곱하기 · 나누기 색 반전
5	더하기 · 빼기 색 반전
6	모든 기계 색 반전
7	더하기 · 나누기 위치 변경

52.

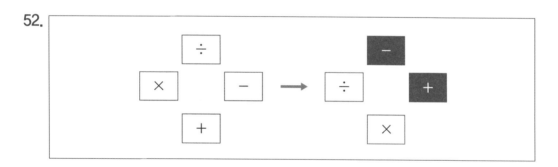

① 1, 2　　　　　② 2, 4　　　　　③ 3, 4

④ 3, 5　　　　　⑤ 5, 6

53.

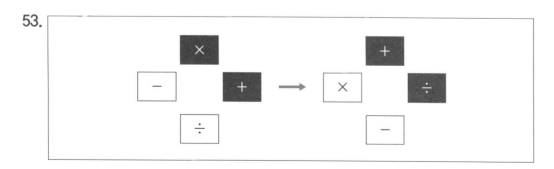

① 1, 2　　　　　② 2, 5　　　　　③ 3, 4

④ 4, 5　　　　　⑤ 4, 7

[54 ~ 55] 다음 산업재산권에 대한 글을 읽고 이어지는 질문에 답하시오.

산업재산권이란 특허권, 실용신안권, 디자인권 및 상표권을 총칭하며 산업 활동과 관련된 사람의 정신적 창작물(연구결과)이나 창작된 방법에 대해 인정하는 독점적 권리이다. 산업재산권은 새로운 발명과 고안에 대하여 그 창작자에게 일정 기간 동안 독점 배타적인 권리를 부여하는 대신 이를 일반에게 공개하여야 하며 일정 존속기간이 지나면 이용·실시하도록 함으로써 기술진보와 산업발전을 추구한다.

특허권은 발명한 사람이 자기가 발명한 기술을 독점적으로 사용할 수 있는 권리이다. 발명은 '자연법칙을 이용한 기술적 사상(idea)의 창작으로서 기술 수준이 높은 것'을 말한다. 벨이 전기·전자를 응용하여 처음으로 전화기를 생각해 낸 것과 같은 대발명의 권리를 확보하는 것을 특허라고 할 수 있다. 특허제도는 발명을 보호, 장려하고 그 이용을 도모함으로써 기술의 발전을 촉진하여 산업발전에 이바지함을 목적으로 한다. 특허의 요건으로는 발명이 성립되어야 하고, 산업상 이용이 가능해야 하며, 새로운 것으로 진보적인 발명이어야 하며, 법적으로 특허를 받을 수 없는 사유에 해당하지 않아야 한다.

실용신안은 기술적 창작 수준이 소발명 정도인 실용적인 창작(고안)을 보호하기 위한 제도로서 보호 대상은 특허제도와 다소 다르나 전체적으로 특허제도와 유사한 제도이다. 즉, 실용신안은 발명처럼 고도하지 않은 것으로 물품의 형상, 구조 및 조합이 대상이 된다.

산업재산권법에서 말하는 디자인이란 심미성을 가진 고안으로서 물품의 외관에 미적인 감각을 느낄 수 있게 하는 것이다. 디자인은 물품 자체에 표현되는 것으로 물품을 떠나서는 존재할 수 없다. 따라서 물품이 다르면 동일한 형상의 디자인이라 하더라도 별개의 디자인이 된다. 최근에는 의류나 문구류 등 패션 제품은 물론이고 자동차의 디자인까지 소비자의 관심을 끌기 위한 디자인 개발에 총력을 기울이고 있다.

54. 다음 중 산업재산권으로 보호받을 수 없는 것은?

① 3년간의 연구 끝에 기술 개발에 성공한 항공기 소음 절감 유도용 나노공학 엔진 부품

② K 항공사와 함께 코드 쉐어를 하며 업무 협정을 맺은 4개 항공사의 공식 팀명

③ A사의 경영목표와 전략을 상징하는 승무원들의 복장 디자인과 악세서리 문양

④ 승객들의 기내 반입 수하물 낙하 방지용 특수 도어 개폐장치

⑤ 화물 물동량 증가를 유도하기 위한 M사의 인센티브 지급 계획

55. 다음 중 산업재산권에 대한 설명으로 옳지 않은 것은?

① 실용신안은 현재 우리나라를 비롯하여 일본·독일 등 일부 국가에서 운영되고 있으며, 국내산업 보호라는 산업정책적 목적에서 탄생한 제도라고 볼 수 있다.

② 특허는 기술적 권리의 방어 목적으로 존재하는 것이며, 독점권을 보장받는 것이 아니다.

③ 특허는 특허 등록이 되었다는 표시를 통해 기술적 우위를 강조하고 거래처에 대한 신뢰성을 높이는 마케팅 목적의 용도로도 이용될 수 있다.

④ 디자인권은 설정등록에 의하여 발생하며, 디자인권의 존속기간은 디자인권의 설정등록이 있는 날부터 20년으로 한다.

⑤ 상표권은 재산권의 일종으로서 특허권 등과 같이 담보에 제공될 수 있으며, 지정상품의 영업과 함께 이전할 수도 있다.

직무 1 **직무수행능력** 01 ~ 10

[01 ~ 02] 다음 자료를 보고 이어지는 질문에 답하시오.

〈공공기관의 협력업체와의 모범 거래모델〉

1. 사업계획, 입찰단계부터 '저가 계약'을 유발하는 관행 차단

① 공공기관이 계약금액의 기초가 되는 원가(cost) 산정을 위한 시장가격 조사 시 거래빈도, 조건, 품목별 특성 등을 고려하여 적정가격(예 최빈 가격, 평균 가격 등)을 적용하도록 함.

※ 통상, 물가협회·물가정보·응용통계연구원 등에서 각각 조사·발표하는 시장가격, 발주기관이 조사한 거래실례가격 등 활용(현재 이들 가격 중 최저가격을 적용한 원가계산이 관행화되어 있음)

② 공공기관이 입찰참가 업체의 적격성을 심사할 때 적용하는 내부기준에서 품질·기술력에 관한 배점을 최대한 높이고 가격에 관한 배점을 축소

※ 단지 '낮은 가격'으로 투찰하는 업체보다는 품질, 기술력에 강점이 있는 업체가 낙찰될 가능성을 높이려는 취지

2. 계약체결 과정에서 공정한 거래조건 설정

① 협력업체의 권익을 침해할 소지가 있는 다음과 같은 거래조건들이 계약내용(또는 각종 특약 등)에 포함되지 않도록 함.

〈협력업체와의 계약내용에서 제외되어야 할 거래조건〉

(1) 설계변경, 공사기간 연장, 납품기일 지연 등으로 인해 추가로 발생하거나 공공기관이 당초 예정에 없던 사항을 요구하는 과정에서 발생하는 비용을 협력업체에게 일괄 부담시키는 약정

　– 또는, 협력업체는 그런 비용을 공공기관에게 지급해 달라고 청구할 수 없다는 내용의 약정

(2) 공공기관이 협력업체에게 제공하기로 한 자재, 장비, 시설 등의 인도가 지연되거나, 그 수량이 부족한 경우, 그 성능이 미달되는 경우 등 협력업체의 책임 없는 사유에 따라 추가로 발생하는 비용을 협력업체에게 부담시키는 약정

　– 또는, 공공기관이 협력업체에게 제공한 자재, 장비, 시설 등이 협력업체의 책임 없는 사유로 멸실, 훼손된 경우에도 협력업체에게 그에 대한 책임 또는 그에 따른 비용을 부담시키는 약정

(3) 공정의 특성, 작업환경 등 제반 여건을 고려하지 않고 관리비 등 간접비의 금액이나 총 계약금액에서 간접비가 차지하는 비중을 일률적으로 제한하는 약정

---

(4) 협력업체의 이윤을 별도 항목으로 계상하지 않고 직접공사비의 각 공종단가에 포함시킨다는 내용의 약정

(5) 공공기관이 부담해야 할 행정절차, 민원해결, 환경관리 등에 관한 책임이나 그에 소요되는 비용을 협력업체에게 부담시키는 약정

(6) 천재지변, 매장 문화재 발견 등 계약시점에서 공공기관과 협력업체가 예측할 수 없는 사항에 관한 책임이나 비용을 협력업체에게 부담시키는 약정

(7) 사업 수행 또는 그 준비 과정에서 협력업체가 취득한 정보·자료·물건 등의 소유·사용에 관한 권리를 부당하게 공공기관에게 귀속시키는 약정

(8) 공공기관의 손해배상 책임을 관계법령 등에 규정된 기준에 비해 과도하게 경감해 주거나 협력업체의 손해배상 책임, 하자담보 책임 등을 과도하게 가중하여 정한 약정

(9) 공공기관의 계약상 의무 위반에 대한 협력업체의 이의제기, 분쟁조정신청, 손해배상청구 등을 제한하거나 계약내용 해석에 당사자 간 이견이 있는 경우 공공기관의 해석에 따르도록 하는 약정

(10) 계약해제·해지사유 등을 정함에 있어 공공기관에 대해서는 민법, 국가계약법 등 관련법령에 따라 보장되는 수준보다 넓게 정하고, 협력업체에 대해서는 그 수준보다 좁게 정하는 약정

(11) 협력업체가 계약상 의무의 이행을 지체한 경우 국가계약·지방계약법령 등에서 정한 수준 이상으로 지체상금을 부과하는 약정 등

② 사업 수행기간을 정할 때에는 (사전) 준비기간, (사후) 정리기간, 휴일 등을 협력업체에게 충분히 보장해 주도록 함.

01. 다음 중 자료를 바르게 이해한 것은?

① 협력업체와 모범적인 거래를 하기 위해서는 거래 비용을 최소화하여야 한다.

② 업체 간의 형평성을 위하여 간접비를 일정 금액으로 통일하여야 한다.

③ 공공기관의 손해배상 책임은 가중하고, 협력업체의 손해배상 책임은 경감하여야 한다.

④ 계약내용을 해석할 때 당사자 간에 이견이 있는 경우 공공성을 띠는 기관의 해석에 따르는 것이 원칙이다.

⑤ 협력업체의 귀책으로 업무가 지연된 경우 협력업체는 국가계약·지방계약법령에 따라 손해배상액을 지불해야 한다.

02. 자료를 참고하여 기존의 거래 방식을 개선하고자 할 때, 적절하지 않은 것은?

①
원가 산정	가격 1	가격 2	가격 3	현행	개선안
제품 X	875,000원	780,000원	874,000원	780,000원	843,000원

②
구분	심사분야	배점	심사항목
입찰참가업체 심사기준 현행	수행능력	40점	(전문성) 시공실적, 배치기술자 등 공사 수행능력 (역량) 공공공사 시공평가 점수 등
	입찰금액	60점	
입찰참가업체 심사기준 개선안	전문성	30점	시공실적, 배치기술자 등 공사 수행능력
	역량	30점	공공공사 시공평가 점수 등
	입찰금액	40점	

③ '우리 공사는 사업계획서에 명시된 사항을 변경하거나 새로이 추가할 것을 요구할 수 있으며, 변경 시 발생하는 비용은 부담하지 않는다.' → '우리 공사는 사업계획서에 명시된 사항을 변경하거나 새로이 추가할 것을 요구할 수 있으며 이로 인하여 발생하는 비용은 협력업체가 일괄 부담하지 않는다.'

④ '사업 수행 과정에서 협력업체가 개발한 기술 또는 취득한 제품 등에 대한 소유 및 사용권은 우리 공사에 귀속된다.' → '사업 수행 과정에서 협력업체가 개발한 기술 또는 취득한 제품 등에 대한 소유 및 사용권은 사업 종료 이후 우리 공사에 양도된다.'

⑤
사업 수행기간 현행	사업 수행기간 개선안
사업 수행기간 : 2019. 03. 02. ~ 09. 01. (6개월) [기후여건에 따른 휴일] 미세먼지 경보발령, 우천 (일 강우량 10mm 이상) 등	사전 준비기간 : 2019. 01. 02. ~ 02. 28. 사업 수행기간 : 2019. 03. 02. ~ 08. 01. 사후 정리기간 : 2019. 08. 02. ~ 10. 01. [공휴일] 일요일 + 명절 + 국경일 [기후여건에 따른 휴일] 미세먼지 경보발령, 우천 (일 강우량 10mm 이상) 등

03. 다음 자료에 대한 이해로 옳지 않은 것은?

> 제4조(집단에너지 공급에 관한 협의) 중앙행정기관, 지방자치단체, 「공공기관의 운영에 관한 법률」 제5조에 따른 공기업(이하 "공기업"이라 한다) 또는 공공단체의 장은 주택건설사업, 택지개발사업, 산업단지개발사업, 그 밖에 대통령령으로 정하는 사업(이하 "개발사업"이라 한다)에 관한 계획을 수립하려면 산업통상자원부령으로 정하는 바에 따라 산업통상자원부장관과 집단에너지의 공급 타당성에 관한 협의를 하여야 한다. 그 계획을 변경하려는 경우에도 또한 같다.
> 제5조(집단에너지공급대상지역의 지정) ① 산업통상자원부장관은 다음 각호의 어느 하나에 해당할 때에는 대통령령으로 정하는 바에 따라 집단에너지공급대상지역(이하 "공급대상지역"이라 한다)을 지정하고 공고하여야 한다. 공고한 사항을 변경한 경우에도 또한 같다.

1. 기본계획을 실시하기 위하여 필요할 때
2. 제4조에 따른 협의 결과 집단에너지의 공급 타당성이 있을 때
3. 그 밖에 공급대상지역의 지정이 필요하다고 인정할 때

② 산업통상자원부장관은 제1항에 따라 공급대상지역을 지정하려면 미리 공급대상지역 지정에 관한 주요 내용을 30일 이상 공고하여야 하며, 해당 지역 주민 등 이해관계인과 개발사업을 시행하는 자의 의견을 듣고 관계 중앙행정기관의 장과 특별시장·광역시장·특별자치시장·도지사 또는 특별자치도지사(이하 "시·도지사"라 한다)와 협의하여야 한다. 공급대상지역을 지정한 후 협의한 사항을 변경할 때에도 또한 같다. 다만, 대통령령으로 정하는 경미한 사항을 변경할 때에는 그러하지 아니하다.

③ 특정지역에 집단에너지를 공급하려는 자는 산업통상자원부령으로 정하는 바에 따라 산업통상자원부장관에게 공급대상지역의 지정을 신청할 수 있다. 이 경우 산업통상자원부장관은 제1항 각 호의 어느 하나에 해당하는지를 검토하여 산업통상자원부령으로 정하는 기간 이내에 그 결과를 신청자에게 알려야 한다.

제6조(열생산시설의 신설 등의 허가 등) ① 공급대상지역에서 대통령령으로 정하는 기준 이상의 보일러 등 열생산시설을 신설·개설 또는 증설하려는 자는 산업통상자원부장관의 허가를 받아야 한다.

② 제1항에 따라 허가받은 자가 허가받은 사항을 변경할 때에는 산업통상자원부장관의 변경허가를 받아야 한다. 다만, 대통령령으로 정하는 경미한 사항의 변경은 그러하지 아니하다.

③ 제1항 및 제2항에도 불구하고 공급대상지역의 지정·공고 당시 해당 공급대상지역에 이미 설치되어 있는 열생산시설을 개설 또는 증설하는 경우 등 대통령령으로 정하는 경우에는 제1항 및 제2항에 따른 허가 또는 변경허가를 받지 아니할 수 있다.

④ 산업통상자원부장관은 제1항 또는 제2항에 따른 열생산시설의 신설 등의 허가 또는 변경허가 신청이 있는 경우 다음 각 호의 어느 하나에 해당하는 경우에는 허가하여야 한다.

1. 공급대상지역의 집단에너지 수요가 공급용량을 초과하는 경우
2. 지역냉난방사업이 시행되는 공급대상지역의 주택 외의 건축물의 용도 특성상 별도의 냉방시설이나 증기발생시설이 필요한 경우(해당 시설에 한한다)
3. 허가 또는 변경허가 신청자가 사업자로부터 집단에너지를 안정적으로 공급받지 못하는 경우

⑤ 산업통상자원부장관은 제1항 또는 제2항에 따른 허가 또는 변경허가를 받지 아니하고 공급대상지역에서 열생산시설을 신설·개설 또는 증설한 자에게 원상회복을 명할 수 있다.

① 국가 기관에서는 개발사업을 계획하는 단계에서부터 집단에너지 관련 사항을 고려하여야 한다.
② 공급대상지역으로 지정하기 위해서는 사전에 공지하고 협의를 구하는 과정이 필요하다.
③ 열생산시설을 신설, 개설 또는 증설할 시 허가받은 사항을 변경할 때에 대통령령으로 허가를 받을 수 있다면 산업통상자원부장관의 허가는 불필요하다.
④ 집단에너지 공급이 수요에 못 미치는 경우 공공단체의 장은 열생산시설 신설 또는 변경 허가 신청을 할 수 있다.
⑤ 산업통상자원부장관의 허가 없이 이루어진 집단에너지 공급이 적발되었을 경우 과징금을 징수할 수 있다.

[04 ~ 05] 다음은 우리나라 에너지부문의 국제위상 관련 자료이다. 이어지는 질문에 답하시오.

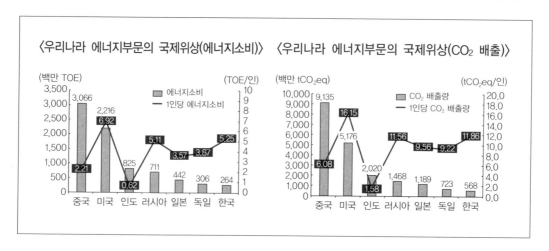

〈우리나라 에너지부문의 국제위상(에너지소비)〉 〈우리나라 에너지부문의 국제위상(CO_2 배출)〉

04. 위 자료에 대한 분석으로 적절하지 않은 것은?

① 우리나라 에너지소비는 264백만 TOE로 1인당 에너지소비는 5.25TOE이다.

② 우리나라 에너지소비는 인도의 $\frac{1}{3}$ 이하이다.

③ 우리나라 CO_2 배출량은 미국보다 9배 이상 적다.

④ 우리나라 1인당 CO_2 배출량은 미국에 비해 70% 이하이다.

⑤ 중국은 CO_2 배출량이 가장 많다.

05. 위 자료에서 다음 설명에 해당하는 국가는?

> 이 국가는 우리나라에 비해 1인당 에너지소비량은 적지만 에너지소비는 우리나라의 3배 이상이며, 우리나라보다 1인당 CO_2 배출량이 적고, CO_2 배출량은 우리나라의 4배 이하이다.

① 인도   ② 미국   ③ 러시아
④ 중국   ⑤ 독일

06. 다음 중 ⊙에 대한 해결책으로 적절하지 않은 것은?

에너지복지 정책에 대한 정책적 효과를 높이기 위해서는 수혜자들의 에너지복지 혜택에 대한 인지와 함께 수혜자 유형별 에너지복지에 대한 세부사항을 알려주는 맞춤형 보완을 통해 사업의 효율성을 높여야 할 것으로 나타났다.

에너지시민연대가 실시한 '2019년 겨울철 에너지빈곤층 실태조사' 결과에 따르면 전반적으로 ⊙ 에너지복지 수혜자의 만족도는 35%가 만족, 50%가 불만족으로 집계됐다. 불만에 대한 가장 큰 원인으로 '금액 부족'을 꼽았고 에너지복지 수혜 내용 자체를 잘 모른다고 말한 응답도 8%나 됐다.

지자체 복지 담당공무원 또는 사회복지사 대상 설문조사 결과 에너지바우처제도나 저소득층 에너지효율개선사업을 통해 에너지 취약계층의 에너지 비용을 줄이고 경제적 부담을 경감시키는 데 도움이 되고 있으나 신청 절차 보완, 세부적 홍보안내 등 주요 복지제도에 대한 개선이 필요하다고 강조했다. 에너지바우처제도는 신청안내문(수혜자용)에 한국전력·도시가스 고객번호 등 신청에 필요한 정보 안내가 이뤄지지 않아 담당자의 행정업무가 증가한 점을 언급했다. 그 외 수혜자 측면에서 봤을 때 복지카드를 통한 보조금 지급 형태로 인해 사용내역이나 잔액 조회 등에 어려움이 있었다.

이번 조사 결과 겨울철에만 지원되던 에너지복지제도가 여름철로 확대 시행돼 혜택이 늘어나는 것은 긍정적이나 여전히 복지 혜택을 받고 있으면서도 해당 사실을 모르거나 복지제도에 대한 내용 자체를 모르는 경우가 많은 것으로 나타났다. 다양한 에너지복지제도에 대한 인지여부 조사결과 약 60%(178가구)가 인지하고 있다고 응답했다. 인지하고 있는 복지제도(복수응답)는 에너지바우처제도가 1위(72%), 한국전력 전기요금 할인이 2위(23%)로 많았으며 이를 알게 된 경로(복수응답)는 사회복지사(46%), 공무원(40%), 경로당(17%) 순으로 나타났다. 특히, 에너지바우처 수혜자 178가구 중에서도 74%(131가구)만이 에너지복지제도를 인지했고 26%(47가구)는 수혜를 받고 있지만 인지하고 있지 못한 것으로 나타났다.

한편 조사대상의 71%(209가구)가 에너지복지사업의 수혜를 받았으며 그 내용으로는 에너지바우처제도, 전기요금할인, 가스요금할인, 전기설비 안전점검 순으로 나타났다. 이들에 대한 평균만족도(5점 척도)는 수혜대상 수의 차이가 다소 있지만 전기요금 할인(4.2점), 가스요금 할인(3.9점), 하절기 에너지바우처(3.7점), 동절기 에너지바우처(3.3점) 순으로 나타났다. 특히, 동절기 에너지바우처 제도는 하절기 에너지바우처에 비해 만족도가 낮았으며 동절기 주요 난방 중 하나인 '가스요금 지원 부족'에 대한 응답(18가구)이 있었다.

① 신청안내문(수혜자용)에 한국전력·도시가스 고객번호 등에 대한 정보를 안내하여 행정적 부담을 경감시켜야 한다.

② 사회복지사 또는 공무원의 교육을 강화하여 에너지복지제도에 대한 이해도를 높여야 한다.

③ 혜택 내역과 잔액을 조회할 수 있도록 지급 형태를 변화시켜야 한다.

④ 에너지복지사업의 수혜를 받을 수 있는 수혜자의 범위를 늘려야 한다.

⑤ 가스요금에 대한 지원 수준을 강화시켜야 한다.

[07 ~ 08] 다음 자료를 보고 이어지는 질문에 답하시오.

〈20X9년도 지역냉방 보조금 지원제도〉

1. 사업개요

하절기 전력피크 완화 및 에너지이용합리화를 위해 지역냉방 설비를 설치하는 건물에 대해 보조금을 지원

2. 지원대상

구분	대상
설치보조금	지역냉방설비를 설치(신설, 증설, 교체)한 자
설계보조금	설치보조금 지급대상이 되는 지역냉방설비를 설비설계에 반영한 설계사무소

※ 단, 다음의 경우에는 지원대상에서 제외
  - 「공공기관 에너지이용합리화 추진에 관한 규정」에 따라 공공기관에 의무적으로 설치한 경우
  - 지역냉방설비를 시험용·연구용으로 설치한 경우
  - 다른 지역에서 설치·사용하던 지역냉방설비를 이전 설치한 경우
  - 판매를 목적으로 설치한 경우

3. 지급액 : 31.87억 원(전력산업기반기금)

구분	200usRT 이하	200usRT 초과 ~500usRT 이하	500usRT 초과
일반제품	10만 원/usRT	7.5만 원/usRT	5만 원/usRT
고효율제품(신설)	12만 원/usRT	9만 원/usRT	6만 원/usRT

※ 누적용량(usRT)별 지급액은 구간별 지급기준 적용
※ 지역냉방(냉수) 냉방열교환기는 환산기준 단위적용(1usRT＝3,024kcal/h, 1usRT＝3.52kW)
  - 설계보조금 : 1만 원/usRT
  - 신청기간 : 2019. 03. 04.부터 당해 예산 소진 시까지(지역냉방 공급개시일 1년 이내 기기에 한함)

4. 지원한도

- 지역냉방 보조금 예산의 90%를 중소·중견기업 등 대기업 外 우선배정
- 설치보조금 : 318,700,000원
- 설계보조금 : 31,870,000원

※ 단, 고효율에너지기자재일 경우 한도금액 없이 지급 가능함.

07. 다음 중 제시된 자료에 대한 이해로 옳지 않은 것은?

① 지역냉방의 사용은 에너지 이용 효율 증가에 도움이 된다.

② 증설, 교체 시에도 새로운 설비를 설계 및 설치하여야 보조금을 지급받을 수 있다.

③ 공공기관에 설치하는 것은 보조금 지원대상에 해당되지 않는다.

④ 설치보조금을 지원받기 위해서는 지역냉방 공급을 시작한 후 1년 이내에 신청하여야 한다.

⑤ 높은 에너지 효율을 인증받은 기자재에 한하여 지원한도 이상의 금액을 지원받을 수 있다.

08. 다음 설치보조금 지급액을 계산한 자료 중 옳지 않은 것은?

제품	구분	누적용량	설치보조금
A	고효율제품	300usRT	① 3,300만 원
B	일반제품	453,600kcal/h	② 1,500만 원
C	고효율제품	1,209,600kcal/h	③ 4,200만 원
D	④ 일반제품	2,112kW	5,700만 원
E	⑤ 고효율제품	633.6kW	2,160만 원

[09 ~ 10] 다음 자료를 읽고 이어지는 질문에 답하시오.

한국지역난방공사, 20XX년 상반기 주요 추진사업 공유회 실시

한국지역난방공사는 20XX년 6월 15일 본사 강당에서 전 직원을 대상으로 '20XX년 상반기 주요 추진사업 공유회'를 개최하였다. 본사 최초로 실시한 이번 공유회에 참석한 사장은 개회사를 통해 현재 회사의 주요 현안을 공유하고 사업 경쟁력 강화를 위한 다양한 아이디어를 모으는 것이 현재의 어려운 상황을 극복하는 데 매우 중요하다는 것을 강조하였으며, 향후 정기적으로 실시될 반기별 공유회에 모든 직원들의 적극적 관심과 참여를 요청하였다.

[1] 동절기 특별 안전점검 실시 완료

○월 ○일 본사 통합운영센터에서 동절기 특별 안전점검을 실시했다. 이번 점검은 동절기 안정적인 지역난방열 공급을 위한 안전관리체계 점검을 위해 시행했다. 사장은 "통합운영센터를 방문해 19개 전 지사의 지역난방 열생산 및 공급 현황과 비상상황 발생에 대비한 안전관리 체계를 재점검했다."며, "상시 운영중인 24시간 비상 대응체계를 강화해 지역난방을 공급받는 국민들의 불편이 없도록 만전을 기해달라"고 당부했다. 또한 "금번 특별 안전점검을 통해 직원들의 안전의식을 제고함은 물론, 동절기 안정적인 지역난방 공급으로 국민 안전 최우선이라는 경영방침을 차질없이 이행하겠다."고 말했다.

[2] ISO 45001 인증 취득

○월 ○일 본사 및 19개 전 사업장에 대한 국제표준 안전보건경영시스템 ISO 45001 인증을 취득했다. 이날 본사에서 안전기술본부장을 비롯한 임직원과 KSR 인증원회장 등 관계자들이 참석한 가운데 '안전보건경영시스템 ISO 45001 인증서 수여식'을 가졌다.

ISO 45001은 2018년 3월 국제표준화기구(ISO)에서 새롭게 제정·공표된 국제 규격의 안전보건경영시스템으로, 최고 경영자가 경영방침에 반영한 안전보건정책에 대한 실행 계획을 수립(Plan), 실행(Do), 점검(Check)하며 그 결과를 지속적으로 개선(Action)하는 등 안전보건활동 체계를 갖춘 기업에게 부여하는 인증제도이다.

자사는 안전을 최우선으로 의식 및 시스템 개혁을 경영의 기본방침으로 정하고, 전사적인 안전보건 활동을 지속 전개하는 등 자율 안전보건체제 구축을 위해 노력해왔고, 이러한 노력이 국제적인 인증기관으로부터 공식적으로 인정받았다. 이날 안전기술본부장은 "앞으로도 한난은 공사 경영에 있어 안전을 최우선 경영 가치로 산업사고와 재난으로부터 근로자의 생명과 국민의 재산을 보호하고 친환경 에너지공기업으로서 사회적 책임을 적극 수행할 것"이라고 밝혔다.

[3] '혁신 어벤져스' 1기 발대식

○월 ○일 용인시 기흥구 소재 한난 미래개발원에서 '혁신 어벤져스 1기 발대식'을 개최했다. '혁신 어벤져스'는 2030 밀레니얼 세대의 자발적인 혁신참여를 유도해 창의적 아이디어와 혁신 열정을 경영에 적극 반영하는 것을 목표로 구성됐다.

이날 발대식에는 혁신 어벤져스 직원 17명이 참여해 주요관심사인 IT 활용과 수평적 조직문화를 통한 일 줄이기 등 일하는 방식 개선에 대해 논의했다. 특히 '일하는 방식 개선 게임 스토밍(Game Storming)'시간에는 이○○ 부사장이 직원들과 아이디어를 나누고, 기존 문화 개선 등에 대해 자유롭게 토의했다.

이 부사장은 "혁신 어벤져스의 향후 활동이 혁신과제와 일하는 방식 개선에 적극 반영돼 한난 조직문화 전반에 혁신 확산을 위한 마중물이 되기를 기대한다."고 말했다.

09. 윗글의 내용을 참고할 때 공유회에서 직원들이 제시한 새로운 발전 아이디어로 적절하지 않은 것은?

① 최근 5년간 사고지역 분석을 통해 사고빈번지역을 선정하고 동절기에는 상시 안전점검을 하는 것이 좋겠어.

② 동절기 특별 안전점검 주요 결과는 온라인으로 공개하여 지역민들이 언제든 찾아보고 안심할 수 있게 하는 것이 좋겠어.

③ ISO 45001의 구체적 내용에 대해 모르는 직원들이 많으니까, 이에 대한 자체 설명회를 개최하고 직원들의 자긍심을 고취시키는 계기가 만들어지면 좋겠어.

④ 혁신 어벤져스에 부장 이상 리더급 직원들도 함께 포함해야 더 다양한 아이디어를 반영하기 좋겠어.

⑤ 혁신 어벤져스 2기에 선발되고 싶은 밀레니얼 세대 직원들이 많으므로 선발 과정이 공정하다는 점도 함께 강조하면 좋겠어.

10. 다음 중 윗글에 대한 이해로 옳지 않은 것은?

① 한국지역난방공사는 비상 대책 차원에서 동절기 한시적으로 24시간 비상 대응체계를 운영한다.

② ISO 45001은 국제표준화기구(ISO)에서 2018년 새롭게 제정한 안전보건경영시스템이다.

③ ISO 45001은 안전보건정책실행 계획을 수립(Plan), 실행(Do), 점검(Check), 개선(Action)하는 기업에게만 부여하는 인증제도이다.

④ 혁신 어벤져스는 IT 활용과 일하는 방식 개선에 대해 토론하고 관련하여 새로운 아이디어를 논의하였다.

⑤ 한국지역난방공사 본사는 이전에 반기별 추진사업 공유회를 개최한 적이 없다.

01. ㉠~㉣ 중 어문규정에 어긋나는 것을 모두 고르면?

- ㉠오랜만에 고향 사람을 만나자 아주 반가웠다.
- 지난 ㉡몇일 동안 계속 내리는 장맛비로 개천 물은 한층 불어 있었다.
- 그는 자기 가족에 관한 이야기를 ㉢일체 하지 않았다.
- 그것은 교사㉣로서 할 일이 아니다.

---

① ㉠, ㉡   ② ㉠, ㉢   ③ ㉡, ㉢
④ ㉡, ㉣   ⑤ ㉢, ㉣

02. 다음 ㉠~㉤ 중 문맥상 적절하지 않은 어휘는 몇 개인가?

㉠태초 인간의 삶은 ㉡정처 없이 떠돌며 사냥하고 채집하는 유목민이었다. 각자도생의 세월이었다. 그러다 농업을 배우면서 ㉢정주 생활을 시작했다. 경작지가 확대되고 잉여생산물이 생겨나면서 공동체가 만들어졌다. 공동생활이 ㉣전진되면서 마을에 광장, 시장, 신전이 들어섰다. 서양의 아크로폴리스, 동양의 도시는 그렇게 만들어졌다. 서울을 뜻하는 '경(京)'의 본래 의미는 '사람이 만든 높은 언덕'이다. '도시'의 중국어 '성시(城市)'는 ㉤성각과 시장이 있는 곳이라는 뜻이다.

---

① 1개   ② 2개   ③ 3개
④ 4개   ⑤ 5개

[03 ~ 04] 다음 글을 읽고 이어지는 질문에 답하시오.

윷판은 고대 중국에서 주역(周易)을 탄생시킨 그림인 하도(河圖) 낙서(洛書)와 같이 고도의 상징 체계를 담은 것이라는 주장이 있다. 주역을 한 단계 발전시킨 정역(正易)을 만든 김일부(金一夫, 1826 ~ 1898)는 정역의 괘상(卦象)으로 정역팔괘, 도상(圖象)으로 윷판인 사평도(柶枰圖)를 제시 하기도 한다. 이것은 윷판이 ㉠하도 낙서에 견줄만한 상징성을 갖고 있기 때문이라 할 수 있다.

신채호(申采浩, 1880 ~ 1936)는 부여의 지방조직인 사출도(四出道) 또는 고구려의 오부족(계 루부, 소노(비류나)부, 연나부, 환나부, 관나부) 전통에서 윷놀이가 시작되었다고 주장하였다. 부여 에서는 가축의 이름으로 ㉡관직명을 정하였는데 저가(猪-돼지), 구가(狗-개), 우가(牛-소), 마가 (馬-말) 등이 있었다는 기록이 전해진다. 윷놀이에서 도는 돼지, 개는 개, 걸은 양, 윷은 소, 모는 말을 가리키는데 부여에는 유독 양을 가리키는 관직명이 없었으나 양은 윷놀이에서 중앙에 해당되 므로 왕을 상징하는 것으로 볼 수 있다. 따라서 그는 부여와 부여의 문화를 이은 고구려의 ㉢5부 족 전통에서 윷놀이의 상징이 출현했다고 보았다.

최근에는 신채호의 주장보다는 북극성을 중심으로 1년 사계절 동안 사방위로 돌아가는 ㉣북두 칠성의 천체 운행에서 비롯된 모형이라는 주장이 유력해지고 있다. 29개의 윷판에서 중앙에 '방'을 기준으로 하면 7개의 자리가 구분되는데, 이들이 북두칠성의 형상이라는 것이다. 28개점을 태양이 지나가는 황도 28수(宿)로 보기도 하지만, 그보다는 북두칠성이 암각화에 더 많이 새겨진 것 등으 로 볼 때 북두칠성 상징설이 더 먼저라고 생각된다.

우리 조상들은 밤하늘의 별에 대한 관심이 매우 컸다. 고구려에서는 신령한 별(靈星)에 대한 제 사를 지냈고 예(濊)에서는 새벽에 별자리를 관측하여 그 해의 풍작을 예견했다는 기록이 있다. 또 고구려 등에서 만든 천문도(天文圖)가 중국이나 그리스의 천문도와 다른 고유한 관측의 결과라는 점으로 볼 때, 청동기시대부터 우리 겨레는 밤하늘을 지속적으로 관측하고 그에 대한 지식을 축적 해왔음을 알 수 있다. 암각화에는 북두칠성, 카시오페이아 별자리(w형), 북극성을 의미하는 3성 등 다양한 별자리 그림이 있다. 따라서 윷판 역시 이러한 우리 겨레의 고유한 ㉤천문 우주관에서 비롯 된 것이라고 할 수 있다.

03. 다음 중 윗글의 중심 주제로 알맞은 것은?

① 윷의 기능과 역할   ② 윷놀이의 유래   ③ 윷의 상징성
④ 천문학과 윷의 연관성   ⑤ 윷의 역사적 사료로서의 가치

04. 윗글의 ㉠ ~ ㉤ 중 의미가 가장 이질적인 단어는?

① ㉠   ② ㉡   ③ ㉢
④ ㉣   ⑤ ㉤

05. 다음 글의 ㄱ ~ ㅁ 대신 들어갈 단어로 적절하지 않은 것은?

> 폐의 ㉠말단(末端)에는 폐포라고 하는 주머니 모양의 기관이 있는데, 여기서 산소와 이산화탄소의 ㉡교환(交換)이 이루어진다. 그리고 폐포의 안쪽 면에는 계면활성제를 분비하는 폐포세포가 있다. 폐포가 만드는 계면활성제는 마치 비누막처럼 폐를 덮고 있다. 폐의 계면활성제는 어떤 역할을 할까.
>
> 우리가 비누나 세제에서 접하는 계면활성제는 물과 친한 분자와 기름과 친한 분자가 함께 있는 화합물로서 표면장력을 줄여주는 역할을 한다. 폐포가 분비하는 계면활성제는 폐포의 안쪽과 바깥쪽 면의 압력을 같게 해 숨 쉴 때 ㉢팽창(膨脹)하고 수축하는 데 드는 힘을 덜어준다. 만약 계면활성제가 없었다면 숨 한 번 쉴 때마다 매우 힘겹게 노력해야 할 것이다.
>
> 신생아 호흡곤란증후군은 아직 폐가 완전히 발달하지 않아 폐포 계면활성제의 ㉣부족(部族)으로 걸리는 질병이다. 계면활성제가 충분히 ㉤분비(分泌)되지 않으면 폐포가 잘 펴지지 않아 산소와 이산화탄소가 교환되지 않아 저산소증에 빠지는 것이다. 이처럼 폐의 계면활성제는 호흡을 위해 절대적으로 필요한 물질이다.

① ㉠ 말단(末端) → 말미(末尾)

② ㉡ 교환(交換) → 교체(交替)

③ ㉢ 팽창(膨脹) → 팽대(膨大)

④ ㉣ 부족(部族) → 누락(漏落)

⑤ ㉤ 분비(分泌) → 배출(排出)

[06 ~ 07] 다음 글을 읽고 이어지는 질문에 답하시오.

> 2018년 10월, 125년 전통의 미국 백화점 시어스가 파산신청을 했다. 미국 중산층에게 '쇼핑의 즐거움'을 제공했던 백화점이 역사 속으로 사라진 것이다. 시어스는 지난 2010년 이후 단 한 차례도 흑자를 내지 못했다. 월마트 등 대형 유통업체에 주도권을 내준 까닭도 있지만 아마존 같은 온라인 쇼핑몰의 성장이 시어스의 운명을 재촉했다. 지난 8월엔 100년 역사의 최고급 백화점 바니스뉴욕도 영업을 중단했다. 소비패턴이 온라인 중심으로 바뀐 데다 뉴욕 맨해튼 등 고급 상권의 임대료가 크게 오르면서 결국 백기를 들었다는 분석이다.
>
> 온라인 공세에 밀려 폐업한 ㉠오프라인 매장은 이들뿐이 아니다. 미국 최대 완구점인 토이저러스가 파산했고, 저가 신발 유통업체인 페이리스 슈소스, 생활용품 판매점 샵코, 아동의류 전문점 짐보리 등이 잇따라 문을 닫았다. 재미동포 장도원 · 장진숙 부부가 창업해 미국 전역으로 매장을 늘려가던 중저가 의류업체 포에버21도 늘어나는 적자를 견디지 못하고 결국 공중분해됐다. '리테일 아포칼립스(소매 종말, Retail Apocalypse)'라는 서슬 퍼런 진단을 고스란히 보여 주는 살풍경이다.

○○미래전략연구소가 최근 내놓은 '유통 중장기 전략보고서'도 이런 사정을 여실히 보여 준다. 보고서에 따르면 현재 100개인 국내 백화점은 2028년까지 34% 줄어들어 66개 정도만 유지될 것으로 전망됐다. 이 밖에도 대형마트는 494개에서 328개로, 슈퍼마켓은 4,780개에서 3,993개로, 편의점은 3만 8,014개에서 3만 5,403개로 축소될 것으로 예측됐다. 온라인으로 소비자들이 빠져 나간 만큼 오프라인 매장이 줄어들 수밖에 없다는 얘기다.

하지만 연구소는 이 외에도 인구구조 변화가 오프라인 매장의 미래를 좌우할 것으로 내다봤다. 특히 인구절벽에 가까운 지역인구 감소가 백화점의 구조조정을 부채질할 가능성이 높다고 봤다. 오는 2028년까지 전체 시·군·구(247곳)의 절반이 넘는 129곳의 인구가 10% 이상 줄어드는 만큼 이들 지역의 일부 점포는 폐점이 불가피하다는 분석이다.

06. 윗글에 나타난 ㉠의 실패 요인으로 적절하지 않은 것은?

① 소비자들의 소비 패턴이 온라인 중심으로 변화하였다.
② 아마존과 같은 온라인 쇼핑몰이 크게 성장하며 시장에서 도태되었다.
③ 고급 상권의 임대료가 크게 상승하면 타격을 받는다.
④ 급격히 연령별 인구 비율이 변화하면 경영에 어려움을 겪을 수 있다.
⑤ 지역인구 감소가 인구 절벽 수준에 이르게 되면 경영난을 피할 수 없다.

07. 윗글에 나타난 유통산업에 대한 이해가 잘못된 것은?

① 온라인 유통업체들이 계속 성장하는 한 기존의 오프라인 유통사업은 앞으로도 전망이 어두울 거야.
② '리테일 아포칼립스'라는 신조어가 회자되는 만큼 현재 유통산업 구조는 극심한 구조조정을 통해 변화하고 있어.
③ 한국은 향후 백화점뿐만 아니라 대형마트 등 각종 오프라인 매장이 전반적으로 줄어들 거야.
④ 지역인구가 감소하게 되면 오프라인 유통시장뿐만 아니라 온라인 쇼핑몰에게도 큰 타격이 될 거야.
⑤ 온라인으로 소비자들이 이탈한 만큼 유통산업 구조는 오프라인에서 온라인 중심으로 새롭게 개편될 거야.

[08 ~ 09] 다음 글을 읽고 이어지는 질문에 답하시오.

(가) 기원전을 뜻하는 BC와 기원후를 뜻하는 AD는 그 의미가 무엇이든 지금은 너무나 널리 쓰이고 있어서 대부분의 사람들이 알려고 하지도 않고 궁금해 하지도 않는다. 그러나 일본이 아직도 메이지(明治)니 헤이세이(平成)니 하는 연호를 사용하여 연대표시를 하고 있음을 기억한다면 그 옳고 그름을 떠나 연대표시라는 것이 세상 모든 사람, 모든 나라에서 같은 것을 사용해야만 하는 것이 아님을 알 수 있을 것이다. 물론 우리나라도 1950년대까지는 단기(檀紀, 단군 기원) 를 사용했다.

(나) 특히 BC와 AD가 어떤 의미를 갖고 언제부터 사용되기 시작했는지 알고 나면 여러분의 생각에 꽤 큰 충격이 있을 것이다. 우선 우리말부터 살펴보자. 기원(紀元)이란 햇수를 세는 기준이 되는 해를 뜻한다. 그러니까 기원전(紀元前)이란 햇수를 세는 기준이 되는 이전이란 의미다. 사실 나로서는 이 단어의 의미를 오래전부터 이해할 수 없었다.

(다) 선사시대(先史時代)가 역사의 기록을 남기기 이전 시대란 것은 그래도 이해가 간다. 기원전 수천 년 동안 인류는 대단한 문명의 발전을 이루었고, 인류의 기원, 문명의 기원, 다양한 종교 의 기원, 철학의 기원이 될 만한 자취를 남긴 것도 사실이다. 그런데 갑자기 햇수를 세는 기준 이 왜 그때부터 시작되어야 하는지 도무지 알 수가 없었던 것이다. 사실 지금도 기원전 시기가 햇수를 세는 기준도 못 되는 낙후된 시대라는 인식에 대해서는 동의하지 않는다. 그래서 서기 전(西紀前), 그러니까 서양에서 사용하는 기원 이전이라는 명칭이 더 옳다고 생각한다.

(라) 그렇다면 기원전이란 명칭은 언제부터 사용되기 시작했을까? 기원전은 기원후와 떼어서는 생 각할 수 없는 개념이다. BC는 알다시피 'before Christ', 즉 '그리스도 이전'이란 의미다. 그러 니까 결국 기원은 그리스도의 탄생을 뜻한다. 그리스도 탄생 이전은 햇수로서의 의미도 없다 는 기독교적 사고의 산물인데, 이것도 사실은 17세기에 들어서야 사용하기 시작했다. 그 전에 는 A.U.C.(ab urbe condita), 즉 '도시의 건립으로부터'라는 뜻을 갖는 용어를 사용했다. A.U.C.는 기원전 753년이 원년인 것으로 보이는데, 이때 도시란 곧 로마를 의미한다. 한편 A.M.(anno mundi)도 사용했는데, 이는 '세상의 해'라는 의미로 기원전 3761년에 세상이 창조 되었다고 보는 유대교 책력에 따른 것이다.

(마) 한편 AD는 'anno Domini', 즉 '주님의 해'란 뜻으로, 이를 처음 제정한 이는 로마의 수도원장 디오니시우스 엑시구스(Dionysius Exiguus)였다. 500년 무렵 스키티아에서 태어난 그는 예수 의 탄생 연도를 로마의 건국기원 753년으로 계산했는데, 실제로 예수는 그보다 약 4년 앞서 탄생한 것으로 여겨진다. 한편 그가 제정한 서력기원, 즉 서기는 유럽에선 11세기, 스페인에선 14세기, 그리스 문화권에서는 15세기가 되어서야 일반적으로 사용되기 시작했다.

08. (가) ~ (마)를 문맥상 크게 세 부분으로 나누었을 때 가장 적절한 것은?

① (가)(나) / (다) / (라)(마)   ② (가)(나)(다) / (라) / (마)

③ (가) / (나)(다) / (라)(마)   ④ (가) / (나) / (다)(라)(마)

⑤ (가)(나) / (다)(라) / (마)

09. 제시된 글에서 필자의 의견으로 적절한 것은?

① '서기전'이라는 용어가 '기원전'보다 더 적절한 번역이다.

② BC, AD 용어의 유래는 전 세계에 큰 충격을 안겨 주었다.

③ 현재 일본은 '헤이세이', 한국은 '단기'라는 고유의 연대표시 방식을 사용한다.

④ BC는 AD와는 별도의 의미를 갖는 기독교적 연대표시 방식이다.

⑤ AD는 유럽과 그리스 문화권에서 15세기가 되어서야 정착되었다.

[10 ~ 11] 다음 글을 읽고 이어지는 질문에 답하시오.

'스테인드글라스(Stained Glass)'는 '채색된(Stained)+유리(Glass)'라는 뜻이다. 여러 가지 색이 염색된 유리 제품을 뜻한다. 스테인드글라스는 빛에 의해 완성된다. 빛의 밝기에 따라 스테인드글라스를 투과해 들어오는 색색의 빛도 달라진다. 작가의 손에 의해 회화적인 표현과 조각적인 조형을 건축물에 표현하는 예술이다. 스테인드글라스의 회화적인 표현은 색채에 대한 감각과 유리라는 재료의 물리적인 특성을 잘 알고 그것을 건축에 접목시켜야 하는 매우 어려운 기술이다.

유럽 미술사를 보면 스테인드글라스는 로마네스크 양식에서 시작해 고딕 양식에서 절정을 이룬다. 이후 부침을 거듭했지만 완전히 사라지지는 않고 20세기 초까지 지속적으로 사용되었다. '로마네스크(Romanesque) 양식'은 '로마식'이라는 뜻으로 11세기부터 12세기 중엽의 유럽 미술을 일컫는다. 고대 로마의 건축처럼 아치 위주의 넓은 폭을 지닌 건축이 주류를 이룬다. 로마네스크 양식 다음으로는 고딕 양식이 뒤따른다. 프랑스 파리 북쪽에 있는 생 드니 대성당은 1140년경에 지어졌는데 로마네스크 양식과 고딕 양식의 과도기를 보여주는 좋은 예이다. 아치 등의 건축 구조는 로마네스크 양식이면서 정면은 수직선이 강조되는 등 고딕양식의 특징이 나타나기 시작했다. 무엇보다도 교회 창문을 고딕 양식의 트레이드마크인 스테인드글라스로 했다는 것이 큰 특징이다.

'고딕(Gothic) 양식'은 '고트족에 의해 만들어진 것'이라는 뜻이다. 그런데 이 단어 속에는 고트족을 경멸하고 무시하는 뉘앙스가 담겨 있다. 즉 고트족 같은 야만인들이 만든 괴물 같고 추악한 양식이라는 뜻이다. 고트족은 원래 스칸디나비아 남부에 살던 민족이다. 그들은 살기 좋은 터전을 찾아 남하를 거듭해 이탈리아와 로마까지 내려왔는데 어느 순간 '감히' 로마를 위협할 정도로 세력이 커졌다. 시오노 나나미의 '로마인 이야기'를 보면 로마인들은 로마 지역 이외의 민족을 상당히 무시했다. 로마인들은 그들의 땅에서 멀어지는 순서대로 종족의 등급을 매겼다. 갈리아족이 살던 중부유럽은 2등급, 앵글로색슨족이나 게르만족이 살던 북부 유럽은 3등급으로 매기는 식이었다. 스칸디나비아의 고트족은 3등급에도 속하지 못한 변방인이었다. 그런데 북유럽에서 온 촌뜨기가 로마와 대등해질 정도로 자신감이 붙자 로마네스크 양식을 따르는 대신 그들만의 양식을 만들어냈다. 그것이 바로 고딕 양식이다. 유럽에서 로마의 미술은 가장 조화롭고 이상적인 고전 문화를 상징한다. 그 완벽한 고전 문화를 파괴하고 낯설고 괴이한 형식의 건축을 만들었으니 소위 고딕 양식이라는 것은 족보도 없는 북쪽 오랑캐들의 근본 없는 바바리안(barbarian)의 건물이라는 뜻이다. 그러나 고딕에 대한 험담은 역사에서 주도권을 뺏긴 사람들의 자기 비하에 불과했다. 고딕이라는 말을 15세기의 르네상스 시대에 이탈리아 작가들이 만든 것만 봐도 그 사실을 알 수 있다.

이런 상황에서 13 ~ 14세기 프랑스에서는 고딕 양식을 (㉠)하는 대신 새로운 미감을 가진 현대적인 건축으로 받아들이고 (㉡)했다. 생 드니 대성당에 고딕 양식이 도입된 이후 이 대담한 물줄기는 샤르트르 대성당, 랭스 대성당, 아미앵 대성당 등 파죽지세로 퍼져나갔다. 물론 고딕 건물에는 예외 없이 스테인드글라스가 설치되었다. 작년에 화재로 사라진 노트르담 대성당도 고딕 양식이었다. 교회 건축에 스테인드글라스를 쓴 이유는 세상의 빛을 이용하여 종교적 힘을 강조하기 위해서였다. 색색의 유리에서 반사되어 나온 오묘한 빛이 교회 안에 있는 사람의 온몸을 휘감을 때 그 사람은 마치 천상에 있는 듯한 충만감을 느낄 것이다. 교회에서 스테인드글라스를 선택한 이유는 또 있다. 600도의 고온에 구운 스테인드글라스는 태양열이나 습도에도 변색되거나 변형되지 않고 천 년 이상을 버틸 수 있다. 재료 자체가 종교의 특성인 영원성을 보여 주는 데 가장 적절하다. 석탑과 불상의 재료로 돌이 많이 선택된 이유도 그 영원성 때문이다. 종교적인 홍보나 전교에 최고의 소재라는 것은 두말할 필요도 없다.

10. 윗글을 통해 알 수 없는 내용은?

① 스테인드글라스는 색채에 대한 감각뿐만 아니라 재료의 물리적 특성을 이해해야 한다는 점에서 매우 까다로운 기법이다.

② 생 드니 교회는 로마네스크와 고딕 양식이 모두 나타나는 과도기적 건축 양식이다.

③ 스테인드글라스는 고딕 양식과 함께 태동한 고딕의 대표적 건축 기법이다.

④ 고딕 양식을 만든 스칸디나비아의 고트족은 유럽의 이탈리아 로마까지 남하하였다.

⑤ 600도 이상의 고온에서 주조하는 스테인드글라스는 쉽게 변색되지 않아 종교적 메시지를 담기 좋은 재료이다.

11. ㉠과 ㉡에 들어갈 표현을 바르게 짝지은 것은?

	㉠	㉡		㉠	㉡		㉠	㉡
①	폄하	기각	②	폄하	수용	③	답습	기각
④	답습	수용	⑤	답습	인정			

12. (주)AA 기업은 새 프로젝트를 진행할 세 명의 사원을 선발하여 팀을 구성하려고 한다. 다음 조건에 따를 때, A ~ F 사원으로 팀을 구성하는 경우의 수는?

> • 신입사원은 한 명 이상 배정하되, 모든 인원이 신입사원이 되지 않도록 한다.
> • A, B 두 사원 중 최소 한 명은 배정되어야 한다.
> • 6명의 사원 중 B, D, F는 신입사원이다.

① 10가지   ② 12가지   ③ 14가지
④ 16가지   ⑤ 18가지

13. 서로 다른 어떤 세 자연수의 평균은 그 자연수 중 두 번째로 큰 자연수보다 크며, 가장 큰 자연수와 가장 작은 자연수의 곱은 두 번째로 큰 자연수의 제곱을 3으로 나눈 것과 같다고 한다. 다음 중 이를 만족하는 자연수 세 쌍은 무엇인가?

① 1, 3, 9   ② 1, 9, 27   ③ 2, 6, 6
④ 3, 9, 27   ⑤ 3, 12, 16

14. (주)AA 기업의 어떤 제품을 하나 만드는 데 재료 X는 450g, 재료 Y는 600g이 사용된다. 이때 두 재료를 납품하는 업체의 최소판매단위와 판매가격은 다음과 같다고 한다. 이 제품을 12,000개 생산할 때 필요한 최소 제조비용은 얼마인가? (단, 재료 X와 재료 Y의 가격 외의 다른 비용은 무시한다)

재료	최소판매단위	판매가격
X	0.5ton	35,000원
Y	1ton	80,000원

※ 판매가격은 최소판매단위당 가격이다.
※ 최소판매단위보다 작은 무게 단위로는 구매할 수 없다.
　예 0.7ton이 필요한 경우 0.5(ton)×2=1(ton)을 구매해야 한다.

① 910,000원   ② 945,000원   ③ 990,000원
④ 1,025,000원   ⑤ 1,060,000원

15. 어느 국가의 20X1년 신재생 에너지 발전량은 20X1년 전체 에너지 발전량의 35%에 해당한다. 20X2년 신재생 에너지 발전량은 전년 대비 35% 증가하였고, 이는 20X2년 전체 에너지 발전량의 37.8%에 해당하는 수치이다. 20X1년과 20X2년의 전체 에너지 발전량의 차이가 133,500(GWh)라고 할 때, 20X1년 전체 에너지 발전량(GWh)과 20X2년 전체 에너지 발전량의 전년 대비 증가율(%)의 합으로 옳은 것은?

① 534,025   ② 598,725   ③ 639,425

④ 667,525   ⑤ 705,925

16. (주)AA 기업은 경기, 충북, 경남 지역에 제품 A, B를 생산하는 공장을 두고 있다. 다음은 20X9년 하반기 각 공장에서의 제품 A, B의 생산량을 나타낸 자료일 때, 이에 대한 해석으로 옳은 것은?

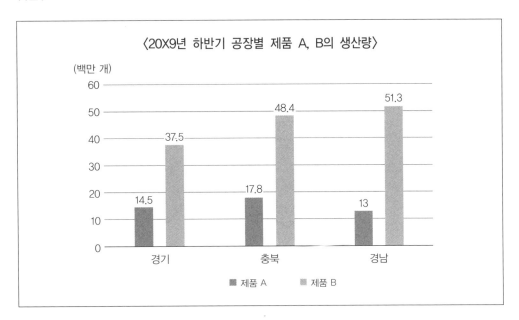

〈20X9년 하반기 공장별 제품 A, B의 생산량〉

① 충북 공장은 제품 A와 제품 B 모두 가장 많이 생산하였다.

② 경남 공장은 제품 B의 전체 생산량의 50% 이상을 생산하였다.

③ 경기 공장의 제품 A 생산량을 25%만큼 더 높이면 충북 공장의 제품 A 생산량을 뛰어넘는다.

④ 20X9년 하반기 제품 A와 제품 B의 전체 생산량은 각각 4천 5백만 개 이상, 1억 4천만 개 이상을 기록하였다.

⑤ 경기, 충북, 경남 세 공장에서 생산된 제품 A의 생산원가를 모두 합쳐도 충북 공장에서 생산된 제품 B의 생산원가에는 못 미친다.

17. 다음 20X9년 한국표준산업분류별 국내 카드승인실적을 분기별로 나타낸 자료에 대한 해석으로 옳지 않은 것은?

〈자료 1〉 20X9년 한국표준산업분류별 국내 카드승인실적

(단위 : 백억 원)

산업분류별 \ 분기	1분기	2분기	3분기	4분기
도매 및 소매업	9,014	9,386	9,633	9,917
운수업	468	479	472	465
숙박 및 음식점업	2,856	3,142	3,219	3,251
사업시설관리 및 사업지원 서비스업	123	124	128	132
교육서비스업	339	317	350	376
보건업 및 사회복지 서비스업	1,106	1,074	1,085	1,175
예술, 스포츠 및 여가관련 서비스업	236	341	329	313
협회 및 단체, 수리 및 기타 개인 서비스업	467	493	489	506

〈자료 2〉 20X9년 교육서비스업, 운수업의 월별 국내 카드승인실적

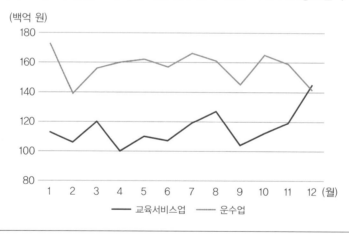

① 국내 카드승인실적은 도매 및 소매업과 숙박 및 음식점업이 모든 분기에서 나란히 1, 2위를 달린다.

② 운수업과 분기별 국내 카드승인실적의 변화 추이가 같은 직종은 예술, 스포츠 및 여가관련 서비스업뿐이다.

③ 각 분기 도매 및 소매업을 제외한 나머지 직종의 국내 카드승인실적의 합은 도매 및 소매업보다 작다.

④ 12월을 제외한 모든 달에서 운수업의 국내 카드승인실적은 교육서비스업의 140%를 상회한다.

⑤ 교육서비스업의 월별 국내 카드승인실적은 7, 8월 여름방학 기간과 연말에 국소적으로 최대이며, 반면 운수업의 경우 연초에 최대를 보였다.

18. 다음 자료에 대한 해석으로 옳지 않은 것은?

〈20X9년 부부간의 가사 분담에 대한 설문 자료〉

(단위 : %)

구분		아내가 남편보다 많이 분담		아내와 남편이 비슷하게 분담	남편이 아내보다 많이 분담	
		훨씬 더 많이	다소 많이		다소 많이	훨씬 더 많이
전체	계	62	19.1	13.3	3.3	2.3
연령	39세 이하	50.2	26	17.4	4	2.4
	40세 이상 ~ 49세 이하	65.3	19.7	10.7	2.5	1.8
	50세 이상 ~ 59세 이하	67.7	15.9	12.1	2.2	2.1
	60세 이상	62.6	16.1	13.6	4.7	3
부부의 경제활동 상태	맞벌이	54.8	21.1	17	4.1	3
	남성외벌이	71.6	17.4	7.6	1.9	1.3
	여성외벌이	52.7	18.3	18	7.9	3.1
	부부 모두 비취업	61.9	13.3	19.6	3.1	2.1

① 응답에 참여한 39세 이하의 부부는 전체의 35% 미만이다.

② 모든 항목에서 아내가 남편보다 훨씬 더 많이 가사 분담을 한다는 응답이 과반수를 차지한다.

③ 40대 이상 연령층에서 아내와 남편이 비슷하게 가사 분담을 한다고 응답한 비율은 연령대가 높아질수록 증가한다.

④ 맞벌이와 부부 모두 비취업을 비교했을 때 부부 모두 비취업에서 아내가 남편보다 많이 가사 분담을 한다는 응답이 더 많았다.

⑤ 여성외벌이의 경우 아내가 남편보다 많이 가사 분담을 한다는 응답과 남편이 아내보다 많이 가사 분담을 한다는 응답의 차가 60%p로 나타났다.

[19 ~ 20] 다음은 수도권 지역 발전소의 미활용 열량과 지역별 예상 열 수요 현황을 나타낸 지도이다. 이어지는 질문에 답하시오.

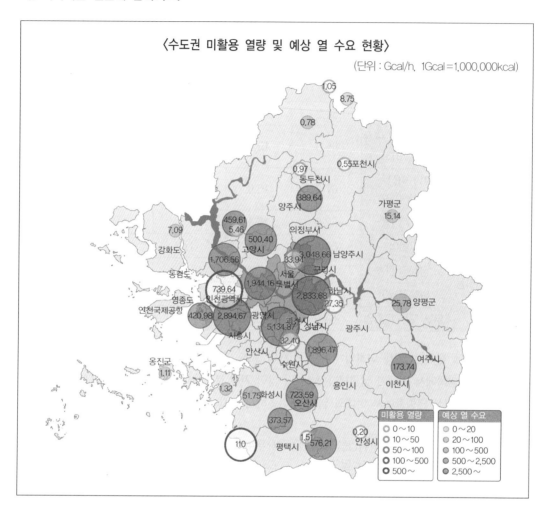

〈수도권 미활용 열량 및 예상 열 수요 현황〉

(단위 : Gcal/h, 1Gcal=1,000,000kcal)

19. 다음은 수도권 지역 발전소의 미활용 열량과 그 평균을 그래프로 나타낸 것이다. 미활용 열량의 평균값 (a)는 얼마인가? (단, 소수점 아래 둘째 자리에서 반올림한다)

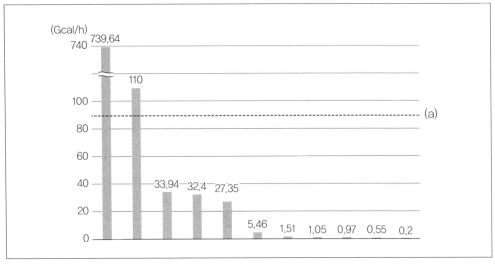

① 84.6 　　　　② 85.4 　　　　③ 86.6

④ 88.1 　　　　⑤ 88.7

20. 발전소의 미활용 열량의 60%를 사용 가능한 에너지로 바꾸는 기술이 개발되어 미활용 열량이 10Gcal/h 이상인 발전소들을 대상으로 이 기술을 우선 적용하려고 한다. 해당 신기술을 적용한 수도권의 발전소들은 사용 가능하게 만든 에너지를 예상 열 수요가 가장 높은 도시로 보내기로 하였다. 에너지를 도시로 수송할 때의 손실률은 거리에 상관없이 30%로 일정할 때, 신기술 적용 후 수도권 지역 내 전체 발전소의 미활용 열량의 합은? (단, 소수점 아래 둘째 자리에서 반올림한다)

① 104.1Gcal/h 　　　　② 396.2Gcal/h 　　　　③ 405.9Gcal/h

④ 547.1Gcal/h 　　　　⑤ 556.9Gcal/h

21. 〈보기〉 중 저작권법 제7조에 의해 보호받지 못하는 저작물로 분류되는 것은 모두 몇 개인가?

> **저작권법 제7조(보호받지 못하는 저작물)** 다음 각호의 어느 하나에 해당하는 것은 이 법에 의한 보호를 받지 못한다.
>
> 1. 헌법 · 법률 · 조약 · 명령 · 조례 및 규칙
> 2. 국가 또는 지방자치단체의 고시 · 공고 · 훈령 그 밖에 이와 유사한 것
> 3. 법원의 판결 · 결정 · 명령 및 심판이나 행정심판절차 그 밖에 이와 유사한 절차에 의한 의결 · 결정 등
> 4. 국가 또는 지방자치단체가 작성한 것으로서 제1호 내지 제3호에 규정된 것의 편집물 또는 번역물
> 5. 사실의 전달에 불과한 시사보도

보기

| ㉠ 저작권법 제7조의 내용 | ㉡ 통계청에 공개된 공공데이터 |
| ㉢ 신문에 게재된 만화 | ㉣ 내일의 일기 예보 |

① 0개   ② 1개   ③ 2개

④ 3개   ⑤ 4개

22. 다음은 어느 서점의 재고를 Microsoft Office Excel에 입력한 것이다. 코드 번호가 E5503인 책의 재고량을 찾고자 할 때, 엑셀의 해당 수식을 바르게 쓴 것은?

	A	B	C
1	코드 번호	제목	재고
2	A1572	조선왕조실록	1
3	E5503	호밀밭의 파수꾼	4
4	B8181	◆◆◆ 토익 스피킹	0
5	C0076	○○○의 쿠킹클래스	6
6	E3693	하늘과 바람과 별과 시	2

① =VLOOKUP("E5503", A2:C6, 2, 0)   ② =VLOOKUP("E5503", A2:C6, 2, 1)

③ =VLOOKUP("E5503", A2:C6, 3, 0)   ④ =HLOOKUP("E5503", A2:C6, 2, 1)

⑤ =HLOOKUP("E5503", A2:C6, 3, 0)

23. Microsoft Office Excel에서 다음 자료의 모든 셀에 필터를 적용하여 '1분기 실적 평가' 항목을 기준으로 숫자 내림차순 정렬을 할 경우 B3 셀에 위치할 값은?

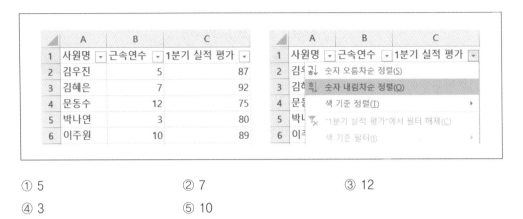

① 5   ② 7   ③ 12

④ 3   ⑤ 10

24. 다음은 컴퓨터 용어 중 디렉터리에 관한 설명이다. "JeongMinKim"이라는 이름을 가진 Windows 계정의 바탕화면에 "Work"라는 폴더 내에 "TODO"라는 txt 파일이 있다. 이 파일이 위치한 디렉터리를 올바르게 표현한 것은?

> **(가) 디렉터리**
>
> 디렉터리란 컴퓨터의 파일 이름과 그 파일이 실제로 기억되어 있는 물리적인 장소와의 대응을 나타내는 표이다. 디렉터리에는 파일의 이름, 속성, 작성 일자, 크기, 파일 주소 등이 기록되어 있어 이를 통해 컴퓨터가 파일을 판독하고 기록한다.
>
> **(나) 윈도우 운영 체제의 디렉터리**
>
> 윈도우 운영 체제에서는 디스크 드라이브가 최상위 디렉터리를 갖는다(⑩ C:\). 각 디렉터리는 파일들 또는 다른 디렉터리들을 포함할 수 있으며, 이때 디렉터리 속의 다른 디렉터리를 그 디렉터리의 하위 디렉터리라고 한다. 디렉토리들은 계층, 즉 트리 구조를 이루고 있으며, 윈도우 운영 체제에서의 디렉터리의 계층은 백슬래시(\)로 표현된다. 예를 들어 C 드라이브에 설치된 Microsoft Office 프로그램들이 위치한 디렉터리는 "C:\Program Files\Microsoft Office"로 표현할 수 있다. 윈도우 운영 체제에서는 디렉터리를 "폴더"란 용어로 사용하기도 한다.

① C:\JeongMinKim\Users\Work\

② C:\JeongMinKim\Users\Desktop\

③ C:\JeongMinKim\Users\Desktop\Work\

④ C:\Users\JeongMinKim\Work\

⑤ C:\Users\JeongMinKim\Desktop\Work\

[25 ~ 26] ASCII(American Standard Code for Information Interchange) 문자 코드는 7비트의 2진 코드로 문자를 표현한다. 다음은 ASCII 문자 코드의 일부일 때, 이어지는 질문에 답하시오.

〈ASCII 문자 코드표(일부)〉

2진 코드	문자	2진 코드	문자	2진 코드	문자
0110000	0	1000001	A	1100001	a
0110001	1	1000010	B	1100010	b
0110010	2	1000011	C	1100011	c
0110011	3	1000100	D	1100100	d
0110100	4	1000101	E	1100101	e
0110101	5	⋮	⋮	⋮	⋮
0110110	6	1010111	W	1110111	w
0110111	7	1011000	X	1111000	x
0111000	8	1011001	Y	1111001	y
0111001	9	1011010	Z	1111010	z

25. 주어진 단어를 ASCII 코드로 올바르게 나타낸 것은?

SquArE

① 1010011 1110001 1110101 1000001 1110010 1000101

② 1010011 1110010 1101100 1000001 1110010 1000101

③ 1010100 1110001 1101100 1000001 1110010 1000101

④ 1010100 1110010 1110101 1000001 1101111 1000101

⑤ 1010011 1110001 1101100 1000001 1101111 1000101

26. "Jane and I had lunch"라는 문장을 ASCII 코드로 변환하여 전송하였더니, 다음과 같은 코드가 수신되었다. 잘못 수신된 비트는 모두 몇 비트인가? (단, 공백은 무시하고 전송했다고 가정한다)

> 1001010 1100001 1101110 1100101 1100001 1101111 1100100 1101001
> 1101000 1100001 1100100 1101100 1110101 1101110 1100011 1101100

① 0비트   ② 1비트   ③ 2비트

④ 3비트   ⑤ 4비트

27. 다음은 신문기사의 내용 중 일부이다. ㉠에 공통으로 들어갈 내용으로 알맞은 것은?

> 코로나 바이러스 확산과 델타변이로 인한 국내 확진자 증가세가 연일 기록을 갱신하는 가운데 비대면 무인 (㉠   ) 이용이 증가 추세다. 사람을 직접 대면하지 않아도 결제를 할 수 있는 비대면 무인 (㉠   ) 플랫폼은 코로나 발생 이전부터 맥도널드, 버거킹 등 글로벌 브랜드를 중심으로 국내에 도입됐다. 코로나 바이러스 이후에는 장기간 지속된 경기 침체에 따른 임대료, 인건비 등의 고정 비용 증가 부담을 낮추기 위해 무인 (㉠   )를 이용하는 프랜차이즈, 카페, 병·의원, 주유소, 골프장 등이 급격히 늘어났다. (㉠   )는 소비자가 외식업, 병원, 극장 등의 장소에서 간편하게 상품과 서비스를 주문할 수 있는 무인 기기다. 오프라인 매장 사업자는 (㉠   )와 연동된 프로그램을 통해 매출, 재고 등을 비롯한 다양한 현황 파악과 동영상 광고 송출 등이 가능하다.

① ATM(Automated Teller Machine)

② AVM(Automatic Vending Machine)

③ POS(Point of Sale)

④ 키오스크(Kiosk)

⑤ OTT(Over the Top) 서비스

28. '아래한글'을 이용하여 다음과 같은 자료를 작성하였다. 상위 5개국의 설비용량과 발전량의 총 합계를 구하기 위해 계산식을 입력하고자 한다. 이에 대한 설명으로 옳지 않은 것은?

국가명	설비용량 순위	설비용량 (천 kW)	발전량 (GWh)
미국	1위	845,312	3,743,010
중국	2위	298,768	1,233,141
일본	3위	253,544	1,066,130
러시아	4위	214,300	846,000
프랑스	5위	122,377	494,008
합계	–	( )	( )

① 계산식을 입력할 위치에서 Ctrl+N+F를 누른다.

② 설비용량의 합계는 계산식란에 '=SUM(C2 : C6)'을 입력하여 구한다.

③ 발전량의 합계는 계산식란에 '=D2+D3+D4+D5+D6'을 입력하여 구한다.

④ 설비용량과 발전량의 합계 모두 계산식란에 '=ABOVE'를 입력하여 구한다.

⑤ 합계 결과에 대하여 세 자리마다 쉼표로 자리를 구분할 수 있다.

29. 다음은 A 양계장에 대한 정보이다. 제시된 정보에 대한 진위여부는 정확하지 않다고 할 때, 〈보기〉에서 반드시 참인 추론을 모두 고르면?

[정보 1] A 양계장에는 총 4마리의 암탉이 있다.

[정보 2] 알을 낳을 수 있는 암탉은 하루에 최소 2개 이상의 알을 낳는다.

[정보 3] 알을 낳을 수 있는 암탉의 수는 2마리이다.

[정보 4] 오늘 암탉이 새로 낳은 알의 수는 홀수이다.

보기

(가) [정보 1], [정보 2]와 [정보 3]이 참이면 오늘 새로 낳은 알의 수는 최소 4개이다.

(나) [정보 1]과 [정보 3]이 참이면 오늘 새로 낳은 알의 수는 최소 2개이다.

(다) [정보 1]과 [정보 2]가 참이면 [정보 4]는 거짓이다.

---

① (가)　　　　　　　② (나)　　　　　　　③ (다)

④ (가), (다)　　　　　⑤ (가), (나)

30. A 제품을 생산하는 공정에는 총 4단계의 오류 점검 단계가 있다. 갑, 을, 병, 정 네 사람이 각각 순서대로 1단계, 2단계, 3단계, 4단계를 점검한다. 점검 결과, 총 4단계 중 단 한 단계에서만 오류가 발견되었다. 다음 보고 내용에서 네 사람 중 한 명만 거짓을 말하고 있을 때, 거짓을 말한 사람과 오류가 있는 단계를 바르게 짝지은 것은?

갑 : 3단계에서 오류가 있었습니다.

을 : 저는 오류를 발견하지 못했습니다.

병 : 2단계에서 오류가 있었습니다.

정 : 4단계에는 오류가 전혀 없었습니다.

	거짓을 말한 사람	오류가 있는 단계		거짓을 말한 사람	오류가 있는 단계
①	갑	2단계	②	을	2단계
③	을	3단계	④	병	2단계
⑤	병	3단계			

31. 8명의 직원 A ~ H가 소회의실에서 회의를 하고자 한다. 다음 중 직원들의 자리 배치에 대한 〈조건〉을 참고하여 바르게 추론한 것은?

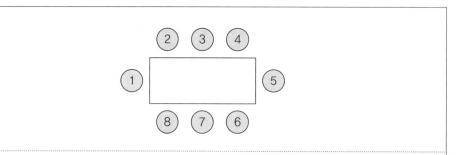

〈조건 1〉 A는 3번 자리에 앉는다.

〈조건 2〉 C와 H는 서로 마주 보고 앉는다.

〈조건 3〉 F는 C의 오른쪽 바로 옆에 나란히 앉는다.

〈조건 4〉 D는 1 또는 5번 자리에 앉는다.

〈조건 5〉 E는 D와 마주 보지 않는다.

〈조건 6〉 B는 A, F와 나란히 앉지 않는다.

〈조건 7〉 E는 F와 나란히 앉지 않는다.

① G와 E는 나란히 옆에 앉는다.　　　② 8번 자리에 앉은 사람은 H이다.

③ D와 B는 마주 보고 앉는다.　　　　④ D와 F 사이에는 C가 앉는다.

⑤ A와 B 사이에는 E가 앉는다.

32. 다음은 신약의 치료효과 및 신약 간의 효과 상쇄 상호작용을 확인하기 위한 실험 결과이다. 다음 중 반드시 참이 아닌 것은? (단, 기술되지 않은 약품은 복용하지 않았고, 치료효과는 일정한 방법으로 측정된다. 또한 효과가 있는 약품 2개를 복용하였을 때도 1개를 복용하였을 때와 치료효과가 동일하고, 효과가 있는 약품과 효과가 없는 약품 혹은 효과가 없는 약품 2개를 동시 복용 시에도 치료의 결과는 나타난다)

> ㉠ A 약품을 복용하자 치료효과가 있었다.
> ㉡ A 약품과 B 약품을 동시에 복용하자 치료효과가 있었다.
> ㉢ B 약품과 C 약품을 동시에 복용하자 치료효과가 없었다.
> ㉣ C 약품을 복용하자 치료효과가 있었다.
> ㉤ C 약품과 D 약품을 동시에 복용하자 치료효과가 있었다.
> ㉥ A 약품과 D 약품을 동시에 복용하자 치료효과가 없었다.

① ㉢과 ㉣을 고려하면 B 약품은 C 약품의 치료효과를 상쇄시킨다.

② ㉠, ㉡, ㉥을 고려하면 A 약품은 D 약품과는 상호작용하나 B 약품과는 하지 않는다.

③ ㉠, ㉤, ㉥을 고려하면 D 약품은 A 약품과 상호작용하나 C 약품과는 하지 않는다.

④ ㉢, ㉣, ㉤을 고려하면 C 약품은 B 약품에 의해 효과가 상쇄되나 D 약품에 의한 영향은 받지 않는다.

⑤ ㉠, ㉣, ㉤, ㉥을 고려하면 D 약품은 A 약품과는 상호작용하나 C 약품과는 하지 않는다.

33. 다음 중 ㉠에 나타난 오류와 동일한 오류를 범하고 있는 것은?

> 공기업 출신 A 국회의원은 사기업에 추가적인 세금을 부과하는 법안에 반대한다. 그러나 사기업 출신 B 국회의원은 이 법안에 찬성하고 있다. 이에 대해 A 의원은 B 의원에게 ㉠"이 법안은 사기업 출신인 당신이 근무하였던 기업에 부담을 줄 것이기 때문에 찬성해서는 안 된다."고 하였다.

① 박 과장은 벌써 두 번이나 회의에 지각했다. 그러므로 앞으로 그와 어떤 약속도 해서는 안 된다.

② 노동자라면 으레 노동 시간 단축을 주장할 것이다.

③ 미국은 경제적 부국이므로 미국 사람들은 모두 부자이다.

④ 김 대리는 진실만을 말하는 사람이다. 왜냐하면 그는 거짓말을 하지 않기 때문이다.

⑤ 번개가 치면 천둥이 울린다. 따라서 번개는 천둥의 원인이다.

[34 ~ 35] 다음 자료를 보고 이어지는 질문에 답하시오.

모바일 오피스, 재택근무, 스마트워크센터 근무, 직장에서 업무 효율성을 높일 수 있는 화상회의 등 업무 환경을 구축하여 근무하는 것은 일종의 스마트워크라 할 수 있다. 이러한 스마트워크가 이루어질 수 있는 유형은 스마트워크센터의 직장 내 스마트오피스이다. 스마트오피스는 개인고정 업무공간을 축소하여 공간효율성을 높이며 직급 간에 업무공간의 차별을 두지 않는 공간 구성의 특징이 있다. 스마트오피스에서 필요에 따라 좌석을 예약하여 사용하며, 집중업무해야 하는 직원들을 위한 고정 좌석도 구성하여 업무의 특성에 따라 적절한 좌석을 사용함으로써 효율적이고 집중도가 높은 업무공간을 구성할 수 있다.

스마트워크 업무공간은 다양한 정보통신기술 및 컴퓨터 인프라를 이용하여 시간과 장소의 제약 없이 상호의존적인 공동의 과업을 관계자들과 협업하는 근로 공간을 의미한다. 지식 근로자들에게 시간과 장소에 대한 자율권을 부여함으로써 근무환경의 유연성을 극대화한 개념이다. 앞으로의 업무환경은 업무 융통성이 매우 중대될 것이며 이는 일하는 방식, 일하는 시간, 일하는 장소를 융통적으로 선택할 수 있는 방식으로 구현될 것이다.

많은 기업들은 근무자들이 직장과 가정에서 전반적인 삶의 질을 향상시킬 수 있도록 업무와 개인생활을 더 잘 조화시킬 수 있는 기회를 제공하면서 기업의 목표를 성취할 수 있게 하는 방법으로 스마트워크 근무형태를 이행할 수 있다. 이러한 근무형태는 결근율과 지각 감소, 이직률 감소, 연장근무 감소, 직무만족 및 사기 진작, 개인 시간의 활용, 통근문제 감소, 기타 시설 활용문제 해결, 그리고 생산성 증가와 같은 장점이 있으며, 유능한 인재를 유인하는 유인책의 일환으로 활용될 수 있다. 우리나라도 1990년대 중반 이래 주 5일 근무제, 자율 출퇴근제, 조기출퇴근제 등이 실행되어 왔으며 조직 구성원들의 변화하는 요구를 수용하기 위해서 각자의 환경에 따라 다양한 형태의 근무제도 활용이 가능하다.

스마트워크 업무공간의 사용은 업무공간 계획에 대한 새로운 접근이며 기업의 이익을 가져올 수 있는 방법을 모색하기 위한 것이다. 21세기 정보화 시대를 맞으면서 기업은 기업의 정체성, 기업의 문화, 조직구조, 업무환경 등에 더욱 새롭고 다각적인 변화를 요구하게 되었다. 스마트워크 업무공간을 사용하는 방법은 사무실 외의 공간을 이용하는 방법과 기존 사무실을 이용하는 방법으로 나눌 수 있다. 새틀라이트 오피스, 텔레워크 센터, 텔레커뮤팅, 가상 오피스와 같이 사무실 외의 공간을 이용하는 대안적인 업무공간 전략은 부동산 및 관련 비용 절감, 교통비용 절감, 통근시간 절약, 이직률 감소, 근로자의 생산성과 업무만족도 증가와 같은 장점을 기대할 수 있으나 근무자들이 자발적이고 의욕적이어야 하며, 원격관리가 어렵고 근무자들 사이 또는 사무실 간의 커뮤니케이션이 어려운 단점이 있다. 한편 사무실을 이용하는 스마트워크의 업무공간은 공간 재배치와 업무공간의 사용에 있어서 전통적 · 수직적인 업무공간보다 융통성을 제공하는 수평적 업무공간이라는 점이 큰 특징이다.

34. 제시된 글을 참고하여 추론한 내용으로 적절한 것은?

① 사무실을 이용하는 대안적 업무공간인 스마트워크는 근무자들의 자발적 참여를 고취시킨다.

② 스마트오피스에서 한 명의 근로자가 필요에 따라 여러 자리를 옮겨가며 업무를 수행하기도 한다.

③ 스마트워크는 비용 절감 면에서 큰 효과를 거둘 수 있기 때문에 적극적인 도입이 필요하다.

④ 사무실의 효율적 설계와 운영은 근로자의 복지를 위해 기획된 것이며, 장기적으로 볼 때 이윤 추구로 흐르지 않는다.

⑤ 스마트오피스에서는 개인공간보다 회의실과 같은 협업 공간이나 직원들 간 일상적 의사소통용 공간이 더 큰 비중을 차지한다.

35. 스마트워크 업무공간을 조성하기 위한 다음 회의 내용에서 스마트오피스의 특징이 반영된 결정으로 볼 수 없는 것은?

〈회의 결과〉

1. 변동 좌석제 채택

ㄱ 개인고정 업무공간을 축소하여 공간 면적 효율성을 높임.

ㄴ 공간의 쾌적한 사용을 위해 개인 물품 비치를 지양함.

ㄷ 직급, 부서에 따른 자리 구분을 없앰으로써 여러 조직 간의 교류가 가능하게 함.

2. 개인 집중 업무공간

ㄹ 업무수행의 집중력 제고 및 타 직원과의 교감이 원활하도록 칸막이를 제거함.

ㅁ 근로자가 집중하여 업무에 몰입할 수 있도록 좌석 이용 시간을 제한함.

---

① ㄱ   ② ㄴ, ㄷ   ③ ㄷ, ㄹ

④ ㄷ, ㅁ   ⑤ ㄹ, ㅁ

[36 ~ 37] 다음 자료를 보고 이어지는 질문에 답하시오.

<table>
<tr><td colspan="4" align="center">〈회의록〉</td></tr>
<tr><td>회의명</td><td colspan="3" align="center">○○기업 사내 절전 관련 1차 회의</td></tr>
<tr><td>일시</td><td align="center">20XX. 09. 01.</td><td>장소</td><td align="center">본사 세미나실</td></tr>
<tr><td>회의자료</td><td colspan="3">• 여름철 전력 수요 상황표
• 사용 대상 절전 인식의 조사 필요성</td></tr>
<tr><td>참석자</td><td colspan="3">온라인개발팀 : A 팀장, B 대리
인사관리팀 : C 과장, D 사원, E 사원
자원관리팀 : F 사원, G 사원</td></tr>
<tr><td>내용</td><td colspan="3">

1. 목적
   사내 전력 낭비에 대한 인식 제고와 절전 의식 강조

2. 추진 방향
   사용물의 절전에 대한 인식을 조사하고 합리적인 절전 방안을 마련

3. 설문조사의 필요성
   - 식사시간 및 휴식시간에 컴퓨터 모니터와 전원을 끄지 않는 경우가 많으므로 원인을 파악하는 조사가 필요함.
   - 사무실 에어컨의 적정온도, 설정온도가 지나치게 낮아서 낭비의 원인이 된다는 지적이 있어 조사가 필요함.
   - 사용하지 않는 프린터기, 복사기 등의 전원이 늘 켜져 있어 실태조사가 필요함.
   - 퇴근 시 사무실의 개인조명 및 전체 조명이 켜져 있는 경우가 자주 보임.
   - 형식적인 보고서로 낭비되는 종이 문제도 기타 안건으로 제시함.

4. 향후 프로젝트 회의 일정
   20XX년 10월 16일, 10월 30일 예정

5. 협력 부서별 업무 분담 사항
   - 온라인개발팀 : 컴퓨터 절전용 프로그램 개발 및 전기 사용 수치를 공개하는 방향 검토
   - 자원관리팀 : 사무실 전기 사용 및 여름철 에어컨 온도에 대한 의견 보고서와 종이 사용에 대한 문제 조사. 퇴근 후 전기시설 점검을 위해 협조
   - 인사관리팀 : 절전 문제를 직원 인사 점수로 반영할 수 있는지 점검. 전기 절전 성과에 의한 임금 및 인센티브 제공 방안 마련

</td></tr>
</table>

36. ○○기업에서는 절전방안 마련을 위하여 위와 같이 1차 회의를 진행하였다. 다음 회의 때까지 참석자들의 준비가 필요 없는 사항은?

① 온라인개발팀 A 팀장 : 현재 사내에서 사용하고 있는 보안프로그램에 절전 기능을 추가할 수 있는지 알아봐야겠어.

② 인사관리팀 C 과장 : 불시 점검으로 과도하게 전기 사용이 높은 부서에는 전기 절전을 표시하는 계기판을 붙여야겠어.

③ 인사관리팀 D 사원 : 온라인개발팀에서 보안프로그램에 절전 기능을 추가할 때 협조를 구해 사무기기를 끄지 않은 직원을 자동으로 점검하여 인사 점수에 반영할 수 있는지 알아보자.

④ 자원관리팀 F 사원 : 에어컨 온도의 적정한 수준에 대해서 추가적인 설문조사를 실시해야겠는걸.

⑤ 자원관리팀 G 사원 : 사원들이 퇴근 후 전기시설을 끄지 않은 것이 있는지 점검해 달라고 보안팀에 협조를 요청하면 상당히 도움이 될 것 같아.

37. ○○기업 자원관리팀에서 전기 및 자원 절약을 위한 해결책에 대한 설문조사를 진행하여 결과를 정리하였다. 다음 회의 때 보고하기에 알맞은 내용은?

① 식사시간에 왜 컴퓨터 모니터를 끄지 않냐고요? 잠시 다녀오는 건데 껐다가 켰다가 하는 것이 좀 귀찮다고 생각하는 문화가 문제인 것 같아요. 이를 개선할 방안이 필요해요.

② 프린터기의 전기 낭비는 보고서 때문입니다. 언제 요구가 올지 모르는데 꺼 둘 수 있나요? 상관들이 보고서를 요구하면 빨리 제출해야 하거든요.

③ 제가 업무 특성상 자리를 비우는 경우가 잦은데요. 잠시 자리를 비울 때마다 전원이 꺼져 있으면 아무래도 주변 동료들이 불성실한 사원이라고 생각할 수 있습니다.

④ 아무래도 상사들이 종이를 선호하는 경향이 있어 종이보고서를 제출하게 돼요. 종이보고서가 아니라 전자보고서를 쓰면 더 편할 것 같습니다.

⑤ 에어컨이 너무 춥다고 하는 사람도 있고 덥다고 하는 사람도 있어 다 겉옷을 가져오는 것을 해결책으로 제안합니다.

38. 경영활동의 구성요소를 고려할 때, 다음 중 경영활동이라고 볼 수 없는 것은?

> (가) S 식품은 주변의 경쟁업소들과 매일 치열한 경쟁을 벌이며 생존을 위한 고객유치에 매진하고 있다.
>
> (나) M 교회는 도심 한복판에 자리한 주택가 끝에서 일상에 지친 도시민들에게 하느님의 가르침을 전파하기 위해 강의와 봉사활동을 목적으로 활동하고 있다.
>
> (다) PC방을 2개 운영하고 있는 J 씨는 그중 한 곳에서 인건비 절감을 위해 본인이 직접 야간에도 근무를 하고 있다. 그는 가까운 미래에 5곳으로 업장을 늘릴 계획을 가지고 있다.
>
> (라) 임대료가 올라 이번 달에도 직원 한 명을 줄여야 하는 Y 씨는 편의점을 운영한다. 매출 신장을 위해 가게 앞 도로에 홍보물도 설치해 보지만 기대한 효과를 거둘 수 있을지 의문이다.
>
> (마) 40대 가장인 K 씨는 잘나가던 대기업을 퇴사하고 조그마한 노점상을 차렸다. 힘들고 고달프지만 나름의 계획을 가지고 추위와 싸워가며 열심히 수공예품을 판매하고 있다.

① (가) 　　　　② (나) 　　　　③ (다)
④ (라) 　　　　⑤ (마)

39. 다음은 AA 기업의 경영 계획이다. (가)에 들어갈 수 없는 것은?

AA 기업 본사의 경영 계획
조직구성원 각자는 직무수행과 관련하여 상위자와의 협의를 통해 직무가 지향하는 목표와 과업에 대해 폭넓게 이해하며, 이를 통하여 종업원과 관리자가 공동목표를 선정하고 이 목표의 범주 내에서 자율적으로 실행계획을 수립·시행 후 스스로 자기평가를 한다. 이런 과정을 통하여 목표를 효과적으로 달성하기 위한 체계적 관리를 시도한다.
실행 기본 과정
㉠ 목표의 발견 → ㉡ 목표의 설정 → ㉢ 목표의 확인 → ㉣ 목표의 실행 → ㉤ 평가
AA 기업 본사 경영 계획의 특성
(가)

① 신축성을 발휘할 수 있다. 　　　　② 단기목표를 강조하는 경향이 있다.
③ 조직과 역할의 구조를 명확히 한다. 　　　　④ 부문 간 지나친 경쟁을 유발할 수 있다.
⑤ 성과를 강조하는 경향이 있다.

[40 ~ 41] 다음 글은 조직문화에 대한 내용이다. 이어지는 질문에 답하시오.

일반적인 의미에서 문화(Culture)란 자연물이 아닌 인공의 힘이 가미되어 형성된 유산을 통칭하는 개념이다. 즉 사회 구성원의 행동과 사회체제를 형성하고 이들을 연결, 조정하는 종합요소를 의미한다. 한걸음 더 나아가 조직문화(Organizational Culture)는 조직 내에 공유된 정신적인 가치를 나타내기도 하며 환경을 학습하는 도구로서 내·외부의 환경을 바라보는 관점을 제공한다. 또한 조직 구성원들의 행동을 구체적으로 유도하기도 하며 의사결정의 질과 조직의 성공 여부를 결정하는 데 영향을 미치기도 한다.

다른 말로 조직문화는 조직 구성원들의 가치관과 신념을 보여주고 조직의 이데올로기와 관습을 드러내고 조직이 소유하고 있는 지식과 기술을 포함하며 조직이 따르는 규범과 전통을 포괄하는 종합적인 개념이다.

따라서 조직문화란 '조직 구성원 간에 공유된 가치, 사고방식 또는 생활양식'이라고 정의할 수 있다. 조직문화는 조직의 방향을 결정하고 존속하는 데 중요한 요인으로서 기능을 한다.

40. 조직문화의 기능으로 적절하지 않은 것은?

① 조직의 일체감과 정체성을 부여한다.
② 조직 구성원들의 일탈행동을 제도적으로 감시한다.
③ 조직의 안정성을 유지하는 데 도움을 준다.
④ 조직 구성원의 조직 몰입도 향상에 영향을 미친다.
⑤ 조직 구성원의 행동지침을 제공함으로써 개인의 내적 성숙을 촉진시킨다.

41. 조직문화를 표현하는 방식으로 상징물과 인공물, 의례와 의식, 이야기와 전설, 언어와 의사소통 등이 있다. 다음은 무엇에 관한 설명인가?

조직에서 업무를 처리해 가는 과정에서 모든 조직 구성원들이 규칙적으로 준수하는 행동, 절차, 양식 또는 관습을 말한다.

① 상징물　　　　　② 인공물　　　　　③ 의례와 의식
④ 이야기와 전설　　⑤ 언어와 의사소통

42. 경영전략의 유형으로 흔히 차별화, 원가 우위, 집중화 전략을 꼽을 수 있다. 다음 중 **차별화 전략**의 특징에 해당되지 않는 것을 모두 고르면?

> 가. 브랜드 강화를 위한 광고비용이 증가할 수 있다.
>
> 나. 견고한 유통망은 제품 차별화와 관계가 없다.
>
> 다. 차별화로 인한 규모의 경제 활용에 제약이 있을 수 있다.
>
> 라. 신규기업 진입에 대한 효과적인 억제가 어렵다.
>
> 마. 제품에 대한 소비자의 선호체계가 확연히 구분될 경우 효과적인 차별화가 가능하다.

① 가, 나 ② 나, 라 ③ 나, 다
④ 라, 마 ⑤ 다, 라

43. 다음은 기업에서 새로운 사업아이템에 대한 사업성 분석을 수행하기 위한 회의록이다. ㉠에 해당하는 것은?

〈회의록〉

일시	20XX년 ○○월 ○○일	장소	임원회의실
대상	A 상무, B 부장, C 과장, D 과장		
안건	신규 아이템 사업성 분석		
내용	A 상무 : 신규아이템에 대한 사업성 분석은 어떻습니까? B 부장 : 아이템 사업성 분석결과 기술상에서는 매우 뛰어난 것으로 파악되었습니다. 또한 최근 사회에서 요구하는 사회적 가치도 충분하게 갖추고 있는 것으로 나타났습니다. C 과장 : 원가 대비 가격 면에서도 충분한 가치가 있습니다. D 과장 : 그러나 (㉠) 부문에서는 다소 개선해야 할 부분이 존재하고 있습니다. 이를 보완하기 위해서는 소비자들이 호응을 일으켜 매출로 연결시킬 수 있는 방안이 요구됩니다.		

① 시장성 ② 수익성 ③ 혁신성
④ 공익성 ⑤ 기술성

44. 다음은 조직 건강도 조사 결과와 조직문화혁신 5단계에 대해 정리한 것이다. 글을 읽고 나타날 반응으로 적절하지 않은 것은?

직장인 563명을 대상으로 '조직 건강도'에 대한 조사한 결과, 스스로가 속한 조직이 건강하지 못한 것 같다고 평가하는 직장인은 66.6%였다. 이들은 '조직 건강도'를 해치는 근본적인 원인으로 '불명확한 업무 지시'(28%)와 '상명하복 구조의 권위적인 분위기'(27.2%)를 가장 큰 문제로 꼽았다. 이어 '사내 소통창구 부족'(19.2%), '불필요한 회의 및 과도한 보고'(10.1%), '습관화된 야근'(8.3%) 등이 뒤를 이었다.

(중략)

현재 기업문화 중 퇴출이 가장 시급한 것으로는 '소통 없는 일방적 업무 지시'(46%)를 1순위로 꼽았다. 위계질서에 입각한 권위적 문화가 현 시대의 기업 생태계와 조직원들에게 맞지 않는다고 생각하는 것이다. 다음으로 '습관적인 보여주기 식의 야근'(25%), '과도한 보고'(11.7%), '비효율적 회의'(10.8%)가 있었다.

한편, 직장인들이 이상적으로 생각하는 조직문화로는 '자유로운 의사소통이 가능한 수평적 문화'(33%)가 가장 많았고, '예측 가능한 규칙과 상식적인 가치를 지키는 안정적인 조직문화'(23.4%), '개개인의 역량을 중시하는 자율적인 조직문화'(21.5%) 등이 있었다.

〈조직문화혁신 5단계〉

Step 1. 조직문화의 개선항목을 선정하라. 먼저 성과창출과 직원행복을 가로막는 문제점을 찾아내고 이것을 범주화한다. 일하는 방식 혁신, 일과 삶의 균형, 사기진작과 동기부여, 부서 간 협업, 복지 등으로 범주화될 것이고 이것이 개선항목이다.

Step 2. 조직문화 개선과제를 선정하라. 개선과제 항목 중에서 가장 중요한 과제와 시급한 과제를 정리한다. 회의문화, 지시보고, 휴가사용, 공정한 평가 등 개선과제를 도출한다.

Step 3. 개선과제를 회사의 핵심가치와 연계하여 우선순위를 정하라. 예를 들어 회사의 핵심가치가 신뢰, 소통, 도전, 자율이라면 이에 해당되는 개선과제를 연결시킨다. 핵심가치와 연계해야 조직문화혁신 활동의 착수가 쉬워진다.

Step 4. 선정된 개선과제에 대한 제거할 것과 도입할 것을 찾아라. 제거할 것과 도입할 것은 동전의 양면으로 따라오게 하는 것이 기본이다. 여기에 동종업계나 비슷한 규모의 회사가 적용하는 방법이 있다면 도입을 검토할 수 있다.

Step 5. 구체적인 실행방안을 작성하라. 현업부서와 협력하여 실행방안을 만들어 CEO 보고 후 시행한다.

---

① 가장 빨리 개선해야 할 조직문화는 집단문화이군.

② 조직문화의 개선항목으로는 일방적이고 불명확한 업무 지시가 있었군.

③ 회사의 성과창출도 중요하지만 직원행복도 그만큼 중요한 것임을 알 수 있어.

④ 개선과제에 대한 제거할 부분과 도입할 부분을 결정해서 적용 방법도 검토해야겠어.

⑤ 개선과제를 선정할 때에는 회사의 핵심가치를 고려할 필요가 있겠어.

[45 ~ 46] 다음 자료를 보고 이어지는 질문에 답하시오.

인사팀 C 대리는 일부 수당 지급과 관련하여 다음과 같이 정리된 사항을 사내 게시판에 게시하는 작업을 수행하게 되었다.

〈수당 지급〉

• 자녀 학비 보조수당
 – 지급 대상 : 초등학교, 중학교 또는 고등학교 취학하는 자녀가 있는 직원(부부가 함께 근무하는 경우에는 한쪽에만 지급)
 – 지급 범위 및 지급액
 (범위) 수업료와 학교운영지원비(입학금은 제외)
 (지급액) 상한액 범위 내에서 공납금 납입영수증 또는 공납금 납입고지서에 기재된 학비를 전액 지급하며 상한액은 자녀 1명당 월 60만 원

• 육아휴직 수당
 – 지급 대상 : 만 8세 이하의 자녀를 양육하거나 임신 또는 출산하게 된 때로 30일 이상 휴직한 남, 여 직원
 – 지급액 : 휴직 개시일 현재 호봉 기준 월 봉급액의 40%
 (휴직 중) 총 지급액에서 15%에 해당하는 금액을 뺀 나머지 금액
  ※ 월 봉급액의 40%에 해당하는 금액이 100만 원을 초과하는 경우에는 100만 원을, 50만 원 미만일 경우에는 50만 원을 지급
 (복직 후) 총 지급액의 15%에 해당하는 금액
  ※ 복직하여 6개월 이상 계속하여 근무한 경우 7개월째 보수지급일에 지급함. 다만, 복직 후 6개월 경과 이전에 퇴직하는 경우에는 지급하지 않음.
 – 지급 기간 : 휴직일로부터 최초 1년 이내

• 위험근무 수당
 – 지급 대상 : 위험한 직무에 상시 종사하는 직원
 – 지급 기준
  1) 직무의 위험성은 각 부문과 등급별에서 정한 내용에 따름.
  2) 상시 종사란 공무원이 위험한 직무를 일정 기간 또는 계속 수행하는 것을 의미하므로 일시적 · 간헐적으로 위험한 직무에 종사하는 경우는 지급 대상에 포함될 수 없음.
  3) 직접 종사란 해당 부서 내에서도 업무분장상에 있는 위험한 작업 환경과 장소에 직접 노출되어 위험한 업무를 직접 수행하는 것을 의미
 – 지급 방법 : 실제 위험한 직무에 종사한 기간에 대하여 일할 계산하여 지급함.

45. 다음 중 수당 지급 기준을 잘못 이해한 것은?

① 위험한 직무에 3일간 근무한 것은 위험근무 수당 지급 대상이 되지 않는다.

② 육아휴직 수당은 휴직일로부터 최초 1년이 경과하면 지급받을 수 없다.

③ 자녀 학비 보조수당은 수업료와 입학금 등 정상적인 학업에 관한 일체의 비용이 포함된다.

④ 부부가 함께 근무해도 자녀 학비 보조수당은 부부 중 한쪽에게만 지급된다.

⑤ 각 부문과 등급별에서 직무의 위험성에 관해 정한 내용이 존재한다.

46. 월 봉급액 200만 원인 C 대리가 육아휴직을 사용하고자 한다. 다음 중 적절한 설명은?

① 3월 1일부로 복직을 하였다면 8월에 육아휴직 수당 잔여분을 받게 된다.

② 육아휴직 수당의 총 지급액은 100만 원이다.

③ 복직 후 3개월째에 퇴직을 할 경우, 휴가 중 지급받은 육아휴직 수당을 회사에 반환해야 한다.

④ 복직 후에 육아휴직 수당 총 지급액 중 12만 원을 지급받을 수 있다.

⑤ 위험근무 수당을 받고 있었다면 육아휴직 수당을 받을 수 없다.

47. 다음 중 인간의 본질에 관한 올바른 설명을 모두 고른 것은?

> ㄱ. 인간은 이성적 사고를 통해 사회화를 습득하고 사회적 규칙과 규범을 만들고 그 질서 속에서 살아간다.
>
> ㄴ. 인간이 사회적 존재라는 의미를 개인적 측면에서 보면 사회 구성원들 사이에 문화가 공유되고, 문화를 다음 세대에 전달함으로써 사회를 유지, 발현시키는 것을 의미한다.
>
> ㄷ. 인간은 유희적 존재인데, 유희는 목적을 가진 생산적 행위를 말한다.
>
> ㄹ. 인간은 문화적 존재인데, 이때 문화는 일시적인 현상에 의해 만들어진다.
>
> ㅁ. 윤리학이나 철학에서의 목적은 인간의 삶과 관련한 본질적인 문제다.

① ㄱ, ㅁ   ② ㄱ, ㄴ, ㅁ   ③ ㄴ, ㅁ
④ ㄴ, ㄹ, ㅁ   ⑤ ㄷ, ㄹ, ㅁ

48. 다음 중 근면의 의미와 가장 거리가 먼 사람은?

① 김마리 : 나는 조직의 구성원으로서 지금까지 많은 위기를 겪어왔지만, 위기를 겪어본 경험이야말로 돈으로 환산하지 못할 정도로 귀중한 자산이라고 생각해.

② 신덕만 : 사회생활을 하거나 조직생활을 할 때에는 참으로 많은 유혹과 위기가 찾아오기 마련인 것 같아. 그럴 때마다 나는 끊임없는 절제와 관리를 통해서 긍정적 의식을 향상시켜왔어.

③ 이도 : 나는 항상 멀리보고 생각하고, 계속적인 행동을 통해서 꾸준히 일을 추진해 왔어.

④ 김유신 : 나는 일을 하거나 조직생활을 할 때 한 치의 양심의 가책을 느끼지 않도록 매사 거짓이나 꾸밈없이 행동해왔어.

⑤ 서희 : 나는 근무시간에 개인적인 볼 일을 보지 않고 주어진 업무에 집중하여 최선을 다하는 태도를 가져왔어.

49. 다음의 기업들이 추구하는 경영활동의 주된 목적으로 가장 적절한 것은?

> – ○○신발회사의 '원 포 원(one for one) 정책'
>
>   : 신발 한 켤레를 구매할 때마다 빈곤층 아이들에게 신발 한 켤레를 기부하는 정책
>
> – △△음료회사의 '쓰레기마트 프로젝트'
>
>   : 배출되는 쓰레기들을 친환경 재생섬유로 재활용하기 위해 소비자가 빈 음료 캔이나 페트병을 가져오면 현금처럼 쓸 수 있는 포인트를 적립해주는 프로젝트
>
> – □□화장품회사의 '메이크업 유어 라이프(make-up your life) 캠페인'
>
>   : 항암 치료 과정에서 겪을 수 있는 갑작스러운 외모 변화로 고통 받는 환자들이 기존의 일상생활을 누릴 수 있도록 교육을 전수하는 캠페인

① 동종업계 경쟁사 벤치마킹 실시　　② 경제적 이윤 추구
③ 기업의 사회적 책임 수행　　　　④ 브랜드 충성도 강화
⑤ 주주 이익 실현

50. 다음을 통해 알 수 있는 플라톤의 직업관과 가장 관련 있는 것은?

> 　플라톤은 인간의 욕망은 다양하고 그 다양한 욕망을 충족시키기 위해 서로 반대되는 입장을 가진 구성원들 사이의 상호 협조를 위한 기구로서 국가가 필요하다고 주장했다. 또한 이를 위한 국가 내의 계급 간 분업과 전문화의 필요성을 역설했다. 그에 따르면 국가는 통치계급, 방위계급, 생산계급으로 이루어지며 이들은 각각 세 가지 덕망인 지혜, 용기, 절제에 해당된다. 즉, 통치계급으로서의 철인은 지혜를, 방위계급으로서의 군인은 용기를, 그리고 생산계급으로서의 서민은 절제를 각각 구현한다. 따라서 생산계급은 오직 생산만, 통치계급은 국가 통치만, 그리고 방위계급은 국가 수호에 맡은 바 임무에 따른 일에만 전념할 때 비로소 이상적인 국가가 유지되고 그 속에서 정의가 실현될 수 있다고 본다.

① 직업에는 귀천이 없으며, 직업을 가진 모든 인간은 동등한 대우를 받아야 한다.
② 직업은 도덕성의 유지 조건임과 동시에 생계를 유지하는 수단이다.
③ 직업은 욕구 충족의 수단이고 각 직업들끼리는 상호보완적이며 사회적 분업이 필요하다.
④ 정신노동은 육체노동보다 더 열등하므로, 계급에 따라 직업별로 차등을 둬야 한다.
⑤ 직업은 신이 각 사람에게 지정해준 것이며 신의 영광을 실현하는 수단이다.

NCS 3 기술능력[기술직]

51. 다음 글에서 사회기술 시스템의 발전이 시사하고 있는 바로 적절한 것은?

> • 기술 시스템은 인공물의 집합체만이 아니라 회사, 투자 회사, 법적 제도, 정치, 과학, 자연자원을 모두 포함하는 것이기 때문에 기술 시스템에는 기술적인 것(Technical)과 사회적인 것(Social)이 결합해서 공존하고 있다. 이러한 의미에서 기술 시스템은 사회기술 시스템(Sociotechnical system)이라고 불리기도 한다.
> • 기술 시스템은 경쟁 단계에서 기업가들의 역할이 더 중요하게 부상하며, 시스템이 공고해지면 자문 엔지니어와 금융전문가의 역할이 중요해진다.
> • 기술 시스템의 사회기술적 접근의 일례로 경비원 대신 폐쇄회로 시스템을 설치하여 관리를 용이하게 한 어느 박물관에서 수천 건에 달하는 침입 중 단지 5%만을 적발한 일이 있는데, 이는 경비원 간 상호작용을 무시한 설계로 소외와 단조로움을 유발한 것이 원인이라는 연구 결과가 있다.

① 사회기술 시스템은 기술만으로 완성되는 것이 아니다.
② 시회기술 시스템은 단계적인 발전을 거친다.
③ 사회기술 시스템은 기술과 사람의 혼합과 조정이 중요하다.
④ 기업가와 자금력은 사회기술 시스템의 핵심 요소이다.
⑤ 사회기술 시스템이 발전해도 과거의 모습은 유지해야 한다.

52. 다음은 글로벌 기술수준 향상으로 인한 지능정보 사회에 대하여 정부의 중장기 종합대책을 소개하고 있는 글이다. ㉠ ~ ㉤에 해당하는 설명이 아닌 것은?

> 자동화의 확대는 삶의 편의성과 안전성을 높일 수는 있으나 노동의 본질을 변화시키고, 사회를 양극화시키고, 해킹 등의 위협 요인을 내포하고 있다. 지능정보기술로 인한 경제·사회 변화에 잘 대응하면 근로시간 단축, 고부가가치 업무 확대, 기계를 통한 사회문제 해결 등 상당한 이점이 발생하지만 그렇지 못할 경우 기계의 일자리 대체에 따른 소득 수준 하락, 양극화 심화, 프라이버시 침해 등 심각한 사회 문제가 우려된다.
>
> 이러한 우려를 해소하고 소외계층 없이 국민 모두가 혜택을 누리는 안전한 지능정보사회를 구현하기 위해 정부는 변화하는 사회상을 반영한 교육·고용·복지 정책을 추진한다. 사회 분야의 전략 과제는 ㉠지능정보사회 미래교육 혁신, ㉡자동화와 고용 형태 다변화에 적극적 대응, ㉢지능정보사회에 대응한 사회안전망 강화, ㉣지능정보사회에 대비한 법제 정비 및 윤리 정립, ㉤사이버위협, AI 오작동 등 역기능 대응이다.

① ㉠ : 문제 해결 사고력 중심의 교육을 실현하기 위해 S/W 및 STEAM 교육을 강화하고 창의융합 선도학교를 확대한다.

② ㉡ : 주요 직종별 표준계약서 및 표준약관을 마련해 보급하고 중장기적으로 다양한 고용 형태를 포괄하는 새로운 근로기준법제 마련을 검토한다.

③ ㉢ : 사회보장제도 강화를 통한 국민생활 보장을 위해 실업급여 및 사회보험료 지원을 확대하고 기초생활보장 제도 및 기초연금을 점진적으로 확대한다.

④ ㉣ : 인간 중심 윤리 정립을 위해 지능정보기술 윤리 헌장을 제정하고, 인간중심 기술문화 확산에 힘쓴다.

⑤ ㉤ : 산업 지능화 촉진 법제를 정비해 인공지능 사고 시 책임을 명확히 하고, 인공지능 창작물의 권리를 보호한다.

53. 다음 글에서 토지 관리를 위한 지속가능한 기술의 선정 및 적용 사항으로 언급되지 않은 것은?

> A. 사실세계 혹은 가상공간 내 접속하거나 통제할 수 있는 최대 접속 수를 의미하는 것으로 이러한 경우에 이것은 기술적용의 기초가 되며 인공구조물의 최적 공간규모 또는 활동의 질을 보장할 수 있는 최소 공간규모를 나타낸다.
>
> B. 현재의 세대가 토지라는 활동의 장에서 향유하고 있는 편익을 다음 세대도 향유할 수 있도록 하는 지속가능요인이 상호작용을 유도하고 있는지를 판단하는 것이다. 삶의 터전이 되고 시각적으로 인지 가능한 토지요인의 보전·관리뿐만 아니라 바람, 대기 등의 보이지 않는 요인들도 보호·관리하는 생태공간을 이루기 위한 것이다.
>
> C. 도시화와 산업화에 기인하는 것으로 도시적 토지이용 및 관리는 꾸준히 증가하는 반면 친환경적 토지이용 및 관리는 지속적으로 줄어드는 경향을 나타내고 있으며 이것은 생태적인 토지 관리를 지향하는 기준을 의미한다.
>
> D. 도시적 용도의 토지부족, 높은 개발압력, 개발의 외연적 확산 등으로 인하여 토지 관리의 지속성을 저해하는 근본 원인으로 작용하며, 이는 토지 관리의 효율성 즉 투입 대비 산출을 바라볼 수 있는 기준으로 볼 수 있다.

① 물리적 수용능력 　　　　② 토지 관리의 생태성
③ 토지 관리의 효율성 　　　④ 토지 관리의 형평성
⑤ 토지 관리의 지속성

[54 ~ 55] 다음 공기청정기 사용설명서를 읽고 이어지는 질문에 답하시오.

〈참고 사항〉

- 필터를 끼우지 않고 공기청정기를 사용하면 점점 효과가 떨어집니다.
- 구입 초기에는 약간의 새 필터 냄새가 날 수 있습니다. 하루 이상 사용하면 자연적으로 없어지니 안심하고 사용하세요.
- 가동 시 창문이나 문을 가급적 닫아 주세요. 단 오랜 시간 문을 닫고 사용할 경우, 이산화탄소 농도가 올라갈 수 있으니 주기적으로 환기를 하여 사용하세요. 필터에서 냄새가 날 경우에는 환기를 하며 사용하시면 냄새가 줄어듭니다.
- 일산화탄소(CO)는 필터로 제거할 수 없는 유해가스로, 주로 실외에서 유입됩니다.
- 필터는 사용하는 환경에 따라 청소 및 교체시기가 달라질 수 있습니다.

〈일체형 필터〉

- 일체형 필터의 사용 및 교체는 반드시 필터의 비닐을 제거하고 사용해 주세요. 일체형 필터가 장착되지 않은 상태에서 제품 작동 시 바람 소리가 크게 들릴 수 있습니다. 제품 사용 시 일체형 필터를 꼭 장착해 주세요.
- 공기청정기의 탈취 기능은 공기를 필터에 순환시켜야 효과가 발생하므로 과다한 냄새가 발생할 경우 환기를 하여 제거해 주시고, 환기 후 남은 냄새를 한 번 더 제거하는 부가기능으로 공기청정기를 사용하시면 공기청정기의 성능을 높게 유지할 수 있습니다.
- 심한 냄새가 나는 음식 조리 시 공기청정기를 사용하게 되면 숯 탈취 필터의 수명이 급격히 떨어지며, 심한 경우 숯 탈취 필터에 냄새가 배어서 이후 사용 시 오히려 냄새가 날 수 있습니다.
- 필터 교체 알림 표시는 제품 가동시간을 고려해 최대 사용가능기간에 따라 점등됩니다. 따라서 사용 환경에 따라 필터 교체주기가 달라질 수 있습니다.
- 일체형 필터는 물로 세척하지 마시고, 평소 제품 사용 시에도 물에 닿지 않도록 주의해 주세요.
- 일체형 필터 교체주기는 1일 24시간 사용할 경우, 6개월에서 최장 1년까지 사용하실 수 있습니다. 하루 중 사용시간이 짧으면 더 오래 사용 가능합니다. 수명의 차이는 공기오염도 차이 때문이며 먼지가 많을수록 필터에 먼지가 쌓이므로 필터 수명이 단축됩니다.
- 멀티세이버(대진장치)를 사용할 경우에는 최대 2배까지 수명이 연장될 수 있습니다.
- 스마트먼지 항균 필터는 공기 중의 미세한 먼지 및 담배 연기 입자 등을 제거해 주는 고성능 필터입니다.
- 숯 탈취 필터는 화장실, 음식 냄새 등 생활 중에 발생하는 냄새를 효과적으로 제거해 주는 고성능 필터입니다.
- 주변 냄새가 일체형 필터에 배어 공기청정기 가동 시 냄새가 날 경우, 일체형 필터의 교체시기가 된 것이니 필터를 새것으로 교체해 주십시오.
- 무상보증기간이어도 사용 중에 발생한 필터 교체는 유상청구됩니다.
- 교체용 필터는 가까운 서비스센터에서 구입할 수 있습니다.

이상 현상	조치 방법
이상 소음 발생	• 작동 중 제품을 옮길 경우 소리가 날 수 있으니 전원을 꺼 주세요. • '지지직' 등의 소음은 멀티세이버가 오염되면 발생할 수 있으니 멀티세이버를 세척해 주세요. • 멀티세이버 세척 후에도 소리가 난다면 이온이 발생하는 중에 나오는 소리로 정상소음입니다. 이온발생기능을 끄고 싶다면 '닥터운전' 버튼을 누르세요.
청정도 표시 이상 (빨간색 점등 지속)	• 청정도 표시가 계속 빨간색으로 되어 있는 경우 센서부를 확인하여 이물질을 제거하세요. • 겨울철 초기 가동 시 온도 차이에 의해 센서 내부에 이슬 맺힘 현상이 발생하여 일시적으로 먼지 농도를 99(최고치)로 인식하여 빨간색으로 점등될 수 있습니다. 이런 경우 1~2시간 정지시킨 후 사용하세요.
(초)미세먼지 농도가 '좋음(9)'에서 변화가 없음	밀폐된 공간에서는 좋음 단계 표시가 지속될 수 있으니 창문을 열어 공기를 환기시켜 주세요.
풍량 변화 없음	풍량을 자동으로 설정해 주세요. 풍량이 강풍 / 약풍 / 미풍으로 설정되었거나 취침운전이 작동 중인 경우 자동으로 바람 세기가 바뀌지 않습니다.

청소부분	주기	청소 방법
극세필터	2주	먼지가 심하면 청소기로 큰 먼지를 먼저 제거한 후, 중성세제를 첨가한 미온수로 가볍게 씻어주시되, 솔 등으로 세척하지 마세요.
멀티세이버 (대진장치)	1개월	• 중성세제를 첨가한 미온수에 30분간 담가 놓은 후 깨끗한 물로 헹궈 주세요. • 멀티세이버가 오염되면 성능이 저하되고 소음이 날 수 있습니다. ※ 참고 : 카펫을 사용하거나 반려동물이 있는 곳, 옷가게 등과 같이 먼지가 많이 발생하는 경우는 더 자주 세척하는 것이 좋습니다. ※ 주의 : 멀티세이버 뒷면이 날카로워 손이 베일 우려가 있으니 조심하세요.
센서부	수시	• 먼지 / 가스센서 : 청소기를 이용하여 센서 주변부를 청소해 주세요. • 필터센서 : 초기 사용 및 일체형 필터 교체 시 면봉 또는 천으로 닦아 주세요.

54. 다음 중 공기청정기에 대한 설명으로 옳지 않은 것은?

① 생활 중에 발생하는 냄새를 제거해 주는 필터는 숯 탈취 필터이다.

② 멀티세이버가 오염되면 성능이 저하되고 이상 소음이 발생할 수 있으므로 3개월에 한 번씩 세척해 주어야 한다.

③ 튀김 요리를 하는 경우, 요리를 끝내고 환기를 한 후에 공기청정기를 사용해 주어야 청정 효과를 높게 유지할 수 있다.

④ 공기청정기의 탈취 기능은 공기를 필터에 순환시켜야 효과가 발생한다.

⑤ 주변 냄새가 일체형 필터에 배어 공기청정기 가동 시 냄새가 날 경우에는 필터를 새것으로 교체해야 한다.

55. 다음 〈보기〉 중 공기청정기에 대한 설명으로 옳은 것을 모두 고르면?

> **보기**
>
> ㉠ 기기에서 비정상적인 소리가 발생하여 멀티세이버를 세척하였는데도 소리가 그치지 않으면 서비스센터에 연락하여야 한다.
> ㉡ 일체형 필터를 물로 세척하면 안 되며, 제품 사용 중에도 물에 닿지 않도록 주의해야 한다.
> ㉢ 일산화탄소(CO)는 필터로 제거할 수 없는 유해가스로, 주로 실외에서 유입된다.
> ㉣ 먼지 및 가스센서는 청소기를 이용하여 3개월에 한 번씩 청소해 주어야 한다.

① ㉠, ㉡   ② ㉠, ㉢   ③ ㉡, ㉢

④ ㉡, ㉣   ⑤ ㉢, ㉣

직무 **1** **직무수행능력**

01 ~ 10

01. 신입사원 A는 다음을 바탕으로 지역난방의 효율성 사례에 대한 자료를 작성하고자 한다. 그 내용으로 옳지 않은 것은?

〈지역난방의 효과〉

- 경제적입니다.

  대규모 열생산시설에서 경제적으로 열을 생산하므로 저렴하고, 자체 열생산시설의 교체, 수선유지비 등도 절감됩니다.

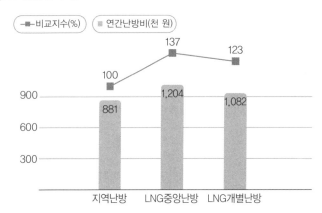

- 에너지를 절약합니다.

  전기만을 생산하던 기존의 일반발전설비와 달리, 전기와 열을 동시에 생산하는 열병합발전설비로 에너지 이용효율을 두 배로 높였습니다.

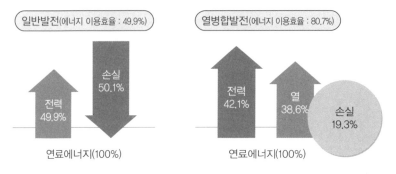

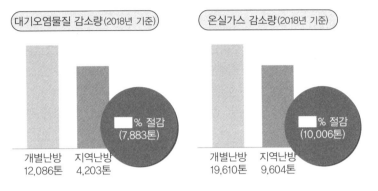

- **대기환경을 개선합니다.**

  연료사용량 절감 및 첨단오염방지설비 설치로 황산화물 등의 대기오염물질과 지구온난화 물질인 이산화탄소가 감소되었습니다.

대기오염물질 감소량(2018년 기준) | 온실가스 감소량(2018년 기준)

개별난방 12,086톤 / 지역난방 4,203톤 | ■% 절감 (7,883톤)

개별난방 19,610톤 / 지역난방 9,604톤 | ■% 절감 (10,006톤)

〈난방 유형별, 이용률별 비용 절감액〉

(단위 : 억 원)

난방유형	절감대상	이용률 20%	35%	40%
지역난방	에너지 소비비용	10,334	24,363	52,421
	CO_2 배출비용	526	1,240	2,668
	소계	10,860	25,603	55,089
LNG중앙난방	에너지 소비비용	12,516	26,460	54,347
	CO_2 배출비용	774	1,573	3,231
	소계	13,290	28,033	57,578

① 지역난방의 이용률이 20%이고 LNG중앙난방의 이용률이 35%일 때 에너지 소비비용 절감액과 CO_2 배출비용 절감액의 합은 4조 원을 초과한다.

② 연료사용량 절감 및 첨단오염방지설비 설치로 대기오염물질은 약 65%, 온실가스는 약 51% 감소하였다.

③ 일반발전의 손실에 비해 열병합발전의 손실은 30.8%p 낮다.

④ 이용률이 35%에서 40%로 증가함에 따른 CO_2 배출비용 절감액의 증가율은 지역난방이 LNG중앙난방에 비해 크다.

⑤ LNG중앙난방에 비해 LNG개별난방의 연간난방비는 약 10% 더 적다.

02. 다음 자료에 대한 이해로 가장 옳은 것은?

<산업보안 연구과제 공모 안내>

1. 과제공모 방법
    가. 참여대상
    - 국내외 대학(전문대 포함) 및 대학원(석/박사과정) 재학생으로 산업보안 관련 논문 작성이 가능한 자(전공제한 없음, 공동연구 가능)
    - 산업보안 관련 분야 종사자 및 관심 있는 자(학력제한 없음)
    나. 주요 공모과제 : 산업보안 법/제도, 정책, 교육, 관리, 기술 등 관련 자유주제
    다. 공모 방법
    - 온라인 : 홈페이지 공모 게시
    - 오프라인 : 유관기관에 공문 발송
    라. 신청방법 및 문의처 : 이메일을 통해 신청서 접수

2. 과제 운영 일정

단계	일시 및 기간	참고 사항
과제 공고	202X. 04. 01. (수)	연구 과제 홍보 및 공고
사전 설명회	1차 : 202X. 04. 10. (금) 17시 2차 : 202X. 04. 15. (수) 15시	과제 세부사항 설명
아이디어 제안서 제출(참가신청)	202X. 04. 02. (목) ~ 04. 30. (목) 18시까지	양식에 맞춰 아이디어 제안서 작성 후 제출
1차 선정	202X. 05. 07. (목)	서면 평가 후 선정
최종 발표 평가	202X. 05. 12. (화) ※ 서면심사를 통과한 제안서는 반드시 발표심사를 받아야 함(발표심사 불참 시 포기하는 것으로 간주).	평가 시간 추후 안내
최종 선정	202X. 05. 14. (목)	발표 평가 후 선정(최종 2팀)
과제 수행	202X. 05. 15. (금) ~ 07. 31. (금)	과제 수행 중 중간 점검, 결과 평가 등 상세 일정 추후 안내

① 산업보안 연구과제를 신청한 모든 이들은 최소 2번 이상의 심사를 받게 된다.
② 자유주제이므로 제한 없이 모든 주제와 관련하여 아이디어 제안서 제출이 가능하다.
③ 제시된 자료의 연구과제는 산업보안 관련 전공의 대학/대학원 재학생만 신청 가능하다.
④ 참여 신청은 온라인과 오프라인 두 가지 방법으로 가능하다.
⑤ 최종 선정된 두 팀은 과제 수행을 약 80여 일간 진행한다.

03. 〈표 1〉과 〈표 2〉를 참고하였을 때, 〈해외 출장계획〉에 따라 출장팀이 정산받을 출장비는 얼마인가?

〈표 1〉 직급별 1인당 여비지급 기준액

(단위 : 원)

구분	숙박비	일비	식비
부장 이상	60,000	30,000	35,000
과장 이하	50,000	20,000	30,000

〈표 2〉 교통비 정산 기준

구분	항공운임	자동차운임
부장 이상	200,000원	실비
과장 이하	200,000원	실비

1. 출장비＝숙박비＋일비＋식비＋교통비
2. 출장기간이 3박 4일이면 숙박비는 3박, 일비는 4일을 기준으로, 식비는 일을 기준으로 지급함.
3. 항공운임은 직급에 관계없이 왕복 기준 인당 200,000원을 지급함.
4. 자동차운임(자가용) 실비 지급은 연료비와 실제 통행료(유료도로 이용료)를 지급함.

$$\text{연료비(원)} = \frac{\text{여행거리(km)} \times \text{유가}}{\text{연비}}$$

〈해외 출장계획〉

구분	내용
출장팀	부장 2인, 과장 2인, 사원 2인
출장기간	2박 3일
교통수단	항공편으로 왕복 1회 이동, SUV 차량 1대로 거리는 총 500km 이동, 자동차 연비는 10km/L, 유가는 1,500원/L이었다.

※ 이번 출장 중 발생한 유료도로 통행료는 총 15,000원이었다.

① 1,920,000원 ② 2,560,000원 ③ 2,830,000원
④ 2,920,000원 ⑤ 3,140,000원

04. 다음 보도자료 내용을 바르게 이해한 것은?

보 도 자 료	제공일	20X9. 06. 24. (월)
한국지역난방공사 KOREA DISTRICT HEATING CORP.	자료 제공 (연락처)	홍보실 최홍보 과장 (031-XXX-XXXX)
	자료 문의 (연락처)	감사실 김감사 차장 (031-XXX-XXXX)

본 자료는 한국지역난방공사 홈페이지(www.kdhc.co.kr)에서 받으실 수 있습니다.

한국지역난방공사, 지역 음악축제와 함께하는
청렴나눔활동으로 청렴문화 확산에 앞장서
– 지역사회 청렴생태계 조성을 위해 20X9 파크콘서트 현장에서 활동 전개 –

한국지역난방공사(사장 황사장, 상임감사위원 황상임)는 지난 22일(토) 성남시 분당구에 위치한 중앙공원 야외공연장에서 열린 20X9 파크콘서트 현장에서 '지역주민과 함께하는 청렴캠페인'을 실시했다고 24일(월) 밝혔다. 이번 캠페인은 국민권익위원회 주관 부패방지시책평가에서 7년 연속 1등급 기관으로 선정된 한국지역난방공사가 지역사회에 청렴문화를 전파하고 지역주민과 함께 청렴생태계를 조성하기 위한 취지로 시행했다. 한국지역난방공사는 지역사회 문화 진흥기여 및 사회적 책임 이행을 위한 기업메세나의 일환으로 성남문화재단이 주최하는 파크콘서트를 지난 20X2년부터 지속 후원 중이며, 동 행사는 성남시를 대표하는 지역 음악축제로 자리매김했다. 도심 속 공원에서 국내 대표 뮤지션들의 공연을 만끽할 수 있는 '20X9 파크콘서트'는 오는 7월 6일까지 매주 토요일에 열린다. 공사 관계자는 "우리 공사는 파크콘서트 행사의 지속 후원과 더불어 청렴문화를 지역사회 전체에 전파하고 확산시켜 나가는데 선도적인 역할을 수행하겠다."라고 밝히며, "앞으로도 청렴이 기본이 되는 깨끗하고 공정한 사회구현을 위해 지역주민들과 지속적으로 협력하겠다."라고 청렴실천 의지를 강력히 표명했다. 한국지역난방공사는 청렴생태계 조성을 위한 그간의 노력을 인정받아 지난 20일 발표된 기획재정부의 상임감사에 대한 직무수행실적 평가결과 '우수' 등급을 받은 바 있다.

① 보도자료에 대한 문의는 홍보실의 최홍보 과장을 통해 할 수 있다.

② 24일 열린 20X9 파크콘서트 현장에서 '지역주민과 함께하는 청렴캠페인'이 실시되었다.

③ 파크콘서트는 성남문화재단이 주최하며 보도자료가 나간 시점까지 한국지역난방공사가 7년째 지속 후원 중이다.

④ 20X9 파크콘서트는 보도자료가 나간 이후로 2번 더 열릴 예정이다.

⑤ 이번 행사는 한국지역난방공사가 지역사회에 청렴문화를 전파시키는 선도적인 역할을 수행했음을 자축하는 취지로 진행되었다.

05. 다음 자료를 참고할 때 지급한 에너지 바우처 지원금액이 잘못된 것은? (단, 제시된 가구들은 모두 소득기준을 충족하고 있는 것으로 본다)

1. 에너지 바우처 신청대상 : 아래 소득기준과 가구원 특성 기준을 모두 충족하는 가구

구분	내용
소득기준	「국민기초생활보장법」에 따른 생계급여 또는 의료급여 수급자
가구원 특성기준*	(노인) 주민등록기준 1955. 12. 31. 이전 출생자(2020년 기준) (영유아) 주민등록기준 2015. 01. 01. 이후 출생자(2020년 기준) (장애인) 「장애인복지법」에 따라 등록한 장애인 (임산부) 임신 중이거나 분만 후 6개월 미만인 여성 (중증질환자) 「국민건강보험법 시행령」에 따른 중증질환자 (희귀질환자) 「국민건강보험법 시행령」에 따른 희귀질환자 (중증난치질환자) 「국민건강보험법 시행령」에 따른 중증난치질환자

※ 가구원의 경우 수급자(본인) 또는 세대원이 해당 기준에 부합될 때 가능하다.

2. 에너지 바우처 지원 제외 대상
   1) 보장시설 수급자 : 보장시설에서 생계급여를 지급받는 경우 제외 대상이나 생계급여를 지급받지 않는 일반 보호시설에 거주하고 있는 경우는 지원대상이 됨.
   2) 가구원 모두가 3개월 이상 장기 입원 중인 것이 확인된 수급자

3. 바우처 지원금액

구분	1등급(1인 가구)	2등급(2인 가구)	3등급(3인 가구)
하절기	5,000원	8,000원	11,500원
동절기	86,000원	120,000원	145,000원
계	91,000원	128,000원	156,500원

① 자동차 사고로 인해 3개월간 입원해 있는 「장애인복지법」에 따라 등록한 장애인 1인 가구가 동절기에 지급받은 금액 : 0원

② 1986년생 동갑 부부와 2017년생 자녀로 구성된 3인 가구가 하절기에 지급받은 금액 : 11,500원

③ 생후 3개월 자녀를 키우고 있는 부부가 동절기에 지급받은 금액 : 145,000원

④ 생계급여를 지급받지 않는 일반 보호시설에 거주하고 있는 1947년생 1인 가구가 동절기에 지급받은 금액 : 0원

⑤ 「국민건강보험법 시행령」에 따른 희귀질환자가 포함된 2인 가구가 하절기와 동절기에 지급받은 금액 : 128,000원

[06 ~ 07] 다음 자료를 읽고 이어지는 질문에 답하시오.

한국지역난방공사는 지난 18일 동절기를 맞아 에너지 취약계층을 대상으로 에너지 효율개선 사업을 시행했다. 지난 2017년부터 진행 중인 에너지 효율개선 사업은 에너지 비용부담이 큰 사회복지시설 및 일반 가구를 대상으로 창호, 단열 공사 등 에너지 사용환경 개선을 통해 에너지 취약계층의 삶의 질 향상을 지원해 주는 사업이다.

첫해는 에너지 취약가구 10곳, 2018년은 지역아동센터 4곳을 대상으로 시행한 데 이어, 올해에는 지역아동센터 3곳, 장애인이용시설 1곳을 대상으로 추진했다. 공사 관계자는 "(㉠   )"라고 밝혔다.

이러한 한국지역난방공사의 따뜻한 겨울나기를 위한 사업의 영향으로 경남, 제주 등의 지역에서도 '한파영향 지원사업'을 시행하고 있다. 경남 기후환경네트워크는 시·군 참여 의향조사와 지역별 한파 취약성 지수 등을 고려해 180가구를 선정했다. 시군에서 활동하고 있는 그린리더 또는 온실가스 진단 컨설턴트들이 대상 가구를 직접 찾아 한파 대응 행동 요령을 안내하고 맞춤형 단열 개선 서비스, 난방텐트와 이불 등 난방 물품을 지원했다. "기후변화에 민감한 취약계층에 대한 지원 사업을 지속적으로 추진하겠다."라는 입장이다.

제주에서도 사회복지공동모금회를 통해 '사회복지시설 월동난방비 지원 사업' 기탁금 전달식이 있었다. 사회복지공동모금회를 통해 기탁한 기부금으로 지역 내 취약계층이 한파에 대비할 수 있도록 난방비를 지원하고 있다. 지난 여름철에도 취약계층을 위해 연간 6억 원 규모의 전기요금을 지원했다. 이번 전달된 성금 2,000만 원은 월동난방비 지원사업 공모를 통해 선정된 45개의 도내 복지시설에 유류, 가스 등의 난방비로 사용된다.

한편 한국지역난방공사는 '세상에 온기를 전하는 행복에너지'라는 사회공헌 비전을 토대로 3대 핵심가치인 희망에너지·나눔에너지·녹색에너지 분야별 다양한 사회공헌사업 시행을 통해 사회적 책임을 적극 이행하고 있다.

06. 다음 중 글의 제목으로 적절한 것은?

① 주거취약계층에 난방비 선물
② 에너지 자립학교 보급을 위한 협력
③ 겨울철 한파에 취약한 어르신을 위한 한파 쉼터 운영
④ 에너지 이용 효율화 방안 추진
⑤ 에너지 취약계층을 위한 에너지 효율개선 사업 시행 물결

07. 제시된 글의 ㉠에 들어갈 내용으로 적절한 것은?

① 협력 기업에 실질적 도움이 될 수 있는 동반성장 프로그램을 발굴·운영해 동반성장을 이행할 계획이다.
② 내부적으로 장기사용 열수송관의 효율적인 유지보수 전략 수립을 위한 자체연구를 수행할 계획이다.
③ 새로운 친환경에너지를 개발하여 신에너지 사업의 기반을 만들 수 있을 것으로 예상한다.
④ 안전한 지역난방 사업 환경 구축을 위해 품질 및 안전 관련 핵심 성능에 대한 연구에 매진할 계획이다.
⑤ 친환경 에너지공기업으로서 에너지 취약계층을 대상으로 난방에너지 절감 및 에너지복지 향상에 지속 기여할 계획이다.

[08 ~ 09] 다음 자료를 읽고 이어지는 질문에 답하시오.

환경영향평가업자의 사업수행능력 세부평가기준

제1조(목적) 이 기준은 「환경영향평가법」(이하 "법"이라 한다) 제53조 및 같은 법 시행령(이하 "영"이라 한다) 제67조의3 제3항 별표4의2에 따라 환경영향평가서 등의 작성을 대행하고자 할 경우 환경영향평가업자 선정을 위한 사업수행능력 평가에 관한 세부기준을 정함을 목적으로 한다.

제2조(적용범위) 이 기준은 영 제67조의2부터 제67조의5까지의 규정에 따라 환경영향평가업자의 사업수행능력 평가, 낙찰자 결정 및 계약을 하는 경우에 적용한다.

제3조(참가자격 등) ① 환경영향평가서 등의 작성대행 용역을 발주하려고 하는 발주청은 법 제54조 및 영 제68조에 따라 환경영향평가업을 등록한 자가 참가하도록 하여야 하며, 다른 법률에서 정하는 업의 면허·허가·등록·신고 등의 요건을 추가하여 참가자격을 제한하여서는 아니 된다.
② 참여기술자에 대한 평가는 환경영향평가업에 등록된 기술인력으로 한다.

제4조(세부평가기준) ① 발주청은 별표의 사업수행능력 세부평가항목 및 배점을 참고하여 세부평가기준을 정하여야 한다.
② 발주청은 관계법령 등에서 규정하는 사항에 따라 필요하다고 인정하는 경우 별표의 평가요소별 배점을 ±20퍼센트 범위 내에서 조정할 수 있다.
③ 발주청은 제1항 및 제2항에 따라 세부평가기준을 정하는 경우에는 조정 내용 및 사유를 명확히 하여야 하며, 경력 및 실적 등 특정기준에 다른 내용을 추가하거나, 특정 항목을 배제하여서는 아니 된다.
④ 발주청은 특별한 사유가 없는 한 '공동계약운용요령(기획재정부 계약예규)' 등에서 정한 내용과 다르게 공동수급체 구성원 수를 제한하여서는 아니 된다.

제5조(세부평가기준 작성 절차) ① 발주청은 제4조에 따라 세부평가기준을 정하는 경우에는 다음 각 호의 절차에 따라야 한다.
　　가. 세부평가기준(안)을 작성한 후 그 내용을 최소 7일 이상 홈페이지 등을 통해 일반에 공개하여 의견수렴 과정을 거쳐야 한다. 이 경우 발주청은 환경영향평가기술자의 경력관리 등의 업무를 담당하는 법 제71조에 따라 설립된 환경영향평가협회에도 통보하여야 한다.
　　나. 의견수렴 과정을 거쳐 확정된 세부평가기준은 발주청 홈페이지 등을 통해 공고하여야 한다.
② 발주청은 공고된 세부평가기준을 변경하거나 당해용역의 특성을 고려하여 일시적으로 기준을 변경할 경우에도 제1항과 동일한 절차를 거쳐야 한다.
③ 특별시, 광역시, 특별자치시, 도, 특별자치도에서 정한 세부평가기준을 소속 자치단체가 그대로 준용하는 경우에는 제1항의 절차를 생략할 수 있다.

제6조(평가서류 확인) ① 발주청은 사업수행능력 평가 시 관련서류의 사본 또는 입찰참여업체가 작성한 서류를 활용하여 평가한 후 건설기술자 경력관리수탁기관, 현황관리기관, (사)환경영향평가협회 또는 발주청이 발행한 서류를 제출받아 관련내용의 진위여부 등을 확인할 수 있다.

② 발주청은 업무여유도 평가를 위해 참여업체로부터 제출받은 평가자료를 7일 이상 홈페이지 등을 통해 일반에 공개하고, 평가자료의 오류나 누락사항에 대한 의견을 수렴하여야 한다.

③ 발주청은 제2항에 따라 제시된 의견과 「건설기술진흥법 시행령」 제45조에 따른 건설기술용역실적관리시스템 또는 (사)환경영향평가협회 등을 통하여 진행 중인 용역의 참여기술자에 대한 오류, 누락사항 등을 확인하여야 한다. 다만, 법에 환경영향평가기술자의 근무경력등에 관한 기록의 관리 등을 위한 정보화시스템이 구축된 이후에는 동 시스템을 통해 확인한다.

④ 발주청은 제3항에 따라 확인결과 해당사항이 있을 경우 평가위원회에 보고하여야 한다. 이 경우 평가위원회는 해당 기술자의 업무여유도 평가점수를 0점 처리하여야 한다.

제7조(평가결과 공개) 발주청은 사업수행능력 평가 후 해당 용역업자에게 개별 점수를 통보하여야 한다.

제8조(이의제기) 사업수행능력평가서를 제출하여 평가결과에 이의가 있는 자는 「국가를 당사자로 하는 계약에 관한 법률」 제28조 또는 「지방자치단체를 당사자로 하는 계약에 관한 법률」 제34조에 근거하여 해당 발주청에 이의신청을 할 수 있다.

제9조(평가위원회 구성·운영) 발주청은 다음 각 목의 사항에 대해 심의하기 위하여 평가위원회(외부전문가를 포함 3인 이상으로 구성한다)를 구성·운영하여야 하며, 과반수 찬성으로 결정한다.

　　가. 평가서류의 오류 등에 대한 적용여부 등
　　나. 기타 발주청의 장이 필요하다고 판단되는 사항

제10조(낙찰자의 결정 및 계약) 계약방식 및 낙찰자 결정은 「국가를 당사자로 하는 계약에 관한 법률」 및 「지방자치단체를 당사자로 하는 계약에 관한 법률」 중 낙찰자 결정 및 계약에 관한 규정을 준용한다.

제11조(재검토 기한) 환경부장관은 「훈령·예규 등의 발령 및 관리에 관한 규정」에 따라 2020년 1월 1일을 기준으로 매 3년이 되는 시점(매 3년째의 12월 31일까지를 말한다)마다 그 타당성을 검토하여 개선 등의 조치를 하여야 한다.

환경부(국토환경정책과)

08. 위의 '환경영향평가업자의 사업수행능력 세부평가기준'에 대한 이해로 옳은 것을 모두 고르면?

> ⊙ 발주청은 「환경영향평가법」 제54조 및 영 제68조에 따라 환경영향평가업을 등록한 자가 참가하도록 하여야 하며, 다른 법률에서 정하는 기타 요건을 추가하여 참가자격을 제한해 서는 안 된다.
> ⊙ 발주청은 별표의 사업수행능력 세부평가항목 및 배점을 참고하여 세부평가기준을 정해야 하는데 별표의 평가요소별 배점을 조정하는 것은 불가능하다.
> ⊙ 발주청은 단순히 공고된 세부평가기준을 변경하거나 당해용역의 특성을 고려하여 일시적 으로 기준을 변경할 경우에는 홈페이지를 통해 일반에 공개하여 의견수렴 과정을 거쳐야 할 필요는 없다.
> ⊙ 법에 환경영향평가기술자의 근무경력 등에 관한 기록의 관리 등을 위한 정보화시스템이 구축된 경우라면, 업무여유도 평가를 위해 참여업체로부터 제출받은 평가자료에 대한 오 류나 누락사항에 대한 의견, 진행 중인 용역의 참여기술자에 대한 오류 및 누락사항 등을 동 시스템을 통해 확인할 수 있다.

① ⊙, ⊙   ② ⊙, ⊙   ③ ⊙, ⊙
④ ⊙, ⊙   ⑤ ⊙, ⊙

09. 한국지역난방공사의 양산지사장 A는 위의 '환경영향평가업자의 사업수행능력 세부평가기준'을 참고하여 '사후환경영향조사 용역 사업수행능력 세부평가기준'을 정하고자 한다. A의 지시 ⊙ ~ ⊙ 중 잘못된 것은?

> 〈상사의 지시 내용〉
>
> ⊙참여평가자의 자격 평가는 「환경영향평가법 시행령」 제67조의3 제3항 별표4에 따라 평가하되, 국가기술자격법 등의 다른 법률에서 정하는 면허 요건을 추가적인 참가자격 제한 사유로 정해서는 안 돼. ⊙세부 평가 기준을 정함에 있어서는 경력 및 실적 등의 평가요소를 환경영향평가법 제67조의3 제3항 별표4의2의 사업수행능력 세부평가항목 및 배점을 참고하여 정해야 해. ⊙우선 세부평가기준안을 작성한 후 그 내용을 7일 이상 홈페이지에 공개하여 의견수렴 과정을 거쳐야 하고, 별도로 환경영향평가협회에도 통보해야 할 거야. ⊙만약 세부 평가기준안을 새로이 작성하지 않고 양산시가 소속되어 있는 경상남도에서 정한 세부평가기준을 그대로 준용하게 되는 경우라 해도 이러한 홈페이지 공개 및 의견수렴, 통보 과정을 생략할 수는 없음을 주의해야 해. ⊙이렇게 의견수렴 과정을 거쳐 확정된 세부평가기준은 홈페이지를 통해 공고해야 할 거야.

① ⊙   ② ⊙   ③ ⊙
④ ⊙   ⑤ ⊙

10. 다음 안내문을 참고하여 보도자료를 작성할 때, 헤드라인으로 어울리지 않은 것은?

〈2022년도 공동주택 노후 난방배관 개체지원 안내〉

한국지역난방공사는 난방품질 개선과 에너지 이용 효율 향상을 위해 공동주택 노후 난방배관 개체지원을 시행합니다.

- 지원대상 : 한국지역난방공사와 계약된 고객(공동주택)으로서 장기수선계획에 의한 난방배관 개체 공사 예정 단지

  ※ 지역난방 열공급 개시 1년 이상 경과하고, 2022년도에 착공하여 준공하는 단지에 한함. 단, 임대주택은 지원대상에서 제외

- 지원범위 : 공동주택 2차측 공용 난방배관(횡주관 / 입상관), 보온재 및 부속기기*

  * 부속기기 : 밸브류(차압밸브, 차압유량조절밸브 등), 기수분리기(혹은 공기변), 압력게이지, 온도게이지 등

- 지원금 : 난방배관 개체 실공사비의 30%(세대당 40만 원 한도)

- 선정방법 : 개체지원 신청서 접수 순서를 우선순위로 하되, 제출 서류요건을 충족한 단지에 한하여 심의위원회에서 확정

- 신청접수 : 한국지역난방공사 홈페이지(www.kdhc.co.kr)

  고객행복마당 ⇨ 홍보마당 ⇨ 지원제도 ⇨ 난방배관 개체지원 ⇨ 신청하기

- 신청서류 : 개체지원신청서, 입주자대표회의 회의록(난방배관 개체 의결), 장기수선계획서, 난방배관 공사 설계내역서(설계업체 면허 포함)

  ※ 설계내역서 : 엔지니어링사업자(설비)로 신고된 업체 또는 기계설비공사업 면허소지 업체의 설계에 한함.

  − 지원금 신청서류는 지원 단지에 개별 안내 예정

- 신청기간 : 2021년 10월 1일 09:00 ∼ 10월 15일 18:00

- 발표일 : 2021년 11월 중 예정(개별공문 안내)

- 유의사항 : 지원 단지 선정 후, 신청 취소 시 공문을 송부해야 하며 해당 단지는 향후 2년간 지원 대상에서 제외됩니다.

  ☞ 문의처 : 한국지역난방공사 고객서비스처 고객설비효율화부 031) 8018−XXXX

---

① 한국지역난방공사, 난방품질 개선을 위해 공동주택 노후 난방배관 개체지원

② 한국지역난방공사, 세대당 40만 원 한도의 공동주택 노후 난방배관 지원사업 시행

③ 임대주택을 포함한 공동주택의 노후 난방배관 개체지원사업 시행

④ 한국지역난방공사 홈페이지에서 공동주택 노후 난방배관 개체지원을 위한 신청접수 시작

⑤ 10월 1일부터 15일간 공동주택 노후 난방배관 개체지원을 위한 신청 접수 진행

NCS 2   직업기초능력

01. 다음 글의 흐름에 따라 ㉠에 들어갈 단어로 적절하지 않은 것은?

> 섬유소를 많이 섭취하면 대장암 발병 가능성이 낮아진다. 섬유소는 대장의 내용물을 희석시키고 장을 통과하는 시간을 줄이며, 대변의 부피를 늘리는 작용을 한다. 대장암 예방을 위해 채소 섭취를 (㉠)하는 것은 이런 이유 때문이다.

① 장려   ② 조장   ③ 권유
④ 추천   ⑤ 권장

02. 다음 글의 ㉠ ~ ㉢ 대신 들어갈 단어로 알맞지 않은 것은?

> 이주자들이 타국에 와서 가장 먼저 하는 일은 자국 음식을 ㉠재현하는 것이다. 동포를 대상으로 한 식당을 열고, 현지에는 없는 ㉡고향의 식재료를 다루는 시장도 생긴다. 미국의 사회학자 클로드 피셔는 "음식을 섭취하는 것을 통해 주체성 관념을 ㉢구성할 뿐 아니라 그 개인을 한 사회집단 속으로 끌어들인다."라고 했다. 이주민들에게 음식이란 단순히 향수를 잊기 위한 것에 그치지 않는다. 그들의 정체성을 ㉣유지하는 수단이면서 동시에 생계 ㉤수단이 되는 것이다.

① ㉠ 재현(再現) → 재연(再演)   ② ㉡ 고향(故鄉) → 고토(故土)
③ ㉢ 구성(構成) → 형성(形成)   ④ ㉣ 유지(維持) → 지속(持續)
⑤ ㉤ 수단(手段) → 방법(方法)

03. 다음 글의 ㉠ ～ ㉤ 중 맥락상 어울리지 않는 어휘의 개수는?

> 서구에서 생산된 최신 이론이나 경향이 번역을 통해 확산되는 일은 시대마다 그 의미와 기능을 달리한다. 그러나 지금 우리에게 필요한 질문은 예술 담론이 번역되기 시작한 이래 30년이 지난 시점에서 우리가 이를 어떻게 받아들여야 하는가이다. 먼저 하나의 이론이 세계를 온전히 ㉠개괄하고 ㉡명징하게 해석할 수 있는지 물어야 한다. 총체적인 구조를 설명하는 거대 담론을 현실의 모든 원리에 적용할 수 없음을 우리는 이미 알고 있다. 특정한 지역 공동체가 ㉢축척한 역사와 조건, 맥락을 ㉣초연한 이론 대신 각각의 지역성에 ㉤기반한 특정 이론들만이 존재할 수 있다.

① 1개   ② 2개   ③ 3개
④ 4개   ⑤ 5개

04. 다음의 ㉠ ～ ㉣ 중 어문규정에 어긋나는 것은?

> • 서쪽 하늘에서 ㉠하늬바람이 불어온다.
> • 명절을 맞이하여 온 가족이 옷 ㉡한벌씩 장만하였다.
> • 그는 소식을 전해 듣고 ㉢씁슬한 웃음을 지었다.
> • 이것은 책㉣이요, 저것은 붓이요, 또 저것은 먹이다.

① ㉠, ㉡   ② ㉠, ㉢   ③ ㉡, ㉢
④ ㉡, ㉣   ⑤ ㉢, ㉣

05. 다음 중 빈칸 ㉠에 들어갈 적절한 내용은?

> 일반 소비자들이 기업과 상품에 대해 어떻게 인지하고 있는가 하는 것은 기업 경영 차원에서 매우 중요하다. 우리나라에는 '하나를 보면 열을 안다'는 속담이 있다. 좀 더 학문적인 표현으로는 환원주의(Reductionism)라고 할 수 있다. 각 부분에는 전체가 축약돼 있다는 논리이다. 얼핏 보기에는 하찮은 것처럼 보이는 것도 소비자들은 그러한 세세한 것에서 기업의 전체 이미지를 확대 해석해 보게 된다. 그리고 이러한 이미지는 상품 구입에 영향을 미친다.
>
> 예를 들면, 고객은 식당의 화장실이 더러우면 그 식당의 주방에 들어가 보지는 못했지만 주방 역시 더러울 것이라고 짐작하게 된다. 따라서 그 고객은 그 식당 출입을 자제하게 될 것이다. 또한 어떤 회사에 전화를 걸었을 때 전화를 받는 직원의 말은 그 회사에 대한 전체적인 이미지를 형성할 수도 있다. 낯선 나라에 방문한 외국인은 이동 중 탄 택시 운전사의 행태를 보고 그 나라의 전체적 이미지를 갖게 될 수도 있다.
>
> (㉠   ) 더구나 한 고객의 조그만 불평은 인터넷을 통해 많은 사람에게 쉽게 퍼지고 조그만 불평에 동조한 사람들의 반복되는 댓글을 통해 불평의 강도가 훨씬 증폭된다. 예를 들면, 상품에 하자를 느낀 고객이 회사에 전화를 걸어 불만을 토로했는데 이에 대한 직원의 응답이 매우 거만하고 불친절해서 화가 난 고객이 이를 녹음해 인터넷에 유포하였다고 생각해 보자. 일파만파 퍼진 녹음 내용 때문에 손상된 기업 이미지를 다시 복구하기는 거의 불가능에 가깝다. 이처럼 한 조직의 총체적인 위기는 조그만 실수와 방치에서 비롯되는 법이다.

① 하지만 작은 실수는 쉽게 고칠 수 있다.

② 이와 같이 고객은 항상 기업에 불만을 갖게 마련이다.

③ 이러한 사실들로 미루어 보아 기업은 위기관리에 끊임없이 힘써야 한다.

④ 따라서 기업은 세세한 것에 신경을 쓰지 않으면 안 된다.

⑤ 그러므로 기업은 문제가 발생하였을 시 외부에 알려지지 않도록 막아야 한다.

[06 ~ 07] 다음 글을 읽고 이어지는 질문에 답하시오.

> 스페인의 바르셀로나 하면 많은 사람들이 가우디를 떠올린다. 도시 자체가 한 건축가의 이름으로 등식을 성립하는 특이한 경우이다. 가우디가 제자들에게 남긴 중요한 말 중에 다음과 같은 것이 있다. "사실 인간은 아무것도 창조하지 않는다. 단지 발견할 뿐이다. 새로운 창조를 위해 질서를 갈구하는 건축가는 ㉠신의 업적을 모방함에 다름 아니다. 그리고 독창성은 창조의 근원에 가능한 가까이 다가가는 것이다."

인간이 아무리 과학과 기술을 통해 기발한 것을 만들 수 있다 할지라도 그것의 바탕이 되는 재료는 항상 ⓛ자연으로부터 온다. 공기나 빛, 광물 등 세상에 존재하는 ⓒ자원들 모두 인간이 무에서 창조한 것은 없다. 창조의 주체는 조물주인 자연일 뿐이다. 또한 자연에는 무수히 상호 작용하는 관계성이 존재한다. 식물의 광합성이나 먹이사슬에 있어서 어느 하나의 기능이 다른 것들의 존재를 성립하게 하고 그것들의 복합적인 체계로 자연은 이루어져 있다.

가우디는 그러한 관계성의 차원을 한 단계 확장하고 자연의 요소들을 표현이 아닌 원리적으로 활용함으로써 이전에 존재하지 않던 새로운 가능성을 모색하고자 하였다. 가우디가 1914년에 완성한 구엘 공원 한쪽 언덕 하부를 들어내 열주로 떠받친 산책로를 보면, 마치 ⓔ나무줄기같이 기울어진 기둥들은 공원 내 도로를 내기 위해 파쇄한 쓸모없는 돌들을 사용하여 만들어졌음을 알 수 있다. 기둥 상부에는 주변에 자라고 있던 야자수를 심고 돌기둥 위에 놓인 뿌리가 썩는 것을 방지하기 위해 기둥 안으로는 물이 흐르게끔 만들었다. 지면으로부터 나온 돌을 인간의 지혜를 활용하여 건축함으로써 야자수가 자라는 자연의 일부로 다시 환원시킨 것이다.

조경과 건축의 구분이 의미 없고 ⓜ땅 자체가 건축인 구엘 공원의 구석구석이 이러한 가우디의 생각을 바탕으로 만들어졌다. 건축을 자연과 조화시키는 그의 방식과 디자인을 자연으로부터 차용한 방식을 보고 종종 '아르누보' 건축가라고 말하는 사람이 있으나 이는 잘못된 것이다. 아르누보 건축은 식물이나 동물의 표면적 형태를 모티프로 장식화하는 것에 비해, 가우디의 건축은 눈에 보이는 것을 넘어 그 속에 내재된 질서를 자연에 근접시키고자 하였다. 자연을 담고자 하는 그의 수법은 그것을 이론이나 공식으로 파악하는 과학자라기보다 직관에 의해 파악하고 직접 손으로 만들어내는 장인에 가깝다. 그것은 필연적으로 감각에 의존하게 되고 수많은 실패를 통해서만 습득이 가능한 것이다.

06. 윗글의 중심 주제로 적절한 것은?

① 건축가 가우디의 일생
② 자연물을 활용하는 건축의 아름다움
③ 우수한 건축, 구엘 공원의 사례
④ 자연의 원리를 따르는 자연 그 자체의 건축
⑤ 건축물과 자연물의 조화

07. 윗글의 ⓛ ~ ⓜ 중 의미가 가장 이질적인 단어는?

① ⓛ
② ⓛ
③ ⓒ
④ ⓔ
⑤ ⓜ

[08 ~ 09] 다음 글을 읽고 이어지는 질문에 답하시오.

일제의 식민지 침탈, 6.25전쟁 등으로 우리나라의 산업 설비는 하나도 남지 않았다. 미국의 원조 없이는 국민 경제를 지탱해 나갈 수 없었으며 국민들의 생활은 피폐해졌다. 이러한 상황에서 정부는 자립 경제의 기반 구축을 기본 목표로 하는 제1차 경제개발 5개년 계획을 수립하였다. 경제개발 5개년 계획의 주목표는 농업생산력 증대, 기간산업 확충과 사회간접자본 충족, 수출증대 등이었다. 이를 실천하기 위해 정부는 1964년 9월 14일 수출산업에 사용하는 공업단지를 조성·운영하여 수출산업의 획기적인 발전을 도모하기 위하여 「수출공업단지개발조성법」을 제정하는 등 행정적 지원책을 총동원하였다. 이와 같은 정부 정책에 힘입어 1967년 지금의 구로구 구로 3동 지역에 우리나라 최초의 내륙 공업 단지인 구로수출산업공업단지가 들어서게 되었다.

1967년 4월 1일 꽃샘추위가 한창이던 이날 오전 11시 구로동 공업단지 내 한국 수출산업공단 본부 광장에 많은 사람들이 모였다. 박정희 대통령을 비롯해 정부각료 및 산업계 주요 인사들이 참석한 가운데 수출산업공업단지 준공식이 열렸다. 박정희 대통령은 이날 축사에서 "허허벌판을 불도저로 밀어붙인다고 수출 공장이 되겠냐며 의심한 사람도 많았지만 우리는 결국 해냈다. 정부는 이 단지에 25개 공장이 더 들어설 수 있도록 확장할 계획"이라고 밝혔다. 이렇게 구로공단은 탄생하였으며 정식 명칭은 한국수출산업공업 제1단지였다.

구로지역은 여러 면에서 입지 조건이 뛰어났다. 자연적으로 점토질의 구릉과 평탄지로 공단 조성에 매우 유리했을 뿐만 아니라, 영등포에서 안양을 거쳐 수원으로 가는 국도가 (㉠)해 있고, 영등포역과는 약 5km, 인천항까지는 약 25km 정도 떨어져 있었기 때문에 원료나 부자재 운반 수송에 용이한 지리적 입지 조건을 갖추고 있었다. 또한 안양천과 도림천이 인접해 있어 공업용수 공급을 위한 취수장 설치가 용이했으며 서울 중심부에 위치한 까닭에 조성 공사에 필요한 노동력 확보도 어렵지 않았다. 유리한 입지 조건 때문에 구로공단은 조성되자마자 비약적인 발전을 이루었다. 제1단지 공사가 완공돼 기업체유치, 공장건설, 수출 등이 원활하게 이루어지자 공단에 입주하겠다는 희망 업체들이 늘어났다. 이에 1단지 인접 지역인 구로구 가리봉동 일대 약 360,000m²에 제2단지를 새로 조성하였고 다시 1970년 5월 현재의 구로구 가리봉동과 경기도 철산리 일대에 약 1,000,000m²에 제3단지를 조성하면서 한국 최대의 공업 단지가 되었다. 구로공단에 입주한 업체들로는 의류, 봉제제품이 가장 많았으며 그 다음은 전자, 음향기기, 전기, 광학기기 등의 순이었다. 이렇게 만들어진 제품들은 산업단지 안에 있는 수출의 다리를 건너 해외로 팔려나갔다. 수출의 다리는 서울시 금천구 가산동에 있는 고가도로로, 일대가 구로공단으로 불리던 시절에 붙여진 이름이다.

1966년 12월 동남전기가 공단에 입주한 업체 중 최초로 139,893달러의 트랜지스터 라디오와 텔레비전 수상기를 일본으로 수출하였다. 이를 시작으로 구로공단은 1971년 수출 1억 달러를 돌파한 이후, 1980년에는 수출 18.7억 달러를 기록하였다. 1977년 국가수출 100억 달러 달성 시 구로공단에서만 11억 달러의 수출을 달성하는 (㉡)을/를 토했다. 1970년대 중반 정부의 중화학공업 육성 정책에 따라 섬유·봉제 산업과 같은 경공업 대신 전기·전자·기계·석유화학 등 중화학공업 제품이 공단의 주력 품목으로 바뀌기는 했지만, 구로공단은 국가 수출의 10%를 점유할 만큼 우리나라 수출의 전진 기지로서 그 역할을 충실히 했다.

08. 제시된 글을 통해 알 수 있는 구로공단의 역사로 적절하지 않은 것은?

① 구로수출산업공업단지는 국내 최초의 대규모 공업단지이다.

② 「수출공업단지개발조성법」은 공업 단지 조성을 위한 적극적인 정부 지원방안이었다.

③ 구로수출산업공업단지의 정식 명칭은 '한국수출산업공업 제1단지'였다.

④ 주요 거점지역 및 공업용수와의 지리적 접근성이 매우 뛰어나 빠르게 발전하였다.

⑤ 의류, 봉제제품을 가장 많이 생산하였으며 전자, 음향기기 업체도 많이 입주하였다.

09. 과 에 들어가기 적절한 표현을 순서대로 연결한 것은?

㉠	㉡		㉠	㉡		㉠	㉡
① 인접	기세		② 접근	기세		③ 인접	강세
④ 접근	기염		⑤ 인접	기염			

[10 ~ 11] 다음 글을 읽고 이어지는 질문에 답하시오.

　　노화는 직접적인 질병은 아니지만 질병에 걸리는 위험을 증가하게 하는 특징이 있다. 노화가 어느 정도 진행되면 사망에 이르게 되기 때문에 과학자들은 생명공학기술(BT)을 이용해 늙음의 원인을 밝히려는 노력을 지금까지 계속하고 있다. 생명과학자들의 연구에 따르면, 사람에게 설계된 수명은 약 120년이다. 염색체 끝부분에 달린 텔로미어(Telomere, 말단소체)가 세포분열을 거듭할수록 점점 짧아지는데, 사람의 경우 120년 정도면 더 이상 세포분열을 할 수 없게 되기 때문이다. 세계적으로도 120세 넘게 장수한 사람은 손가락으로 꼽을 정도다.

　　그럼 ㉠사람의 노화는 언제부터 시작될까. 보통 26세부터 시작돼 신체나이 38세에 이르렀을 때 가장 빠르게 진행되는 것으로 알려져 있다. 이는 미국 듀크대의 댄 벨스키 교수팀이 1972 ～ 1973년에 태어난 성인 954명을 대상으로 텔로미어, 장, 간, 폐, 콜레스테롤 수치, 심폐기능 등 총 18가지 항목을 조사한 연구에서 나타난 결과다.

　　그런데 지난 12월 5일 미국 스탠퍼드대 연구진은 인간이 80세 이상을 산다고 할 때 34세, 60세, 78세에 노화가 촉진된다는 연구 논문을 과학학술지 '네이처 메디신'에 발표했다. 일생에 걸쳐 꾸준히 늙어가는 것이 아니라 총 3번의 '노화 부스터'를 겪으며 각 시점마다 급속도로 늙어버린다는 것이다. 이들의 연구를 통해 '노인으로 들어선다'는 의미의 나이인 60세 환갑의 과학적 증거도 확보하게 된 셈이다.

　　스탠퍼드대 연구진은 이런 결과를 어떻게 얻은 것일까. 먼저 연구진은 18 ～ 95세의 4,263명을 대상으로 혈장단백질 실험을 진행했다. 이들의 혈액에서 액체 성분인 혈장을 분리한 뒤 여기에서 3,000가지의 혈장단백질을 분석하였고 그 결과 총 3,000가지의 혈장단백질 가운데 1,379가지의 단백질이 나이가 들면서 수치가 달라진다는 사실을 알게 됐다. 연구진은 이것이 노화의 단서일 것이라고 확신했다.

　　이후 연구진은 이 단백질 수치를 토대로 '노화 그래프'를 그렸다. 그러자 그래프는 선형 곡선이 아닌 3개의 뚜렷한 변곡점을 형성하는 식으로 그려졌다. 즉, 34세, 60세, 78세에 변화가 두드러지게 나타났음을 확인한 것이다. 이렇게 급격하게 달라지는 단백질 수치는 생체활동의 변화를 초래할 가능성이 크다는 게 연구진의 설명이다.

　　이번 연구를 이끈 미국 스탠퍼드대 신경과학자 토니 와이스-코레이(Tony Wyss-Coray) 교수에 따르면, 나이는 매년 한 살씩 점차적으로 먹기 때문에 이 연구를 처음 시작할 때는 당연히 노화도 상대적으로 서서히 진행될 것이라고 생각했다고 한다. 그런데 실제 나타난 결과는 예상을 뒤엎고 완전히 달랐다는 것이다.

　　특히 연구진은 34세쯤에 노화 관련 단백질 수치가 갑자기 확 올라가는 것을 확인하고 놀라움을 금치 못했다. 왜 이런 변화가 일어나는지에 대해서는 그들도 아직 의문이다. 단백질 수치의 변화가 노화의 결과로 나타난 것인지 아니면 노화 자체의 원인인지 확실하지 않다는 것이다. 이 문제는 추가 연구를 통해 밝혀질 것으로 보인다. 단, 와이스-코레이 교수는 '혈액 속 단백질 대부분은 다른 장기 조직에서 옮겨진 것'이라고 설명하고 있다. 이는 노화한 단백질의 근원지가 신장이라면 신장이 늙고 있다는 것을 의미한다.

10. ㈀에 대해 언급한 내용으로 적절하지 않은 것은?

① 노화는 직접적인 질병은 아니지만 질병 위험을 높이는 인자로 작용할 수 있다.

② 세포분열로 텔로미어가 짧아지기 때문에 생물학적으로 사람에게 설계된 최장 수명은 120년이다.

③ 댄 벨스키 교수팀은 노화에 대한 통념과 다른 총 '3번의 노화 부스터'가 존재한다고 발표하였다.

④ 스탠퍼드대 연구진은 18 ∼ 95세의 4,263명을 대상으로 총 3,000가지의 혈장단백질 실험을 진행하였다.

⑤ 스탠퍼드대 연구진의 연구결과는 60세 환갑의 '노인으로 들어선다'는 의미를 과학적으로 뒷받침한다.

11. 제시된 글에서 나타난 스탠퍼드대 연구진의 실험 가설과 실험 결과로 가장 적절한 것은?

	실험 가설	실험 결과
①	사람에게 설계된 수명은 약 120년이다.	34세, 60세, 78세 각 시점마다 노화가 급속도로 촉진된다.
②	나이에 따라 노화도 서서히 진행될 것이다.	34세, 60세, 78세 각 시점마다 노화가 급속도로 촉진된다.
③	급격하게 달라지는 단백질 수치는 생체활동의 변화를 초래할 가능성이 크다.	34세, 60세, 78세 각 시점마다 노화가 급속도로 촉진된다.
④	나이에 따라 노화도 서서히 진행될 것이다.	혈액 속 단백질 대부분은 다른 장기 조직에서 옮겨진 것이다.
⑤	급격하게 달라지는 단백질 수치는 생체활동의 변화를 초래할 가능성이 크다.	혈액 속 단백질 대부분은 다른 장기 조직에서 옮겨진 것이다.

12. AA 기업의 김 사원은 회사로부터 $\frac{2}{3}$km 떨어진 거래처와의 미팅을 위해 회사에서 출발하여 4km/h의 속력으로 거래처를 향해 걸어갔다. 잠시 후 박 사원은 김 사원이 중요한 서류를 두고 갔다는 사실을 알게 되어 김 사원이 회사를 출발한 지 6분 뒤부터 김 사원을 향해 뛰어갔다. 이때 김 사원이 거래처에 도착하기 전에 박 사원이 따라잡을 수 있는 최소 속력은 얼마인가?

① 8km/h　　　　　② 10km/h　　　　　③ 12km/h

④ 14km/h　　　　　⑤ 16km/h

13. X 도시에서 경쟁사인 A 기업과 B 기업은 상품 Y를 같은 가격에 판매한다. 지난달 상품 Y로 6,000만 원의 이익을 얻은 A 기업은 이번 달부터 상품 Y의 가격을 8천 원 인하하기로 결정했다. 다음과 같은 〈조건〉이 성립할 때, 이번 달 A 기업이 상품 Y를 통해 얻을 이익은 얼마인가? (단, 가격 변동 이후 한 달간은 가격을 변동하지 않는다)

조건

- 상품 Y의 정가는 30,000원, 원가는 20,000원으로 두 기업 모두 동일하다.
- A 기업이 Y의 판매가격을 M원 낮추면, 그 즉시 B 기업은 Y의 판매가격을 0.5M원 낮춘다.
- X 도시에서의 상품 Y의 판매량에 관해 다음 비례식이 성립한다.
  (A 기업의 상품 Y 판매량) : (B 기업의 상품 Y 판매량) = (B 기업의 Y 판매가격) : (A 기업의 Y 판매가격)
- X 도시에서는 매달 일정한 양의 Y가 소비되며, Y의 공급자는 A 기업과 B 기업뿐이다.

---

① 1,300만 원　　　　　② 1,700만 원　　　　　③ 2,100만 원

④ 2,500만 원　　　　　⑤ 2,900만 원

14. 다음은 AA 기업 내 사원 30명의 이번 달 인사고과 평가점수에 대한 도수분포표이다. 평균이 77일 때, 분산은?

점수 분포	50점 초과 60점 이하	60점 초과 70점 이하	70점 초과 80점 이하	80점 초과 90점 이하	90점 초과 100점 이하
사원 수(명)	3	5	9	?	?

① 124   ② 127   ③ 130

④ 133   ⑤ 136

15. 다음 자료에 대한 해석으로 옳지 않은 것은?

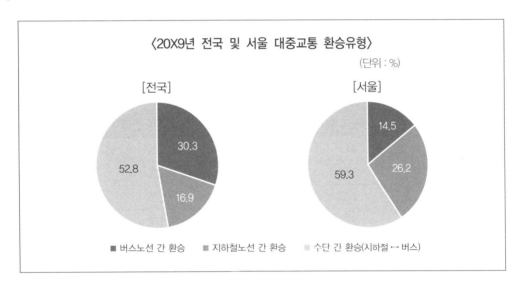

① 서울에서 지하철을 탄 사람이 서울에서 환승을 할 때 다시 지하철로 환승할 확률은 30% 이하 이다.

② 지하철이 없는 도시 내에서만 조사를 한다면 버스노선 간 환승 비율은 100%이다.

③ 서울 내에서 버스노선 간 환승 비율은 전국에서 버스노선 간 환승 비율보다 낮다.

④ 우리나라에서 환승을 한 번만 한 사람은 52.8%의 확률로 버스와 지하철을 모두 이용했다.

⑤ 서울 내에서만 환승을 두 번 한 사람이 버스만 이용했을 확률은 약 2.1%이다.

16. 다음은 AA 기업의 물품 X의 총수출액 및 총수출물량과 주요 해외기업으로의 수출액 및 수출물량을 비교한 자료이다. 이에 대한 해석으로 옳은 것은?

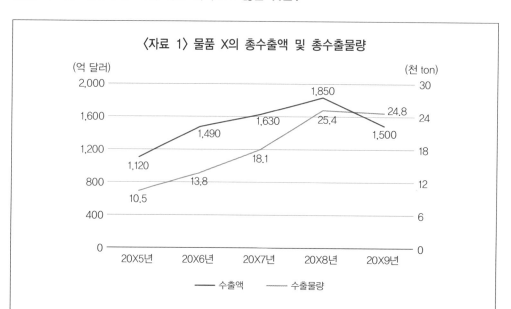

〈자료 1〉 물품 X의 총수출액 및 총수출물량

〈자료 2〉 주요 해외기업으로의 물품 X의 수출액과 수출물량

구분	20X8년		20X9년	
	수출액(억 달러)	수출물량(천 ton)	수출액(억 달러)	수출물량(천 ton)
A사	443	5.81	287	4.57
B사	389	5.5	420	7.53
C사	278	4.31	269	5.16
D사	148	2.03	166	2.83
E사	93	0.96	106	1.65

① 총수출액이 최대인 해에 총수출물량 1ton당 총수출액은 약 72.8만 달러이다.

② 총수출물량은 매해 전년 대비 30% 이상 증가하다가 20X9년에는 전년 대비 5% 감소했다.

③ 20X9년 AA 기업의 물품 X를 수입하는 모든 해외기업 중 A사만이 전년 대비 수출액이 30% 이상 감소하였다.

④ 5개의 주요 해외기업 중 20X8년 수출물량 1ton당 수출액이 가장 낮은 기업은 C사이다.

⑤ 총수출물량의 20% 이상의 수출물량을 기록하는 기업은 20X8년에는 A사와 B사, 20X9년에는 B사뿐이다.

17. 다음 자료에 대한 해석으로 옳은 것은?

〈202X년 소득계층별 생활용품 필요 응답 비율〉

(단위 : %)

구분	전체	수급계층	저소득계층	일반계층
디지털TV	80.6	64	68.2	81.9
디지털방송 수신기	65.5	51.6	52.1	66.7
유선방송 또는 위성방송	78.3	77.7	75.2	78.5
세탁기	95.2	93.2	91.5	95.5
전자레인지 (가스, 오븐 포함)	80	69.1	61.4	81.4
김치냉장고	69.9	42.2	53.4	71.7
정수기(생수 구입 포함)	52.8	22.1	23.3	55.4
진공청소기	77.6	44.2	46.5	80.4
컴퓨터(노트북) 및 인터넷 유, 무선연결	64.4	25.6	17.1	68.2
에어컨	64.5	30.3	29.1	67.6
자동차	62.2	12.6	9.6	66.7
스마트폰	78.9	40.7	31.8	82.7
스마트폰을 제외한 휴대폰	20.3	49.1	56.5	17.4

※ 저소득계층에는 차상위계층이 포함됨.

① 모든 생활용품 항목에서 일반계층이 다른 계층들에 비해 필요 응답 비율이 높았다.

② 응답에 참여한 수급계층은 전체 응답자의 10% 이상을 차지한다.

③ 김치냉장고를 제외한 나머지 생활용품 항목에서 수급계층과 저소득계층의 필요 응답 비율 차이는 9%p 미만이다.

④ 일반계층을 제외한 계층의 자동차 필요 응답 비율은 22.2%이다.

⑤ 전체 계층에서 필요 응답 비율이 다섯 번째로 높은 생활용품 항목은 진공청소기다.

[18 ~ 19] 다음은 지역난방공사의 열요금표이다. 이어지는 질문에 답하시오.

구분	계약종별	용도	기본요금	사용요금	
온수	주택용	난방용	계약면적 m²당 52.40원	단일요금 : Mcal당 64.35원 계절별 차등요금 • 춘추절기 : Mcal당 63.05원 • 하절기 : Mcal당 56.74원 • 동절기 : Mcal당 66.23원	
		냉방용		5 ~ 9월	Mcal당 25.11원
				1 ~ 4월, 10 ~ 12월	난방용 사용요금 적용
	업무용	난방용	계약용량 Mcal/h당 396.79원	단일요금 : Mcal당 64.35원 시간대별 차등요금 • 수요관리 시간대 : Mcal당 96.10원 • 수요관리 이외의 시간대 : Mcal당 79.38원	
		냉방용		5 ~ 9월	• 1단 냉동기 Mcal당 34.20원 • 2단 냉동기 Mcal당 25.11원
				1 ~ 4월, 10 ~ 12월	난방용 사용요금 적용
냉수	냉방용		• 0부터 1,000Mcal/h까지 3,822원 • 다음 2,000Mcal/h까지 2,124원 • 다음 3,000Mcal/h까지 1,754원 • 3,000Mcal/h 초과 1,550원	Mcal당 • 첨두부하시간 : 135.41원 • 중간부하시간 : 104.16원 • 경부하시간 : 62.49원	

※ 계약면적 산정 : 건축물관리대장 등 공부상의 세대별 전용면적의 합계와 세대별 발코니 확장면적의 합계 및 공용 면적 중 지역난방열을 사용하는 관리사무소, 노인정, 경비실 등의 건축연면적 합계로 함.

※ 춘추절기 : 3 ~ 5월, 9 ~ 11월 / 하절기 : 6 ~ 8월 / 동절기 : 12 ~ 익년 2월

※ 수요관리 시간대 : 07:00 ~ 10:00

※ 냉수의 부하시간대 구분
　• 첨두부하시간 : 7월 1일부터 8월 31일까지의 오후 2시 정각부터 오후 4시 정각까지
　• 중간부하시간 : 7월 1일부터 8월 31일까지의 오후 2시 정각부터 오후 4시 정각 이외의 시간
　• 경부하시간 : 7월 1일부터 8월 31일까지를 제외한 1월 1일부터 12월 31일까지의 시간

※ 기본요금 : 감가상각비, 수선유지비 등 고정적으로 발생하는 경비를 사용량에 관계없이(계약면적 또는 계약 용량에 따라) 매월정액을 부과하는 것

※ 사용요금 : 각 세대별 사용 난방 및 온수 사용량을 난방(온수) 계량기를 검침하여 부과하는 금액
※ 공동난방비 : 관리사무소, 노인정, 경비실 등 공동열사용량을 세대별 실사용량 비례 배분 등으로 각 세대에
배분(아파트 자체 결정사항)

18. 다음 중 위 열요금표를 바르게 이해하지 못한 것은?

① 주택 난방 사용요금은 계절별 적용 단위요금이 다르다.
② 업무 난방 기본요금은 계약용량을 기준으로 책정된다.
③ 냉수의 냉방용 기본요금은 1,000Mcal/h마다 책정 요금이 다르다.
④ 관리사무소, 노인정, 경비실 등의 열사용량은 세대별 배분하여 청구한다.
⑤ 냉수의 부하시간대는 춘추절기, 동절기, 하절기로 구분되어 차등 요금을 적용한다.

19. 다음에 제시된 A 씨와 B 씨의 해당 월 열요금을 합한 금액은 얼마인가? (단, 공동난방비는 고려
하지 않으며, A 씨는 계절별 차등요금을 적용한다)

> [계약면적 100m²인 A 씨] 12월 : 주택용 난방 계량기 사용량 500Mcal
> [계약용량 900Mcal/h인 B 씨] 7월 : 냉수를 이용한 냉방 계량기 사용량 오후 3 ～ 4시
>   200Mcal, 오후 7 ～ 8시 200Mcal

① 90,091원   ② 90,000원   ③ 89,850원
④ 89,342원   ⑤ 89,107원

20. A 사원은 지난 주 택시와 KTX를 이용하여 출장을 다녀왔으며, 자세한 내역은 〈보기〉와 같다. 이를 참고할 때 A 사원이 정산받을 교통비는?

보기

- A 사원은 택시와 KTX를 이용해 출장을 다녀왔다.
- A 사원이 이번 출장 중 택시를 타고 이동한 거리는 총 37km였으며, 택시 기본요금은 2km에 3,800원이며 이후 100m당 100원씩 오른다.
- 서울을 벗어난 지역에서는 택시요금이 20% 할증되며, A 사원이 승차한 택시는 서울에서 벗어나 마지막 10km 거리를 운행하였다.
- A 사원은 택시를 한 번만 승차하였다.
- A 사원이 이용한 KTX 왕복 요금은 18,700원이다.
- A 사원의 이번 출장 중 발생한 유료도로 통행료는 총 5,000원이었다.

① 59,500원   ② 60,500원   ③ 64,500원
④ 75,000원   ⑤ 82,500원

21. 다음 상황에 대한 이해로 적절하지 않은 것은?

인사팀 Y는 개발팀의 S가 코딩하는 것을 지켜보고 있었다. S는 누군가 만들어 놓은 소스 코드를 다운로드해서 코딩 작업을 하고 있었다.
Y : 그런데 제가 알기로 타인의 소스 코드를 그대로 모방, 수정하는 경우는 불법인데... 저작권 문제가 발생할 수 있는 것 아닌가요?
S : 해당 소스 코드는 이미 공개된 것이어서 문제되지 않아요.

① S가 사용한 소스 코드를 'Open Source'라 한다.
② 위와 같은 코드는 누구나 유익하게 사용할 수 있도록 무료로 내부 기술 즉, 전체 소스를 공개한 것이다.
③ 공개한 소스 코드에 새로운 기능을 추가해서 새롭게 발전시킬 수 있다.
④ S가 사용한 소스 코드를 'Open Data'라 한다.
⑤ S가 사용한 소스 코드의 기능을 개선해 이를 상용화할 수 있다.

22. MS Powerpoint를 활용하여 다음과 같은 회사 조직도를 작성하였다. 조직도 작성에 대한 설명으로 옳지 않은 것은?

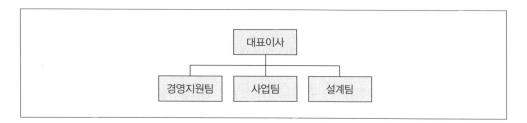

① 조직도는 [삽입] 탭의 [SmartArt]를 선택하여 만들 수 있다.

② 각 조직 단위의 배경색을 조직별로 다르게 지정할 수 있다.

③ 사업팀 산하 조직이었던 설계팀이 위와 같이 변경되었다면, '수준 올리기' 기능을 통해 적용할 수 있다.

④ 서열을 그대로 유지한 채 조직도의 형태를 바꾸고자 할 경우, '조직도 레이아웃'을 누른다.

⑤ 대표이사와 아래의 팀들 사이에 직할 조직인 비서실을 추가하고 싶을 경우, 대표이사를 선택한 후 '아래에 도형 추가'를 누른다.

23. 다음은 비트와 픽셀에 관한 설명이다. 360×480 해상도의 이미지는 몇 비트로 이루어지는가?

> **(가) 비트**
>
> 비트는 컴퓨터에서 처리할 수 있는 정보의 최소 단위이다. 하나의 비트는 0 또는 1의 값을 가지며, 여러 개의 비트가 모이면 2의 거듭제곱 꼴의 수만큼 정보를 표현할 수 있다. 예를 들어 8개의 비트는 $2^8(=256)$개의 정보를 표현할 수 있다. 8개의 비트를 묶어 1바이트로 표현하기도 하며, 컴퓨터에서는 주로 바이트 단위로 정보를 처리한다.
>
> **(나) 픽셀**
>
> 픽셀은 컴퓨터 또는 다른 전자 기기 등의 화면 이미지를 구성하는 최소의 단위를 일컫는다. 하나의 픽셀은 빨간색, 녹색, 파란색의 RGB 값과 투명도에 대한 정보를 담고 있으며(RGBA), 여러 개의 픽셀이 모여 이미지를 구성한다. 픽셀의 각 RGBA 값은 1바이트로 표현되며, 따라서 하나의 픽셀은 4바이트로 표현된다. 이미지의 해상도는 이미지를 이루는 픽셀의 크기를 나타내는 말로, 400×300의 해상도를 가진 이미지는 가로가 400픽셀, 세로가 300픽셀로 이루어진 이미지를 의미한다.

① 691,200비트   ② 1,382,400비트   ③ 2,764,800비트
④ 5,529,600비트   ⑤ 11,059,200비트

24. 목재를 취급하는 어느 공장은 직육면체 형태의 목재를 품종, 모서리의 길이, 부피를 기준으로 분류한다. 다음 공장의 목재 일부를 Microsoft Office Excel로 나타낸 자료를 참고할 때, 높이가 20cm 이상인 목재들의 부피(L)를 더하는 수식은?

	A	B	C	D	E
1	품종	가로(cm)	세로(cm)	높이(cm)	부피(L)
2	자작나무	30	30	20	18
3	소나무	40	20	20	16
4	자작나무	20	10	10	2
5	참나무	50	40	40	80
6	참나무	40	40	40	64
7	소나무	30	30	10	9
8	자작나무	30	20	20	12

① =SUMIF(D2:E8, ">20")   ② =SUMIF(D2:D8, ">20", E2:E8)
③ =SUMIF(E2:E8, ">20", D2:D8)   ④ =SUMIF(D2:D8, ">=20", E2:E8)
⑤ =SUMIF(E2:E8, ">=20", D2:D8)

25. Microsoft Office Excel에서 [A1]~[B2] 셀에 숫자 1을 입력하고 [A3] 셀과 [B3] 셀에 다음과
    같이 수식을 입력한 뒤, 두 셀을 동시에 [A4]~[B7] 셀에 드래그하여 수식을 복사하였다. [A7]
    셀과 [B7] 셀에 출력되는 값의 합은?

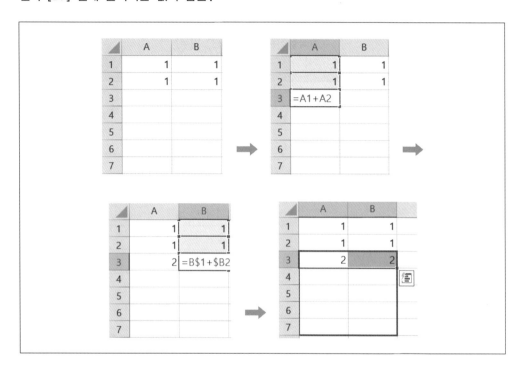

① 12 　　　　　　　② 15 　　　　　　　③ 19

④ 23 　　　　　　　⑤ 26

[26 ~ 27] 한국십진분류법(KDC)은 대한민국의 대표적인 도서분류법으로, 한국의 정보 환경에 맞게 모든 주제를 10개의 주류로 구분한 분류법이다. 각 도서는 10개의 주류에 따라 0 ~ 9로 시작하는 세 자리 숫자로 분류된다. 다음 자료를 참고하여 이어지는 질문에 답하시오.

〈한국십진분류법(제6판) 일부〉

번호	분류
000	총류
100	철학
200	종교
300	사회과학
400	자연과학
500	기술과학
600	예술
700	언어
800	문학
900	역사

문학(800)		역사(900)	
번호	분류	번호	분류
800	문학	900	역사
810	한국문학	910	아시아역사
820	중국문학	920	유럽역사
830	일본문학 및 기타 아시아 제문학	930	아프리카역사
840	영미문학	940	북아메리카역사
850	독일문학	950	남아메리카역사
860	프랑스문학	960	오세아니아, 양극지방역사
870	스페인 및 포르투갈 문학	970	(미사용)
880	이탈리아문학	980	지리
890	기타 제문학	990	전기

26. 다음 도서 중 KDC에 의한 분류에서 첫 번째 자리가 다른 것은?

① 1일 1클래식 1기쁨

② 미술에게 말을 걸다

③ 끌리는 디자인의 비밀

④ 의지와 표상으로서의 세계

⑤ 사진을 읽어 드립니다

27. 〈보기〉의 도서들은 문학(800) 또는 역사(900)로 분류된다. 각 도서와 KDC에 의한 분류에서 앞의 두 자리가 옳게 짝지어진 것의 개수는?

보기

㉠ 미국사 산책 – 940

㉡ 한 권으로 읽는 조선왕조실록 – 910

㉢ 안네의 일기 – 850

㉣ 메밀꽃 필 무렵 – 830

㉤ 서유기 – 810

㉥ 유럽 도시 기행 – 920

① 2개

② 3개

③ 4개

④ 5개

⑤ 6개

28. 다음은 「정보통신망법」의 일부이다. 〈보기〉 중 이 조항에 의해 불법정보의 유통으로 볼 수 있는 것은 몇 개인가?

「정보통신망법」

제44조의7(불법정보의 유통금지 등) 누구든지 정보통신망을 통하여 다음 각호의 어느 하나에 해당하는 정보를 유통하여서는 아니 된다.

1. 음란한 부호 · 문언 · 음향 · 화상 또는 영상을 배포 · 판매 · 임대하거나 공공연하게 전시하는 내용의 정보
2. 사람을 비방할 목적으로 공공연하게 사실이나 거짓의 사실을 드러내어 타인의 명예를 훼손하는 내용의 정보
3. 공포심이나 불안감을 유발하는 부호 · 문언 · 음향 · 화상 또는 영상을 반복적으로 상대방에게 도달하도록 하는 내용의 정보
4. 정당한 사유 없이 정보통신시스템, 데이터 또는 프로그램 등을 훼손 · 멸실 · 변경 · 위조하거나 그 운용을 방해하는 내용의 정보

보기

㉠ 연예인 A를 비방하기 위해 허위 정보를 유포
㉡ 리눅스 운영체제의 소스 코드를 수정하여 배포
㉢ 음란물을 P2P 사이트를 통해 공유
㉣ 매일 특정인의 일거수일투족을 기록하여 그 사람의 SNS 계정에 공개

---

① 0개   ② 1개   ③ 2개
④ 3개   ⑤ 4개

29. 다음은 A ~ D의 어느 날 야근 실태에 대한 대화이다. 이 중 2명이 거짓말을 하고 있다면, 거짓말을 한 사람은 누구인가?

> A : 그날 밤 저는 B와 둘이서 함께 회사에 있었습니다.
> B : A는 그날 밤 C와 함께 외부에서 식사를 하고 있었습니다.
> C : A의 진술은 참이고, 저는 회사에 있지 않았습니다.
> D : B는 그날 밤 저와 둘이서 함께 회사에 있었습니다.

① A, C   ② A, D   ③ B, C
④ B, D   ⑤ C, D

30. A사 사옥 9층에는 901호부터 908호까지 8개의 사무실이 있다. 인사팀, 총무팀, 구매팀, 영업팀, 마케팅팀, 생산팀, 경영팀이 각각 사무실을 하나씩 이용하고 있다. 다음 〈조건〉에 따라 905호를 이용하고 있는 팀은? (단, 8개의 사무실은 번호 순으로 일렬로 나열되어 있고 901호가 맨 앞에, 908호가 맨 뒤에 위치해 있다)

조건

- 인사팀은 901호에 위치해 있다.
- 마케팅팀은 영업팀보다 앞의 사무실을 이용하고 있다.
- 총무팀은 구매팀의 사무실 바로 앞에 위치해 있다.
- 생산팀과 마케팅팀의 사무실은 서로 이웃하고 있다.
- 영업팀과 총무팀의 사무실은 서로 이웃하고 있다.
- 영업팀은 경영팀보다 앞의 사무실을 이용하고 있다.
- 구매팀 바로 뒤 사무실은 비어 있다.

① 총무팀   ② 영업팀   ③ 구매팀
④ 생산팀   ⑤ 마케팅팀

[31 ~ 32] 다음은 동절기 건설현장의 안전보건 가이드라인 중 일부이다. 이어지는 질문에 답하시오.

□ **토사 및 거푸집동바리 무너짐(붕괴)**

☞ **위험요인**

　－ 지반내부 공극수 동결팽창으로 인한 지반 변형 · 무너짐

　－ 콘크리트 타설 후 저온으로 인한 콘크리트 강도발현 지연으로 구조물 무너짐

　－ 폭설 시 설하중으로 가설구조물 및 거푸집동바리 무너짐

☞ **안전대책**

　－ 토공사는 공극수 동결에 따른 지반팽창 현상으로 발생할 수 있는 붕괴방지를 위해서 절 · 성토 공사 시 기준 기울기 이상으로 공사 수행

　－ 해빙기 융해에 의한 지지력 감소의 원인이 되는 동결된 토사는 되메우기 및 성토용 재료로 사용을 금함.

　－ 토사 무너짐 위험이 있는 곳은 수시로 균열여부를 점검하고, 흙막이 지보공은 지반의 동결작용으로 인해 토압이 증가할 우려가 있으므로 가시설의 이음, 접합부 등을 점검

　　※ 흙막이공사 완료 시까지 철저한 계측관리를 수행하여 흙막이의 안전성 사전예측

　－ 겨울 강수로 인한 지표수의 침투를 막기 위해 배수시설을 설치하고 각종 용수 유입 방지조치 실시

　　※ 토석의 붕괴 · 낙하가 발생할 수 있는 장소에는 방책 등 방호시설 및 출입금지 조치 표지판을 설치

　－ 동절기에는 콘크리트 타설 시 경화 지연 및 동결로 강도가 현저히 저하되어 붕괴 위험이 높아지므로 혼화제 사용 또는 한중콘크리트 사용, 재료의 가열, 보온 또는 급열 양생 등의 조치 실시

　－ 거푸집동바리를 지반에 설치할 경우 지반의 동상(凍上)이나 동결된 지반의 융해에 의해 변위가 일어나지 않도록 조치

　　※ 동바리를 지반에 설치할 경우 동결융해에 대비하여 버림콘크리트를 타설하거나 받침목, 전용받침철물, 받침판 등을 설치하여 지지력 확보 및 부등침하 등을 사전에 방지

---

31. A는 ○○공사에서 파견된 건설 현장 작업을 지휘하는 책임자이다. A가 작업장에서 지시 · 감독해야 하는 안전대책이 아닌 것은?

① 거푸집동바리를 설치할 때는 지반 상태를 미리 점검한다.

② 동절기 토공사를 할 경우에는 배수시설을 설치해야 한다.

③ 흙막이 지보공은 경우에 따라 토압이 증가할 수 있어 이음부분을 수시 점검해야 한다.

④ 동절기 콘크리트 타설 시 혼화제 등을 사용하면 붕괴 위험이 높아지므로 주의해야 한다.

⑤ 동결된 토사는 되메우기 및 성토용 재료로 사용하지 않는다.

32. 제시된 글을 근거로 안전사고 예방을 위해 준비할 사항이 아닌 것은?

① 유관기관 및 응급조치기관과의 비상연락망 구축

② 폭설, 혹한 등에 대비한 단계별 대책수립

③ 가스관, 상하수도관 등의 지하매설물 안정상태 확인

④ 우레탄폼의 난연성 여부 및 관리상태 확인

⑤ 산간지역 현장의 경우, 비상용 유류 및 스노우 체인 등 월동 장비 준비

33. 다음 중 ㉠에 나타난 논리적 오류와 동일한 오류를 범하고 있는 것은?

> 명당자리를 골라 부모님 산소를 옮겼더니, 그렇게 출마해도 안 되던 홍길동 씨가 이번에는 대통령이 되었대. ㉠대통령이 되려면 역시 부모님 산소 자리를 명당자리로 옮겨야 돼.

① 최근 무분별한 소비문화가 만연해 있기 때문에 우리는 자식들을 엄하게 키워야 한다.

② 파란 신호등 불이 켜지기도 전에 출발하는 사람들이 많으니, 한국 사람들은 성질이 급하다.

③ 이 가방은 유명 연예인이 사용하는 것이니까 좋은 가방이다.

④ 어제 도지사가 TV를 통해 연설을 했더니 강원도에 큰 지진이 일어났으므로, 강원도민의 안전을 위해서 도지사는 TV 연설을 하지 말아야 한다.

⑤ 모든 사람은 동등하게 대접받아야 하기 때문에 사람들이 타고나는 유전적 차이점이란 있을 수 없다.

[34 ~ 35] 다음 글을 읽고 이어지는 질문에 답하시오.

마찰력은 물체와 물체가 맞닿는 부분에서 물체의 운동을 방해하는 힘을 말한다. 땀이 난 손과 병뚜껑 사이, 크레파스와 유리가 맞닿는 면, 그리고 얼음과 신발 사이에서 마찰력이라는 힘이 작용한다. 그런데 마찰력은 접촉하는 면의 성질이나 상태에 따라 크기가 다르다. 접촉하는 면이 거칠 때가 매끄러울 때보다 마찰력이 더 크다. 만약 마찰력이 없다면 우리는 어떤 물건도 잡을 수 없고, 걷거나 앉아 있을 수도 없을 것이다. 반대로 마찰력이 크면 물건을 잡거나 걷기가 편해진다.

우리의 손가락 끝에 올록볼록 튀어나온 지문이 마찰력을 크게 만들어 주기 때문에 물건을 떨어뜨리지 않고 잘 잡을 수 있다. 또 운동화 바닥을 울퉁불퉁하게 만드는 것이나 자동차의 타이어의 홈도 지면과의 마찰력을 높여 미끄러지지 않도록 하기 위한 것이다. 사실 맑은 날에는 타이어의 홈이 없어도 상관없이 잘 달릴 수 있다. 즉, 홈이 없더라도 타이어에 마찰력이 작용하기 때문에 미끄러지지 않을 수 있다. 하지만 비나 눈이 오는 날에는 사정이 달라진다. 홈이 없는 타이어의 경우 마치 수상스키를 타듯 미끄러질 것이다. 물이나 눈을 훔쳐내서 바퀴와 지면이 접촉할 수 있도록 하는 것 또한 타이어 홈의 역할이다.

그렇다면 마찰력은 클수록 좋은 것일까? 그렇지만은 않다. 만약 수영장 미끄럼틀의 마찰력이 크다고 생각해 보자. 마찰력이 큰 미끄럼틀에서 미끄럼을 타면 속도도 느릴 뿐 아니라 엄청난 마찰력 때문에 그야말로 엉덩이가 불이 나는 것처럼 뜨겁고 상처도 입게 될 것이다. 그래서 수영장 미끄럼틀 위를 흐르는 물은 마찰력을 줄여 주어 사람들이 빠른 속도로 미끄러질 수 있도록 하는 중요한 역할을 한다.

축구 선수와 테니스 선수의 신발을 비교해보자. 축구 선수들은 멈추고 싶을 때 미끄러지지 않고 재빨리 멈출 수 있어야 한다. 그래서 축구화 바닥에 스파이크를 만들어 지면과의 마찰력을 최대한 크게 한다. 이에 비해 테니스화는 날아오는 공을 재빨리 받아칠 수 있어야 하므로 축구화보다 잘 미끄러지도록 마찰력을 작게 만든다.

그렇다면 스피드 스케이트 선수들의 신발은 어떨까? 스케이트의 블레이드 날이 두꺼우면 마찰력이 커진다. 마찰력이 스케이트 블레이드에 의해 생성되어 스케이트 날이 얼음과 맞닿는 부분에 작용하기 때문이다. 스케이트 블레이드 날이 얇으면 얇을수록 접촉면인 얼음과의 마찰력이 작아져 부드럽고 빠르게 달릴 수 있게 되는 것이다.

34. 제시된 글을 토대로 마찰력에 대한 설명으로 옳지 않은 것은?

① 땀이 난 손과 병뚜껑 사이의 마찰력은 맨손일 때보다 크다.

② 얼음과 신발 사이의 마찰력은 울퉁불퉁한 흙 위에서 보다는 작다.

③ 크레파스로 유리에 그림을 그리면 마찰력이 작아서 도화지에 그릴 때보다 잘 안 그려진다.

④ 운동화 바닥을 울퉁불퉁하게 만드는 것은 지면과의 마찰력을 높여 미끄러지지 않도록 하기 위한 것이다.

⑤ 자기부상열차는 레일과 열차 바닥의 극을 깊게 만들어 레일 위를 조금 떠서 달리기 때문에 레일과의 마찰력이 거의 없어 빠른 속도를 낼 수 있다.

35. 제시된 글을 통하여 유추할 수 있는 마찰력의 특성을 모두 고르면?

> ㉠ 접촉면이 거칠수록 마찰력이 크다.
> ㉡ 무게가 무거울수록 마찰력이 크다.
> ㉢ 마찰력은 접촉면 면적의 넓이와 관계가 있다.

① ㉠   ② ㉡   ③ ㉢

④ ㉠, ㉡   ⑤ ㉠, ㉢

36. 각기 다른 지역 출신의 A ~ F 여섯 명이 동호회에서 한 조가 되었다. 이들은 각각 대전, 부산, 강릉, 전주, 제주, 인천 출신이다. 다음 〈조건〉에 따를 때 항상 옳은 것은?

조건

- A와 대전 출신 사람은 의사이다.
- E와 강릉 출신 사람은 회사원이다.
- 전주 출신 사람과 C는 기술자이다.
- B와 F는 여자이고, 전주 출신 사람은 남자이다.
- 부산 출신 사람은 A보다 나이가 많다.
- 인천 출신 사람과 C, 대전 출신 사람과 B는 이미 아는 사이이다.
- C는 부산 출신 사람보다 나이가 많다.

---

① C와 F는 이미 아는 사이이다.
② 나이를 알 수 있는 사람 중 가장 어린 사람은 A이다.
③ A는 제주 출신이다.
④ B는 의사이다.
⑤ E는 남자이다.

37. A는 거래처에 방문하여 다음과 같은 〈조건〉에 따라 물품을 구입하였다. 거래처에서 판매 중인 물품은 모니터, 키보드, 마우스, 스피커, 멀티탭이다. A가 최종적으로 구입한 물품은?

조건

- 키보드와 모니터 중에서 한 가지를 살 수 있으며, 둘 중 하나를 반드시 사야 한다.
- 마우스와 스피커 중에서 한 가지만을 살 수 있으며, 필수는 아니다.
- 스피커와 키보드를 사려면 둘 다 사야 한다.
- 모니터를 사려면 멀티탭도 반드시 같이 사야 한다.
- 마우스를 사지 않으면 키보드도 살 수 없다.
- 멀티탭을 사면 마우스를 살 수 없다.

---

① 키보드, 스피커　　　　　　② 키보드, 스피커, 멀티탭
③ 모니터, 멀티탭　　　　　　④ 모니터, 멀티탭, 스피커
⑤ 모니터, 멀티탭, 마우스

38. 다음 글에서 밑줄 친 '조직문화'의 기능으로 적절하지 않은 것은?

> 계약직을 사용할 수 있는 기간의 한도는 2년이다. 지속적으로 유지해야 할 업무상 사정이 있으면 계약 기간 2년을 초과하는 시점에 정년을 보장해 주는 것이 일반적이다. 이런 경우 통상 정규직 대비 낮은 근로 조건을 적용하고 이를 정년까지 보장한다.
>
> 이런 형태를 소위 '무기계약직'이라고 부른다. 무기계약직은 정년이 보장되는 것은 정규직과 같지만 근로조건은 정규직보다 못하다는 점에서 정규직과 비정규직 사이에 낀 중규직(中規職)이라고도 부른다.
>
> 무기계약직과 정규직 간 근로조건 차이가 없다면 무기계약직과 정규직 구분의 실익이 없겠지만, 정년은 보장되나 낮은 급여 등 근로조건에 차이가 있다면 정규직과 비정규직 사이에 존재했던 차별 논란이 완전히 없어지지 않을 것으로 보인다. 만일 무기계약직을 적용한다면 이는 조직문화 통합 측면에서 매우 어려운 일이다. 적절한 화학적 통합이 이뤄지지 않는다면 무기계약직만 모인 제2노조가 설립될 수도 있다.

① 조직 구성원들에게 일체감과 정체성을 부여해 준다.
② 조직의 업무에 몰입할 수 있도록 해 준다.
③ 조직 구성원들의 행동지침으로 작용하여 일탈 행동을 통제해 주는 역할을 한다.
④ 중장기적으로 조직의 안정성을 유지해 줄 수 있다.
⑤ 뿌리 깊은 굳건한 조직문화는 조직원의 의견수렴과 조직의 유연한 변신에 긍정적인 역할을 한다.

39. 다음은 경영전략과 관련된 강연 내용이다. 두 기업의 전략이 실패한 가장 큰 이유는?

> 한때 패스트푸드 업계 1위인 맥도날드는 버거킹과 치열한 경쟁을 벌였습니다. 버거킹이 99센트짜리 세트를 내놓으면 맥도날드는 1달러짜리 세트를 내놓는 식이었습니다. 또 맥도날드가 '고객의 주문에 언제나 대비하고 있다'고 광고를 하면 버거킹은 '어떤 주문도 즉시 소화할 수 있다'는 콘셉트로 대응했습니다. 하지만 두 기업은 갈수록 매출이 떨어졌습니다. 웰빙 바람으로 사람들이 패스트푸드를 멀리하기 시작했지만, 맥도날드와 버거킹은 서로를 누른다는 생각으로 햄버거에만 집중했습니다. 결국 맥도날드는 2011년 웰빙 샌드위치 전문점인 서브웨이에 매장 수로 밀렸고 버거킹은 웰빙 버거를 앞세운 웬디스에게 2위 자리를 내주었습니다.

① 두 기업이 비윤리적인 방법으로 담합을 했기 때문이다.
② 규모를 늘리는 데 치중하여 무리하게 사업을 확장했기 때문이다.
③ 경영 전략을 세울 때 컨설팅 회사에 자문하는 것을 소홀히 했기 때문이다.
④ 경쟁에만 치중하여 전략적 성패는 고객 만족에 있음을 간과했기 때문이다.
⑤ 조직 내 갈등을 효과적으로 해결하지 못했기 때문이다.

40. 다음 글의 마지막에 이어질 문장으로 적절한 것은?

> 위키피디아가 놀랍게도 잘 굴러 가는 이유는 각 주제마다 그 주위에 소셜 네트워크가 생겨나기 때문이다. 그러한 네트워크에는 '협력자(편향되지 않은 새로운 정보를 올리는 사람)'와 '무임승차자(다른 사람들이 확립한 정보의 신뢰성을 자기 목적을 위해 이용하길 원하는 사람들)'가 포함되어 있다. 만약 이 두 부류의 사람들만 존재한다면 누구나 위키피디아의 미래는 잘 될 가능성이 없다고 생각할 것이다. 그렇지만 '응징자'라는 세 번째 부류의 사람들이 있다. 수천 명의 자경단원이 위키피디아를 순찰하면서 악의적인 편집을 원래 상태로 되돌리고, 그것을 저지른 사람의 사용자 페이지에 개인적 메모를 남긴다. 심지어 서로 힘을 합쳐 일부 사용자가 추가로 내용을 변경하지 못하게 막기도 한다. 그래서 인류 문명의 여명기에 일어났을지도 모르는 일이 놀랍게도 지금 온라인에서 일어나고 있다. 우리는 국가나 중앙집권적인 권위가 강요해서 서로 협력하는 게 아니다.

① 누군가 어느 한 사람이 전문성을 가지게 되면 그 사람의 전문성에 의존하여 협력의 의지가 발생한다.

② 우리가 서로 협력하면서 살아가는 능력은 서로 연결된 운명과 공동 목적을 가진 집단을 형성하는 사람들의 분권화된 행동에서 자연 발생적으로 나타난다.

③ 협력은 가변적인 것이어서 일어날 때도 있고, 그렇지 않을 때도 있다. 이 변수를 통제하는 것은 어떤 것도 존재하지 않는다.

④ 가끔은 중앙집권적인 권위가 협력을 강요하기도 하는데, 이러한 과정에서 나타나는 협력이 가장 우수한 성과를 보여준다.

⑤ 집단 전체는 집단에 속한 가장 똑똑한 사람보다 더 현명한 판단을 내릴 수 있다.

41. 기업이 경영환경 변화에 대응하기 위한 전략 방안을 세울 때 고려할 사항으로 옳지 않은 것은?

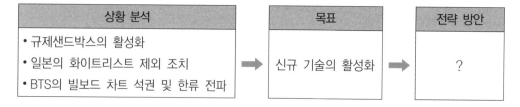

상황 분석	목표	전략 방안
• 규제샌드박스의 활성화 • 일본의 화이트리스트 제외 조치 • BTS의 빌보드 차트 석권 및 한류 전파	신규 기술의 활성화	?

① 규제샌드박스를 활용하여 글로벌 시장진출 판로를 개척한다.

② 외부환경의 변화가 가져올 상황을 예측하고 기업에 적용 가능한 기회를 모색한다.

③ 외부환경 요인의 변화가 내부환경에 긍정적인 영향을 미칠 수 있도록 유도한다.

④ 외부환경은 기업경영에 직접적인 영향을 미치지는 않기에 흔들리지 않고 꾸준하게 기술개발에 힘쓴다.

⑤ 외부환경을 분석하여 기업에 위협이 되는 요인을 파악하고 경영전략을 수립한다.

42. ○○공사 인사팀 이 과장은 공공기관 청년인턴제의 채용불신에 대한 현안을 해결하기 위해 공공기관 청년인턴제 운영 新모델 제시 프로젝트를 기획 중이다. 당면한 현안이 다음과 같을 때 이 과장이 문제를 해결할 노력과 거리가 먼 것은?

- 공공기관 청년인턴제 현안
  단순 업무보조로 인턴 종료 후 채용불신, 취업경쟁력 약화
- 청년인턴 참여자 개선 방향 진단
  - 단순 업무보조 위주의 청년인턴제 운영으로 직무 맞춤형 인재양성의 어려움과 일회성 일자리 창출에 따른 비용 손실
  - 취업준비생 불만 팽배
- 이슈 분석
  - (사회적 이슈) 인턴경력을 단순 취업스펙으로 오해
  - (내부적 이슈) NCS기반 입사자와 인턴 후 입사자의 역량 차이

---

① 청년인턴 사무역량 강화의 합리적인 경쟁 시스템을 구축하도록 고민해야 한다.

② 청년인턴 채용 시 1.2배수를 선발하여 일학습병행과 평가를 통해 80%는 정규직으로 전환하여 적극 육성한다.

③ 단순 업무가 아닌 팀단위 과제를 부여하여 직무역량을 습득할 기회를 제공함으로써 정규직 수준의 인턴을 양성한다.

④ 인턴에서 직무전문가로의 양성을 위해 직무역량과 현장실습 위주로 평가하여 정규직으로 전환한다.

⑤ 전사적으로 고민할 문제는 아니기 때문에 인사부서가 주도하여 청년인턴제 개선을 위한 로드맵을 수립한다.

[43 ~ 44] 다음은 ○○호텔 조리부 회의록이다. 이어지는 질문에 답하시오.

〈회의록〉

회의일시	20X8년 06월 15일	작성자	조리부 ○○○ 대리
참석자	총괄 매니저, 조리부 매니저, 식재료 담당		
회의안건	1. 여름 새로운 레시피 개발 2. 고객 응대 방법 3. 식자재 정리와 재고 파악 4. 직원교육 방법		

회의내용	1. 여름 새로운 레시피 개발
	  • 고객 취향 수집
	  • 여름 제철 음식재료 확보
	  • 레시피 개발
	  • 내부 투표
	  • 레시피 결정
	  • 배너 제작
	2. 고객 응대 방법
	  • 고객 동선 파악
	  • 직원 위치 조정
	  • 인사법 교육
	3. 식자재 정리 및 재고 파악 방법(주 1회)
	  • 조리 시 직원의 동선이 가장 짧고 편하도록 기물과 식자재 배치
	  • 재고 시트 작성 후 보완점 체크
	  • 식재료 주문 : 식재료 담당, 조리부 매니저, 총괄 매니저 순으로 서류 결재 후 주문
	4. 직원교육 방법
	  • 조리부 매니저 : 책임 교육
	  • 식재료 담당 : 리셉션 방법
	  • 총괄 매니저 : 재고 시트 작성		

결정사항	내용	진행일정
	제철 음식재료 확보	금일부터
	담당 예행연습 실시	6월 20일
	재고 파악	6월 20일 이후부터
	교육시간 확보	매주 월요일

43. 회의 결과 가장 먼저 수행해야 할 업무는?

① 담당 예행연습 실시   ② 제철 음식재료 확보   ③ 재고 파악
④ 직원 위치 조정   ⑤ 교육 시간 결정

44. 다음 중 식재료 주문을 위한 서류 결재 절차로 옳은 것은?

① 조리부 매니저 → 식재료 담당 → 총괄 매니저
② 식재료 담당 → 총괄 매니저 → 조리부 매니저
③ 조리부 매니저 → 총괄 매니저 → 식재료 담당
④ 식재료 담당 → 조리부 매니저 → 총괄 매니저
⑤ 총괄 매니저 → 식재료 담당 → 조리부 매니저

[45 ~ 46] 다음 자료를 보고 이어지는 질문에 답하시오.

회의록	구분	17 - 000062
	작성자	사원 J
일시	20X9년 2월 17일 (월)	
장소	건의관 3층	
〈1 / 4 분기 전체회의〉		
주요 문제점	현실분석 핵심사항	
• 브랜드 인지도 하락 • 대규모 프로모션 성과 미미 • 자사 핵심고객층의 이탈 • 영업사원의 전반적 역량 하락 • 우수 연구자 경쟁사로 유출 • 지사 및 대리점의 매출 급감 • 고객 만족도 수치 하락 • 핵심 연구 개발 기술력의 부재 • 서비스 품질도 하락 • 제품 수요에 대한 예측 실패 • 고객 불편사항 접수건 증가 • 판촉활동 성과 미미	R&D 부서 – 연구 개발과 관련된 전반적인 조직역량 강화를 위한 분석 마케팅 부서 – 시장, 경쟁사, 고객에 대한 전반적인 현상 분석 필요 영업 부서 – 영업사원 관리 및 생산성 제고, 유통채널 관리 부분에서 분석 요구 서비스 부서 – 고객과 접점이 되는 부분. 고객 서비스 및 관리 프로세스에 대한 분석 요구	

45. J 사원은 1분기 전체회의에 다룬 주요 문제점을 각 부서별 현실분석 핵심사항에 맞게 분류하여 정리하였다. 다음 중 각 부서에 해당하는 문제점이 바르게 연결되지 않은 것은?

① 마케팅 부서 – 제품 수요에 대한 예측 실패
② 서비스 부서 – 고객만족도 수치 하락
③ R&D 부서 – 자사 핵심고객층 이탈
④ 영업 부서 – 판촉활동 성과 미미
⑤ R&D 부서 – 우수 연구자 경쟁사로 유출

46. J 사원은 현실분석 핵심사항에 근거하여 전략을 수립하기 위한 사항을 정리해서 각 부서별로 메일을 보내려 한다. 다음 중 정리한 내용으로 옳지 않은 것은?

	부서	해결방안 전략수립
①	R&D	연구개발 및 기술성과를 고취하기 위한 방안 마련 및 연구 인력관리 강화
②	마케팅	제품 기술력 향상, 브랜드 관리에 대한 방안을 모색하고 프로모션 및 유통 채널, 가격 측면에서의 연구
③	영업	영업사원에 대한 관리 강화, 비용 측면의 방안 모색
④	서비스	고객과의 응대 등 접점이 되는 부분에서의 프로세스 관리. 사원 교육으로 역량 강화
⑤	영업	지사 및 대리점 관리와 효율적 유통채널 관리

47. 다음 AA샵에서 결여된 직업윤리의 원칙은?

> 대학가에 거주하는 학생인 김 씨는 근처 AA샵에 자주 들러 옷을 사곤 한다. 저번 주 김 씨는 AA샵에서 검정색 원피스를 7만 원에 구입하였다. 그러다 △△지역에 AA샵이 3호점을 냈다는 소문을 듣고 그 곳을 방문하였다. 그런데 김 씨는 3호점에서 이상한 점을 발견하였다. 김 씨가 구매한 것과 똑같은 원피스를 10만 원에 팔고 있는 것이었다. 분명 같은 옷인데 3호점이 더 비싼 이유를 도통 알 수 없어 직원에게 물어보니. 직원은 △△지역 특성상 외국인 관광객들이 많아서 좀 더 비싸게 받는다고 대답하였다.

① 고객 정보 보호의 원칙　　　　　② 정직과 신용의 원칙
③ 근면 성실의 원칙　　　　　　　④ 친절 서비스의 원칙
⑤ 전문성의 원칙

48. 다음 사례를 읽고 가장 바르게 해석한 사람은?

코로나19 사태 속에 빛난 영웅들

대구지역에 집중적으로 코로나19 확진자가 발생하여 모두가 두려움에 떨던 때, 베이커리 가게를 운영 중인 K 씨는 조리복을 벗고 의료용 방호복을 입었다. 베이커리 가게를 시작하기 전 10년간 간호조무사로 노인 요양 병동과 정형외과 수술실에서 근무했던 K 씨는 텔레비전에서 대구 지역 한 의사가 "도와달라."고 읍소하는 모습을 보고 도저히 생업에만 열중할 수 없다는 생각이 들어 가게를 잠시 쉬고 코로나 극복에 힘을 보태야겠고 결심했다. K 씨는 과거 경력을 살려 주로 노인 확진자들을 보살피는 역할을 했는데, 치매를 앓는 확진자가 많다 보니 식사를 돕는 간단한 일에도 큰 주의가 필요했다. 치매 확진자가 마시던 물을 밥을 먹여 주던 의료진 머리 위에 붓는 바람에 자가격리에 들어간 사례도 있었다. 이 같은 상황에서도 K 씨는 "그래도 가끔 정신이 돌아온 환자들이 '고맙습니다.'라고 말하던 목소리가 아직도 귓가에 맴돈다."라면서 "앞으로 코로나 사태와 같은 일을 또 겪을지 모르겠지만 그때도 똑같이 다 두고 봉사를 떠나겠다."라고 다부지게 말했다.

코로나19가 경제에 미친 충격에 신음하면서도 자신보다 어려운 이들을 위해 발 벗고 나선 자영업자들이 있다. 음식점을 하는 E 씨는 인근 독거노인에게 하루 설렁탕 30그릇씩 한 달에 1천 그릇을 무상으로 제공하고 있다. 코로나19로 경로당이 폐쇄돼 끼니를 해결하기 어려운 노인이 늘었다는 소식을 듣고서다. E 씨는 "음식 장사를 30년 했지만, 지금이 제일 힘들긴 하다."라면서 "이제 은퇴가 머지않았는데 이때 아니면 언제 좋은 일을 할까 싶어서 결심했다. 음식 재료가 빨리 회전되니 장사에도 도움이 된다."라며 웃었다.

---

① 최 사원 : 조직 구성원들은 '마땅히 해야 할 행위와 결코 해서는 안 될 행위'를 구분하여 '공동 행동의 룰'을 기반으로 행동해야 한다.

② 유 사원 : 조직의 구성원들이 명시화된 업무가 아니라도 타인을 배려하고 자신을 희생하여 조직과 사회에 기여하는 태도가 필요하다.

③ 조 사원 : 좋은 직업을 갖는 것보다 더 중요한 것은 자신의 일과 직업의 진정한 의미를 찾는 것이다.

④ 태 사원 : 조직 구성원들이 윤리의 가치보다 자기이익을 우선하여 행동한다면 사회질서가 붕괴되기 때문에 윤리적 가치를 중요하게 생각해야 한다.

⑤ 정 사원 : 조직 내에서 자신이 맡은 일을 어떠한 일이 있어도 수행해 내려는 책임감 있는 태도가 필요하다.

49. 다음 글에서 파악할 수 있는 근로윤리와 관련된 법률로 가장 적절한 것은?

> • 공직자의 부정한 직무수행을 금지하여 공정성을 확보하고, 공공기관의 신뢰를 높이고자 하는 목적
> • 공직자가 공정하고 청렴하게 직무를 수행할 수 있도록 부정행위 등을 금지하는 내용
> • 사적 이해관계에 영향을 받은 업무처리를 지양하고 직무를 청렴하게 수행하여 공평무사하게 처신하고 직무관련자를 우대하거나 차별해서는 안 된다는 내용

① 공무원 징계령 시행규칙　　　　② 부정청탁 및 금품등 수수의 금지에 관한 법률
③ 국가공무원법　　　　　　　　　④ 근로기준법
⑤ 직업안정법

50. 다음은 「유용한 법령 정보」 웹사이트의 '질문 있어요' 게시판에 올라온 글이다. 질문에 대한 답변으로 적절하지 않은 것은?

> Q1. 생산직 사원(성인 남성)으로 근무하고 있는데, 작업을 하고 있으면 상사들(모두 남성)이 뒤에서 껴안듯이 하며 엉덩이를 만지거나 툭툭 치기도 합니다. 기분이 나쁜데, 이것도 성희롱인가요?
>
> Q2. 작업장에서 직장동료인 B(여성)가 저(남성)를 껴안으려 하자, 다른 동료 A(여성)가 "내 거야. 손대지 마!"라고 하여 불쾌했습니다. 평소에도 A는 근무 중에 제 엉덩이를 툭툭 건드리거나 볼에 뽀뽀를 하는데 이를 거부해도 아랑곳하지 않아 성적 굴욕감을 느껴 회사를 그만두었습니다. 이것도 직장 내 성희롱인가요?

① 사업주는 직장 내 성희롱 피해를 입은 근로자나 성희롱 피해를 입힌 가해자를 회사 기준에 따라 해고하거나 불리한 조치를 취할 수 있습니다.
② 업무관련성이 있고 그와 같은 행위로 인해 성적 굴욕감이나 성적 수치심을 느꼈다면 직장 내 성희롱에 해당합니다.
③ 사업주·상급자가 아닌 직장동료들도 업무와 관련하여 다른 근로자에게 성적 언동 등으로 성적 굴욕감 또는 혐오감을 느끼게 하면 직장 성희롱에 해당합니다.
④ 성희롱의 피해자는 여성이나 이성으로 제한되지 않으며 남성의 남성에 대한 성희롱, 여성의 여성에 대한 성희롱도 있을 수 있습니다.
⑤ 당사자의 의사와 상관없이 입맞춤이나 포옹 등의 신체 접촉을 하거나 가슴이나 엉덩이 등의 특정한 신체 부위를 만지는 육체적 성희롱이 일어났다고 판단할 수 있습니다.

NCS 3 기술능력[기술직] 51 ~ 55

51. 다음 글이 시사하는 네트워크 혁명의 특징으로 옳은 것은?

> 나이스(Neis)는 정보의 중앙 집권을 통해 감시와 통제를 용이하게 하지만, 행정적 효율성을 높이는 이점이 있는 것도 사실이다. 그러나 법률을 통해 반사회적 사이트들의 단속을 강화하면 인터넷 곳곳에서 이루어지는 자유로운 의견 교환을 위축시키기 쉽다.

① 네트워크 혁명은 정부의 기본 정책과 궤를 같이 할 때 비로소 바람직한 기능을 발휘할 수 있다.
② 네트워크 혁명과 인터넷 기술의 발전을 분리하여 생각하는 것은 매우 어려운 일이다.
③ 네트워크 혁명의 역기능은 순기능과 쉽게 분리할 수 없기 때문에 해결책을 찾기가 더욱 어렵다.
④ 인터넷을 통한 개인의 자유로운 의견 개진을 통제하면 네트워크 혁명은 성공할 수 없다.
⑤ 반사회적 사이트에 대한 통제와 감시는 개인의 정보를 쉽게 관리할 수 있다는 이점이 있다.

52. 급속히 발전하는 기술변화에 적응하고자 많은 사람들이 기술 습득의 다양한 방법을 선택하고 있다. 다음 〈보기〉 중 'OJT를 통한 기술교육'에 대한 설명을 모두 고른 것은?

보기

> 가. 관련 산업체와의 프로젝트 활동이 가능하기 때문에 실무 중심의 기술교육이 가능하다.
> 나. 피교육자인 종업원이 업무수행이 중단되는 일이 없이 업무수행에 필요한 지식 · 기술 · 능력 · 태도를 교육훈련 받을 수 있다.
> 다. 원하는 시간과 장소에 교육받을 수 있어 시간, 공간적 측면에서 독립적이다.
> 라. 다년간에 걸친 연수 분야의 노하우에 의한 체계적인, 현장과 밀착된 교육이 가능하다.
> 마. 시간의 낭비가 적고 조직의 필요에 합치되는 교육훈련을 할 수 있다.

① 가, 다 　　　　② 나, 라 　　　　③ 가, 마
④ 나, 마 　　　　⑤ 다, 라

53. 최근 핸드폰을 출시한 (주)믿음의 벤치마킹 보고서의 일부이다. 다음 중 벤치마킹에 대해 적절하지 않은 설명을 한 직원은?

〈보고서〉

1. 목적

   최근 (주)믿음이 출시한 '믿음 1500'의 판매 부진을 극복하기 위한 대안을 찾기 위함.

2. 개요

   (1) 대상 : (주)최고의 '스마트 300'

   (2) 기간 : 20X8. 04. 01. ~ 07. 03.

   (3) 방법 : (주)최고의 본사를 방문하여 수행

   (4) 참여자 : 甲 외 팀원 15명

3. 주요 내용

   (1) 대상과의 비교

구분	믿음 1500	스마트 300	구분	믿음 1500	스마트 300
화면크기(in)	5.8	4.5	해상도	1,280×720	1,240×720
내장메모리(g)	16	16	무게(g)	138.5	145
카메라 화소(만)	800	800	색상	B/W, W, B	B/W
배터리용량(mA)	2,150	2,100	통신사	X, Y, Z	X, Y, Z
RAM(GB)	2	2	출고가	899,800원	966,900원
CPU(GHz)	1.6쿼터	1.4쿼터			

   (2) 소비자의 선호 조사

   • 화면이 작고, 핸드폰의 무게가 가벼울수록 소비자의 선호도가 높음.

   • 다양한 색상을 선호하는 경향

① A : 벤치마킹은 "경쟁자에게서 배운다."라는 말을 실행 가능하게 만들어 주는 경영 혁신 기법이야.

② B : 강물 등의 높낮이를 측정하기 위해 설치된 기준점인 벤치마크(Benchmark)가 어원이야.

③ C : 궁극적으로는 고객의 요구에 충족되는 최고 수준의 프로세스를 만들어 전략적 우위를 확보하는 것이지.

④ D : (주)최고의 '스마트 300' 제품 자체에만 초점을 맞추고, (주)최고의 인적 자원과 정보 시스템 등은 고려할 필요가 없어.

⑤ E : 벤치마킹을 하려면 최고 수준의 정보를 파악하여 우리의 성취도가 어느 정도인지 분석해야 해.

[54 ~ 55] 다음 〈보기〉는 그래프 구성 명령어 실행 예시이다. 이어지는 질문에 답하시오.

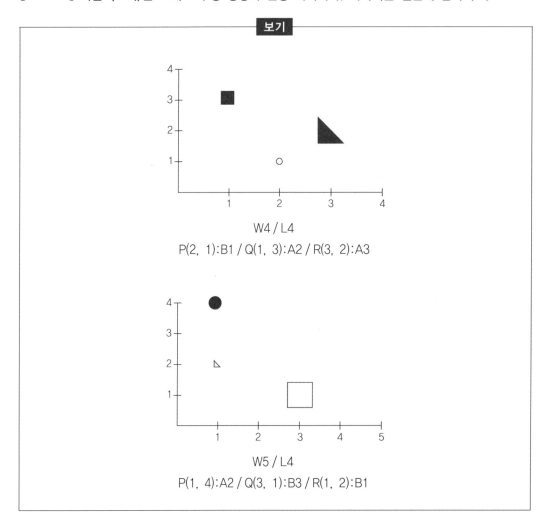

W4 / L4

P(2, 1):B1 / Q(1, 3):A2 / R(3, 2):A3

W5 / L4

P(1, 4):A2 / Q(3, 1):B3 / R(1, 2):B1

54. 다음 그래프에 알맞은 명령어는 무엇인가?

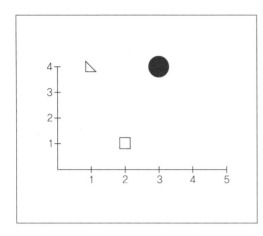

① W4 / L5
   P(4, 3):A3 / Q(1, 2):B2 / R(4, 1):B2
② W5 / L4
   P(3, 4):A3 / Q(2, 1):B2 / R(1, 4):B2
③ W5 / L4
   P(3, 4):A3 / Q(2, 1):A2 / R(1, 4):B3
④ W5 / L4
   P(4, 3):A3 / Q(1, 2):B2 / R(1, 4):A2
⑤ W4 / L5
   P(3, 4):A3 / Q(1, 4):B1 / R(2, 1):B2

55. W6 / L4 P(4, 3):B3, Q(1, 1):A3, R(6, 1):A1의 그래프를 산출할 때, 오류가 발생하여 다음과 같은 그래프가 산출되었다. 다음 중 오류가 발생한 값은?

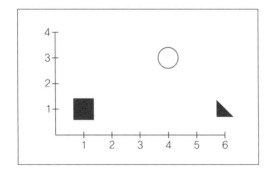

① W6 / L4
② P(4, 3):B3
③ Q(1, 1):A3
④ R(6, 1):A1
⑤ 없다.

직무 1   직무수행능력   01 ~ 10

[01 ~ 02] 다음 지역난방공사의 안내문을 읽고 이어지는 질문에 답하시오.

가. 급탕열요금

급탕단가(원/TON)는 순수하게 시수를 가열하는 데 소요된 열량에 대한 비용이므로 세대 급탕온수미터기의 검침유량은 세대 수도계량기의 검침유량에 합산하여 수도요금으로 부과하여야 하며 기타 약품비, 동력비 등은 해당 관리비목으로 부과함.

– 「공동주택관리법 시행령」 제23조 제3항 '대통령령으로 정하는 사용료 등' 중 급탕비를 말함.

나. 급탕공급온도

세대급탕 사용온도는 온수와 시수를 세면기에서 섞어 대부분 40℃ 전후로 사용하는데 시수온도가 계절별로 다르므로 급탕공급온도도 계절별로 동계(10 ~ 3월)에 55℃ 이하, 하계(4 ~ 9월)에 50℃ 이하로 운영하고 급탕배관의 열손실을 줄여 세대부담을 완화함.

다. 난방사용 열요금

난방열량계가 설치된 세대의 난방열요금 단가는 별도의 표와 같이 책정 부과함.

– 단위가 kWh일 경우(1kWh≒860kcal)

지역난방 사용요금(원/Mcal 부가세 포함)×1.1(공동난방비)×0.86Mcal/kWh

※ 공동난방비는 난방 및 급탕 퇴수, 부대시설 사용, 세대계량기 고장, 설비보온 노후화 정도 등에 의해 기계실에서 세대까지 난·급탕을 공급하는 과정에서 발생(10% 내외)하는 총체적인 사항임. 따라서 관리사무소에서는 열손실과 기타비용으로 구분 계측하여 분리 부과할 수 있음. 단, 상기의 계산자료는 공동난방비가 10% 발생된 APT의 예시 자료로서 공동주택 세대 열 사용 패턴 및 설비운영 상태에 따라 단지별로 달리 부과할 수 있음.

---

01. 다음 중 윗글을 바르게 이해한 내용은?

① 급탕단가에 급탕온수 사용량이 포함된다.

② 세대급탕 사용온도는 온수와 시수를 섞어 55℃ 정도로 운영된다.

③ 급탕공급온도는 연중 동일하게 운영된다.

④ 난방사용 열요금에는 공동난방비가 포함된다.

⑤ 공동난방비는 단지별로 10%가 발생된다.

02. 윗글의 제목으로 적절한 것은?

① 급탕공급 방법과 온도 안내
② 지역난방의 공동주택 열요금 세대 분배방법 안내
③ 지역난방 사용열요금 계산방법 안내
④ 공동주택 세대 열요금 분배단가 안내
⑤ 급탕비의 구성 항목 안내

03. 다음 자료에서 개별난방과의 비중이 방식이 전국 평균에 가장 가까운 지역과 가장 먼 지역은?

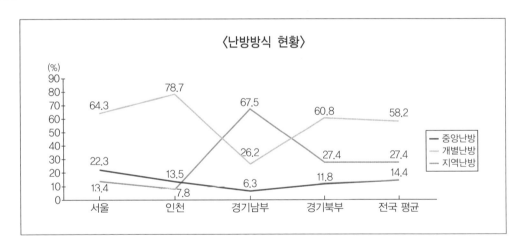

① 서울 – 인천
② 인천 – 경기남부
③ 경기남부 – 인천
④ 경기북부 – 경기남부
⑤ 서울 – 경기북부

04. 다음 중 ㉠에 대한 정보로 옳지 않은 것은?

한국지역난방공사가 스마트산업보안기업 앤앤에스피와 협력하여 외산에 의존해 온 ㉠산업제어시스템(ICS) 지능형 보안 이상 징후 예측진단 기술을 국산화했다. ICS는 발전·가스·철도·항만·정유 등 사회기반 시설 분야에서 원격 설비를 측정·계측·감시하고 이를 제어한다. 해커들은 사회 혼란을 일으키기 위해 ICS를 주공격 표적으로 삼고 있다.

한국지역난방공사는 ICS을 겨냥한 사이버 위협에 선제 대응하기 위해 앤앤에스피와 약 1년에 걸친 연구개발을 통해 'ICS 지능형 보안 이상 징후 예측진단 솔루션'을 개발했다고 22일 밝혔다.

공사는 이를 계기로 그동안 해외 솔루션과 국산 솔루션을 연계해 ICS 보안관제 시스템을 구축·운영했지만 지능형 보안 이상 징후 예측진단 시스템 전체를 국산 솔루션으로 대체할 계획이다. 내년 초 시스템 실증 시험을 거친 후 ICS에 본격 도입한다.

양측은 ICS 데이터 일방향 수집, 화이트리스트 기반 이상 징후 탐지, 지능형 보안 이상 징후 예측진단 등 ICS 보안 전 과정을 국내 기술로 개발, ICS 보안 기술 확보와 중소기업과의 동반성장을 동시에 실현했다.

ICS 데이터 일방향 수집시스템은 공사에서 2016년 국내 최초로 상용화에 성공한 일방향 전송장비 기능·성능·보안성을 한 단계 높였다. 다중 네트워크장치를 모니터링 할 수 있도록 8포트 이상을 제공하기 때문이다. 특히 국내 최초로 Non-IP 기술을 적용해 ICS의 보안성을 향상시켰다.

화이트리스트 기반 이상 징후 탐지시스템은 표준·비표준 제어 프로토콜 분석을 통해 화이트리스트를 구성, 비정상 트래픽을 탐지한다. 패킷 스트림 기반 악성코드 탐지 기능과 수집된 원시 패킷에 대한 포렌식 데이터 저장 기능도 지원한다.

지능형 보안 이상 징후 예측진단 시스템은 딥러닝 기반으로 제어 프로토콜과 페이로드(특성·상태값)를 분석하고 이상 징후를 예측, 진단하는 것은 물론 전체 ICS에 대한 통합 관제 기능을 제공한다.

공사는 국내 산업계 최초로 비표준 제어 프로토콜을 분석해 화이트리스트를 구성하고 피처(feature)를 추출, 딥러닝에 적용했다. 내년 1월부터 실증 시험을 통해 국내 ICS 환경에 최적화한 시스템으로 커스터마이징해 보급할 예정이다.

한국지역난방공사 본부장은 "우수한 현장 기술과 중소기업 혁신적 보안기술을 상호 결합, ICS 보안위협 관리에 대한 실질적인 문제를 해결하고 상생협력 모범사례를 만들겠다."고 말했다.

앤앤에스피 대표는 "현장 실증을 통해 사용성을 검증하고 상용화해 보다 신뢰성 높은 제품을 고객에게 제공하게 됐다."면서 "국내 ICS 환경에 최적화된 보안제품으로 외산 제품을 대체하겠다."고 밝혔다.

---

① 외산 예측진단 기술은 국내 상황에 다소 부합하지 않는다는 한계점을 가지고 있었다.

② 중소기업과의 협력 우수사례로 향후 상생방안으로서 참고 사항이 될 것이다.

③ ICS는 원격으로 사회기반 시설 분야를 제어하는 데 중요한 기술이나 해커들의 공격을 받는 대상 이기도 하다.

④ 위험 요소를 가지는 대상들의 리스트를 확보하여 이상 징후를 판단할 것이다.

⑤ ICS의 보안성을 높일 뿐만 아니라 통합적인 제어 기능 또한 제공할 것이다.

05. 다음 보도자료에 대한 이해로 옳지 않은 것은?

보도자료	제공일	20X9. 8. 14. (수)
한국지역난방공사 KOREA DISTRICT HEATING CORP.	자료 작성 (연락처)	홍보실 홍보부 윤○○ (031-000-0000)
	자료 제공 (연락처)	홍보실 홍보부 최○○ 과장 (031-000-0000)

본 자료는 한국지역난방공사 홈페이지(www.kdhc.co.kr)에서 받으실 수 있습니다.

한국지역난방공사,
'제6회 디지털영상·광고 공모전 시상식' 개최
– 전국 대학생 및 대학원생 대상, 28개 팀·개인 포상

한국지역난방공사는 '제6회 디지털영상·광고 공모전 시상식'을 시행한다고 밝혔다. 집단에너지 역할 및 대기질 개선 효과 등의 주제로 시행된 이번 공모전은 디지털영상, 인쇄광고 두 부문으로 구분하여 진행하였으며 전국 대학생 및 대학원생을 대상으로 약 6주간의 공모가 진행되었다. 출품된 공모작들은 1차 온라인 심사, 2차 전문가 심사를 거쳐 대상을 비롯한 최우수상, 우수상 등 총 28점의 작품을 선정하였으며, 수상작들은 향후 공사를 홍보하는 다양한 홍보콘텐츠로 활용될 예정이다. 한국지역난방공사는 "이번 공모전을 통해 학생들이 더욱더 성장하고 발전해서 국가와 사회가 필요로 하는 우수 인재가 되는 데 조금이나마 보탬이 되길 바란다."고 말했다.

첨부 : 사진 2매. 끝.

① 한국지역난방공사 홍보부에서 자료가 작성되고 제공되었다.

② 약 6주간의 공모 진행을 통해 총 28점의 작품이 출품되었다.

③ 제6회 디지털영상·광고 공모전은 집단에너지 역할 및 대기질 개선 효과 등의 주제로 시행되었다.

④ 보도자료를 통해 이름이 확인되는 한국지역난방공사 직원은 2명이다.

⑤ 디지털영상과 인쇄광고 두 부문으로 구분된 이번 공모작들 일부는 한국지역난방공사에 귀속될 예정이다.

[06 ~ 08] 다음 자료를 읽고 이어지는 질문에 답하시오.

〈신재생에너지 공급인증서(REC) 구매 입찰 공고〉

[1] 입찰 공고 개요

- 공고명 : 신재생에너지 공급인증서(REC) 구매 입찰
- 품목 및 수량

구분	입찰 공고량	비고
REC 단독계약 (단기)	92,000REC	1) 육지 REC 2) 20X7년 7월 이후 생산분 3) 공고마감일(20X9. 11. 25.) 현재 거래 가능한 REC에 한함.

- 계약기간 : 계약일로부터 소유권 이전 완료까지(14일)

  ※ 계약기간 내 거래대금청구 및 거래수수료 납부 등을 완료하여야 함.
- 상한가격 : 52,900원/REC 이하
- 자격제한 : 10,000REC 이상을 보유한 사업자

  ※ 20X7년 7월 이후 생산분, 공고마감일(20X9. 11. 25.) 현재 거래 가능한 REC에 한함.

[2] 입찰 참여 방법

- 입찰 공고 및 서류접수 기간 : 20X9년 11월 11일(월) ~ 11월 25일(월) 15:00까지
- 서류 접수방법 : 이메일 접수(현장접수 및 우편접수 불가)
  - (이메일 주소) xxx@ooo.com
  - (이메일 제목) ○○○발전소 입찰서류 제출(단기입찰)
  - (접수확인) 담당자가 정상접수 확인메일 발송예정(법정공휴일 제외)
    - ▶ 평가 시, 한국지역난방공사 이메일에 도달한 시간을 기준
    - ▶ 접수마감일 15:00까지 서류제출을 완료하지 않은 입찰자는 평가대상에서 제외
    - ▶ 입찰 마감 당일에는 신청건수의 폭증으로 시스템 과부하가 예상되므로 가급적 마감일 전까지 제출 완료 요청
- 입찰결과 발표 : 20X9년 11월 27일(수) 15:00(예정)
  - 한국지역난방공사 홈페이지 공지사항 : https://www.kdhc.co.kr
  - 입찰결과 발표 후 14일 이내 공급인증서 매매계약 체결
- 제출서류 : 암호화된 스캔파일(PDF) 제출(선정 후 원본 제출) (붙임1 참조)
  - 파일 1개로 통합하여 PDF 전자파일로 제출 권장
  - 제출 전 첨부파일 오류, 출력가능여부 등 유효성을 반드시 확인 바람.
  - 제출하는 파일(PDF, ZIP 등)은 암호(비밀번호)를 반드시 설정
- 제출서류 비밀번호 제출 : 별도 지정한 기간 내에 제출
  - 입찰참여서의 보안 및 입찰 투명성을 위해 암호화된 파일만 접수받음.

– 해당 파일의 비밀번호는 아래의 기간 내에 반드시 제출하여 주시기 바라며, 접수기간 내에 제출하지 않도록 반드시 유념하시기 바랍니다.

▶ (제출기간) 20X9년 11월 25일(월) 15:00 ~ 16:00(1시간)

▶ (이메일 주소) xxx@ooo.com

▶ (이메일 제목) ○○○발전소 입찰서류 제출(단기입찰) 비밀번호

[3] 계약상대자 선정기준

• 상한가격 이하로 10,000REC 이상의 REC 판매를 제안한 입찰자 중 최저가격을 제시한 사업자 순으로, 입찰 공고량에 도달할 때까지의 사업자를 계약상대방으로 결정합니다.

• 최저가격을 제출한 자가 2인 이상일 경우 희망공급량이 많은 사업자를, 희망공급량도 동일할 경우 추첨을 통해 계약상대방을 결정합니다.

※ 추첨일시 별도 통보

• 최후순위 사업자의 희망공급량이 다른 사업자의 희망공급량과 합산하여 입찰 공고량을 초과하는 경우에는 초과하는 수량은 구매하지 아니합니다.

• 입찰 공급량에 도달할 때까지의 입찰자를 계약상대자로 결정하나, 입찰 공급량에 미달한 경우 나머지 물량에 대하여는 우리공사 내부방침에 따릅니다.

• 최종 계약상대자는 우리공사 홈페이지에 공고하고, 결정된 입찰자는 반드시 입찰참여서의 제시한 금액과 낙찰공고에 명시된 수량으로 계약을 체결하여야 합니다.

• 계약상대자가 계약체결을 포기할 경우 공사는 차순위자와 계약을 체결할 수 있습니다.

[4] 입찰의 무효

• 본 구매 건은 우리공사 입찰규정을 준용하고 있습니다. 따라서 우리공사 물품구매 입찰유의서 제12조(입찰의 무효)에 해당되는 사항은 무효로 처리됩니다.

[5] 계약체결 및 이행

가. 계약체결의 준수(입찰보증금)

• 입찰에 참여하고자 하는 자는 입찰보증금 지급각서를 제출하고 아래의 상황이 발생하는 경우 입찰보증금을 현금으로 납부하여야 합니다.

① 낙찰자가 계약을 포기한 경우 및 14일 이내 계약 미체결(단, 구매자의 귀책사유인 경우 예외)

② 입찰자가 계약을 포기한 경우

③ 기타 계약 무효화 사항(입찰 참여자격 미준수, 허위 서류 제출 등)

• 입찰보증금은 입찰자 "입찰참여서"의 희망공급량에 입찰단가를 곱한 금액의 100분의 5 상당한 금액(부가가치세 별도)으로 합니다.

> ※ (예시) 희망 공급량 20,000REC, 입찰단가 60,000원/REC
> 20,000(REC)×60,000(원/REC)×0.05×1.1(부가세)=66(백만 원)

나. 계약 이행의 준수(계약보증금, 지체상금)
- 「국가를 당사자로 하는 계약에 관한 법률 시행령」 제50조의 규정에 정한 바에 따라 동법 시행령 제37조 제2항에 규정된 현금 또는 보증서 등으로 계약보증금을 납부해야 합니다.
- 계약보증금은 계약 공급량에 계약단가를 곱한 금액의 100분의 10에 상당한 금액(부가가치세 별도)으로 합니다.

> ※ (예시) 계약 공급량 20,000REC, 계약단가 60,000원/REC
> 20,000(REC)×60,000(원/REC)×0.1×1.1(부가세)=132(백만 원)

- 계약체결일로부터 14일 이내 계약한 REC 물량을 인도하지 못한 경우, 매 지체일수마다 「국가를 당사자로 하는 계약에 관한 법률 시행규칙」 제75조 제2호 지체상금률을 미인도된 공급인증서 물량에 계약단가를 곱하여 지체상금을 납부해야 합니다.

> ※ (예시) 미인도 수량 20,000REC, 계약단가 60,000원/REC, 지체일수 5일
> $20,000(REC)×60,000(원/REC)×\dfrac{0.75}{1,000}×5(일)≒450(만 원)$

(이하 생략)

06. 위 공고문에 대한 이해로 옳은 내용을 〈보기〉에서 모두 고른 것은?

보기

㉠ 특정일 이후 생산된 거래 가능한 10,000REC 이상을 보유한 사업자는 입찰에 참여할 수 있다.
㉡ 11월 25일 15:00 이전까지 암호화된 파일과 비밀번호를 제출하여야 한다.
㉢ 계약상대자 선정 시 최저가격을 제출한 자가 2인 이상일 경우 추첨을 통해 결정한다.
㉣ 최종 계약상대자는 홈페이지를 통해 공개되며, 해당 계약상대자가 계약을 포기할 경우 차순위자와 계약이 체결될 수 있다.

① ㉠, ㉡   ② ㉠, ㉢   ③ ㉠, ㉣
④ ㉡, ㉢   ⑤ ㉢, ㉣

07. 다음은 한국지역난방공사의 물품구매입찰유의서 제12조(입찰의 무효)에 대한 내용이다. 입찰의 무효 사유로 불충분한 경우는?

제12조(입찰의 무효) 시행규칙 제44조에서 무효로 규정한 입찰 및 다음 각호의 어느 하나에 해당하는 입찰은 무효로 한다.

1. 입찰자(법인의 경우 대표자를 말한다. 이하 같다)가 직접 입찰을 하지 아니하고 대리인을 통하여 입찰을 할 경우 제7조 제2항에 의한 대리인이 아닌 자가 한 입찰 또는 대리권이 없는 자가 한 입찰
2. 동일사항에 대하여 타인의 대리를 겸하거나 2인 이상을 대리한 입찰
3. 입찰서의 입찰금액 등 중요한 부분이 불분명하거나 정정한 후 정정날인을 누락한 입찰
4. 담합하거나 타인의 경쟁참가를 방해 또는 관계계약담당자의 공무집행을 방해한 자의 입찰
5. 입찰자의 기명날인이 없는 입찰(입찰자의 성명을 기재하지 아니하고 대리인 성명 또는 회사명을 기재한 경우 및 입찰참가신청서 제출 시 신고한 인감과 다른 인감으로 날인된 경우도 포함한다)
6. 입찰서에 기재한 중요부분에 착오가 있음을 이유로 개찰현장에서 입찰자가 입찰의 취소의사를 표시한 것으로서 계약담당자가 이를 인정한 입찰
7. 제16조 제8항에 정한 해당 서류를 제출하지 아니한 입찰
8. 제8조 제1항 및 제6항에 위반하여 소정의 입찰서를 사용하지 않거나 입찰서의 금액을 아라비아숫자로만 기재한 입찰 또는 전산서식에 의한 입찰서를 훼손하거나 전산표기방법과 상이하게 작성, 기재하여 전산처리가 되지 아니한 입찰
9. 공동계약의 공동수급체구성원이 동일 입찰건에 대하여 공동수급체를 중복적으로 결성하여 참여한 입찰, 입찰 등록 시 공동수급표준협정서를 제출하지 아니한 입찰 및 「공동계약운용요령」 제9조를 위반한 입찰

---

① 대리인이 2인 이상의 입찰에 참여한 경우

② 입찰자의 회사명으로 날인을 하여 입찰한 경우

③ 개찰현장에서 입찰자가 입찰 취소의사를 표시한 경우

④ 입찰금액의 맨 앞자리를 정정한 후 정정날인을 누락한 경우

⑤ 입찰서에 아라비아숫자 이외의 문자로 표기한 금액을 누락한 경우

08. 계약 공급량 30,000REC, 계약 단가 45,000원/REC에 계약을 체결한 사업자가 14일 이내 계약 공급량의 절반을 인도하지 못하여, 8일이 지체된 이후에 미인도 수량 전체를 인도하였다고 한다. 이 사업자가 지불할 계약보증금과 지체상금은 얼마인가?

	계약보증금	지체상금		계약보증금	지체상금
①	135백만 원	405만 원	②	135백만 원	540만 원
③	135백만 원	810만 원	④	148.5백만 원	405만 원
⑤	148.5백만 원	540만 원			

09. 다음은 지역냉방 설비를 설치한 건물에 대한 보조금 지급 방식이다. 이를 참고하여 〈보기〉에서 보조금이 큰 순서대로 나열한 것은?

구분	200usRT 이하	200usRT 초과~500usRT 이하	500usRT 초과
일반제품	10만 원/usRT	7.5만 원/usRT	5만 원/usRT
고효율제품	12만 원/usRT	9만 원/usRT	6만 원/usRT

※ 누적용량(usRT)별 지급액은 구간별 지급기준 적용

⑩ 일반제품 300usRT 이용 : 200(usRT)×10(만 원/usRT)+100(usRT)×7.5(만 원/usRT)=2,750(만 원)

※ 지역냉방(냉수) 냉방열교환기는 환산기준 단위적용(1usRT=3,024kcal/h 또는 3.52kW)

보기

㉠ 600usRT를 이용한 일반제품   ㉡ 400usRT를 이용한 고효율제품

㉢ 1,760kW를 이용한 고효율제품   ㉣ 1,512Mcal/h를 이용한 일반제품

① ㉠ > ㉢ > ㉡ > ㉣   ② ㉠ > ㉢ > ㉣ > ㉡

③ ㉢ > ㉠ > ㉡ > ㉣   ④ ㉢ > ㉠ > ㉣ > ㉡

⑤ ㉢ > ㉡ > ㉠ > ㉣

10. 다음 자료를 토대로 세운 홍보 방안으로 적절한 것은?

에너지 자립학교 보급 협력 위한 업무협약 체결

한국지역난방공사는 20X9년 12월 19일 인천항만공사에서 '해를 품은 에너지 자립학교' 보급을 통해 도서지역 학생에 체계적인 장학지원 사업을 추진하기 위한 업무협약을 체결했다. 이 사업은 인천광역시, 인천광역시남부교육지원청, 인천항만공사, 수도권매립지관리공사, 한국전력, 한국기후변화연구원이 함께 한다.

이번 협약을 계기로 지역난방공사는 인천항만공사, 수도권매립지관리공사와 연평도 내 초·중·고 통합학교 유휴부지에 35kW 태양광 발전설비 보급을 지원하기로 했다. 태양광 발전설비 보급을 통해 학교에 에너지 공급은 물론 전기요금 걱정 없는 쾌적한 교육환경을 조성하고 신재생에너지 생산에 따른 탄소배출권 수익금액을 장학금으로 지급함으로써 교육환경 개선에도 기여하게 된다.

열수송관 성능시험 성공적인 가동 완료

한국지역난방공사가 국내 지역난방 시스템 도입 30년 만에 자체적으로 열수송관 성능시험을 시작했다. 그간 지역난방 집단 공급에 앞서 열수송관의 상태 진단 및 수명평가를 시험할 전문기관이 국내에 없었다. 이 때문에 지역난방공사 및 집단에너지사업자들은 많은 시간과 비용을 할애해 해외 전문시험기관에 열수송관 시험을 위탁해 왔다. 이번 성능시험센터 개관으로 열수송관의 안전·품질 검사 및 노후 수송관의 유지·보수 기술 연구에 기여할 것으로 기대된다.

공사 관계자는 "이번에 개관한 열수송관 성능시험센터에서 장기사용 열수송관의 효율적인 유지보수 전략 수립을 위한 자체연구를 수행할 계획"이라고 말했다. 지역난방공사는 대외적으로 센터를 개방, 운영할 방침이다. 또한 국내 민간 집단에너지 사업자 대상 열수송관 성능시험 대행 사업과 중소 기자재 제작사 대상 기술교육사업도 추진한다.

연료전지 보급 등 수소경제 활성화 박차

한국지역난방공사는 정부의 수소경제 활성화 정책에 따라 관련 선도 사업 개발에 주력하고 있다. 우선 지역난방공사는 지역난방 네트워크와 연계한 연료전지 확대 보급, 수도권 입지 및 열 수송관 건설 노하우를 활용한 생산·수송 인프라 구축 등을 세부 내용으로 하는 '수소경제 활성화 추진방안'을 수립했다. 이는 정부가 수소차와 연료전지를 양대 축으로 하는 수소경제 활성화 로드맵을 발표한 데 따른 후속 조치다. 지역난방공사는 정부 발표 이후 에너지혁신본부장을 위원장으로 하는 '수소 사업 태스크포스(TF)'를 구성해 운영하고 있다.

또 수소경제 로드맵의 한 축인 연료전지 확대 보급에도 전력을 쏟고 있다. 동탄지사 연료전지발전소는 연간 약 9만 메가와트시(MWh)의 전력을 생산해 수도권 약 2만 5,000세대에 공급할 수 있다. 공사 관계자는 "연료전지는 에너지 생산과정에서 미세먼지 및 대기오염물질을 거의 배출하지 않는다."면서 "기존 대규모 중앙집중식 발전소를 대체할 수 있는 분산형 전원으로 에너지효율이 높은 것도 장점"이라고 설명했다.

① 기존 국내 열수송관 성능시험 전문기관의 노후화된 시설을 새롭게 재정비한 것을 강조한다.

② 국내 열수송관 성능 시험 센터를 다양한 기관에서도 활용할 수 있도록 대외적으로도 개방한다는 점을 강조한다.

③ 에너지 자립학교 보급을 위해 연평도 내 초·중·고 통합학교 부지를 새롭게 매입한 것을 강조한다.

④ 한국지역난방공사의 '수소경제 활성화 추진방안'은 이후 발표된 정부의 수소경제 활성화 로드맵의 토대가 된 점을 강조한다.

⑤ 동탄지사 연료전지발전소가 대규모 중앙집중식 시스템을 통해 환경오염을 방지할 수 있음을 강조한다.

01. 다음 글의 흐름에 따라 ㉠에 들어갈 단어로 적절한 것은?

> 인간소외란 원래 인간이 자기들의 생활을 풍부하게 하기 위해 만들어 낸 물질이 인간으로부터 독립하여 거꾸로 인간을 지배하고 마는 현상을 가리키는 말이다. 즉 인간이 만들어낸 문화가 인간성과 유리되어 인간을 지배하게 되는 현상이다. 이러한 상태에서는 인간의 활동 자체가 당사자인 인간에게 속하지 않는 외적·강제적인 것으로 나타나며, 인간의 본질은 인간에 (㉠)하는 것으로 되고 만다.
>
> 소외의 종류를 대별하면 이용적 문화로부터의 소외, 마르크스(K. Marx)는 이를 노동생산물로부터의 소외라고 했다. 규범적 문화로부터의 소외, 베버(M. Weber)는 고도로 공업화된 노동과정의 기계화·자동화 그리고 사회기구의 거대화에 따른 관료화로부터 역할을 단편화시키고 타율화시켜 몰인간적으로 만든다. 관념적 문화로부터의 소외는 프롬(E. Fromm)의 자유로부터의 도피과정에서 찾아볼 수 있다.

① 외재(外在) ② 모순(矛盾) ③ 타성화(惰性化)

④ 제명(除名) ⑤ 협력(協力)

02. 다음 글의 흐름에 맞게 ㉠과 ㉡에 들어갈 내용을 〈보기〉에서 적절하게 고른 것은?

웹드라마는 TV 드라마와 같은 영상물을 인터넷을 통해 유통·배급·소비되는 시리즈물을 의미한다. 기존에 TV로 방영되던 드라마 대부분이 30 ～ 50분의 길이인 것과 달리, 웹드라마의 경우 5 ～ 10분가량의 에피소드가 연속적으로 최소 3편 이상 업로드된다.

국내 웹드라마가 태동한 시기는 2010년대 초이고 2013년부터 본격적으로 제작되기 시작했다. 그 이유는 LTE 서비스가 시작되면서 모바일로 동영상을 감상할 수 있는 환경이 조성됐기 때문이다. 2017년부터 몇몇 작품들이 큰 성공을 이루며 대중의 주목을 받게 되었다.

웹드라마가 새로운 콘텐츠로 급성장하게 된 이유는 (㉠   ) 웹드라마는 회당 방영시간이 짧아 이동시간이나 쉬는 시간에 잠깐씩 시청하기에 부담이 없다. 이는 2010년 전후로 스마트폰이 대중화되면서 과자를 먹듯 5 ～ 15분 이내의 짧은 시간에 문화콘텐츠를 소비하는 스낵컬쳐(Snack Culture) 현상과 부합한다. 젊은 층은 TV와 같은 전통적 미디어보다 모바일을 더 친숙하게 느끼며 TV 앞에서 '본방 사수'하기보다 유동적인 시청시간을 선호한다.

또 다른 이유는 웹드라마가 전통적인 영상물에 비해 (㉡   ) 스마트폰으로 촬영하고 편집해서 소셜미디어를 통해 유통하는 것이 가능하다. 즉, 인터넷이라는 플랫폼을 통해 방영하므로 거대자본과 배급사 등의 간섭으로부터 벗어날 수 있다. 또한 기존 미디어의 주류 인맥이 없더라도 누구나 '크리에이터(Creator)'가 될 수 있다. 이는 '표현의 자유', '기회의 평등'과 맥락을 같이한다.

보기

ⓐ 적은 제작비로도 콘텐츠를 만들 수 있기 때문이다.
ⓑ '표현의 자유'와 '기회의 평등'을 잘 실현할 수 있기 때문이다.
ⓒ 모바일에 익숙한 젊은 층의 수요에 부합하기 때문이다.
ⓓ 최근 급증한 1인 가구 생활패턴에 부합하기 때문이다.

	㉠	㉡		㉠	㉡		㉠	㉡
①	ⓐ	ⓑ	②	ⓐ	ⓒ	③	ⓓ	ⓑ
④	ⓒ	ⓑ	⑤	ⓒ	ⓓ			

03. 다음 글의 문맥상 ㉠∼㉤에 적절한 어휘로 짝지어진 것은?

최근 며칠 기승을 부리던 미세먼지가 주춤한 사이 반짝 추위에 거리를 지나는 시민들의 옷차림도 다시 두꺼워졌다. 특히 사방이 트인 정류장에서 버스를 기다리는 시민들은 잠시라도 추위를 피하고 싶은 마음이 간절하다. 서울시내 곳곳에 칼바람을 피할 수 있는 이색적 시설물이 관심을 모은다.

마포구에는 온기텐트가 있다. 이번 '마포 온기나루'는 버스정류장과 교통섬 등 모두 32곳에서 만날 수 있다. 성인 8 ∼ 10명 정도가 한데 들어갈 수 있다. 출입문은 바람을 효과적으로 막아주고 이용자들의 이동이 편한 미닫이문이다. 혹시 모를 보행자 안전사고 발생에 대비해 영조물 배상 ㉠공조 / 공제 보험에도 가입했다.

강남구는 찬바람막이 '강남따숨소'를 운영 중이다. 열효율이 우수한 투명 폴리카보네이트 재질과 미닫이 출입문으로 바람 ㉡차단 / 차폐 효과를 높였다. 안전을 위해 프레임은 아연도금 스틸각관이 사용됐으며, ㉢조성 / 조립식으로 매년 겨울마다 재설치가 가능하다.

서대문구는 기존 버스 승차대를 그대로 활용한 것이 특징이다. 바로 승차대 부착 형식이다. 장점으로 점자블록을 가리거나 길을 막지 않아 보행에 지장이 없다. 보행자와 운전자 시선을 방해하지 않는다. 도로 면적을 추가로 ㉣점유 / 공유하는 방식이 아니어서 도로법 위반 소지도 적다.

성동구에는 '온기누리소'란 명물이 있는데 이 곳의 커튼식 출입문을 미닫이로 개선해 문틈 사이로 들어오는 추위의 차단효과를 크게 했다. 내부에는 휴식의자를 개소당 2개씩 배치해 더욱 따뜻하고, 편안한 공간이 되도록 했다. 또한 시설물 유지·관리에도 세심한 주의를 기울이고 있다. 버스 이용객들의 불편이 없도록 온기누리소 관리·㉤운용 / 운영 주체 안내문도 달았다.

	㉠	㉡	㉢	㉣	㉤
①	공조	차단	조립	점유	운용
③	공조	차폐	조성	점유	운영
⑤	공조	차폐	조성	공유	운용

	㉠	㉡	㉢	㉣	㉤
②	공제	차단	조립	공유	운영
④	공제	차단	조립	점유	운영

[04 ~ 05] 다음 글을 읽고 이어지는 질문에 답하시오.

우리나라 정부가 출범한 이후 경찰제도의 근간은 중앙집권적인 경찰제도였다. 그러나 1995년 지방자치제 도입 때부터 자치경찰제가 지속해서 논의되어 왔고 2006년에 제주특별자치도에서 처음으로 도입되었다.

㉠국가경찰제는 경찰조직의 설립과 운영에 관하여 법령으로 그 책임과 소재를 국가에 위임한 제도로서 경찰조직권, 경찰인사권, 경찰경비부담권 등에 대해 국가가 책임을 지는 중앙집권적 경찰을 의미한다. 즉, 경찰청장이 전국 경찰을 지휘하는 방식이다.

기존 국가경찰제는 경찰권이 국가에 귀속되어 있기에 국가권력을 바탕으로 강력하고 광범위한 법집행력을 행사할 수 있다는 것이 장점이다. 전국 공통의 조직체로서 중앙의 명령에 의한 경찰활동의 효율적·통합적·신속한 집행이 가능하다. 또한 타 행정부처와 긴밀한 협조체계를 구축할 수 있기 때문에 경찰이 일반 행정부처 운영을 용이하게 뒷받침할 수 있으며 경찰 역시 일반 행정부처로부터 원조를 받기가 용이하다. 예산운영 측면에서도 전국적인 운영이 가능하기 때문에 중복투자를 막고 효율성을 확보할 수 있는 장점이 있다. 지방정치인의 경찰인사·운영에 있어서도 부당한 간섭을 배제할 수 있기 때문에 직무 수행의 공정성과 정치적 중립성을 확보할 수 있다.

그러나 국가경찰제는 다음과 같은 한계가 존재한다. 첫째, 경찰 본연의 임무를 경시하고 타 행정부처의 업무에 이용되기 쉽다는 것이다. 경찰 본래의 임무를 경시하고 경찰의 특별영역에 치우치거나 집권정부의 의사에 따르는 정치경찰화 가능성이 높다. 또한 명령 하달식의 경찰행정이 경찰조직의 유연성을 저해하고 획일적인 경찰행정을 수행하게 하여, 지역의 특수한 환경에 따라 요청되는 치안수요에 효과적으로 대응하지 못하게 된다. 둘째, 경찰관련 법규가 전국에 걸쳐 공통적으로 적용되기 때문에 지방경찰 실정에 부합되지 못하는 경우가 발생하며, 개정절차가 복잡하여 대응에 있어서 융통성이 결여되기 쉽다. 셋째, 경찰관의 인사이동이 빈번하기 때문에 각 지역의 현안과 분위기에 익숙하지 못하며, 지역의 경찰행정에 집중하기보다는 중앙 경찰조직의 분위기를 고려하는 경우가 비일비재하다. 넷째, 연고가 없는 지역으로 인사이동을 하게 될 경우 가족과 떨어져 생활해야 되기 때문에 사기가 저하되고, 특히 지역주민과의 관계에 있어서 지역출신 경찰관보다 친밀도가 떨어지며 관료화될 가능성이 높다. 다섯째, 전국적인 관점에서 경찰에게 필요한 각종 시설 및 장비가 계획되고 시행되기 때문에 지역실정에 적합하지 않는 경우가 많다. 여섯째, 치안 행정에 대한 주민의 자발적인 참여와 협조를 저조하게 만들 수 있으며, 경찰행정의 민주화와 자율화 확보의 어려움으로 인해 궁극적인 지방행정의 민주화와 지방자치의 완성을 저해할 수 있다.

㉡자치경찰제는 지방분권의 이념에 따라 지방자치단체에 경찰권을 부여하고 경찰의 설치 및 운영에 대해 지방자치단체가 책임을 지며 주민들의 삶의 질 향상을 위해 시행하는 경찰 제도를 말한다. 즉, 경찰의 조직권·인사권·경비부담책임 및 사회질서유지 책임을 지방자치단체가 부담하는 제도이다. 자치경찰제가 도입되면 자치경찰은 생활안전, 여성·청소년, 교통, 지역경비 등의 주민밀착형 사무를 담당하고 민생치안을 밀접 수사하게 되고 국가경찰은 정보·보안·외사·경비 등 업무와 광역범죄·국익범죄·일반 형사 사건 수사, 민생치안 사무 중 전국적 규모의 사무를 담당하게 된다.

자치경찰제 도입을 찬성하는 측은 다음을 논거로 제시한다. 첫째, 지방자치행정의 실시와 지방분권의 실현이다. 우리나라도 이미 91년부터 지방자치제를 실시하고 있어 지역주민이나 자치단체 모두 자치경찰제도의 도입에 있어서도 국가중심의 구조에서 벗어나 분권화된 운영방식과 정책수단을 적용하기 쉬운 환경이 조성되었다. 즉, 자치경찰제는 한국 지방자치를 완결시키는 첩경임과 동시에 전통적인 국가 권력기관의 중립화 내지 분권화로의 정부조직개편으로 볼 수 있다. 둘째, 진정한 민생치안체계를 확보하고 지역주민에 맞춤형 치안서비스를 제공할 수 있다. 지방자치단체 산하에서 자치경찰은 가정폭력, 학교폭력 사건의 수사와 교통사고조사 등 지역에 대한 이해가 필요한 생활안전과 민생치안 등 주민밀착형 업무를 담당한다. 반면 중앙집권적인 경찰은 민생치안과 주민의 재산보호보다는 시국치안에 중점을 두는 경향이 있기에 자치경찰을 통해 주민의 생명과 재산을 보다 충실히 보호할 수 있을 것이다. 셋째, 주민참여 행정의 활성화이다. 범죄의 예방이나 교통 정책은 결코 경찰의 힘만으로는 효과를 거둘 수 없는 분야로 주민의 참여에 의한 공동생산이 필수적이다. 때문에 앞으로 주민참여는 더욱 확대될 것이다. 넷째, 경찰의 중립성을 보장할 수 있다. 현재 국가경찰제는 경찰기관의 장을 모두 대통령이 임명하고 있어 경찰수뇌부가 정치권의 눈치를 보지 않을 수 없다. 정권이 교체되면 특정 지역 출신이 경찰 요직을 독차지하여 정권의 하수인의 역할을 하는 것을 종종 볼 수 있다. 따라서 경찰조직을 국가경찰과 자치경찰로 이원화하면 정치적 중립성을 확보할 수 있다.

그러나 자치경찰제 도입에 대한 우려도 존재한다. 경찰과 지방 권력 간 유착이 발생할 위험이 있다는 지적이 있다. 국가경찰제가 정권의 눈치를 본다면 자치경찰제는 지방 세력과 밀착해 정치적 중립성이 훼손될 위험이 있다. 또한 예산 측면에서도 문제가 존재한다. 지방자치단체별 재정력 차이로 인해 공급하는 치안서비스 수준에 차이가 날 수 있으며 재정력이 취약한 지방자치단체는 미흡한 치안서비스를 제공해 주민들의 불만을 가중시킬 수 있다. 지방경찰과 국가경찰의 이원적 운영으로 경비가 증대되어 주민부담이 가중될 수 있고 동일한 구역 내에서 국가경찰과 지방경찰 간 갈등이 발생할 위험도 존재한다.

자치경찰제는 제주 이외의 5개 지역에서 시범운영될 예정으로 정부는 2021년 전국 확대 시행을 목표로 하고 있다. 주민밀착형 지방자치가 한 단계 더 도약하기 위해서는 자치경찰제도의 도입에 대한 보완이 필요하다.

04. 윗글에 나타난 ㉠, ㉡의 장점으로 제시되지 않은 것은?

① ㉠ – 승진기회 확대를 통한 동기부여
② ㉠ – 전국적 예산운영을 통한 예산 효율성 향상
③ ㉠ – 일반 행정부처와의 긴밀한 협조체계
④ ㉡ – 민생치안체계 확보
⑤ ㉡ – 경찰의 정치적 중립성 보장

05. 다음 중 윗글에서 알 수 없는 내용은?

① 자치경찰과 국가경찰의 개념
② 자치경찰제 도입이 정치적 중립성에 미치는 효과
③ 자치경찰제 도입단위별 기대효과 및 한계
④ 자치경찰제의 지역주민 맞춤형 치안서비스 확보
⑤ 자치경찰제의 전국적 확대 예상시기

[06 ~ 07] 다음 글을 읽고 이어지는 질문에 답하시오.

(가) 생물의 유전 정보를 활용할 수 있게 된 '게놈 프로젝트'가 가져올 사회는 어떤 모습일까? 먼저 생물 산업사회가 도래할 수 있다. 생물이 갖고 있는 생체 분자의 생합성 능력은 석유 산업의 화학 합성보다도 훨씬 정교하고 다양하다. 생물의 게놈 유전 정보는 생합성 기구에 해당하는 각종 효소를 유전 공학적으로 손쉽게 제조하여 산업 기술에 활용할 신소재를 만들게 한다. 이 신소재는 새로운 문화 형태와 생활 유형을 만들어 낼 가능성이 있다. 또한 인류는 한 차원 높은 의료 혜택을 누릴 것이다. 인체의 모든 설계도가 알려짐으로써 질병의 근본 원인을 이해하게 되고 질병에 대한 게놈 DNA 수준의 분자 치유법이 등장할 수 있기 때문이다. 또 생체 모방 기술이 본격적으로 등장할 것이다. 우리가 알고 있는 생체 기능 중에는 인간의 두뇌 작용과 생체 감지 장치, 식물의 광합성, 동물의 동력 기관 등과 같이 현대 과학으로 모방하기 어려운 과학 현상들이 많다. 그런데 생물의 모든 유전 정보가 밝혀지면 그 과학 현상들을 관장하는 구체적인 기구들을 인공적으로 제조하거나 생체 현상을 모방할 수 있게 된다.

(나) 2003년에 프로젝트가 조기 종료될 때, 생명과학자와 의학자들은 유전적 원인에 기인하는 인간 질병의 원인을 빠르게 분석하고 치료방법을 연구하여 질병으로 고통받는 환자들에게 도움을 줄 것으로 기대했다. 그러나 절망적이게도 유전체 데이터는 천문학적 수준으로 방대했으며 유전자와 형질이 1 : 1 대응하는 것이 아니기 때문에 학자들의 기대와는 다르게 연구를 진행하는 데에 수많은 시간이 걸렸다. 유전체 정보의 방대함이라는 분석의 한계점은 역설적이게도 컴퓨터공학이 전통적인 생명과학 연구와 융합하여 생물정보학이라는 새로운 연구분야를 개척하는 시작점이 되기도 했다.

(다) 1990년대 미국을 포함하는 6개국 생물학자들은 인간 유전체 지도를 만들기로 하고 인간 유전체의 염기서열 분석 프로젝트에 들어갔다. 이것이 그 유명한 '인간 게놈 프로젝트(Human Genome Project)'이다. 게놈이란 단어는 유전자(Gene)들의 전체 집합(-ome)이라는 뜻이다. 이 프로젝트는 대략 32억 개의 DNA 염기서열을 분석하여 인간이 갖는 46개의 DNA에 있는 유전자들의 위치와 염기서열을 알아냈으며 프로젝트의 결과로 생명과학 연구자라면 누구나 염기서열 정보에 접근이 가능하게 되었고 연구에 필요한 유전자의 염기서열을 얻을 수 있게 되었다.

(라) 그러나 이런 전망에 맑음만 있지는 않다. 먼저 얻어지는 유전 정보를 이용한 개인 자료 보호의 문제가 있다. 영화에서처럼 아예 유전정보로 모든 걸 판단하는 수준은 아닐지라도 앞으로 밝혀지는 개개인의 정보는 악용될 소지가 충분하다. 또 유전자의 무분별한 변형과 향상도 우려된다. 예를 들어 있을지도 모를 부작용을 감안하고 키를 크게 한다든지, 머리를 금발로 만든다든지 하는 경우가 해당된다. 무분별한 이용은 분명 생화학 무기를 만들어 내는 충동으로 이어질 수도 있다.

(마) 이런 우려의 끝은 결국 영화 '가타카'에서처럼 우성과 열성이라는 인간의 선천적 구별을 만들어 낼 수 있다는 것이다. 인간의 유전자가 선천적으로 이런 우열을 갖고 있다면, 억압과 차별이 정당화될 수 있다. 따라서 필연적으로 생물학적 계급사회나 새로운 인종주의가 등장할 것이다. 또 인간의 자유의지는 휴지 조각이 되어 개척이나 진보는 의미가 없어지고, 삶의 의미와

목적은 사라질 것이다. 그렇게까지야라고 생각할 수도 있지만 이미 인류는 19세기와 20세기 초까지 존속되었던 미국과 서유럽의 강제불임법, 이민법, 결혼금지법과 홀로코스트를 초래한 나치의 단종법 등 인간에 대한 생물학적 지식과 우생학을 악용한 예를 겪었다.

(바) 인간 게놈 프로젝트가 끝난 직후 유전체 염기서열 분석에 드는 비용은 개인이 부담하기엔 상당히 버거운 액수였다. 1명의 인간 유전체 염기서열을 분석하려면 2003년에 자그마치 3억 달러가 필요했다. 그러나 차세대 염기서열 분석법이 개발되고 발달함에 따라 2020년이 되면서 대략 100달러까지 가격이 내려갈 것으로 예상하기도 한다. 그런데 가장 중요한 것은 1명의 유전체 염기서열을 분석하는 비용이 저렴해진다는 것이 아니라 유전체 염기서열 정보를 어떻게 가공하여 사용할 것인지를 결정하는 것이다.

06. 윗글 (가)~(바)의 순서를 글의 흐름에 맞게 배열한 것은?

① (가) - (다) - (나) - (바) - (라) - (마)
② (다) - (나) - (라) - (마) - (가) - (바)
③ (다) - (나) - (바) - (가) - (라) - (마)
④ (다) - (바) - (나) - (라) - (마) - (가)
⑤ (바) - (가) - (나) - (다) - (라) - (마)

07. 윗글의 주제로 적절한 것은?

① 유전체 염기서열 분석 비용의 하락
② 생물정보학의 등장배경
③ 게놈 프로젝트를 바탕으로 한 생체 모방기술의 발전
④ 염기서열 분석 프로젝트의 기대효과 및 한계
⑤ 게놈 프로젝트로 인해 인종주의가 심화될 우려

[08 ~ 09] 다음 글을 읽고 이어지는 질문에 답하시오.

죽은 뒤의 영혼에 관한 견해는 살아 있는 사람들이 인생과 세계를 보는 방식이나 가치판단에 영향을 준다. 소설 『혼불』의 한 대사를 보면 어머니의 장례를 치르면서 두 아들이 죽음에 대하여 서로 다른 관점을 표현한 대목이 있다. (동생의 말) "살아 있을 때 온 정신을 다 쏟아 놓은 일이 결국은 그 사람의 죽음 다음을 비춰 주는 게지요. 그러니 살아 있는 동안 어찌 살 것인가를 생각해 야지, 죽어 버리면 인간은 한낱 물질로 돌아가 썩어서 흙이 되고 물이 되는 것. 그 죽은 시체를 위해 온갖 절차를 갖추고 성대히 상례를 치르는 것은 아마 허위에 불과한 일일 게요. 아니면 살아 남은 사람들이 저 자신의 심정을 위로하기 위한 놀이든지." (형의 말) "지나치게 재물 공력을 많이 들여 가산이 피폐해질 정도로 장사를 지낸다 하면 그것은 폐습이겠지만, 가령 죽은 개 한 마리 묻는 것이나 한가지로 사람 죽은 몸뚱이를 함부로 내다 버린다면, 그것은 죽은 사람만을 그렇게 대하는 것이 아니라 곧 산 사람도 그처럼 하찮게 대해 버리고, 거기다가 아무 가책을 느끼지 않는 세상이 되고 말 것이네. 시신을 지극히 공경해서 존엄하게 모시는 것은 죽음을 헛되이 치장하는 것이 아니라 인간을 귀하게 여기는 정신일 것이야." 두 사람은 모두 유학자들이어서 사후에 영혼이 존재하느냐 하는 문제보다는 장례식의 형식과 죽음에 대한 태도를 중심으로 토론하고 있다. 사후에 영혼이 없다는 입장을 분명히 가지고 있는 동생은 많은 비용을 들여서 장례식에 공력을 쏟는 일이 의미 없다고 한다. 그러나 형은 이러한 장례식이 살아 있는 사람들을 대하는 태도에 연관된 문제라고 신중론을 펴고 있다.

죽음에 대한 태도는 삶의 태도에 영향을 미친다. 사후세계가 있다고 확실하게 믿는 사람들은 그렇지 않은 사람들과 다른 행동을 할 수 있다. 사이비 종교를 믿는 사람들이 집단자살하는 사건 보도를 들으면 많은 사람들은 납득하기 어려워한다. 서양의 문물과 종교가 들어왔을 때 조선시대 유학자들은 서양의 종교가 부자의 천륜을 끊고 삶보다 죽음을 좋아하는 이단사설이라고 비판하였 다. 이러한 비판은 새로운 종교에 대한 대결의식과 불명확한 이해를 바탕으로 하고 있지만 논쟁의 초점을 천당과 지옥과 같은 사후세계 문제에 맞춘 것이다.

㉠장자는 '해골과의 대화'라는 우화를 통하여 사람들이 삶에 집착하는 모습을 깨우치려고 하였 다. 죽은 뒤에 얼마나 즐거운 세계가 기다리고 있는지 아무도 모르면서 왜 사람들은 삶을 좋아하고 죽음을 싫어하는지 알 수 없다고 하였다. 삶이 절대적으로 좋고 죽음은 절대 안 된다는 생각을 되돌아보기 위한 우화였다. '살기 위하여 무슨 짓인들 못 하겠는가' 하는 삶의 태도는 위험성을 안고 있다. 장자는 죽음 이후의 세계가 있다는 이야기를 하기 위한 것이 아니라 삶은 좋은 것이고 죽음은 싫은 것이라는 고정된 관념을 깨고자 한 것인데 그 과정에서 사후세계, 저승이나 피안을 말하게 되었다. 실제로 장자의 입장에서 보면, 사후세계에 대하여는 우리가 모른다고 해야 가장 옳은 태도라고 보고 사후세계가 있다고 하거나 없다고 하는 두 가지 극단적인 입장을 모두 비판한 것이다. 그러나 유학자의 입장에서는 장자의 이러한 불가지론적 태도도 비판의 대상이 되었다. 영 혼불멸을 믿거나 그것에 불가지론적 태도를 취하는 입장은 모두 이 세계 밖의 가공의 세계, 거짓 세계, 허무의 세계를 가지고 우둔한 사람들을 속이고 있다고 비판한다.

정신과 육체를 완전히 분리된 두 실체로 보고 이론을 세웠던 ㉡데카르트는 육체와 정신이 통일되 어 있는 구체적 인간을 설명하는 데 어려움을 겪었다. 데카르트에 따르면 세계에는 생각하는 '정신'과

공간을 차지하고 있는 '물질'이 있고, 그 성질이 다르기 때문에 이 둘은 서로 통합될 수 없다. 만약 술에 만취하여 제정신이 아닌 상태에서 살인을 저질렀다면 어떤 처벌을 내려야 하는가. 제정신이 아니었으므로 육체가 죄를 지은 것이라고 하여 감옥에 가둔다면 육체만 가둘 수 있을 것인가. 정신에 책임이 있다고 하여 육체를 가둔다면 아무 관계도 없는 놈을 가둬 두는 꼴이 된다는 것이다.

영혼불멸을 믿는 사람들은 대개 정신과 육체가 분리될 수 있다는 생각을 가지고 있다. 정신적인 세계와 물질적인 세계를 구분하고 정신적인 세계의 영원성을 주장하는 경향을 갖는다. 이러한 생각의 계열을 철학사에서는 관념론이라고 분류한다. 중세 기독교의 영혼론 가운데 존재하는 것들을 세 종류로 분류한 방식이 있다. 물질적인 것들은 시작이 있고 끝이 있다. 영혼은 시작은 있지만 끝이 없다. 신은 시작도 없고 끝도 없다. 모든 것은 신이 창조한 것이고 신의 창조물 가운데 영혼은 신을 닮은 존재로서 시작은 있지만 끝은 없다는 영속성을 갖는다는 설정이다. 이러한 사례를 통하여 영혼에 관한 문제는 철학의 근본문제와 연관된 하나의 주제라고 할 수 있다.

08. 윗글을 통해 알 수 있는 ⊙, ⓒ과 관련된 내용으로 적절하지 않은 것은?

① ⊙은 삶과 죽음에 대한 사람들의 통념을 깨주고 싶어한다.
② ⓒ은 정신과 물질의 기능이 다르다고 본다.
③ ⊙은 죽은 뒤에도 즐거운 세계가 존재하기 때문에 죽음을 피하지 않아도 된다고 본다.
④ ⓒ은 정신과 육체는 성질이 다른 별개의 것이라고 본다.
⑤ 유학자들은 ⊙의 의견에 공감하지 않는다.

09. 윗글의 중심 내용으로 적절한 것은?

① 정신과 육체에 대한 장자와 데카르트의 주장 비교
② 영혼론에 관한 철학적 논의
③ 장례식을 통해 본 죽음에 대한 태도
④ 유교적 관점에서 비판한 이단사설
⑤ 정신적 세계와 물질적 세계의 구분

[10 ~ 11] 다음 글을 읽고 이어지는 질문에 답하시오.

조직구조란 조직을 구성하고 있는 사람, 업무, 부서들 간의 공식적 관계나 상호관련성을 구축하는 짜임새를 일컫는다. 조직구조 유형으로 기능별, 부문별, 매트릭스, 프로세스 구조 등을 제시할 수 있다.

기능별 구조는 마케팅, 제조, 재무 등의 기능단위로 분화된 조직형태이다. 기능별 구조는 전문화 라인과 스태프 관계, 통제범위, 권한, 책임 등에 관한 초기 경영이론에 바탕을 두고 있다. 비슷한 작업을 수행하거나 비슷한 문제를 해결하는 사람들을 집단화하여 기술과 자원의 전문화가 촉진된다는 장점이 있으나 구성원들이 제한적 관점으로 일상적 과제수행에만 관심을 갖는다는 단점이 있다.

부문별 구조는 조직의 제품, 서비스, 고객, 지역 등을 기준으로 하위 단위를 형성한다. 조직의 전체 목적 달성을 위한 부문 간 의존성을 이해하고 가용자원을 상호 조정한다는 장점이 있다. 그러나 구성원의 능력을 충분히 활용할 전문적 과업이 적다는 것이 단점이다.

매트릭스 구조는 기능별 구조와 부문별 구조의 강점을 활용한 구조로, 수직적인 기능별 구조에 제품이나 프로젝트별 조정이 가능한 수평구조를 결합한 형태를 의미한다. 이 구조는 다양한 관점을 촉진하며 전문화된 기능별 지식을 모든 프로젝트에 활용할 수 있다. 그러나 조직을 관리하기가 용이하지 않다는 한계가 있다.

프로세스 구조는 새로운 관점의 구조화 방식으로 제품개발, 고객주문처리, 판촉 등의 핵심 과정을 중심으로 전문팀을 구성하는 것을 의미한다. 수평적 관계를 강조하며 효율성과 몰입도가 높다는 장점이 있다. 또한 고객 만족 향상에 자원을 집중시키고 변화에 신속한 대응이 가능하다. 그러나 팀 의사결정에 시간이 필요하며, 잘못된 과정으로 비효율이 발생할 가능성이 있다.

한편 조직구조조정은 기업의 가치를 높이고 보다 효율적이고 안정적인 구조를 갖추고자 기업에 변화를 주려는 과정을 의미한다. 조직구조조정의 대표적인 예로 다운사이징과 리엔지니어링을 들 수 있다.

다운사이징은 조직 규모를 줄이는 것으로 미국 기업들이 급속히 약화된 경쟁력 회복을 위해 비대한 관리층과 (㉠) 조직을 바꾸기 위해 도입한 혁신 기법이다. 이는 재배치, 조기퇴직, 아웃소싱, 재구조화, 계측축소 등의 형태로 나타난다. 다운사이징은 M&A나 조직 쇠퇴, 산업구조 변화 등에 의해 또는 조직이 새로운 조직구조를 실현하고자 할 때나 사회적 신념에 의해서 나타난다.

리엔지니어링은 조직의 성과를 획기적으로 향상시키기 위해 사업과정을 (㉡) 재설계하는 것을 의미한다. 기존의 기업 활동을 무시하고 모든 기업 활동과 업무 프로세스를 완전히 백지상태에서 새롭게 구성하는 경영혁신 기법이다. 즉, 효율성 저하의 원인을 과업흐름의 비효율성으로 전제한다. 전문화된 과업단위를 통합적으로 유연하게 만들고 경쟁조건, 소비자 요구, 제품의 라이프사이클 변화 등에 신속하게 대응 가능하다. 즉, 다양한 과업 간의 연계와 조정정도를 높이기 위해 조직의 핵심과정을 바꾸는 것이다.

10. 윗글의 ㉠과 ㉡에 들어갈 적절한 표현을 순서대로 묶은 것은?

	㉠	㉡		㉠	㉡
①	비효율적	점진적으로	②	비효율적	근본적으로
③	효율적	점진적으로	④	효율적	신속하게
⑤	전문적	근본적으로			

11. 다음 조직구조에 대한 설명 중 적절하지 않은 것은?

① 고객만족도를 향상시키고 변화에 빠르게 대응하고 싶다면 제품개발, 고객주문처리, 판촉 등의 핵심과정을 중심으로 전문팀을 구성하는 것을 고려해 볼 만하다.

② 조직의 핵심과정을 바꾸고 성과를 획기적으로 향상시키고 싶다면 기존의 기업활동은 고려하지 않고 새로운 업무 활동과 프로세스를 구축하는 것도 하나의 방안이다.

③ 조직을 구성하고 있는 사람, 업무, 부서들 간의 공식적 관계나 상호관련성을 구축하는 틀은 분화 기준에 따라 유형이 나뉠 수 있다.

④ 제품, 서비스, 고객, 지역 등을 기준으로 조직의 하위 단위를 형성한다면 구성원들의 전문성을 활용하는 데에는 한계가 있을 수 있다.

⑤ 다운사이징은 조직의 비대화에 따른 능률성 저하 문제를 개선하고 경쟁력을 회복하기 위해 기업들이 택하는 조직구조 유형 중 하나이다.

12. 최신형 노트북을 개발한 AA 전자는 생산설비를 구축하고 제품 생산을 시작하였다. AA 전자가 들인 생산 비용과 정가가 다음과 같을 때, 손익분기점에 해당하는 이 최신형 노트북의 판매 대수는?

생산 비용	정가
생산설비 : 220,000,000원	
인건비 : 115,100,000원	노트북 : 1대당 2,000,000원
기타 제반 비용 : 32,100,000원	

※ 단, 현재 프로모션 중으로 노트북 정가의 15%를 할인하여 판매함.

① 108대　　　　　　　② 216대　　　　　　　③ 432대
④ 2,160대　　　　　　⑤ 4,320대

13. 다음 조건을 모두 만족하는 처음의 수는?

> • 처음의 수는 두 자리의 자연수이다.
> • 일의 자리의 숫자는 십의 자리의 숫자의 2배보다 1만큼 크다.
> • 일의 자리의 숫자와 십의 자리의 숫자를 바꾼 수는 처음 수의 2배보다 2만큼 크다.

① 24　　　　　　　　② 25　　　　　　　　③ 26
④ 27　　　　　　　　⑤ 28

14. A 지점에서 B 지점까지의 거리는 244km이며, ○○공사는 12km 지점마다 난방 설비 센터를, 9km 지점마다 난방 서비스 센터를 세웠다. 이때 난방 설비 센터와 난방 서비스 센터가 동시에 세워져 있는 곳은 총 몇 곳인가? (단, 시작지점에는 어떠한 센터도 세우지 않는다)

① 2곳　　　　　　　② 4곳　　　　　　　③ 6곳
④ 7곳　　　　　　　⑤ 8곳

15. 다음은 G 회사의 품목별 수출 현황을 나타낸 자료이다. 〈보기〉에서 옳은 것을 모두 고르면?

(단위 : 천 달러)

품목 ＼ 국가	중국	일본	인도	미국	합계
(가)	21,489	24,858	24,533	90,870	161,750
(나)	1,665	9,431	2,061	306	13,463
(다)	281,330	248,580	103,093	138,238	771,241
(라)	824	5,189	2,759	8,767	17,539
(마)	7,328	68,494	26,594	1,324	103,740

보기

㉠ (가) 품목과 (다) 품목을 수출액이 큰 국가부터 순서대로 나열하면 미국, 일본, 인도, 중국이다.
㉡ (나) 품목과 (마) 품목은 중국, 인도, 미국으로의 수출액을 합한 것보다 일본으로의 수출액이 크다.
㉢ (가) 품목과 (나) 품목 수출액의 합이 가장 큰 국가는 미국이다.
㉣ 모든 품목이 중국으로 수출하는 금액이 가장 적다.

① ㉠, ㉡　　　　　　　② ㉡, ㉢　　　　　　　③ ㉡, ㉣
④ ㉠, ㉡, ㉣　　　　　⑤ ㉡, ㉢, ㉣

16. 다음 ○○공사 사원 120명의 교통수단 이용에 대한 조사 자료에 대한 설명으로 옳은 것은? (단, 주어진 자료의 내용만을 고려하며, 교통수단은 한 가지만 이용하는 것으로 가정한다)

〈자료 1〉 이용 교통수단 조사 결과

〈자료 2〉 버스 이용자의 환승 횟수 조사 결과

환승 횟수	없음	1번	2번	3번 이상
비율	40%	25%	23%	12%

※ 모든 계산은 소수점 아래 첫째 자리에서 반올림한다.
※ 단, 기타에는 지하철, 셔틀버스, 자가용만이 포함된다.

① 자전거를 이용하는 사원은 25명이다.

② 버스를 이용하며 환승을 1번 하는 사원은 30명이다.

③ 지하철을 이용하는 사원은 16명 이상일 수 있다.

④ 셔틀버스와 자가용을 이용하는 사원의 수가 각각 전체 사원의 4%, 5%라고 할 때, 지하철을 이용하는 사원은 적어도 3명 이상이다.

⑤ 도보를 이용하는 사원은 버스와 자전거를 이용하는 사원보다 적다.

17. 다음은 S사 연구기관의 직종별 인력 현황이다. 이에 대한 설명으로 옳지 않은 것은?

구분		20X5년	20X6년	20X7년	20X8년	20X9년
정원(명)	연구 인력	80	80	85	90	95
	지원 인력	15	15	18	20	25
	계	95	95	103	110	120
현원(명)	연구 인력	79	79	77	75	72
	지원 인력	12	14	17	21	25
	계	91	93	94	96	97
박사학위 소지자(명)	연구 인력	52	53	51	52	55
	지원 인력	3	3	3	3	3
	계	55	56	54	55	58
평균 연령 (세)	연구 인력	42.1	43.1	41.2	42.2	39.8
	지원 인력	43.8	45.1	46.1	47.1	45.5
평균 연봉 지급액(만 원)	연구 인력	4,705	5,120	4,998	5,212	5,430
	지원 인력	4,954	5,045	4,725	4,615	4,540

※ 충원율(%) = $\frac{현원}{정원}$ × 100

① 지원 인력의 충원율이 100%를 넘는 해가 있다.

② 연구 인력과 지원 인력의 평균 연령 차이는 전년 대비 계속해서 커지고 있다.

③ 지원 인력 가운데 박사학위 소지자의 비율은 매년 줄어들고 있다.

④ 20X6년 이후로 지원 인력의 평균 연봉 지급액이 연구 인력을 앞지른 해는 없다.

⑤ 20X5년 대비 20X9년의 정원 증가율은 26%를 초과한다.

[18 ~ 19] 다음 자료를 보고 이어지는 질문에 답하시오.

〈한국지역난방공사 열요금표(20X9. 8. 1.)〉

(단위 : 원, 부가가치세 별도)

구분	계약종별	용도	기본요금	사용요금	
온수	주택용	난방용	계약면적 m²당 52.40원	단일요금 : Mcal당 67.14원 계절별 차등요금 • 춘추절기 : Mcal당 65.78원 • 하절기 : Mcal당 59.20원 • 동절기 : Mcal당 69.10원	
		냉방용		5 ~ 9월	Mcal당 25.11원
				1 ~ 4월, 10 ~ 12월	난방용 사용요금 적용
	업무용	난방용	계약용량 Mcal/h당 396.79원	단일요금 : Mcal당 87.17원 시간대별 차등요금 • 수요관리 시간대 : Mcal당 100.27원 • 수요관리 이외의 시간대 : Mcal당 82.82원	
		냉방용		5 ~ 9월	• 1단 냉동기 : Mcal당 34.20원 • 2단 냉동기 : Mcal당 25.11원
				1 ~ 4월, 10 ~ 12월	난방용 사용요금 적용
	공공용	난방용	계약용량 Mcal/h당 361.98원	단일요금 : Mcal당 76.14원 시간대별 차등요금 • 수요관리 시간대 : Mcal당 87.54원 • 수요관리 이외의 시간대 : Mcal당 72.33원	
		냉방용		5 ~ 9월	• 1단 냉동기 : Mcal당 29.87원 • 2단 냉동기 : Mcal당 25.11원
				1 ~ 4월, 10 ~ 12월	난방용 사용요금 적용
냉수	냉방용		• 0부터 1,000Mcal/h까지 3,822원 • 다음 2,000Mcal/h까지 2,124원 • 다음 3,000Mcal/h까지 1,754원 • 3,000Mcal/h 초과 1,550원	Mcal당 • 첨두부하시간 : 135.41원 • 중간부하시간 : 104.16원 • 경부하시간 : 62.49원	

주1) 계약면적 산정

　　건축물관리대장 등 공부상의 세대별 전용면적의 합계와 세대별 발코니 확장면적의 합계 및 공용면적 중 지역난방열을 사용하는 관리사무소, 노인정, 경비실 등의 건축연면적 합계로 함(다만, 계약면적에서 제외된 부분에 열을 사용하는 경우에는 그때부터 계약면적에 산입함).

주2) 계절별 차등요금제도
    1. 적용대상 : 주택용 사용자 중 계절별 차등요금을 선택한 사용자
    2. 적용기간 : - 춘추절기(기준단가) : 3 ~ 5월, 9 ~ 11월 - 하절기 : 6 ~ 8월 - 동절기 : 12 ~ 익년 2월
주3) 시간대별 차등요금제도
    1. 적용대상 : 업무용, 공공용 사용자 중 시간대별 차등요금을 선택한 사용자(단, 계약용량 1,000Mcal/h 이
       상인 사용자)
    2. 적용기간 : 12 ~ 익년 2월
    3. 수요관리시간대 : 07:00 ~ 10:00
주4) 냉수의 부하시간대의 구분은 다음과 같음.
    1. 첨두부하시간 : 7월 1일부터 8월 31일까지의 오후 2시 정각부터 오후 4시 정각까지
    2. 중간부하시간 : 7월 1일부터 8월 31일까지의 오후 2시 정각부터 오후 4시 정각 이외의 시간
    3. 경부하시간 : 7월 1일부터 8월 31일까지를 제외한 1월 1일부터 12월 31일까지의 시간
주5) 냉방용 온수 사용요금은 열공급규정 제45조(요금의 계산) 제2항 제2호에 의거 기간별 차등 적용
주6) 온수를 난방용과 냉방용으로 함께 사용할 경우에는 냉방용 온수에 대한 기본요금은 제외

18. 다음 중 위 규정을 옳게 이해한 것은?

  ① 업무용, 공공용 사용자 중 시간대별 차등요금을 선택한 경우 모두 12 ~ 2월에 적용된다.

  ② 계절별 차등요금제도를 적용하면 같은 용량 사용 시 5월보다 6월에 난방 요금이 적게 발생한다.

  ③ 계약면적에서 제외된 부분에는 열을 사용할 수 없다.

  ④ 하절기에는 냉방용 온수 사용요금에 난방용 사용요금 체계가 적용된다.

  ⑤ 온수를 난방용과 냉방용으로 함께 사용할 경우 기본요금이 이중으로 발생한다.

19. 다음 중 열요금을 바르게 계산한 것은? (단, 주어진 정보만을 고려한다)

	사용 내용	발생 열요금
①	시간대별 차등요금제를 선택한 A 기업체에서는 한 달간 업무 시간(9 ~ 18시)에 난방용 온수를 800Mcal, 업무 시간 이외에는 150Mcal을 사용하였다. 온수 계약 용량은 1,000Mcal이다.	489,429원
②	연면적이 총 120m²인 단독 주택에 거주하는 B 씨는 10월 한 달간 난방용 온수 150Mcal, 냉방용 온수 100Mcal을 사용하였다. 지난해부터 계절별 차등요금제를 적용받고 있다.	29,021원
③	C 씨가 거주하는 단독 주택은 연면적이 총 100m²이다. 8월 한 달간 난방용 온수 50Mcal, 냉방용 온수 100Mcal을 사용하였다.	15,311원
④	D 기관에서는 냉방용 냉수 계약용량을 1,000Mcal/h로 정하였다. 7월 한 달간 오후 2 ~ 4시에 700Mcal, 나머지 시간에는 250Mcal의 냉수를 사용하였다.	121,528원
⑤	E 공공이용시설의 온수 계약용량은 1,200Mcal/h이다. 11월 한 달간 난방용 온수는 800Mcal, 냉방용 온수는 600Mcal 사용하였고, 이때 이용한 냉방기는 2단 냉동기이다.	540,972원

20. 다음은 202X년 상반기 LPG 가격변동 추이를 나타낸 자료이다. 자료에 대한 설명으로 옳지 않은 것은?

〈202X년 상반기 LPG 가격변동 추이〉

(단위 : 원/L)

구분	1월	2월	3월	4월	5월	6월
세전가격	723.5	719.4	729.3	( )	768.9	796.0
개별소비세	120.5	120.5	120.5	114.3	114.3	114.3
교육세	17.2	17.2	19.4	19.4	16.3	16.3
석유 판매금	33.1	33.1	33.1	26.7	26.7	26.7
부가가치세	89.4	89.0	90.2	90.6	( )	95.3
공장도가격	983.7	979.2	992.5	996.2	1,018.8	1,048.6
충전소 수수료	70.5	72.6	75.4	71.9	74.8	76.5
판매가격	1,054.2	1,051.8	1,067.9	1,068.1	1,093.6	1,125.1
유가보조금	172.6	189.6	195.8	175.8	185.7	203.1
구입가격	881.6	862.2	( )	892.3	907.9	922.0

※ 공장도가격＝세전가격＋개별소비세＋교육세＋석유 판매금＋부가가치세

※ 판매가격＝공장도가격＋충전소 수수료

※ 구입가격＝판매가격－유가보조금

※ 부가가치세는 소수점 이하 둘째 자리에서 반올림한다.

① 2월 이후 판매가격은 계속 상승하였다.

② 2 ∼ 6월 중 전월 대비 유가보조금의 증감액이 가장 컸던 달은 4월이다.

③ 4월의 세전가격은 740원 이상이다.

④ 5월의 부가가치세는 94원 이상이다.

⑤ 구입가격이 가장 낮은 달은 공장도가격과 판매가격도 가장 낮다.

21. 네티켓은 통신망을 뜻하는 네트워크와 예절을 뜻하는 에티켓의 합성어로, 네티즌이 사이버 공간에서 지켜야 할 비공식적인 규약이다. 다음 ㉠과 ㉡에 들어갈 네티켓의 장소는?

(㉠)을 사용할 때의 네티켓	(㉡)을 사용할 때의 네티켓
• 마주 보고 이야기하는 마음가짐으로 임한다. • 엔터키를 치기 전에 한 번 더 생각한다. • 유언비어와 속어, 욕설은 삼가고 상호비방의 내용은 금한다.	• 글의 내용은 간결하게 요점만 작성한다. • 제목에는 글의 내용을 파악할 수 있는 함축된 단어를 쓴다. • 글의 내용 중에 잘못된 점이 있으면 빨리 수정하거나 삭제한다.

	㉠	㉡
①	게시판 사용	온라인 대화
②	온라인 대화	게시판 사용
③	공개 자료실	온라인 대화
④	전자우편 사용	게시판 사용
⑤	온라인 대화	공개 자료실

22. 정보전송 방식에 따라 통신 방식을 구분한 다음 세 방식에 해당하는 예로 적절한 것은?

> • 단방향 전송 : 단방향 전송은 한 방향으로만 통신이 가능한 전송 형태로, 수신된 데이터의 오류 발생 여부를 송신측이 알 수 없다는 단점이 있다.
> • 반이중 전송 : 반이중 전송은 어느 쪽으로나 통신이 가능하지만, 동시에 전송할 수 없으며, 어느 한 시점에서는 한 방향으로만 데이터가 전송되는 형태이다.
> • 전이중 전송 : 전이중 전송은 송신하면서 동시에 수신도 할 수 있는 방식이다.

	단방향 전송	반이중 전송	전이중 전송
①	전화기	무전기	라디오
②	전화기	TV	무전기
③	TV	라디오	무전기
④	TV	무전기	전화기
⑤	무전기	전화기	라디오

23. Microsoft Office Excel에서 셀에 데이터를 입력한 후 Shift＋Space bar를 눌렀을 때 실행되는 내용은 무엇인가?

① 열을 전체 선택한다.   ② 열을 숨긴다.   ③ 행을 전체 선택한다.
④ 행을 숨긴다.   ⑤ 새 시트를 삽입한다.

24. 다음 자료에 대한 설명으로 〈보기〉에서 옳은 것은 모두 몇 개인가? (단, 아래 규정된 사항만을 고려한다)

「비공개대상 정보 해당 여부 판단 기준」

제9조(비공개대상 정보) ① 공공기관이 보유·관리하는 정보는 공개대상이 된다. 다만 다음 각호의 어느 하나에 해당하는 정보는 공개하지 아니할 수 있다.

1. 다른 법률 또는 법률에서 위임한 명령(국회규칙·대법원규칙·헌법재판소규칙·중앙선거관리위원회규칙·대통령령 및 조례로 한정한다)에 따라 비밀이나 비공개 사항으로 규정된 정보

2. 해당 정보에 포함되어 있는 성명·주민등록번호 등 개인에 관한 사항으로서 공개될 경우 사생활의 비밀 또는 자유를 침해할 우려가 있다고 인정되는 정보. 다만 다음 각 목에 열거한 개인에 관한 정보는 제외한다.

   가. 법령에서 정하는 바에 따라 열람할 수 있는 정보

   나. 공공기관이 공표를 목적으로 작성하거나 취득한 정보로서 사생활의 비밀 또는 자유를 부당하게 침해하지 아니하는 정보

   다. 직무를 수행한 공무원의 성명·직위

보기

㉠ 공공기관이 보유, 관리하는 정보는 원칙적으로 비공개대상이다.
㉡ 녹지 보전 사업에 관한 직무를 수행한 공무원의 성명, 전화번호는 공개할 수 있다.
㉢ 재개발 사업과 관련된 주민들의 전화번호, 학력사항 등이 게재된 문서는 공개할 수 없다.
㉣ XX시 의회에서 비공개 사항으로 규정한 정보는 공개하지 아니할 수 있다.

---

① 0개   ② 1개   ③ 2개
④ 3개   ⑤ 4개

25. 다음 ○○공사의 내부품의서를 통해 파악할 수 없는 정보는?

〈품의서〉

문서번호	물품지원팀 201 - 0001호	담당	부서장	대표이사
보존연한	2년(단, 기안일자로부터 기산)	김사원 (인)	이선임 (인)	박대표 (인)
기안일자	20X8. 01. 01.			
처리기간	3일	경 유		
기안부서	○○○팀	기안담당	홍사원	
제 목	현수막 물품대급 재가 요청			

　　내　　용　　　현수막을 게시하고자 하오니 다음을 참조하시어 재가 바랍니다.

1. 총비용 : 430,000원(부가세 15% 별도)
2. 현수막 게시 내역

설치 위치	규격(cm)	수량(개)	단가(원)
건물내벽 중앙	650×550	1	200,000
건물외벽정면 우측 끝	240×700	2	130,000
시공비	1톤		100,000
계			430,000

3. 견적비교(단, 견적 이외의 추가 비용이나 할인은 없음)
   - ○○홀릭(000-00-0000) : 480,000원
   - 국제기획(011-1234-5678) : 430,000원
   - 아름다운 현수막 : 500,000원

① 내부품의서에서 이름이 확인되는 ○○공사 직원의 이름은 모두 4명이다.

② 본 내부품의서는 20X8년 1월 1일부터 20X9년 12월 31일까지 보존된다.

③ 견적비교 결과 '국제기획'이 채택되었음을 알 수 있다.

④ 본 내부품의서에 따라 결제될 총 비용은 484,500원이다.

⑤ 건물외벽정면 우측 끝에 설치되는 현수막의 단가는 개당 65,000원이다.

26. 다음 규정을 읽고 ○○공사 직원 A의 성범죄사건을 처리할 때 옳은 것은?

〈성범죄를 저지른 직원의 처리 규정〉

구분	성희롱	성폭력	미성년자 성폭력
비위의 정도가 심하고 고의가 있는 경우	파면 또는 해임	파면	파면
비위의 정도가 무겁고 중과실인 경우 또는 비위의 정도가 약하고 고의가 있는 경우	해임 또는 강등	해임	파면 또는 해임
비위의 정도가 심하고 경과실인 경우 또는 비위의 정도가 약하고 중과실인 경우	정직 또는 감봉	강등 또는 정직	해임 또는 강등 또는 정직
비위의 정도가 약하고 경과실인 경우	견책	감봉 또는 견책	정직 또는 감봉

① 성범죄에 고의성이 있었다면 반드시 파면되거나 해임된다.

② 성희롱의 비위의 도가 무겁고 경과실인 경우 강등되거나 정직될 것이다.

③ 성폭력의 비위의 도가 가볍고 경과실인 경우 반드시 견책될 것이다.

④ 미성년자를 대상으로 고의성이 있는 성폭력을 저지른 경우 반드시 파면되거나 해임된다.

⑤ 미성년자 성폭력의 비위의 도가 무겁고 경과실인 경우 감봉될 것이다.

27. 자료를 바탕으로 엑셀 프로그램을 이용해 색칠된 영역에 알맞은 도서제목이 출력되게 하려고 한다. 도서번호의 오른쪽 두 글자를 코드번호라 할 때, 해당 수식을 바르게 쓴 것은?

	A	B	C	D	E
1					
2	책 이름	너는 나의 봄	어쩌면 나	새행정학	인간과 조직
3	코드번호	03	05	14	31
4					
5		도서번호	도서제목		
6		D-31			
7		D-05			
8		A-03			
9		A-14			

① =VLOOKUP(RIGHT(B6,2),B3:E3,1,0)

② =HLOOKUP(RIGHT(B6,2),B3:E3,1,0)

③ =LOOKUP(RIGHT(B6,2),$B$3:$E$3,$B$2:$E$2)

④ =HLOOKUP(RIGHT(B6,2),$B3$:E3,1,0)

⑤ =LOOKUP(RIGHT(B6,2),B3:E3,B$2:E$2)

28. 〈정보〉를 근거로 판단할 때, 홍길동이 단축키를 사용한 결과로 옳지 않은 것은? (단, 정보 외 사항은 고려하지 않으며, "+"는 두 개 이상의 키를 동시에 누르는 것을 의미한다)

정보

• 홍길동은 단축키를 사용하여 다음 문서를 수정하고자 한다.

인생은 반짝반짝 빛난다.

1) Shift+I : 글자를 기울인다.
2) Shift+B : 글자 크기를 3pt 증가시킨다.
3) Shift+Z : 글자 크기를 3pt 감소시킨다.
4) Tab+B : 글자를 지운다.
5) Tab+I : 글자에 취소선을 긋는다.
6) Enter+B+I : 글자에 밑줄을 친다.
7) Space+Z : 바로 이전 상태로 되돌린다.

• 단축키를 사용하기 위해서는 마우스를 사용하여 단축키를 적용하고 싶은 글자를 지정해야 한다(단, Space+Z 키는 제외).

※ 취소선 : 글자의 중앙 부분에 긋는 가로선 예 취소선

---

① 전체 문장 지정 후, 단축키 [Tab+I] : 인생은 반짝반짝 빛난다.
② 전체 문장 지정 후, 단축키 [Tab+I]를 누른 후, [Space+Z] : 인생은 반짝반짝 빛난다.
③ 전체 문장 지정 후, 단축키 [Tab+I]를 누른 후, [Shift+B] : *인생은 반짝반짝 빛난다.*
④ 전체 문장 지정 후, 단축키 [Enter+B+I] : 인생은 반짝반짝 빛난다.
⑤ '반짝반짝' 글자를 지정한 후 [Tab+B] : 인생은 빛난다.

29. 다음 진술에 대한 평가로 옳은 것을 〈보기〉에서 모두 고르면?

> [정보 1] 인기 있는 사람은 웃긴 사람이다.
> [정보 2] 재밌는 사람은 웃긴 사람이다.
> [정보 3] 인기 있는 사람은 성공한 사람이다.
> [정보 4] 성공한 사람은 재밌는 사람이다.
> [정보 5] 웃긴 사람은 성공한 사람이다.

보기

> (가) [정보 1]과 [정보 5]가 참이면 [정보 3]도 참이다.
> (나) [정보 2]와 [정보 4]가 참이면 [정보 5]도 참이다.
> (다) [정보 1]과 [정보 3]이 참이라 할지라도 [정보 5]가 반드시 참이 되는 것은 아니다.

① (가) ② (나) ③ (다)
④ (가), (다) ⑤ (나), (다)

30. 다음 7개 기업의 난방비에 대한 20X9년도 조사 결과에 근거하여 난방비가 낮은 기업부터 순서대로 나열한 것은?

> (ㄱ) B 기업의 난방비와 C 기업의 난방비는 같다.
> (ㄴ) A 기업의 난방비는 F 기업의 난방비와 D 기업의 난방비를 합한 것과 같다.
> (ㄷ) G 기업의 난방비가 가장 낮다.
> (ㄹ) E 기업의 난방비는 C 기업, A 기업, D 기업의 난방비를 모두 합한 것과 같다.
> (ㅁ) B 기업의 난방비는 A 기업의 난방비와 D 기업의 난방비를 합한 것과 같다.
> (ㅂ) D 기업의 난방비는 F 기업의 난방비의 3배이다.

① G < A < B = C < D < F < E ② G < D < B = C < A < F < E
③ G < A < D < B = C < E < F ④ G < F < D < B = C < A < E
⑤ G < F < D < A < B = C < E

31. 담당 사업과 관련하여 거짓말을 했다는 의혹을 받는 A 씨에 대해 세 동료의 증언이 있었다. 그중 한 명만 참말을 했다면 다음 중 옳은 것은?

> 동료 1 : A 씨는 최소한 1번은 거짓말을 했습니다.
>
> 동료 2 : A 씨는 3번 이상 거짓말을 했습니다.
>
> 동료 3 : 동료 2의 말은 참이 아닙니다.

① A 씨는 거짓말을 1번 했다.　　　　② A 씨는 거짓말을 2번 했다.

③ A 씨는 거짓말을 3번 이상 했다.　　④ A 씨는 거짓말을 하지 않았다.

⑤ 위 증언만으로는 알 수 없다.

32. 다음은 잘못된 논증들이다. 같은 오류를 지니고 있는 것끼리 바르게 묶은 것은?

> (가) 사형 제도는 살인죄와 같은 흉악한 범죄를 처벌하기 위해 당연히 존속되어야 한다. 그와 같은 반인륜적인 죄를 저지른 흉악범은 죽어 마땅하기 때문이다.
>
> (나) 모든 의사들은 상을 주거나 감옥에 가두어야 한다. 의사들은 슈바이처처럼 선량하거나 아니면 악마처럼 악랄하기 때문이다.
>
> (다) 성경에 적혀 있는 말씀은 모두 진리이다. 성경에 그렇게 적혀 있기 때문이다.
>
> (라) 민주주의는 표현의 자유를 촉진시키기 때문에 바람직하다. 하지만 왜 표현의 자유가 바람직한가? 표현의 자유는 민주주의를 촉진시키기 때문이다.
>
> (마) 액체는 수소와 산소로 구성된다. 물은 액체이고 물은 H_2O이기 때문이다.

① (가), (나), (다) / (라), (마)　　　　② (가), (라) / (나), (다), (마)

③ (가), (마) / (나), (다), (라)　　　　④ (가), (다), (라) / (나), (마)

⑤ (가), (다), (라) / (나) / (마)

[33 ~ 34] 다음은 우리나라 여행트렌드에 관한 신문기사이다. 이어지는 질문에 답하시오.

○○공사에서는 우리나라 국민들의 20X8 ~ 20X9년 여행트렌드를 조사해 분석했다. 이는 최근 2년간 소셜·포털미디어의 빅데이터를 분석하고 관광부문 전문가들의 의견을 들어 종합한 것이다. 조사한 여행트렌드는 S(Staycation), T(Travelgram), A(Alone), R(Regeneration), T(Tourist sites in TV programs)로 발표했다.

- S(Staycation, 여행의 일상화, 근거리여행)

  여행은 더 이상 특별한 날에 떠나는 것이 아닌 일상 중 틈틈이 짧은 시간으로도 즐길 수 있는 당일치기 또는 1박 2일의 패턴을 보이고 있다. KTX보다 저렴한 항공권 등 저비용항공 시장의 확대와 평창올림픽에 맞춰 개통된 KTX(경강선), 서울 – 양양 고속도로의 확충에 따라 여행의 일상화는 지속될 전망이다.

- T(Travelgram, 여행스타그램)

  국내 월간 활동 사용자가 1천만 명에 달하는 대세 SNS(사회관계형서비스)가 급부상하면서 여행의 행위는 즉각적으로 사진 이미지로 편집되고 기록된다. 여행자 개개인이 자신만의 여행 스토리를 갖는 셈이다. 또한 '인생샷(인생에서 찍은 사진 중 가장 잘 나온 사진)'을 찍기에 적합한 장소들이 밀집한 제주, 부산, 서울 일대가 핫 플레이스로 가장 많이 언급됐다.

- A(Alone, 혼행, 휘게라이프)

  1인 가구 500만 시대의 혼밥과 혼술에 이어 혼행까지 혼자라서 누릴 수 있는 즐거움의 트렌드 확장이 두드러졌다. 최근 욜로라이프(현재 자신의 행복을 가장 중시하자)에 이어 휘게라이프(편안하게 함께 따뜻하게)에 대한 인식이 젊은 층을 중심으로 급격히 확산되면서 아름다운 풍경 감상과 맛집 탐방, 레포츠 활동 등 다양한 힐링 체험이 가능한 제주도가 혼행의 성지로서 가장 많이 언급됐다.

- R(Regeneration, 도시재생, 원도심여행)

  익히 알려진 유명 여행지가 아닌 우리가 일상적으로 거니는 거리, 골목, 시장으로 이어지는 구도심에 문화, 예술, 역사 등이 적절히 배합된 지역 밀착형 도시 재생 모델인 '감천문화마을(부산)', '동피랑마을(통영)' 등이 가장 많이 언급됐다. 이 밖에도 '경주 황리단길', '전주 객리단길', '서울 익선동' 등의 증가율이 두드러졌다. 전통시장 또한 낡은 이미지에서 벗어나 푸드 트럭, 핸드메이드 마켓, 문화공연 등 색다른 즐길 거리, 먹거리를 제공하는 지역 야(夜)시장 성공 사례(부산 부평 깡통시장, 공주 산성시장 등)가 늘어나고 있다.

- T(Tourist sites in TV programs, 여행예능, 드라마 촬영지)

  인기 드라마가 촬영된 강원 강릉 주문진과 힐링여행프로그램이 촬영된 제주도 애월 등 촬영지의 인기가 두드러졌다. 이 밖에도 먹방, 역사, 교양 등 다양한 테마를 선정하여 해당 분야의 전문가가 인솔하는 전문 테마여행 상품이 소비자 맞춤형 상품으로 큰 인기를 끌 것으로 예상된다.

33. 다음 중 위 기사에서 언급된 여행트렌드 중 동일한 특성끼리 나열된 것은?

① 일상화, 나홀로, 휘게라이프
② TV 속 여행, 구도심, 테마여행
③ 국내여행, 전통시장, 소비자 맞춤형 여행
④ 푸드 트럭, 플리마켓, 경주 황리단길
⑤ 당일치기, 힐링, 식도락

34. 다음 중 기사에서 설명하고 있는 여행트렌드에 해당하지 않는 것은?

① A : 정 부장님은 이번 추석 연휴에 가족과 함께 여행을 다녀오셨는데 천만 관객을 동원한 영화 촬영지를 배경으로 찍은 사진이 SNS에 올라와 있더라고요.

② B : 저는 이번 주말에 혼자 일본 후쿠오카에 1박 2일간 여행을 다녀왔는데 제가 좋아하는 음식들이 너무 많아 이번이 벌써 세 번째예요.

③ C : 제 경험으로는 주중에 쌓인 피로를 풀려면 도회지를 떠나 먼 시골로 일주일 여행을 가는 게 만족감도 가장 높고 피로도 풀리는 것 같아요.

④ D : 김 대리가 주말마다 SNS에 실시간으로 올리는 사진을 보니 오래된 정취와 함께 고유의 문화를 느낄 수 있었어요.

⑤ E : 올해는 저도 제 행복을 위해 여행에 투자해 보려고 가 볼 만한 곳을 찾아보고 있어요.

[35 ~ 36] 다음 글을 읽고 이어지는 질문에 답하시오.

서울시는 서울 시내 자체 미세먼지 발생량의 37%를 차지하는 교통부문 미세먼지 저감을 위해 1,004억 원을 투입, 올 연말까지 노후 경유차 및 건설기계 40,163대에 대해 저공해화 사업을 추진한다.

먼저 2005년 이전에 등록한 노후 경유자동차에 대해선 ▲조기폐차 ▲매연저감장치 부착 ▲LPG엔진 개조 ▲미세먼지−질소산화물 저감장치 부착 보조금을 38,190대의 차량에 지원한다.

조기폐차 지원금은 차종 규모별 최대 165만 원에서 770만 원을 지원하며, 저소득층의 경우에는 일반대상자에 비해 지원율을 10% 추가하여 지원하고 있다.

조기폐차 지원대상은 수도권에 2년 이상 연속 등록되고, 소유권 이전 후 6개월 경과 등 조기폐차 지원 조건을 만족하는 자동차이다. 폐차를 원하는 이들은 한국자동차환경협회에 조기폐차를 신청한 후 폐차 말소 등록 후 보조금을 수령할 수 있다.

또 경유차(총 중량 2.5톤 이상, 3.5톤 이상 대형 우선) 5,500대에 대해 매연저감장치 부착을 지원하고, 경유차 50대에 LPG엔진 개조 등을 지원한다. 지원금은 차량 규모별 최대 327 ~ 928만 원이다.

지원대상은 노후 경유차 폐차지원과 마찬가지로 2005년 이전에 등록하고 현재 서울시에 등록되어 있는 차량이다. 매연저감장치를 부착하는 데 드는 비용은 차량에 따라 500만 원에서 1,000만 원까지 드는데 서울시에서 이 금액의 약 90%를 지원하여 시민들의 자기부담은 10% 내외가 된다.

관광버스, 대형화물차와 같은 대형경유차에서 나오는 질소산화물을 저감하기 위해 미세먼지(PM)−질소산화물(NOX) 저감장치 부착도 추진한다. 금년계획 물량은 작년보다 3.1배 증가한 500대의 차량이 혜택을 받을 수 있으며, 차량 1대당 최대 1,368만 원까지 지원받는다.

질소산화물(NOX)은 물과 반응하여 질산(HNO3)을 만드는데 이는 초미세먼지와 산성비 그리고 오존층 파괴의 주요원인이 되고 있어 전문가들도 이에 대한 대책을 주문하고 있다. 미세먼지(PM)−질소산화물(NOX) 저감장치에 대한 지원은 2002 ~ 2007년식 배기량 5,800 ~ 17,000cc, 출력 240 ~ 460ps 차량이다. 지원규모는 매연저감장치와 마찬가지로 전체 비용의 90%를 지원한다.

노후 경유 차량뿐만 아니라 건설기계에 대한 매연저감장치 부착과 엔진교체 지원사업도 병행한다. 서울시는 예산을 전년에 비해 약 2배 이상 확대해(135억 원→240억 원) 기존 1,236대에서 1,978대(매연저감장치 1,149대, 엔진 교체 824대)까지 늘렸다. 지원금은 차량 규모별 최대 935 ~ 2,527만 원이다. 지원 대상 건설기계는 굴삭기, 지게차, 덤프트럭, 콘크리트 믹서트럭(레미콘), 콘크리트 펌프트럭 5개 종류다.

서울시는 지난 2017년 5월부터 시와 △△공사에서 발주하는 공사는 친환경 건설기계를 사용하도록 서울시 공사계약특수조건을 개정하여 의무화한 바 있고 2018년 1월부터는 공사 규모에 관계없이 모든 공공건설공사장에서 전면 시행하고 있다.

35. 윗글을 바탕으로 정리한 다음 표의 내용 중 잘못 작성된 곳은?

〈운행 경유차 저공해화 사업 개요〉

구분	추진대수	대상차량
매연저감장치(DPF) 부착	㉠ 5,500대	㉡ 2005년 이전 등록하고 현재 서울시에 등록되어 있는 차량 중 총 중량 2.5톤 이상 경유차 - 3.5톤 이상 대형경유차 우선 추진
LPG엔진 개조	50대	
조기폐차	㉢ 38,190대	㉣ 2005년 이전 등록한 경유차 중 수도권에 2년 이상 연속으로 등록되어 있으며 소유권 이전 후 6개월 이상 경과된 차
PM-NOx 동시 저감장치 부착	500대	㉤ 2002 ~ 2007년식 배기량 5,800 ~ 17,000cc, 출력 240 ~ 460ps 경유 사용 차량

① ㉠   ② ㉡   ③ ㉢

④ ㉣   ⑤ ㉤

36. 다음 중 윗글을 바르게 이해한 사례를 모두 고르면?

㉠ A 씨는 2000년 서울시에 등록한 배기량 6,000cc인 본인 소유의 차를 조기폐차 신청하여 약 900만 원 정도 지원받기를 기다리고 있다.

㉡ B 씨는 2004년 대전시에 등록한 경유 차량을 중고로 500만 원에 구입하여 운행하던 중 조기폐차 지원대상 차라는 소식을 듣고 중고로 매각하는 것보다 지원금을 받고 폐차하는 것이 낫다고 생각했다.

㉢ 2003년 서울시에 등록한 경유차 3톤 트럭을 운행하는 C 씨가 매연저감장치를 부착하려고 하고 있다. 부착하고자 하는 매연저감장치의 비용 중 10%만 부담하기로 하고 서울시에 넘기기로 했다. 서울시에서 현재 차량을 받을 수 있기를 기다리고 있다.

① ㉠   ② ㉡   ③ ㉢

④ ㉠, ㉢   ⑤ ㉡, ㉢

37. 수영, 우진, 미정, 아영, 가희는 다섯 가지의 디저트가 코스로 서빙되는 디저트 카페에 방문하였다. 이때 디저트가 서빙되는 순서는 모두 다르며 동일 코스에 디저트는 서로 겹치지 않는다. 다음 내용을 토대로 할 때, 우진이 두 번째로 먹은 디저트와 미정이 마지막으로 먹는 디저트는 각각 무엇인가?

> ㉠ 다섯 가지 디저트의 종류는 딸기 케이크, 망고 무스, 레몬 마카롱, 딸기 젤리, 흑임자 아이스크림이다.
> ㉡ 현재 각자 세 번째 디저트를 맛보고 있으며 수영은 레몬 마카롱, 우진은 딸기 젤리, 미정은 망고 무스, 아영은 딸기 케이크, 가희는 흑임자 아이스크림을 먹고 있다.
> ㉢ 우진이 마지막으로 먹게 될 코스는 수영이 처음으로 먹은 디저트이다.
> ㉣ 수영이 아직 맛보지 않은 디저트는 딸기 젤리와 흑임자 아이스크림이다.
> ㉤ 미정은 두 번째 코스로 딸기 케이크를 먹었고, 네 번째 코스로 레몬 마카롱을 먹을 것이다.
> ㉥ 지금까지 딸기 젤리를 먹은 사람은 우진, 미정, 가희이다.
> ㉦ 아영이는 두 번째 코스에 미정이가 네 번째로 먹을 디저트를 맛보지 않았다.

	우진	미정
①	딸기 젤리	레몬 마카롱
③	레몬 마카롱	딸기 젤리
⑤	레몬 마카롱	흑임자 아이스크림

	우진	미정
②	딸기 케이크	흑임자 아이스크림
④	흑임자 아이스크림	딸기 젤리

38. 다음은 A 회사의 중장기 경영 4대 전략목표 및 12대 전략과제이다. 전략과제와 실행계획이 적절하게 연결되지 않은 것은?

4대 전략목표	12대 전략과제
Ⅰ. 청년일자리 지원 강화	1. 청년 조기취업 기회확대 및 역량강화 2. 청년 해외취업 시스템 고도화 3. 숙련기술을 통한 취업능력 향상지원
Ⅱ. 중소기업 미래성장 동력 강화	1. 신기술 훈련확대를 통한 중소기업 성장 견인 2. 지역산업 맞춤형 인력양성 사업 강화 3. 우수 외국인근로자 도입 및 체류지원 강화
Ⅲ. 현장중심 HRD 인프라 구축	1. NCS 개발 활용 확산 2. 자격의 효용성 강화 3. 직업방송, HRD 콘텐츠 확산을 통한 일자리 정보 플랫폼 구축
Ⅳ. 사회적 가치를 실현하는 책임경영	1. 고객중심 지속가능경영 구현 2. 혁신지향 열린 조직운영 3. 스마트 경영환경 조성

① 청년조기취업 기회확대 및 역량강화 – 국내 대학과 중소기업 간 인턴십을 연결한다.

② 신기술 훈련확대를 통한 중소기업 성장 견인 – 4차 산업혁명 기술 연수 프로그램을 제공한다.

③ 지역산업 맞춤형 인력양성 사업 강화 – 지방자치단체, 대학, 산업 간 연계와 협업을 위하여 예산을 확보한다.

④ 자격의 효용성 강화 – 채용 시 자격증 보유자와 비보유자 간 차등을 해소한다.

⑤ 스마트 경영환경 조성 – 본사 및 지역본부, 지역본부 간 화상회의를 위한 비디오컨퍼런스 시스템을 도입한다.

39. 다음 글에 제시된 조직관리 전략을 바르게 이해한 것은?

> 변화를 이끌고 관리하는 두 번째 활동은 조직구성원이 조직으로부터 원하는 것을 비전으로 만드는 것이다. 일반적으로 비전이란 변화가 지향하는 미래상과 조직의 핵심 가치 및 목적에 대해 기술한 것을 말한다. 비전은 변화를 설계하고 실행하며, 평가하는 데 있어 가치 있는 방향을 제공한다. 또한 조직구성원에게 공동의 목표와 변화의 합리성을 제공함으로써 변화에 몰입하도록 만들어 준다. 그러나 만약 비전의 실현이 불가능하다고 생각되거나 조직이 실행할 수 없는 변화를 장려한다면 조직구성원의 동기 부여를 감소시킬 수 있다.

① 건설적인 비전을 수립하기 위하여 관련 전문가를 활용할 필요가 있다.
② 비전을 통해 현재 체제를 확고하게 유지할 필요가 있다.
③ 구성원이 동의할 수 있고 스스로 동기 부여가 될 수 있는 비전을 설정하는 것이 중요하다.
④ 비현실적인 비전도 때로는 구성원에게 효과적으로 받아들여질 수 있다.
⑤ 조직의 구성원의 수가 많을 때는 조직의 리더가 조직의 비전을 확립하는 것이 효과적이다.

40. 조직문화는 무엇을 지향하느냐에 따라 관계지향, 혁신지향, 위계지향, 과업지향으로 나눌 수 있다. 다음 〈보기〉의 A ~ D를 조직문화의 유형에 따라 적절히 나열한 것은?

> **보기**
>
> A. 조직의 성과 달성과 과업 수행에 있어서의 효율성을 강조함.
> B. 내부조직의 통합과 안정성을 지향하며 분명한 명령계통과 질서·규칙을 중시함.
> C. 조직의 유연성을 강조하고 외부 환경에의 적응성에 초점을 둠.
> D. 조직 구성원들의 소속감, 상호 신뢰, 인화 단결 및 팀워크, 참여 등이 이 조직문화의 핵심 가치로 자리 잡음.

	관계지향	혁신지향	위계지향	과업지향
①	D	C	B	A
②	D	C	A	B
③	C	D	B	A
④	A	C	B	D
⑤	D	B	C	A

[41 ~ 43] 다음 자료를 보고 이어지는 질문에 답하시오.

S 백화점에서 근무하는 K는 최근 회의 내용을 기록하고 있다.

⟨20XX년 12월 16일⟩

A : 올해에는 기업의 부정부패와 관련된 큰 이슈가 있었으므로 '윤리'가 주요 키워드가 되어야 한다고 보는데 다른 분들은 어떻게 생각하십니까?

B : 기업의 사회적 책임을 강조하는 목소리도 높습니다. 저는 사회공헌 사업을 비롯한 '나눔'이 키워드가 되어야 한다고 생각합니다.

C : 두 분의 의견에 대해 모두 동의합니다. 다만 올해에 이미 '윤리경영'을 강조하였으므로 중복되지 않는 가치를 강조하는 것이 더 좋다고 생각합니다.

A : 좋습니다. 그 외에는 무엇이 좋을까요?

D : 최근 모 기업의 오버부킹 사건이 이슈가 된 만큼 고객에 대한 서비스를 강조할 수 있는 키워드가 포함되어야 한다고 생각합니다.

A : 좋은 의견입니다. 그렇다면 위의 키워드들을 주요 가치로 설정하고, 직원들로부터 공모를 받아보는 게 어떨까요?

⟨20XX년 12월 19일⟩

B : 피해 조사에 따르면 부정청탁금지법의 여파로 기존에 큰 매출을 담당했던 신년 선물의 매출이 30% 가량 줄어들 것으로 예측됩니다. 어떤 대처가 가능할지 의견 바랍니다.

C : 부정청탁금지법의 금액 제한에 맞춘 선물세트를 새로 구성하고, 이에 대해 널리 홍보하는 대처가 우선이라고 생각합니다.

D : 추가적으로 부정청탁금지법의 금액 제한이 상황에 맞게 다양하므로 이를 감안해 적절한 상품들을 조합하는 것이 중요해 보입니다. 따라서 이를 담당할 부서를 지정해야 할 것 같습니다.

⟨20XX년 12월 22일⟩

A : 다가오는 신년에 일부 인사이동이 있을 것으로 들었습니다. 이에 상응하는 조치가 있어야 한다고 봅니다.

B : 현재 인사팀에서 직원 교육을 담당할 외부 강사를 섭외 중에 있습니다. 인사이동에 따른 직원들의 업무 혼란을 최소화하기 위해서는 교육이 우선적으로 필요하다고 생각합니다.

C : 추가적으로 고려할 사항이 있을까요?

41. K가 일자별로 회의 주제를 정리할 때 알맞은 것은?

① 〈20XX년 12월 16일〉 나눔경영 강조
② 〈20XX년 12월 16일〉 고객 서비스 개선 방안
③ 〈20XX년 12월 19일〉 부정청탁금지법 대비사항
④ 〈20XX년 12월 19일〉 신규 선물세트 홍보
⑤ 〈20XX년 12월 22일〉 직원 교육 일정

42. K는 〈20XX년 12월 16일〉의 회의 주제에 따라 직원들로부터 슬로건을 공모받았다. 다음 중 적합한 것은?

① 고객을 향한 열정, 행복한 조직
② 책임 있는 기업, 도덕적인 경영
③ 하나도 윤리, 둘째도 윤리
④ 나누는 경영, 최고의 서비스
⑤ 깨끗한 경영, 나누는 사회

43. 〈20XX년 12월 22일〉 회의 내용에 따라 인사팀에서는 다음과 같이 진행된 인사개편으로 신규 부서에 배정된 직원의 업무교육을 위해 외부 강사를 섭외하려고 할 때, 다음 중 적합하지 않은 강사는?

이름	기존 부서	신규 부서	이름	기존 부서	신규 부서
장승진	경영1팀	경영2팀	한정훈	영업팀	인사팀
이현수	기획1팀	총무팀	박소진	인사팀	기획2팀
김은아	기획2팀	인사팀	현승욱	경영2팀	경영1팀
정성은	경영2팀	마케팅팀	김준석	기획2팀	마케팅팀

※ 1, 2팀으로 나누어진 팀 간의 업무 내용은 동일하다(⑩ 기획1팀, 기획2팀).

	강사명	강의 제목
①	김민준	총무업무일지 작성법
②	송영훈	효과적인 경영 전략의 이해
③	유지선	성과 분석 및 전략 수립 방법론
④	이형준	감성 마케팅의 응용과 실천사례
⑤	양진영	인사관리와 사내 복지의 기초

[44 ~ 45] 다음은 조직 체계에 관련된 글이다. 이어지는 질문에 답하시오.

기능별 구조(Functional Structure)는 전 세계적으로 가장 널리 활용되는 조직구조이다. 이는 마케팅, 제조, 엔지니어링, 연구개발, 인적 자원, 재무 등의 기능단위로 분화된 조직형태이다. 기능별 구조는 전문화, 라인과 스태프 관계, 통제범위, 권한, 책임 등에 관한 초기 경영이론에 바탕을 두고 있다. 각 기능별 단위는 공학이나 회계와 같은 특정 전공 출신 전문가들만으로 구성된다. 이들 전문가를 하나의 집단으로 묶어, 특정 전공에서 교육과 경험을 쌓은 관리자가 통솔한다면 보다 쉽게 관리할 수 있다는 것이다. 기능별 구조의 장점은 비슷한 작업을 수행하거나 비슷한 문제를 해결해야 하는 사람들을 집단화함으로써 기술과 자원의 전문화가 촉진된다는 것이다. 반면 단점은 구성원이 제한된 관점으로 자신의 일상적 과업수행에만 관심을 갖는 경향을 나타낸다는 것이다.

부문별 구조(Divisional Structure)는 기능별 구조와는 근본적으로 다른 조직화 방식을 추구한다. 필요한 대부분의 자원과 기능은 부문 단위로 구조화된다. 또한 각 부문은 부문관리자의 책임 하에 운영된다. 부문별 구조의 장점은 조직의 전체 목적 달성을 위한 부문 간 의존성을 이해하고 가용 자원을 상호 조정한다는 것이다. 단점으로는 구성원의 능력을 충분히 활용할 수 있는 전문적인 과업이 상대적으로 적다는 점이다.

44. 〈보기〉에서 부문별 구조에 해당하지 않는 조직을 모두 고르면?

보기

⊙ 제품 A 담당 ⓒ 인사 담당
ⓒ B 지역 병원 담당 ⓔ 모바일 고객 담당

---

① ⊙ ② ⓒ ③ ⓒ
④ ⓔ ⑤ ⊙, ⓒ, ⓒ, ⓔ

45. 기능별 구조와 부문별 구조를 잘못 이해한 것은?

① 기능별 구조는 서로 다른 전공 간에 활발한 소통을 도모할 수 있다.
② 기능별 구조는 전문성의 고도화를 기대할 수 있다.
③ 부문별 구조는 기관 또는 회사마다 각각의 특성을 반영하기 용이하다.
④ 부문별 구조는 조직의 전체 목적을 달성을 달성하기 위해 자원의 상호 조정이 가능하다.
⑤ 부문별 구조의 각 부문은 부문관리자의 책임 하에 운영된다.

46. 다음 ○○공단의 유연근무제 형태를 요약한 자료를 본 직원들의 의견 중 옳은 것은?

유형	세부형태	개념	비고
시간제근무	주 40시간보다 짧은 시간 근무		시행 중
탄력 근무제	주 40시간 근무하되 출퇴근시간, 근무시간, 근무일을 자율로 조정		
	시차출퇴근형	1일 8시간 근무체제 유지, 출퇴근시간 자율 조정	시행 중
	근무시간 선택형	• 1일 4 ~ 12시간 근무 • 주 5일 근무	시행 중
	집약근무형	• 1일 4 ~ 12시간 근무 • 주 3.5 ~ 4일 근무	미시행
	재량근무형	• 출퇴근 의무 없이 프로젝트 수행으로 주 40시간 인정 • 고도의 전문적 지식과 기술이 필요해 업무수행 방법이 나 시간 배분을 담당자의 재량에 맡길 필요가 있는 분야	미시행
원격 근무제	특정한 근무 장소를 정하지 않고 정보통신망을 이용하여 근무		
	재택근무형	사무실이 아닌 자택에서 근무	미시행
	스마트워크 근무형	자택 인근 스마트워크센터 등 별도 사무실 근무	시행 중

① 정 과장 : 나는 오늘 오후에 1개월간 재택근무를 신청할 예정이야.

② 이 과장 : 우리 회사는 아직 재택근무가 시행 중이지 않으니 재량근무형을 신청하는 게 좋을 듯해.

③ 차 과장 : 1일 8시간에 구애받지 않고 출근시간 및 퇴근시간을 자율적으로 정하기 위해서는 집약근무형을 신청하는 게 좋겠어.

④ 길 과장 : 시차출퇴근형은 1일 법정 근무시간인 8시간의 근무체제를 유지하면서 출퇴근시간을 자유롭게 결정할 수 있게 하는 제도인가 봐.

⑤ 김 과장 : 그럼 나는 근무시간 선택형을 통해 주 4일만 출근해야겠어.

47. 다음 중 직업인의 기본자세로 가장 적절하지 않은 것은?

① 직업을 통해 자아를 실현할 수 있으니 자신의 직업을 사랑하며 자부심을 가져야 한다.

② 각자 맡은 업무를 충실히 수행하여 조직의 효율적인 운영에 기여하며, 자신이 맡은 분야에서 개인의식을 발휘한다.

③ 일을 할 때에는 내 일을 필요로 하는 사람들에게 봉사한다는 마음가짐을 갖고, 동료들을 신뢰하고 협동해야한다.

④ 직무상 요구되는 윤리기준과 법규를 준수해야하며 공정하고 투명하게 업무를 수행해야 한다.

⑤ 자신의 일과 관계된 사람과 상호신뢰하고 협력해야 한다.

48. 다음의 대화에서 드러난 개인윤리와 직업윤리 간 조화의 내용으로 가장 적절한 것은?

> 유 부장 : 양 과장님, 새해 우리 부서의 목표는 에너지 산업의 발전 방향을 토대로 하여 세부 추진 과제를 수립하는 것입니다. 차질 없이 잘 진행되고 있나요?
>
> 양 과장 : 예, 부장님. 〈에너지산업 발전방향 2030 계획〉 등을 통해 기초자료를 수집하면서 분석하는 등 업무를 차근차근 수행하고 있습니다.
>
> 유 부장 : 기초 작업이 아주 탄탄할 것이라 기대되네요. 더불어 이번 목표는 우리 기업의 무조건적인 이익추구보다는 ESG경영이나 기업의 사회적 책임 역할까지도 함께 추진되어야 하다 보니, 고려요소가 많을 것으로 생각되네요.
>
> 양 과장 : 아무래도 그렇습니다. 그렇지 않아도 이를 위해서 모든 부서원들의 역량을 총체적으로 활용할 뿐만 아니라, 관련 부서에도 협조요청을 통해서 함께 진행할 예정입니다.
>
> 유 부장 : 이번 목표는 일의 측면인 부분이 강하나, 동시에 일의 학습이라는 것도 항상 기억해 주길 바랍니다.

① 수많은 사람들이 관련되어 고도화된 공동의 협력이 요구되므로 맡은 역할에 대한 책임 완수와 정확하고 투명한 일 처리가 필요하다.

② 기업은 경쟁을 통하여 사회적 책임을 다하고 보다 강한 경쟁력을 위해 조직구성원 개개인의 역할과 능력이 적절하게 꾸준히 향상되도록 해야 한다.

③ 규모가 큰 공동의 재산과 정보 등을 권한 하에서 위임, 관리하므로 높은 수준의 윤리의식이 필요하다.

④ 특수한 직무에서는 개인적인 차원의 덕목과 상식 등으로는 규제할 수 없는 경우가 많다.

⑤ 직장이라는 특수상황에서 갖는 집단적 인간관계는 개인적 선호에 의한 친분관계와는 다른 배려를 요구한다.

49. 다음 사례 속에서 나타난 우리 사회의 결여된 공동체윤리로 가장 적절한 것은?

> − 직장인의 81.1%가 괴롭힘 피해를 경험(○○설문회사, 20X7)
> − 알바 청년 3명 중 2명, "성희롱 겪은 적 있다" (△△시 20X8)
> − 직장인 75%가 갑질 경험 (□□신문, 20X9)

① 전화예절　　　　　② 조직문화　　　　　③ 인사예절
④ 직업윤리　　　　　⑤ 소명의식

50. 다음에서 설명하는 AI 윤리 10대 원칙의 내용으로 보기 어려운 것은?

> ■ 한국판 AI 윤리기준
> 국내 '인공지능 윤리기준'이 완성됐다. 윤리적인 AI를 실현하기 위해 정부와 공공기관은 물론 이용자 등 모든 사회구성원이 인공지능 개발과 활용의 모든 단계에서 함께 지켜야 할 원칙을 제시하는 기준이다.
> 세계 각국과 여러 기관, 단체에서 내놓은 80여 개의 AI 윤리기준이 나왔고, 여전히 새로운 기준이 만들어지고 있다. 그런 가운데 국내에서 마련된 AI 윤리기준은 '인간성'을 최고 가치로 내세워 사람이 중심이 되는 기술에 방점을 둔 것이 특징이다.
>
> ■ AI 윤리 10대 원칙은?
> AI 윤리기준은 인간성을 위한 3대 기본원칙(인간의 존엄성 원칙, 사회의 공공성 원칙, 합목적성 원칙)과 함께 인공지능 전체 생명주기에 걸쳐 충족돼야 하는 10가지 핵심요건을 제시했다. 10가지 핵심요건은 인권 보장, 프라이버시 보호, 다양성 존중, 침해 금지, 공공성, 연대성, 데이터 관리, 책임성, 안정성, 투명성 등이다.

① 모든 AI 개발과 활용은 다양한 집단 간의 연대성을 유지하고 미래세대도 배려해야 한다.
② 모든 AI 개발과 활용은 다양한 민주적 가치와 국제 인권법에 명시된 권리를 보장해야 한다.
③ 모든 AI 개발과 활용은 개발자, 서비스 제공자, 사용자 간의 익명성을 보장해야 한다.
④ 모든 AI 개발과 활용은 개인 특성에 따른 편향을 최소화해야 하고 특정 집단이 아닌 모든 이에게 혜택을 골고루 분배해야 한다.
⑤ 모든 AI 개발과 활용은 인간에게 직간접적인 해를 입히는 목적으로 활용해서는 안된다.

51. 기술의 발전과 진화는 사회에 여러 가지 변화를 가져온다. 다음에 나타난 미래 사회에 예상되는 변화 중 환경 리스크에 의한 영향으로 보기 어려운 것은?

(가) 식량위기 악화	기후변화로 인한 농산물 생산 감소, 식량 부족의 심화, 식량 안보문제 대두
(나) 에너지 수급 불균형	국가 간 자원 및 에너지 확보 분쟁 증가, 에너지 및 자원고갈 위기, 에너지 수급 불균형, 에너지 수요 증가(가격 상승), 차세대 대체에너지 필요성 증대, 자원무기화(자원패권주의, 자원민족주의) 심화
(다) 물 스트레스 심화	물 수요의 지속적 증가, 물 부족의 심화, 국가 간 수자원 분쟁 심화
(라) 국제적 갈등 심화	사이버테러의 증가, 테러위험의 증가, 민족 · 종교 · 국가 간 갈등의 심화, 로봇전쟁과 핵전쟁 위협 우려
(마) 생태계 파괴 심화	생태계 오염 심화, 녹색기술 필요성 증대

① (가) ② (나) ③ (다)

④ (라) ⑤ (마)

52. 다음 상표권에 대한 설명을 참고로 할 때, 상표권으로 인정받을 수 있는 경우는?

> 상표가 등록되려면 본질적으로 식별력이 있어야 하고 그 외 부등록사유에 해당하지 않아야 한다. 본질적으로 자타상품의 출처표시 기능을 할 수 있는 상표만이 등록될 수 있으며 이를 '식별력'이라고 한다. 식별력의 여부를 판단할 때에는 먼저 상표로서 자타상품의 출처를 구별할 수 있는 기능을 할 수 있는지를 파악하여야 하며 특정인에게 독점배타적인 권리를 부여해도 경쟁업자 간의 자유경쟁 등 공익을 해칠 우려가 없는지를 판단하여야 한다. 또한 상표권이 소멸한 경우에는 식별력을 상실했다고 간주된다. 상표법의 1차적 목적은 상표사용자의 업무상 신용유지와 수요자의 이익보호에 있으므로 해당 거래업계의 자유사용을 제한할 우려를 지나치게 확대해석해서는 안 된다.

① 상품의 품질을 오인하게 하거나 수요자를 기만할 염려가 있는 상표

② 타인의 상표권이 소멸한 후 이와 동일하거나 유사한 상표

③ 그 상품의 보통명칭을 보통으로 사용하는 방법으로 표시한 표장만으로 된 상표

④ 행정구역의 명칭이나 현저하게 알려진 국내외의 고적지, 관광지, 번화가 등의 명칭 등과 이들의 약칭만으로 된 상표

⑤ 상표가 상품에 사용되어 수요자에게 주는 의미와 내용 등이 일반인의 통상적인 도덕관념인 선량한 풍속에 어긋나거나 공공의 질서를 해칠 우려가 있는 상표

[53 ~ 55] 다음 표를 참고하여 이어지는 질문에 답하시오.

스위치	기능
♡	1번과 2번 기계를 180도 회전
♧	2번과 3번 기계를 180도 회전
♥	1번과 3번 기계를 180도 회전
♠	3번과 4번 기계를 180도 회전

53. 처음 상태에서 스위치를 두 번 눌렀더니 다음과 같은 상태로 바뀌었다. 어떤 스위치를 눌렀는가?

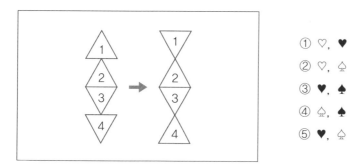

① ♡, ♥

② ♡, ♧

③ ♥, ♠

④ ♧, ♠

⑤ ♥, ♧

54. 처음 상태에서 스위치를 두 번 눌렀더니 다음과 같은 상태로 바뀌었다. 어떤 스위치를 눌렀는가?

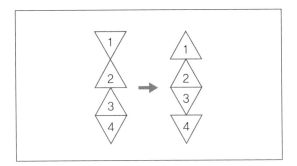

① ♡, ♤
② ♠, ♤
③ ♡, ♥
④ ♥, ♤
⑤ ♡, ♠

55. 처음 상태에서 스위치를 세 번 눌렀더니 다음과 같은 상태로 바뀌었다. 어떤 스위치를 눌렀는가?

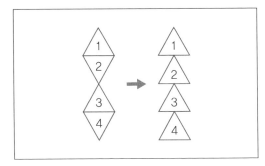

① ♤, ♠, ♡
② ♡, ♤, ♥
③ ♥, ♠, ♤
④ ♡, ♥, ♠
⑤ 성립할 수 없다.

파트 2 인성검사

01 인성검사의 이해

1 인성검사, 왜 필요한가?

채용기업은 지원자가 '직무적합성'을 지닌 사람인지를 인성검사와 NCS기반 필기시험을 통해 판단한다. 인성검사에서 말하는 인성(人性)이란 그 사람의 성품, 즉 각 개인이 가지는 사고와 태도 및 행동 특성을 의미한다. 인성은 사람의 생김새처럼 사람마다 다르기 때문에 몇 가지 유형으로 분류하고 이에 맞추어 판단한다는 것 자체가 억지스럽고 어불성설일지 모른다. 그럼에도 불구하고 기업들의 입장에서는 입사를 희망하는 사람이 어떤 성품을 가졌는지 정보가 필요하다. 그래야 해당 기업의 인재상에 적합하고 담당할 업무에 적격한 인재를 채용할 수 있기 때문이다.

지원자의 성격이 외향적인지 아니면 내향적인지, 어떤 직무와 어울리는지, 조직에서 다른 사람과 원만하게 생활할 수 있는지, 업무 수행 중 문제가 생겼을 때 어떻게 대처하고 해결할 수 있는지에 대한 전반적인 개성은 자기소개서를 통해서나 면접을 통해서도 어느 정도 파악할 수 있다. 그러나 이것들만으로 인성을 충분히 파악할 수 없기 때문에 객관화되고 정형화된 인성검사로 지원자의 성격을 판단하고 있다.

채용기업은 필기시험을 높은 점수로 통과한 지원자라 하더라도 해당 기업과 거리가 있는 성품을 가졌다면 탈락시키게 된다. 일반적으로 필기시험 통과자 중 인성검사로 탈락하는 비율이 10% 내외가 된다고 알려져 있다. 물론 인성검사를 탈락하였다 하더라도 특별히 인성에 문제가 있는 사람이 아니라면 절망할 필요는 없다. 자신을 돌아보고 다음 기회를 대비하면 되기 때문이다. 탈락한 기업이 원하는 인재상이 아니었다면 맞는 기업을 찾으면 되고, 경쟁자가 많았기 때문이라면 자신을 다듬어 경쟁력을 높이면 될 것이다.

2 인성검사의 특징

우리나라 대다수의 채용기업은 인재개발 및 인적자원을 연구하는 한국행동과학연구소(KIRBS), 에스에이치알(SHR), 한국사회적성개발원(KSAD), 한국인재개발진흥원(KPDI) 등 전문기관에 인성검사를 의뢰하고 있다.

이 기관들의 인성검사 개발 목적은 비슷하지만 기관마다 검사 유형이나 평가 척도는 약간의 차이가 있다. 또 지원하는 기업이 어느 기관에서 개발한 검사지로 인성검사를 시행하는지는 사전에 알 수 없다. 그렇지만 공통으로 적용하는 척도와 기준에 따라 구성된 여러 형태의 인성검사지로 사전 테스트를 해 보고 자신의 인성이 어떻게 평가되는가를 미리 알아보는 것은 가능하다.

인성검사는 필기시험 당일 직무능력평가와 함께 실시하는 경우와 직무능력평가 합격자에 한하여 면접과 함께 실시하는 경우가 있다. 인성검사의 문항은 100문항 내외에서부터 최대 500문항까지 다양하다. 인성검사에 주어지는 시간은 문항 수에 비례하여 30 ~ 100분 정도가 된다.

문항 자체는 단순한 질문으로 어려울 것은 없지만 제시된 상황에서 본인의 행동을 정하는 것이 쉽지만은 않다. 문항 수가 많을 경우 이에 비례하여 시간도 길게 주어지지만 단순하고 유사하며 반복되는 질문에 방심하여 집중하지 못하고 실수하는 경우가 있으므로 컨디션 관리와 집중력 유지에 노력하여야 한다. 특히 같거나 유사한 물음에 다른 답을 하는 경우가 가장 위험하다.

3 인성검사 척도 및 구성

1 미네소타 다면적 인성검사(MMPI)

MMPI(Minnesota Multiphasic Personality Inventory)는 1943년 미국 미네소타 대학교수인 해서웨이와 매킨리가 개발한 대표적인 자기 보고형 성향 검사로서 오늘날 가장 대표적으로 사용되는 객관적 심리검사 중 하나이다. MMPI는 약 550여 개의 문항으로 구성되며 각 문항을 읽고 '예(YES)' 또는 '아니오(NO)'로 대답하게 되어 있다.

MMPI는 4개의 타당도 척도와 10개의 임상척도로 구분된다. 500개가 넘는 문항들 중 중복되는 문항들이 포함되어 있는데 내용이 똑같은 문항도 10문항 이상 포함되어 있다. 이 반복 문항들은 응시자가 얼마나 일관성 있게 검사에 임했는지를 판단하는 지표로 사용된다.

구분	척도명	약자	주요 내용
타당도 척도 (바른 태도로 임했는지, 신뢰할 수 있는 결론인지 등을 판단)	무응답 척도 (Can not say)	?	응답하지 않은 문항과 복수로 답한 문항들의 총합으로 빠진 문항을 최소한으로 줄이는 것이 중요하다.
	허구 척도 (Lie)	L	자신을 좋은 사람으로 보이게 하려고 고의적으로 정직하지 못한 답을 판단하는 척도이다. 허구 척도가 높으면 장점까지 인정받지 못하는 결과가 발생한다.
	신뢰 척도 (Frequency)	F	검사 문항에 빗나간 답을 한 경향을 평가하는 척도로 정상적인 집단의 10% 이하의 응답을 기준으로 일반적인 경향과 다른 정도를 측정한다.
	교정 척도 (Defensiveness)	K	정신적 장애가 있음에도 다른 척도에서 정상적인 면을 보이는 사람을 구별하는 척도로 허구 척도보다 높은 고차원으로 거짓 응답을 하는 경향이 나타난다.
임상척도 (정상적 행동과 그렇지 않은 행동의 종류를 구분하는 척도로, 척도마다 다른 기준으로 점수가 매겨짐)	건강염려증 (Hypochondriasis)	Hs	신체에 대한 지나친 집착이나 신경질적 혹은 병적 불안을 측정하는 척도로 이러한 건강염려증이 타인에게 어떤 영향을 미치는지도 측정한다.
	우울증 (Depression)	D	슬픔·비관 정노를 측정하는 척도로 타인과의 관계 또는 본인 상태에 대한 주관적 감정을 나타낸다.
	히스테리 (Hysteria)	Hy	갈등을 부정하는 정도를 측정하는 척도로 신체 증상을 호소하는 경우와 적대감을 부인하며 우회적인 방식으로 드러내는 경우 등이 있다.
	반사회성 (Psychopathic Deviate)	Pd	가정 및 사회에 대한 불신과 불만을 측정하는 척도로 비도덕적 혹은 반사회적 성향 등을 판단한다.
	남성-여성특성 (Masculinity- Feminity)	Mf	남녀가 보이는 흥미와 취향, 적극성과 수동성 등을 측정하는 척도로 성에 따른 유연한 사고와 융통성 등을 평가한다.

편집증 (Paranoia)	Pa	과대 망상, 피해 망상, 의심 등 편집증에 대한 정도를 측정하는 척도로 열등감, 비사교적 행동, 타인에 대한 불만과 같은 내용을 질문한다.
강박증 (Psychasthenia)	Pt	과대 근심, 강박관념, 죄책감, 공포, 불안감, 정리정돈 등을 측정하는 척도로 만성 불안 등을 나타낸다.
정신분열증 (Schizophrenia)	Sc	정신적 혼란을 측정하는 척도로 자폐적 성향이나 타인과의 감정 교류, 충동 억제불능, 성적 관심, 사회적 고립 등을 평가한다.
경조증 (Hypomania)	Ma	정신적 에너지를 측정하는 척도로 생각의 다양성 및 과장성, 행동의 불안정성, 흥분성 등을 나타낸다.
사회적 내향성 (Social introversion)	Si	대인관계 기피, 사회적 접촉 회피, 비사회성 등의 요인을 측정하는 척도로 외향성 및 내향성을 구분한다.

2 캘리포니아 성격검사(CPI)

CPI(California Psychological Inventory)는 캘리포니아 대학의 연구팀이 개발한 성검사로 MMPI와 함께 세계에서 가장 널리 사용되고 있는 인성검사 툴이다. CPI는 다양한 인성 요인을 통해 지원자가 답변한 응답 왜곡 가능성, 조직 역량 등을 측정한다. MMPI가 주로 정서적 측면을 진단하는 특징을 보인다면, CPI는 정상적인 사람의 심리적 특성을 주로 진단한다.

CPI는 약 480개 문항으로 구성되어 있으며 다음과 같은 18개의 척도로 구분된다.

구분	척도명	주요 내용
제1군 척도 (대인관계 적절성 측정)	지배성(Do)	리더십, 통솔력, 대인관계에서의 주도권을 측정한다.
	지위능력성(Cs)	내부에 잠재되어 있는 내적 포부, 자기 확신 등을 측정한다.
	사교성(Sy)	참여 기질이 활달한 사람과 그렇지 않은 사람을 구분한다.
	사회적 자발성(Sp)	사회 안에서의 안정감, 자발성, 사교성 등을 측정한다.
	자기 수용성(Sa)	개인적 가치관, 자기 확신, 자기 수용력 등을 측정한다.
	행복감(Wb)	생활의 만족감, 행복감을 측정하며 긍정적인 사람으로 보이고자 거짓 응답하는 사람을 구분하는 용도로도 사용된다.
제2군 척도 (성격과 사회화, 책임감 측정)	책임감(Re)	법과 질서에 대한 양심, 책임감, 신뢰성 등을 측정한다.
	사회성(So)	가치 내면화 정도, 사회 이탈 행동 가능성 등을 측정한다.
	자기 통제성(Sc)	자기조절, 자기통제의 적절성, 충동 억제력 등을 측정한다.
	관용성(To)	사회적 신념, 편견과 고정관념 등에 대한 태도를 측정한다.
	호감성(Gi)	타인이 자신을 어떻게 보는지에 대한 민감도를 측정하며, 좋은 사람으로 보이고자 거짓 응답하는 사람을 구분한다.
	임의성(Cm)	사회에 보수적 태도를 보이고 생각 없이 적당히 응답한 사람을 판단하는 척도로 사용된다.

제3군 척도 (인지적, 학업적 특성 측정)	순응적 성취(Ac)	성취동기, 내면의 인식, 조직 내 성취 욕구 등을 측정한다.
	독립적 성취(Ai)	독립적 사고, 창의성, 자기실현을 위한 능력 등을 측정한다.
	지적 효율성(Le)	지적 능률, 지능과 연관이 있는 성격 특성 등을 측정한다.
제4군 척도 (제1~3군과 무관한 척도의 혼합)	심리적 예민성(Py)	타인의 감정 및 경험에 대해 공감하는 정도를 측정한다.
	융통성(Fx)	개인적 사고와 사회적 행동에 대한 유연성을 측정한다.
	여향성(Fe)	남녀 비교에 따른 흥미의 남향성 및 여향성을 측정한다.

3 SHL 직업성격검사(OPQ)

OPQ(Occupational Personality Questionnaire)는 세계적으로 많은 외국 기업에서 널리 사용하는 CEB 사의 SHL 직무능력검사에 포함된 직업성격검사이다. 4개의 질문이 한 세트로 되어 있고 총 68세트 정도 출제되고 있다. 4개의 질문 안에서 '자기에게 가장 잘 맞는 것'과 '자기에게 가장 맞지 않는 것'을 1개씩 골라 '예', '아니오'로 체크하는 방식이다. 단순하게 모든 척도가 높다고 좋은 것은 아니며, 척도가 낮은 편이 좋은 경우도 있다.

기업에 따라 척도의 평가 기준은 다르다. 희망하는 기업의 특성을 연구하고, 채용 기준을 예측하는 것이 중요하다.

척도	내용	질문 예
설득력	사람을 설득하는 것을 좋아하는 경향	– 새로운 것을 사람에게 권하는 것을 잘한다. – 교섭하는 것에 걱정이 없다. – 기획하고 판매하는 것에 자신이 있다.
지도력	사람을 지도하는 것을 좋아하는 경향	– 사람을 다루는 것을 잘한다. – 팀을 아우르는 것을 잘한다. – 사람에게 지시하는 것을 잘한다.
독자성	다른 사람의 영향을 받지 않고, 스스로 생각해서 행동하는 것을 좋아하는 경향	– 모든 것을 자신의 생각대로 하는 편이다. – 주변의 평가는 신경 쓰지 않는다. – 유혹에 강한 편이다.
외향성	외향적이고 사교적인 경향	– 다른 사람의 주목을 끄는 것을 좋아한다. – 사람들이 모인 곳에서 중심이 되는 편이다. – 담소를 나눌 때 주변을 즐겁게 해 준다.
우호성	친구가 많고, 대세의 사람이 되는 것을 좋아하는 경향	– 친구와 함께 있는 것을 좋아한다. – 무엇이라도 얘기할 수 있는 친구가 많다. – 친구와 함께 무언가를 하는 것이 많다.
사회성	세상 물정에 밝고 사람 앞에서도 낯을 가리지 않는 성격	– 자신감이 있고 유쾌하게 발표할 수 있다. – 공적인 곳에서 인사하는 것을 잘한다. – 사람들 앞에서 발표하는 것이 어렵지 않다.

겸손성	사람에 대해서 겸손하게 행동하고 누구라도 똑같이 사귀는 경향	– 자신의 성과를 그다지 내세우지 않는다. – 절제를 잘하는 편이다. – 사회적인 지위에 무관심하다.
협의성	사람들에게 의견을 물으면서 일을 진행하는 경향	– 사람들의 의견을 구하며 일하는 편이다. – 타인의 의견을 묻고 일을 진행시킨다. – 친구와 상담해서 계획을 세운다.
돌봄	측은해 하는 마음이 있고, 사람을 돌봐 주는 것을 좋아하는 경향	– 개인적인 상담에 친절하게 답해 준다. – 다른 사람의 상담을 진행하는 경우가 많다. – 후배의 어려움을 돌보는 것을 좋아한다.
구체적인 사물에 대한 관심	물건을 고치거나 만드는 것을 좋아하는 경향	– 고장 난 물건을 수리하는 것이 재미있다. – 상태가 안 좋은 기계도 잘 사용한다. – 말하기보다는 행동하기를 좋아한다.
데이터에 대한 관심	데이터를 정리해서 생각하는 것을 좋아하는 경향	– 통계 등의 데이터를 분석하는 것을 좋아한다. – 표를 만들거나 정리하는 것을 좋아한다. – 숫자를 다루는 것을 좋아한다.
미적가치에 대한 관심	미적인 것이나 예술적인 것을 좋아하는 경향	– 디자인에 관심이 있다. – 미술이나 음악을 좋아한다. – 미적인 감각에 자신이 있다.
인간에 대한 관심	사람의 행동에 동기나 배경을 분석하는 것을 좋아하는 경향	– 다른 사람을 분석하는 편이다. – 타인의 행동을 보면 동기를 알 수 있다. – 다른 사람의 행동을 잘 관찰한다.
정통성	이미 있는 가치관을 소중히 여기고, 익숙한 방법으로 사물을 대하는 것을 좋아하는 경향	– 실적이 보장되는 확실한 방법을 취한다. – 낡은 가치관을 존중하는 편이다. – 보수적인 편이다.
변화 지향	변화를 추구하고, 변화를 받아들이는 것을 좋아하는 경향	– 새로운 것을 하는 것을 좋아한다. – 해외여행을 좋아한다. – 경험이 없더라도 시도해 보는 것을 좋아한다.
개념성	지식에 대한 욕구가 있고, 논리적으로 생각하는 것을 좋아하는 경향	– 개념적인 사고가 가능하다. – 분석적인 사고를 좋아한다. – 순서를 만들고 단계에 따라 생각한다.
창조성	새로운 분야에 대한 공부를 하는 것을 좋아하는 경향	– 새로운 것을 추구한다. – 독창성이 있다. – 신선한 아이디어를 낸다.
계획성	앞을 생각해서 사물을 예상하고, 계획적으로 실행하는 것을 좋아하는 경향	– 과거를 돌이켜보며 계획을 세운다. – 앞날을 예상하며 행동한다. – 실수를 돌아보며 대책을 강구하는 편이다.

치밀함	정확한 순서를 세워 진행하는 것을 좋아하는 경향	- 사소한 실수는 거의 하지 않는다. - 정확하게 요구되는 것을 좋아한다. - 사소한 것에도 주의하는 편이다.
꼼꼼함	어떤 일이든 마지막까지 꼼꼼하게 마무리 짓는 경향	- 맡은 일을 마지막까지 해결한다. - 마감 시한은 반드시 지킨다. - 시작한 일은 중간에 그만두지 않는다.
여유	평소에 릴랙스하고, 스트레스에 잘 대처하는 경향	- 감정의 회복이 빠르다. - 분별없이 함부로 행동하지 않는다. - 스트레스에 잘 대처한다.
근심·걱정	어떤 일이 잘 진행되지 않으면 불안을 느끼고, 중요한 일을 앞두면 긴장하는 경향	- 예정대로 잘되지 않으면 근심·걱정이 많다. - 신경 쓰이는 일이 있으면 불안하다. - 중요한 만남 전에는 기분이 편하지 않다.
호방함	사람들이 자신을 어떻게 생각하는지를 신경 쓰지 않는 경향	- 사람들이 자신을 어떻게 생각하는지 그다지 신경 쓰지 않는다. - 상처받아도 동요하지 않고 아무렇지 않은 태도를 취한다. - 사람들의 비판에 크게 영향받지 않는다.
억제력	감정을 표현하지 않는 경향	- 쉽게 감정적으로 되지 않는다. - 분노를 억누른다. - 격분하지 않는다.
낙관적	사물을 낙관적으로 보는 경향	- 낙관적으로 생각하고 일을 진행시킨다. - 문제가 일어나도 낙관적으로 생각한다.
비판적	비판적으로 사물을 생각하고, 이론·문장 등의 오류에 신경 쓰는 경향	- 이론의 모순을 찾아낸다. - 계획이 갖춰지지 않은 것이 신경 쓰인다. - 누구도 신경 쓰지 않는 오류를 찾아낸다.
행동력	운동을 좋아하고, 민첩하게 행동하는 경향	- 동작이 날렵하나. - 여가를 활동적으로 보낸다. - 몸을 움직이는 것을 좋아한다.
경쟁성	지는 것을 싫어하는 경향	- 승부를 겨루게 되면 지는 것을 싫어한다. - 상대를 이기는 것을 좋아한다. - 싸워 보지 않고 포기하는 것을 싫어한다.
출세 지향	출세하는 것을 중요하게 생각하고, 야심적인 목표를 향해 노력하는 경향	- 출세 지향적인 성격이다. - 곤란한 목표도 달성할 수 있다. - 실력으로 평가받는 사회가 좋다.
결단력	빠르게 판단하는 경향	- 답을 빠르게 찾아낸다. - 문제에 대한 빠른 상황 파악이 가능하다. - 위험을 감수하고도 결단을 내리는 편이다.

🔎 4 인성검사 합격 전략

1 포장하지 않은 솔직한 답변

"다른 사람을 험담한 적이 한 번도 없다.", "물건을 훔치고 싶다고 생각해 본 적이 없다."

이 질문에 당신은 '그렇다', '아니다' 중 무엇을 선택할 것인가? 채용기업이 인성검사를 실시하는 가장 큰 이유는 '이 사람이 어떤 성향을 가진 사람인가'를 효율적으로 파악하기 위해서이다.

인성검사는 도덕적 가치가 빼어나게 높은 사람을 판별하려는 것도 아니고, 성인군자를 가려내기 위함도 아니다. 인간의 보편적 성향과 상식적 사고를 고려할 때, 도덕적 질문에 지나치게 겸손한 답변을 체크하면 오히려 솔직하지 못한 것으로 간주되거나 인성을 제대로 판단하지 못해 무효 처리가 되기도 한다. 자신의 성격을 포장하여 작위적인 답변을 하지 않도록 솔직하게 임하는 것이 예기치 않은 결과를 피하는 첫 번째 전략이 된다.

2 필터링 함정을 피하고 일관성 유지

앞서 강조한 솔직함은 일관성과 연결된다. 인성검사를 구성하는 많은 척도는 여러 형태의 문장 속에 동일한 요소를 적용해 반복되기도 한다. 예컨대 '나는 매우 활동적인 사람이다'와 '나는 운동을 매우 좋아한다'라는 질문에 '그렇다'고 체크한 사람이 '휴일에는 집에서 조용히 쉬며 독서하는 것이 좋다'에도 '그렇다'고 체크한다면 일관성이 없다고 평가될 수 있다.

그러나 일관성 있는 답변에만 매달리면 '이 사람이 같은 답변만 체크하기 위해 이 부분만 신경 썼구나'하는 필터링 함정에 빠질 수도 있다. 비슷하게 보이는 문장이 무조건 같은 내용이라고 판단하여 똑같이 답하는 것도 주의해야 한다. 일관성보다 중요한 것은 솔직함이다. 솔직함이 전제되지 않은 일관성은 허위 척도 필터링에서 드러나게 되어 있다. 유사한 질문의 응답이 터무니없이 다르거나 양극단에 치우치지 않는 정도라면 약간의 차이는 크게 문제되지 않는다. 중요한 것은 솔직함과 일관성이 하나의 연장선에 있다는 점을 명심하자.

3 지원한 직무와 연관성을 고려

다양한 분야의 많은 계열사와 큰 조직을 통솔하는 대기업은 여러 사람이 조직적으로 움직이는 만큼 각 직무에 걸맞은 능력을 갖춘 인재가 필요하다. 그래서 기업은 매년 신규채용으로 입사한 신입사원들의 젊은 패기와 참신한 능력을 성장 동력으로 활용한다.

기업은 사교성 있고 활달한 사람만을 원하지 않는다. 해당 직군과 직무에 따라 필요로 하는 사원의 능력과 개성이 다르기 때문에, 지원자가 희망하는 계열사나 부서의 직무가 무엇인지 제대로 파악하여 자신의 성향과 맞는지에 대한 고민은 반드시 필요하다. 같은 질문이라도 기업이 원하는 인재상이나 부서의 직무에 따라 판단 척도가 달라질 수 있다.

4 평상심 유지와 컨디션 관리

역시 솔직함과 연결된 내용이다. 한 질문에 오래 고민하고 신경 쓰면 불필요한 생각이 개입될 소지가 크다. 이는 직관을 떠나 이성적 판단에 따라 포장할 위험이 높아진다는 뜻이기도 하다. 긴 시간 생각하지 말고 자신의 평상시 생각과 감정대로 답하는 것이 중요하며, 가능한 건너뛰지 말고 모든 질문에 답하도록 한다. 300~400개 정도 문항을 출제하는 기업이 많기 때문에, 끝까지 집중하여 임하는 것이 중요하다.

특히 적성검사와 같은 날 실시하는 경우, 적성검사를 마친 후 연이어 보기 때문에 신체적·정신적으로 피로한 상태에서 자세가 흐트러질 수도 있다. 따라서 컨디션을 유지하면서 문항당 7~10초 이상 쓰지 않도록 하고, 문항 수가 많을 때는 답안지에 바로바로 표기하자.

02 인성검사 연습

👥 1 인성검사 출제유형

인성검사는 기업이 추구하는 'KDHC 역량을 보유한 미래와 고객을 위하는 인재'라는 내부 기준에 따라 적합한 인재를 찾기 위해 가치관과 태도를 측정하는 것이다. 응시자 개인의 사고와 태도·행동 특성 및 유사 질문의 반복을 통해 거짓말 척도 등으로 기업의 인재상에 적합한지를 판단하므로 특별하게 정해진 답은 없다.

👥 2 문항군 개별 항목 체크

1 100개 내외의 문항군으로 구성된 검사지에 자신에게 해당되는 '① 아니다 ② 약간 그렇다 ③ 대체로 그렇다 ④ 매우 그렇다'에 표시한다. 아래를 참고하여 문항 내용이 자신의 평소 생각이나 행동에 조금이라도 더 가까운 쪽으로 한 문항도 빠짐없이 응답한다.

- 다르거나 비슷하지 않다. → ① 아니다
- 약간 같거나 비슷하다. → ② 약간 그렇다
- 대체로 같거나 비슷하다. → ③ 대체로 그렇다
- 매우 같거나 비슷하다. → ④ 매우 그렇다

번호	문항	아니다	약간 그렇다	대체로 그렇다	매우 그렇다
1	내가 한 행동에 대해 절대 후회하지 않는다.	①	●	③	④
2	내 기분이 나쁘더라도 모임의 분위기에 맞춰 행동하려고 노력한다.	①	②	●	④
3	나보다 사정이 급한 사람이 있을 때는 순서를 양보해준다.	①	②	③	●

2 각 문항의 내용을 읽고 평소 자신의 생각 및 행동과 유사하거나 일치하면 '예', 다르거나 일치하지 않으면 '아니오'에 표시한다.

1	나는 수줍음을 많이 타는 편이다.	○ 예	○ 아니오
2	나는 과거의 실수가 자꾸만 생각나곤 한다.	○ 예	○ 아니오
3	나는 사람들과 서로 일상사에 대해 이야기하는 것이 쑥스럽다.	○ 예	○ 아니오

3 구성된 검사지에 문항 수가 많으면 일관된 답변이 어려울 수도 있으므로 최대한 꾸밈없이 자신의 가치관과 신념을 바탕으로 솔직하게 답하도록 노력한다.

1. 직관적으로 솔직하게 답한다.
2. 모든 문제를 신중하게 풀도록 한다.
3. 비교적 일관성을 유지할 수 있도록 한다.
4. 평소의 경험과 선호도를 자연스럽게 답한다.
5. 각 문항에 너무 골똘히 생각하거나 고민하지 않는다.
6. 지원한 분야와 나의 성격의 연관성을 미리 생각하고 분석해 본다.

3 모의 연습

[01~100] 모든 문항에는 옳고 그른 답이 없습니다. 다음 문항을 잘 읽고 ① ~ ④ 중 본인에게 해당되는 부분에 표시해 주십시오.
| 주의사항 | 자신의 모습 그대로 솔직하게 응답하십시오. 솔직하고 성의 있게 응답하지 않을 경우 결과가 무효 처리됩니다.

번호	문항	아니다	약간 그렇다	대체로 그렇다	매우 그렇다
1	내가 한 행동이 가져올 결과를 잘 알고 있다.	①	②	③	④
2	다른 사람의 주장이나 의견이 어떤 맥락을 가지고 있는지 생각해 본다.	①	②	③	④
3	나는 어려운 문제를 보면 반드시 그것을 해결해야 직성이 풀린다.	①	②	③	④
4	시험시간이 끝나면 곧바로 정답을 확인해 보는 편이다.	①	②	③	④
5	물건을 구매할 때 가격 정보부터 찾는 편이다.	①	②	③	④
6	항상 일을 할 때 개선점을 찾으려고 한다.	①	②	③	④
7	사적인 스트레스로 일을 망치는 일은 없다.	①	②	③	④
8	일이 어떻게 진행되고 있는지 지속적으로 점검한다.	①	②	③	④
9	궁극적으로 내가 달성하고자 하는 것을 자주 생각한다.	①	②	③	④
10	막상 시험기간이 되면 계획대로 되지 않는다.	①	②	③	④
11	다른 사람에게 궁금한 것이 있어도 참는 편이다.	①	②	③	④

12	요리하는 TV프로그램을 즐겨 시청한다.	①	②	③	④
13	후회를 해 본 적이 없다.	①	②	③	④
14	스스로 계획한 일은 하나도 빠짐없이 실행한다.	①	②	③	④
15	낮보다 어두운 밤에 집중력이 좋다.	①	②	③	④
16	인내심을 가지고 일을 한다.	①	②	③	④
17	많은 생각을 필요로 하는 일에 더 적극적이다.	①	②	③	④
18	미래는 불확실하기 때문에 결과를 예측하는 것은 무의미하다.	①	②	③	④
19	매일 긍정적인 감정만 느낀다.	①	②	③	④
20	쉬는 날 가급적이면 집 밖으로 나가지 않는다.	①	②	③	④
21	나는 약속 시간을 잘 지킨다.	①	②	③	④
22	영화보다는 연극을 선호한다.	①	②	③	④
23	아무리 계획을 잘 세워도 결국 일정에 쫓기게 된다.	①	②	③	④
24	생소한 문제를 접하면 해결해 보고 싶다는 생각보다 귀찮다는 생각이 먼저 든다.	①	②	③	④
25	내가 한 일의 결과물을 구체적으로 상상해 본다.	①	②	③	④
26	새로운 것을 남들보다 빨리 받아들이는 편이다.	①	②	③	④
27	나는 친구들의 생일선물을 잘 챙겨 준다.	①	②	③	④
28	나를 알고 있는 모든 사람은 나에게 칭찬을 한다.	①	②	③	④
29	일을 할 때 필요한 나의 능력에 대해 정확하게 알고 있다.	①	②	③	④
30	나는 질문을 많이 하는 편이다.	①	②	③	④
31	가급적 여러 가지 대안을 고민하는 것이 좋다.	①	②	③	④
32	만일 일을 선택할 수 있다면 어려운 것보다 쉬운 것을 선택할 것이다.	①	②	③	④
33	나는 즉흥적으로 일을 한다.	①	②	③	④
34	배가 고픈 것을 잘 참지 못한다.	①	②	③	④
35	단순한 일보다는 생각을 많이 해야 하는 일을 선호한다.	①	②	③	④
36	갑작스럽게 힘든 일을 겪어도 스스로를 통제할 수 있다.	①	②	③	④
37	가능성이 낮다 하더라도 내가 믿는 것이 있으면 그것을 실현시키기 위해 노력할 것이다.	①	②	③	④
38	내가 잘하는 일과 못하는 일을 정확하게 알고 있다.	①	②	③	④
39	어떤 목표를 세울 것인가 보다 왜 그런 목표를 세웠는지가 더 중요하다.	①	②	③	④
40	나는 성인이 된 이후로 하루도 빠짐없이 똑같은 시간에 일어났다.	①	②	③	④

41	다른 사람들보다 새로운 것을 빠르게 습득하는 편이다.	①	②	③	④
42	나는 모르는 것이 있으면 수단과 방법을 가리지 않고 알아낸다.	①	②	③	④
43	내 삶을 향상시키기 위한 방법을 찾는다.	①	②	③	④
44	내 의견이 옳다는 생각이 들면 다른 사람과 잘 타협하지 못한다.	①	②	③	④
45	나는 집요한 사람이다.	①	②	③	④
46	가까운 사람과 사소한 일로 다투었을 때 먼저 화해를 청하는 편이다.	①	②	③	④
47	무엇인가를 반드시 성취해야 하는 것은 아니다.	①	②	③	④
48	일을 통해서 나의 지식과 기술을 후대에 기여하고 싶다.	①	②	③	④
49	내 의견을 이해하지 못하는 사람은 상대하지 않는다.	①	②	③	④
50	사회에서 인정받을 수 있는 사람이 되고 싶다.	①	②	③	④
51	착한 사람은 항상 손해를 보게 되어 있다.	①	②	③	④
52	내가 잘한 일은 남들이 꼭 알아줬으면 한다.	①	②	③	④
53	상황이 변해도 유연하게 대처한다.	①	②	③	④
54	나와 다른 의견도 끝까지 듣는다.	①	②	③	④
55	상황에 따라서는 거짓말도 필요하다.	①	②	③	④
56	평범한 사람이라고 생각한다.	①	②	③	④
57	남들이 실패한 일도 나는 해낼 수 있다.	①	②	③	④
58	남들보다 특별히 더 우월하다고 생각하지 않는다.	①	②	③	④
59	시비가 붙더라도 침착하게 대응한다.	①	②	③	④
60	화가 날수록 상대방에게 침착해지는 편이다.	①	②	③	④
61	세상은 착한 사람들에게 불리하다.	①	②	③	④
62	여러 사람과 이야기하는 것이 즐겁다.	①	②	③	④
63	다른 사람의 감정을 내 것처럼 느낀다.	①	②	③	④
64	내게 모욕을 준 사람들을 절대 잊지 않는다.	①	②	③	④
65	우리가 사는 세상은 살 만한 곳이라고 생각한다.	①	②	③	④
66	속이 거북할 정도로 많이 먹을 때가 있다.	①	②	③	④
67	마음속에 있는 것을 솔직하게 털어놓는 편이다.	①	②	③	④
68	일은 내 삶의 중심에 있다.	①	②	③	④
69	내가 열심히 노력한다고 해서 나의 주변 환경에 어떤 바람직한 변화가 일어나는 것은 아니다.	①	②	③	④
70	웬만한 일을 겪어도 마음의 평정을 유지하는 편이다.	①	②	③	④

71	사람들 앞에 서면 실수를 할까 걱정된다.	①	②	③	④
72	점이나 사주를 믿는 편이다.	①	②	③	④
73	화가 나면 언성이 높아진다.	①	②	③	④
74	차근차근 하나씩 일을 마무리한다.	①	②	③	④
75	어려운 목표라도 어떻게 해서든 실현 가능한 해결책을 만든다.	①	②	③	④
76	진행하던 일을 홧김에 그만둔 적이 있다.	①	②	③	④
77	사람을 차별하지 않는다.	①	②	③	④
78	창이 있는 레스토랑에 가면 창가에 자리를 잡는다.	①	②	③	④
79	다양한 분야에 관심이 있다.	①	②	③	④
80	무단횡단을 한 번도 해 본 적이 없다.	①	②	③	④
81	내 주위에서는 즐거운 일들이 자주 일어난다.	①	②	③	④
82	다른 사람의 행동을 내가 통제하고 싶다.	①	②	③	④
83	내 친구들은 은근히 뒤에서 나를 비웃는다.	①	②	③	④
84	아이디어를 적극적으로 제시한다.	①	②	③	④
85	규칙을 어기는 것도 필요할 때가 있다.	①	②	③	④
86	친구를 쉽게 사귄다.	①	②	③	④
87	내 분야에서 1등이 되어야 한다.	①	②	③	④
88	스트레스가 쌓이면 몸도 함께 아프다.	①	②	③	④
89	목표를 달성하기 위해서는 때로 편법이 필요할 때도 있다.	①	②	③	④
90	나는 보통사람들보다 더 존경받을 만하다고 생각한다.	①	②	③	④
91	내 주위에는 나보다 잘난 사람들만 있는 것 같다.	①	②	③	④
92	나는 따뜻하고 부드러운 마음을 가지고 있다.	①	②	③	④
93	어떤 일에 실패했어도 반드시 다시 도전한다.	①	②	③	④
94	회의에 적극 참여한다.	①	②	③	④
95	나는 적응력이 뛰어나다.	①	②	③	④
96	서두르지 않고 순서대로 일을 마무리한다.	①	②	③	④
97	나는 실수에 대해 변명한 적이 없다.	①	②	③	④
98	나는 맡은 일은 책임지고 끝낸다.	①	②	③	④
99	나는 눈치가 빠르다.	①	②	③	④
100	나는 본 검사에 성실하게 응답하였다.	①	②	③	④

[01~50] 모든 문항에는 옳고 그른 답이 없습니다. 문항의 내용을 읽고 평소 자신의 생각 및 행동과 유사하거나 일치하면 '예', 다르거나 일치하지 않으면 '아니오'로 표시해 주십시오.

| 주의사항 | 자신의 모습 그대로 솔직하게 응답하십시오. 솔직하고 성의 있게 응답하지 않을 경우 결과가 무효 처리됩니다.

1	나는 수줍음을 많이 타는 편이다.	○ 예	○ 아니오
2	나는 과거의 실수가 자꾸만 생각나곤 한다.	○ 예	○ 아니오
3	나는 사람들과 서로 일상사에 대해 이야기 하는 것이 쑥스럽다.	○ 예	○ 아니오
4	내 주변에는 나를 좋지 않게 평가하는 사람들이 있다.	○ 예	○ 아니오
5	나는 가족들과는 합리적인 대화가 잘 안 된다.	○ 예	○ 아니오
6	나는 내가 하고 싶은 일은 꼭 해야 한다.	○ 예	○ 아니오
7	나는 개인적 사정으로 타인에게 피해를 주는 사람을 이해할 수 없다.	○ 예	○ 아니오
8	나는 많은 것을 성취하고 싶다.	○ 예	○ 아니오
9	나는 변화가 적은 것을 좋아한다.	○ 예	○ 아니오
10	나는 내가 하고 싶은 일과 해야 할 일을 구분할 줄 안다.	○ 예	○ 아니오
11	나는 뜻대로 일이 되지 않으면 화가 많이 난다.	○ 예	○ 아니오
12	내 주변에는 나에 대해 좋게 얘기하는 사람이 있다.	○ 예	○ 아니오
13	요즘 세상에서는 믿을 만한 사람이 없다.	○ 예	○ 아니오
14	나는 할 말은 반드시 하고야 마는 사람이다.	○ 예	○ 아니오
15	나는 변화가 적은 것을 좋아한다.	○ 예	○ 아니오
16	나는 가끔 부당한 대우를 받는다는 생각이 든다.	○ 예	○ 아니오
17	나는 가치관이 달라도 친하게 지내는 친구들이 많다.	○ 예	○ 아니오
18	나는 새로운 아이디어를 내는 것이 쉽지 않다.	○ 예	○ 아니오
19	나는 노력한 만큼 인정받지 못하고 있다.	○ 예	○ 아니오
20	나는 매사에 적극적으로 참여한다.	○ 예	○ 아니오
21	나의 가족들과는 어떤 주제를 놓고도 서로 대화가 잘 통한다.	○ 예	○ 아니오
22	나는 사람들과 어울리는 일에서 삶의 활력을 얻는다.	○ 예	○ 아니오
23	학창시절 마음에 맞는 친구가 없었다.	○ 예	○ 아니오
24	특별한 이유 없이 누군가를 미워한 적이 있다.	○ 예	○ 아니오
25	내가 원하는 대로 일이 되지 않을 때 화가 많이 난다.	○ 예	○ 아니오
26	요즘 같은 세상에서는 누구든 믿을 수 없다.	○ 예	○ 아니오
27	나는 여행할 때 남들보다 짐이 많은 편이다.	○ 예	○ 아니오

28	나는 상대방이 화를 내면 더욱 화가 난다.	○ 예	○ 아니오
29	나는 반대 의견을 말하더라도 상대방을 무시하는 말을 하지 않으려고 한다.	○ 예	○ 아니오
30	나는 학창시절 내가 속한 동아리에서 누구보다 충성도가 높은 사람이었다.	○ 예	○ 아니오
31	나는 새로운 집단에서 친구를 쉽게 사귀는 편이다.	○ 예	○ 아니오
32	나는 다른 사람을 챙기는 태도가 몸에 배여 있다.	○ 예	○ 아니오
33	나는 항상 겸손하여 노력한다.	○ 예	○ 아니오
34	내 주변에는 나에 대해 좋지 않은 이야기를 하는 사람이 있다.	○ 예	○ 아니오
35	나는 가족들과는 합리적인 대화가 잘 안 된다.	○ 예	○ 아니오
36	나는 내가 하고 싶은 일은 꼭 해야 한다.	○ 예	○ 아니오
37	나는 스트레스를 받으면 몸에 이상이 온다.	○ 예	○ 아니오
38	나는 재치가 있다는 말을 많이 듣는 편이다.	○ 예	○ 아니오
39	나는 사람들에게 잘 보이기 위해 마음에 없는 거짓말을 한다.	○ 예	○ 아니오
40	다른 사람을 위협적으로 대한 적이 있다.	○ 예	○ 아니오
41	나는 부지런하다는 말을 자주 들었다.	○ 예	○ 아니오
42	나는 쉽게 화가 났다가 쉽게 풀리기도 한다.	○ 예	○ 아니오
43	나는 할 말은 반드시 하고 사는 사람이다.	○ 예	○ 아니오
44	나는 터질 듯한 분노를 종종 느낀다.	○ 예	○ 아니오
45	나도 남들처럼 든든한 배경이 있었다면 지금보다 훨씬 나은 위치에 있었을 것이다.	○ 예	○ 아니오
46	나는 종종 싸움에 휘말린다.	○ 예	○ 아니오
47	나는 능력과 무관하게 불이익을 받은 적이 있다.	○ 예	○ 아니오
48	누군가 내 의견을 빈박하면 물러서지 않고 논쟁을 벌인다.	○ 예	○ 아니오
49	남이 나에게 피해를 입힌다면 나도 가만히 있지 않을 것이다.	○ 예	○ 아니오
50	내가 인정받기 위해서 규칙을 위반한 행위를 한 적이 있다.	○ 예	○ 아니오

파트3 면접가이드

01 NCS 면접의 이해

※ 능력중심 채용에서는 타당도가 높은 구조화 면접을 적용한다.

1 면접이란?

    일을 하는 데 필요한 능력(직무역량, 직무지식, 인재상 등)을 지원자가 보유하고 있는지를 다양한 면접기법을 활용하여 확인하는 절차이다. 자신의 환경, 성취, 관심사, 경험 등에 대해 이야기하여 본인이 적합하다는 것을 보여 줄 기회를 제공하고, 면접관은 평가에 필요한 정보를 수집하고 평가하는 것이다.

- 지원자의 태도, 적성, 능력에 대한 정보를 심층적으로 파악하기 위한 선발 방법
- 선발의 최종 의사결정에 주로 사용되는 선발 방법
- 전 세계적으로 선발에서 가장 많이 사용되는 핵심적이고 중요한 방법

2 면접의 특징

    서류전형이나 인적성검사에서 드러나지 않는 것들을 볼 수 있는 기회를 제공한다.

- 직무수행과 관련된 다양한 지원자 행동에 대한 관찰이 가능하다.
- 면접관이 알고자 하는 정보를 심층적으로 파악할 수 있다.
- 서류상의 미비한 사항과 의심스러운 부분을 확인할 수 있다.
- 커뮤니케이션, 대인관계행동 등 행동·언어적 정보도 얻을 수 있다.

3 면접의 평가요소

1 인재적합도

해당 기관이나 기업별 인재상에 대한 인성 평가

2 조직적합도

조직에 대한 이해와 관련 상황에 대한 평가

3 직무적합도

직무에 대한 지식과 기술, 태도에 대한 평가

4 면접의 유형

구조화된 정도에 따른 분류

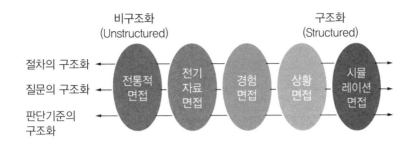

1 구조화 면접(Structured Interview)

사전에 계획을 세워 질문의 내용과 방법, 지원자의 답변 유형에 따른 추가 질문과 그에 대한 평가역량이 정해져 있는 면접 방식(표준화 면접)

- 표준화된 질문이나 평가요소가 면접 전 확정되며, 지원자는 편성된 조나 면접관에 영향을 받지 않고 동일한 질문과 시간을 부여받을 수 있음.
- 조직 또는 직무별로 주요하게 도출된 역량을 기반으로 평가요소가 구성되어, 조직 또는 직무에서 필요한 역량을 가진 지원자를 선발할 수 있음.
- 표준화된 형식을 사용하는 특성 때문에 비구조화 면접에 비해 신뢰성과 타당성, 객관성이 높음.

2 비구조화 면접(Unstructured Interview)

면접 계획을 세울 때 면접 목적만 명시하고 내용이나 방법은 면접관에게 전적으로 일임하는 방식(비표준화 면접)

- 표준화된 질문이나 평가요소 없이 면접이 진행되며, 편성된 조나 면접관에 따라 지원자에게 주어지는 질문이나 시간이 다름.
- 면접관의 주관적인 판단에 따라 평가가 이루어져 평가 오류가 빈번히 일어남.
- 상황 대처나 언변이 뛰어난 지원자에게 유리한 면접이 될 수 있음.

02 NCS 구조화 면접 기법

※ 능력중심 채용에서는 타당도가 높은 구조화 면접을 적용한다.

1 경험면접(Behavioral Event Interview)

면접 프로세스

안내 — 지원자는 입실 후, 면접관을 통해 인사말과 면접에 대한 간단한 안내를 받음.

⌄

질문 — 지원자는 면접관에게 평가요소(직업기초능력, 직무수행능력 등)와 관련된 주요 질문을 받게 되며, 질문에서 의도하는 평가요소를 고려하여 응답할 수 있도록 함.

⌄

세부질문 — ・지원자가 응답한 내용을 토대로 해당 평가기준들을 충족시키는지 파악하기 위한 세부질문이 이루어짐.
・구체적인 행동·생각 등에 대해 응답할수록 높은 점수를 얻을 수 있음.

・**방식**
해당 역량의 발휘가 요구되는 일반적인 상황을 제시하고, 그러한 상황에서 어떻게 행동했었는지(과거경험)를 이야기하도록 함.

・**판단기준**
해당 역량의 수준, 경험 자체의 구체성, 진실성 등

・**특징**
추상적인 생각이나 의견 제시가 아닌 과거 경험 및 행동 중심의 질의가 이루어지므로 지원자는 사전에 본인의 과거 경험 및 사례를 정리하여 면접에 대비할 수 있음.

・**예시**

지원분야		지원자		면접관	(인)

경영자원관리
조직이 보유한 인적자원을 효율적으로 활용하여, 조직 내 유·무형 자산 및 재무자원을 효율적으로 관리한다.

주질문
A. 어떤 과제를 처리할 때 기존에 팀이 사용했던 방식의 문제점을 찾아내 이를 보완하여 과제를 더욱 효율적으로 처리했던 경험에 대해 이야기해 주시기 바랍니다.

세부질문
[상황 및 과제] 사례와 관련해 당시 상황에 대해 이야기해 주시기 바랍니다.
[역할] 당시 지원자께서 맡았던 역할은 무엇이었습니까?
[행동] 사례와 관련해 구성원들의 설득을 이끌어 내기 위해 어떤 노력을 하였습니까?
[결과] 결과는 어땠습니까?

기대행동	평점
업무진행에 있어 한정된 자원을 효율적으로 활용한다.	① - ② - ③ - ④ - ⑤
구성원들의 능력과 성향을 파악해 효율적으로 업무를 배분한다.	① - ② - ③ - ④ - ⑤
효과적 인적/물적 자원관리를 통해 맡은 일을 무리 없이 잘 마무리한다.	① - ② - ③ - ④ - ⑤

척도해설

1 : 행동증거가 거의 드러나지 않음	2 : 행동증거가 미약하게 드러남	3 : 행동증거가 어느 정도 드러남	4 : 행동증거가 명확하게 드러남	5 : 뛰어난 수준의 행동증거가 드러남

관찰기록 :

총평 :

※ 실제 적용되는 평가지는 기업/기관마다 다름.

2 상황면접(Situational Interview)

면접 프로세스

안내 ── 지원자는 입실 후, 면접관을 통해 인사말과 면접에 대한 간단한 안내를 받음.

∨

질문 ── • 지원자는 상황질문지를 검토하거나 면접관을 통해 상황 및 질문을 제공받음.
• 면접관의 질문이나 질문지의 의도를 파악하여 응답할 수 있도록 함.

∨

세부질문 ── • 지원자가 응답한 내용을 토대로 해당 평가기준들을 충족시키는지 파악하기 위한 세부질문이 이루어짐.
• 구체적인 행동·생각 등에 대해 응답할수록 높은 점수를 얻을 수 있음.

• 방식
  직무 수행 시 접할 수 있는 상황들을 제시하고, 그러한 상황에서 어떻게 행동할 것인지(행동의도)를 이야기하도록 함.

• 판단기준
  해당 상황에 맞는 해당 역량의 구체적 행동지표

• 특징
  지원자의 가치관, 태도, 사고방식 등의 요소를 평가하는 데 용이함.

• 예시

지원분야		지원자		면접관	(인)

유관부서협업

타 부서의 업무협조요청 등에 적극적으로 협력하고 갈등 상황이 발생하지 않도록 이해관계를 조율하며 관련 부서의 협업을 효과적으로 이끌어 낸다.

주질문

당신은 생산관리팀의 팀원으로, 2개월 뒤에 제품 A를 출시하기 위해 생산팀의 생산 계획을 수립한 상황입니다. 그러나 원가가 곧 실적으로 이어지는 구매팀에서는 최대한 원가를 줄여 전반적 단가를 낮추려고 원가절감을 위한 제안을 하였으나, 연구개발팀에서는 구매팀이 제안한 방식으로 제품을 생산할 경우 대부분이 구매팀의 실적으로 산정될 것이므로 제대로 확인도 해보지 않은 채 적합하지 않은 방식이라고 판단하고 있습니다. 당신은 어떻게 하겠습니까?

세부질문

[상황 및 과제] 이 상황의 핵심적인 이슈는 무엇이라고 생각합니까?

[역할] 당신의 역할을 더 잘 수행하기 위해서는 어떤 점을 고려해야 하겠습니까? 왜 그렇게 생각합니까?

[행동] 당면한 과제를 해결하기 위해서 구체적으로 어떤 조치를 취하겠습니까? 그 이유는 무엇입니까?

[결과] 그 결과는 어떻게 될 것이라고 생각합니까? 그 이유는 무엇입니까?

척도해설

1 : 행동증거가 거의 드러나지 않음	2 : 행동증거가 미약하게 드러남	3 : 행동증거가 어느 정도 드러남	4 : 행동증거가 명확하게 드러남	5 : 뛰어난 수준의 행동증거가 드러남

관찰기록 :

총평 :

※ 실제 적용되는 평가지는 기업/기관마다 다름.

3 발표면접(Presentation)

면접 프로세스

안내
- 입실 후 지원자는 면접관으로부터 인사말과 발표면접에 대해 간략히 안내받음.
- 면접 전 지원자는 과제 검토 및 발표 준비시간을 가짐.

발표
- 지원자들이 과제 주제와 관련하여 정해진 시간 동안 발표를 실시함.
- 면접관은 발표내용 중 평가요소와 관련해 나타난 가점 및 감점요소들을 평가하게 됨.

질문응답
- 발표 종료 후 면접관은 정해진 시간 동안 지원자의 발표내용과 관련해 구체적인 내용을 확인하기 위한 질문을 함.
- 지원자는 면접관의 질문의도를 정확히 파악하여 적절히 응답할 수 있도록 함.
- 응답 시 명확하고 자신있게 전달할 수 있도록 함.

- 방식

  지원자가 특정 주제와 관련된 자료(신문기사, 그래프 등)를 검토하고, 그에 대한 자신의 생각을 면접관 앞에서 발표하며, 추가 질의응답이 이루어짐.

- 판단기준

  지원자의 사고력, 논리력, 문제해결능력 등

- 특징

  과제를 부여한 후, 지원자들이 과제를 수행하는 과정과 결과를 관찰·평가함. 과제수행의 결과뿐 아니라 과제수행 과정에서의 행동을 모두 평가함.

4 토론면접(Group Discussion)

면접 프로세스

안내
- 입실 후, 지원자들은 면접관으로부터 토론 면접의 전반적인 과정에 대해 안내받음.
- 지원자는 정해진 자리에 착석함.

⌄

토론
- 지원자들이 과제 주제와 관련하여 정해진 시간 동안 토론을 실시함(시간은 기관별 상이).
- 지원자들은 면접 전 과제 검토 및 토론 준비시간을 가짐.
- 토론이 진행되는 동안, 지원자들은 다른 토론자들의 발언을 경청하여 적절히 본인의 의사를 전달할 수 있도록 함. 더불어 적극적인 태도로 토론면접에 임하는 것도 중요함.

⌄

**마무리
(5분 이내)**
- 면접 종료 전, 지원자들은 토론을 통해 도출한 결론에 대해 첨언하고 적절히 마무리 지음.
- 본인의 의견을 전달하는 것과 동시에 다른 토론자를 배려하는 모습도 중요함.

- 방식

  상호갈등적 요소를 가진 과제 또는 공통의 과제를 해결하는 내용의 토론 과제(신문기사, 그래프 등)를 제시하고, 그 과정에서의 개인 간의 상호작용 행동을 관찰함.

- 판단기준

  팀워크, 갈등 조정, 의사소통능력 등

- 특징

  면접에서 최종안을 도출하는 것도 중요하나 주장의 옳고 그름이 아닌 결론을 도출하는 과정과 말하는 자세 등도 중요함.

5 역할연기면접(Role Play Interview)

- 방식

  기업 내 발생 가능한 상황에서 부딪히게 되는 문제와 역할을 가상적으로 설정하여 특정 역할을 맡은 사람과 상호작용하고 문제를 해결해 나가도록 함.
- 판단기준

  대처능력, 대인관계능력, 의사소통능력 등
- 특징

  실제 상황과 유사한 가상 상황에서 지원자의 성격이나 대처 행동 등을 관찰할 수 있음.

6 집단면접(Group Activity)

- 방식

  지원자들이 팀(집단)으로 협력하여 정해진 시간 안에 활동 또는 게임을 하며 면접관들은 지원자들의 행동을 관찰함.
- 판단기준

  대인관계능력, 팀워크, 창의성 등
- 특징

  기존 면접보다 오랜 시간 관찰을 하여 지원자들의 평소 습관이나 행동들을 관찰하려는 데 목적이 있음.

7 인바스켓면접(In-Basket)

면접 프로세스

안내
- 지원자는 입실 후 면접관으로부터 토론 면접의 전반적인 과정에 대해 안내받음.
- 지원자는 정해진 자리에 착석함.

보고서
실제 업무과제를 바탕으로 처리방향, 내용 등을 주어진 시간 내에 보고서로 작성하여 제출함.

질의응답
제출한 보고서에 대해 면접위원과 질의응답함.

- 방식

  직무 수행 시 접할 수 있는 상황들을 제시하고, 업무처리방법을 이야기하도록 함.

- 판단기준

  해당 상황에 맞는 업무처리능력

- 특징

  업무 시뮬레이션을 통해 업무처리 프로세스 및 시스템 등의 지원자의 업무처리 능력을 파악할 수 있음.

인바스켓면접 전략 : 일의 우선순위를 정하기

[1단계] 일 버리기

- 주어진 상황에서 할 수 있는 일인지, 없는 일인지를 구분한다.
- 일의 중요도에 따라 해야 하는 일인지, 아닌지를 구분한다.
- 일의 특성에 따라 내가 해야 하는 일인지, 다른 직원에게 부탁할 수 있는 일인지 구분한다.

[2단계] 일 그룹화하기

예 • 보고서, 기획안
  - 미팅, 전화, 보고 등 커뮤니케이션
  - 예결산 및 비용 처리업무
  - 메일
  - 5분 내로 처리 가능한 간단한 업무

03 면접 최신 기출 주제

한국지역난방공사의 면접

1. 심층면접(50점)
- 2020년 하반기까지 진행되었던 '인성면접'이 2021년부터 '심층면접'으로 개편되었다.
- 직무수행에 적합한 인성 및 역량을 검증한다.
- 자기소개 PT 후 발표내용, 자기소개서, 인성검사 결과에 기반한 질의응답으로 진행한다.

2. 직무역량면접(50점)
- 일반·사회형평[인바스켓면접] : 실제 업무과제를 바탕으로 처리방향, 내용 등을 주어진 시간 내에 보고서로 작성하여 제출하고(50분), 제출한 보고서에 대해 면접위원과 질의응답한다(20분).
- 전문직[실무면접] : 직무 관련 주제나 문제에 대해 주어진 시간 내에 논술하여 서면으로 제출하고, 제출된 보고서에 대해 면접위원과 질의응답한다.
- ※ 보고서는 면접장 내 구비된 PC를 활용하여 작성하고, 질의응답은 면접장에서 화상면접으로 시행함.

1 2021 면접 실제 기출 문제

심층면접

1. 자기소개 PT에 적은 경험에 대해 더 자세히 설명해 보시오.

2. 지역난방공사에 들어오기 위해 특별히 준비한 것이 있다면 말해 보시오.

3. 스트레스 극복 방법에 대해 말해 보시오.

4. 본인은 리더형인지 팔로워형인지 말해 보시오.

5. 상사와의 갈등 시 해결 방법에 대해 말해 보시오.

6. 냉방 방식 종류 3가지를 말해 보시오.

7. 협동했던 경험에 대해 말해 보시오.

8. 같이 일하기 싫은 유형이 있다면 어떤 유형인지 말해 보시오.

9. 본인의 단점 3가지를 키워드 중심으로 말해 보시오.

10. 집단에너지사업에 대해 아는 만큼 말해 보시오.

350 파트 3 면접가이드

인바스켓면접

[답안 작성]
1. 역할 및 문제 제시
2. 업무 해결을 위한 자료 제공(상황, 조건 등)

[질의응답]

1. 업무를 처리함에 있어 가장 중요하게 생각한 것은 무엇인가?

2. 업무를 처리할 때 스스로가 순위를 매긴 근거는 무엇인가?

3. 만약 면접관 본인이라면 이러한 결정을 내릴 것 같은데, 어떻게 생각하는가?

4. 다른 방식으로 업무를 처리해야 한다면 어떤 순서로 처리하겠는가?

5. 다른 사람의 업무 처리 내용이다. 이에 대해 평가해 본다면?

6. 만약 어떠한 변수가 있을 경우, 업무 처리 순서가 어떻게 달라지겠는가?

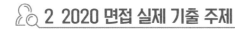

2 2020 면접 실제 기출 주제

인성면접

1. (공통질문) 자기소개를 하시오.

2. (공통질문) 본인의 장단점을 말해 보시오.

3. (공통질문) 자기소개서 관련 질문

4. (경력이 있는 경우) 이직 이유는 무엇인가?

5. 윤리적 딜레마를 겪은 경험에 대해 말해 보시오.

6. 상사가 부당한 지시를 한다면 어떻게 할 것인가?

7. 불성실한 업무 태도를 보이는 동료가 있다면 어떻게 할 것인가?

8. 감명 깊게 읽은 책이 있는가?

인바스켓면접

[답안 작성]
1. 역할 및 문제 제시
2. 업무 해결을 위한 자료 제공(상황, 조건 등)

[질의응답]

1. (작성한 보고서에 대해) 작성한 답변 내용에 대한 근거를 설명하시오.

2. (다른 방법을 제시하며) 다른 방법도 가능한데 어떻게 생각하는가?

3. 해당 업무를 마지막으로 처리한 이유는 무엇인가?

4. 해당 업무를 구체적으로 어떻게 진행할 것인지 설명해 보시오.

5. 업무의 우선순위를 정한 기준을 설명해 보시오.

6. 해결 못 한 업무가 있다면 어떻게 대처하겠는가?

7. 업무 계획 중 가장 중점을 둔 부분은 무엇인가?

3 2019 면접 실제 기출 주제

인성면접

1. 자기소개를 하시오(1분).

2. 지원동기를 말하시오.

3. 한국지역난방공사 입사 후 포부를 말하시오.

4. 회사에서 상사가 부당한 업무를 요구하면 어떻게 대처할 것인가?

5. 자신의 장단점을 말해 보시오.

6. 본인이 채용되어야 하는 이유를 말해 보시오.

7. 동료가 무리한 부탁을 할 때 어떻게 대처할 것인가?

8. 자신만의 경쟁력을 말해 보시오.

9. 지원한 직무에서 가장 중요하다고 생각하는 점과 필요한 역량에 대해 말해 보시오.

10. 인간관계에서 가장 중요시하는 것이 무엇인지 그 이유를 말해 보시오.

인바스켓면접

[답안 작성]
1. 역할 및 문제 제시
- 본인은 한국지역난방공사의 ○○팀 사원입니다.
2. 업무 해결을 위한 자료 제공(상황, 조건 등)
- 광고업체 선정하기
- 공모전 심사위원 선정하기
- 인터뷰 진행하기
- 보도기사 작성하기
- 한국지역난방공사 관련 기사 요약 및 반박자료 방향 설정하기

[질의응답]

1. 답변한 업무 순서에 대해 설명해 보시오.

2. 해당 업무를 가장 먼저 처리한 이유를 말해 보시오.

3. (다른 방법을 제시하며) 다른 방법도 적용 가능한데 어떻게 생각하는가?

4. 보도기사를 작성할 때 중점을 둔 부분에 대해 설명해 보시오.

5. 광고 업체 선정 기준을 구체적으로 설명해 보시오.

6. 반박자료의 방향을 설정한 근거를 말해 보시오.

7. 공모전 심사위원 선정 기준과 선정에 걸린 예상 소요시간을 말해 보시오.

4 2018 면접 실제 기출 주제

인성면접

1. 자기소개를 하시오(2 ~ 3분).

2. 졸업한 시기와 졸업 이후 무엇을 했는지 말해 보시오.

3. 상사 및 동료와 의견 트러블이 있을 때 어떻게 대처할 것인가?

4. 본인과 동료가 각각 대안을 제시했는데, 두 가지 모두 가능하다면 어떻게 동료를 설득하여 나의 대안을 선택하게 할 것인가?

5. 역사적 인물 중 존경하는 인물과 존경하지 않는 인물에 대해 설명하시오.

6. 일할 때 가장 꺼리는 유형을 말해 보시오.

7. 지시에 따르지 않는 부하 직원이 있다면 어떻게 대처할 것인가?

8. 조직을 위해 일했던 경험을 말해 보시오.

9. 살면서 가장 열정적으로 임했던 경험에 대해 말해 보시오.

10. 마지막으로 하고 싶은 말과 입사 후 포부를 말해 보시오.

인바스켓면접

[답안 작성]
1. 역할 및 문제 제시
- 본인은 한국지역난방공사의 ○○팀 신입사원입니다.
- 50분 뒤 미팅이 예정된 상황입니다.
- 미팅 전 해결할 업무들이 있습니다.
2. 업무 목록 및 조건 제시
- 출장 결과 요약 및 의견 제시하기
- 출장비 정산서 작성하기
- 업체별 자료를 분석 후 업체 선정하기
- 제공된 기사문을 읽고 기사 요약하기
- 일정 조정 후 벤치마킹 갈 인원 정하여 공문 보내기

[질의응답]

1. 업무 처리 순서를 결정한 근거를 설명해 보시오.

2. 해당 업무를 가장 먼저 처리한 이유를 구체적으로 말해 보시오.

3. (다른 방법을 제시하며) 다른 방법도 적용 가능한데 어떻게 생각하는가?

4. 가장 시간을 많이 투자해야 하는 업무는 무엇인가?

5. 미팅 전 해결 못한 업무가 있다면 어떻게 하겠는가?

6. 기사 요약 시 가장 중점을 둔 내용은 무엇인가?

7. 업체 선정 이유에 대해 구체적으로 설명해 보시오.

한국지역난방공사

1회 기출예상문제

성명표기란

수험번호

(주민등록 앞자리 생년제외) 월일

수험생 유의사항

※ 답안은 반드시 컴퓨터용 사인펜으로 보기와 같이 바르게 표기해야 합니다.
〈보기〉 ① ② ③ ❹ ⑤

※ 성명표기란 위 칸에는 성명을 한글로 쓰고 아래 칸에는 성명을 정확하게 표기하십시오.

※ 수험번호 표기란 위 칸에는 아라비아 숫자로 쓰고 아래 칸에는 숫자와 일치하게 표기하십시오.

※ 월일은 반드시 본인 주민등록번호의 생년을 제외한 월 두 자리, 일 두 자리를 표기하십시오.
(예) 1994년 1월 12일 → 0112

※ 지원하는 직렬에 해당되는 문제를 풀어보시기 바랍니다.

1. 직무수행능력평가 · 2. 직업기초능력평가

문번	답란				
1	①	②	③	④	⑤
2	①	②	③	④	⑤
3	①	②	③	④	⑤
4	①	②	③	④	⑤
5	①	②	③	④	⑤
6	①	②	③	④	⑤
7	①	②	③	④	⑤
8	①	②	③	④	⑤
9	①	②	③	④	⑤
10	①	②	③	④	⑤

문번	답란				
1	①	②	③	④	⑤
2	①	②	③	④	⑤
3	①	②	③	④	⑤
4	①	②	③	④	⑤
5	①	②	③	④	⑤
6	①	②	③	④	⑤
7	①	②	③	④	⑤
8	①	②	③	④	⑤
9	①	②	③	④	⑤
10	①	②	③	④	⑤
11	①	②	③	④	⑤
12	①	②	③	④	⑤
13	①	②	③	④	⑤
14	①	②	③	④	⑤
15	①	②	③	④	⑤
16	①	②	③	④	⑤
17	①	②	③	④	⑤
18	①	②	③	④	⑤
19	①	②	③	④	⑤
20	①	②	③	④	⑤

문번	답란				
21	①	②	③	④	⑤
22	①	②	③	④	⑤
23	①	②	③	④	⑤
24	①	②	③	④	⑤
25	①	②	③	④	⑤
26	①	②	③	④	⑤
27	①	②	③	④	⑤
28	①	②	③	④	⑤
29	①	②	③	④	⑤
30	①	②	③	④	⑤
31	①	②	③	④	⑤
32	①	②	③	④	⑤
33	①	②	③	④	⑤
34	①	②	③	④	⑤
35	①	②	③	④	⑤
36	①	②	③	④	⑤
37	①	②	③	④	⑤
38	①	②	③	④	⑤
39	①	②	③	④	⑤
40	①	②	③	④	⑤

문번	답란				
41	①	②	③	④	⑤
42	①	②	③	④	⑤
43	①	②	③	④	⑤
44	①	②	③	④	⑤
45	①	②	③	④	⑤
46	①	②	③	④	⑤
47	①	②	③	④	⑤
48	①	②	③	④	⑤
49	①	②	③	④	⑤
50	①	②	③	④	⑤
51	①	②	③	④	⑤
52	①	②	③	④	⑤
53	①	②	③	④	⑤
54	①	②	③	④	⑤
55	①	②	③	④	⑤

기술능력

gosi.net (주)고시넷

한국지역난방공사

2회 기출예상문제

※ 지원하는 직렬에 해당되는 문제를 풀어보시기 바랍니다.

1. 직무수행능력평가

문번	답란
1	① ② ③ ④ ⑤
2	① ② ③ ④ ⑤
3	① ② ③ ④ ⑤
4	① ② ③ ④ ⑤
5	① ② ③ ④ ⑤
6	① ② ③ ④ ⑤
7	① ② ③ ④ ⑤
8	① ② ③ ④ ⑤
9	① ② ③ ④ ⑤
10	① ② ③ ④ ⑤

2. 직업기초능력평가

문번	답란	문번	답란
1	① ② ③ ④ ⑤	21	① ② ③ ④ ⑤
2	① ② ③ ④ ⑤	22	① ② ③ ④ ⑤
3	① ② ③ ④ ⑤	23	① ② ③ ④ ⑤
4	① ② ③ ④ ⑤	24	① ② ③ ④ ⑤
5	① ② ③ ④ ⑤	25	① ② ③ ④ ⑤
6	① ② ③ ④ ⑤	26	① ② ③ ④ ⑤
7	① ② ③ ④ ⑤	27	① ② ③ ④ ⑤
8	① ② ③ ④ ⑤	28	① ② ③ ④ ⑤
9	① ② ③ ④ ⑤	29	① ② ③ ④ ⑤
10	① ② ③ ④ ⑤	30	① ② ③ ④ ⑤
11	① ② ③ ④ ⑤	31	① ② ③ ④ ⑤
12	① ② ③ ④ ⑤	32	① ② ③ ④ ⑤
13	① ② ③ ④ ⑤	33	① ② ③ ④ ⑤
14	① ② ③ ④ ⑤	34	① ② ③ ④ ⑤
15	① ② ③ ④ ⑤	35	① ② ③ ④ ⑤
16	① ② ③ ④ ⑤	36	① ② ③ ④ ⑤
17	① ② ③ ④ ⑤	37	① ② ③ ④ ⑤
18	① ② ③ ④ ⑤	38	① ② ③ ④ ⑤
19	① ② ③ ④ ⑤	39	① ② ③ ④ ⑤
20	① ② ③ ④ ⑤	40	① ② ③ ④ ⑤
41	① ② ③ ④ ⑤
42	① ② ③ ④ ⑤
43	① ② ③ ④ ⑤
44	① ② ③ ④ ⑤
45	① ② ③ ④ ⑤
46	① ② ③ ④ ⑤
47	① ② ③ ④ ⑤
48	① ② ③ ④ ⑤
49	① ② ③ ④ ⑤
50	① ② ③ ④ ⑤

기술능력

문번	답란
51	① ② ③ ④ ⑤
52	① ② ③ ④ ⑤
53	① ② ③ ④ ⑤
54	① ② ③ ④ ⑤
55	① ② ③ ④ ⑤

감독관 확인란

성명표기란

수험번호

(주민등록 앞자리 생년제외) 월일

수험생 유의사항

※ 답안은 반드시 컴퓨터용 사인펜으로 보기와 같이 바르게 표기해야 합니다.
  〈보기〉 ① ② ③ ❹ ⑤

※ 성명표기란 위 칸에는 성명을 한글로 쓰고 아래 칸에는 성명을 정확하게 표기하십시오. (맨 왼쪽 칸부터 성과 이름은 붙여 씁니다)

※ 수험번호/월일 위 칸에는 아라비아 숫자로 쓰고 아래 칸에는 숫자와 일치하게 표기하십시오.

※ 월일은 반드시 본인 주민등록번호의 생년월일을 제외한 월 두 자리, 일 두 자리를 표기하십시오.
  (예) 1994년 1월 12일 → 0112

3회 기출예상문제

감독관
확인란

성명표기란

수험번호

(주민등록 앞자리 생년제외) 월일

※ 지원하는 직렬에 해당되는 문제를 풀어보시기 바랍니다.

1. 직무수행능력평가

문번	답란
1	① ② ③ ④ ⑤
2	① ② ③ ④ ⑤
3	① ② ③ ④ ⑤
4	① ② ③ ④ ⑤
5	① ② ③ ④ ⑤
6	① ② ③ ④ ⑤
7	① ② ③ ④ ⑤
8	① ② ③ ④ ⑤
9	① ② ③ ④ ⑤
10	① ② ③ ④ ⑤

문번	답란
1	① ② ③ ④ ⑤
2	① ② ③ ④ ⑤
3	① ② ③ ④ ⑤
4	① ② ③ ④ ⑤
5	① ② ③ ④ ⑤
6	① ② ③ ④ ⑤
7	① ② ③ ④ ⑤
8	① ② ③ ④ ⑤
9	① ② ③ ④ ⑤
10	① ② ③ ④ ⑤
11	① ② ③ ④ ⑤
12	① ② ③ ④ ⑤
13	① ② ③ ④ ⑤
14	① ② ③ ④ ⑤
15	① ② ③ ④ ⑤
16	① ② ③ ④ ⑤
17	① ② ③ ④ ⑤
18	① ② ③ ④ ⑤
19	① ② ③ ④ ⑤
20	① ② ③ ④ ⑤

2. 직업기초능력평가

문번	답란
21	① ② ③ ④ ⑤
22	① ② ③ ④ ⑤
23	① ② ③ ④ ⑤
24	① ② ③ ④ ⑤
25	① ② ③ ④ ⑤
26	① ② ③ ④ ⑤
27	① ② ③ ④ ⑤
28	① ② ③ ④ ⑤
29	① ② ③ ④ ⑤
30	① ② ③ ④ ⑤
31	① ② ③ ④ ⑤
32	① ② ③ ④ ⑤
33	① ② ③ ④ ⑤
34	① ② ③ ④ ⑤
35	① ② ③ ④ ⑤
36	① ② ③ ④ ⑤
37	① ② ③ ④ ⑤
38	① ② ③ ④ ⑤
39	① ② ③ ④ ⑤
40	① ② ③ ④ ⑤

문번	답란
41	① ② ③ ④ ⑤
42	① ② ③ ④ ⑤
43	① ② ③ ④ ⑤
44	① ② ③ ④ ⑤
45	① ② ③ ④ ⑤
46	① ② ③ ④ ⑤
47	① ② ③ ④ ⑤
48	① ② ③ ④ ⑤
49	① ② ③ ④ ⑤
50	① ② ③ ④ ⑤
51	① ② ③ ④ ⑤
52	① ② ③ ④ ⑤
53	① ② ③ ④ ⑤
54	① ② ③ ④ ⑤
55	① ② ③ ④ ⑤

기술능력

gosinet (주)고시넷

한국지역난방공사

4회 기출예상문제

※ 지원하는 직렬에 해당되는 문제를 풀어보시기 바랍니다.

1. 직무수행능력평가

문번	답란
1	① ② ③ ④ ⑤
2	① ② ③ ④ ⑤
3	① ② ③ ④ ⑤
4	① ② ③ ④ ⑤
5	① ② ③ ④ ⑤
6	① ② ③ ④ ⑤
7	① ② ③ ④ ⑤
8	① ② ③ ④ ⑤
9	① ② ③ ④ ⑤
10	① ② ③ ④ ⑤

2. 직업기초능력평가

문번	답란	문번	답란	문번	답란
1	① ② ③ ④ ⑤	21	① ② ③ ④ ⑤	41	① ② ③ ④ ⑤
2	① ② ③ ④ ⑤	22	① ② ③ ④ ⑤	42	① ② ③ ④ ⑤
3	① ② ③ ④ ⑤	23	① ② ③ ④ ⑤	43	① ② ③ ④ ⑤
4	① ② ③ ④ ⑤	24	① ② ③ ④ ⑤	44	① ② ③ ④ ⑤
5	① ② ③ ④ ⑤	25	① ② ③ ④ ⑤	45	① ② ③ ④ ⑤
6	① ② ③ ④ ⑤	26	① ② ③ ④ ⑤	46	① ② ③ ④ ⑤
7	① ② ③ ④ ⑤	27	① ② ③ ④ ⑤	47	① ② ③ ④ ⑤
8	① ② ③ ④ ⑤	28	① ② ③ ④ ⑤	48	① ② ③ ④ ⑤
9	① ② ③ ④ ⑤	29	① ② ③ ④ ⑤	49	① ② ③ ④ ⑤
10	① ② ③ ④ ⑤	30	① ② ③ ④ ⑤	50	① ② ③ ④ ⑤
11	① ② ③ ④ ⑤	31	① ② ③ ④ ⑤		기술능력
12	① ② ③ ④ ⑤	32	① ② ③ ④ ⑤	51	① ② ③ ④ ⑤
13	① ② ③ ④ ⑤	33	① ② ③ ④ ⑤	52	① ② ③ ④ ⑤
14	① ② ③ ④ ⑤	34	① ② ③ ④ ⑤	53	① ② ③ ④ ⑤
15	① ② ③ ④ ⑤	35	① ② ③ ④ ⑤	54	① ② ③ ④ ⑤
16	① ② ③ ④ ⑤	36	① ② ③ ④ ⑤	55	① ② ③ ④ ⑤
17	① ② ③ ④ ⑤	37	① ② ③ ④ ⑤		
18	① ② ③ ④ ⑤	38	① ② ③ ④ ⑤		
19	① ② ③ ④ ⑤	39	① ② ③ ④ ⑤		
20	① ② ③ ④ ⑤	40	① ② ③ ④ ⑤		

성명표기란

수험번호

(주민등록 앞자리 생년제외) 월일

수험생 유의사항

※ 답안은 반드시 컴퓨터용 사인펜으로 보기와 같이 바르게 표기해야 합니다.
　〈보기〉 ① ② ③ ❹ ⑤
※ 성명표기란 위 칸에는 성명을 한글로 쓰고 아래 칸에는 성명을 정확하게 표기하십시오. (맨 왼쪽 칸부터 성과 이름은 붙여 씁니다)
※ 수험번호/월일 위 칸에는 아라비아 숫자로 쓰고 아래 칸에는 숫자와 일치하게 표기하십시오.
※ 월일은 반드시 본인 주민등록번호의 생년을 제외한 월 두 자리, 일 두 자리를 표기하십시오.
　(예) 1994년 1월 12일 → 0112

5회 기출예상문제

gosi net (주)고시넷

감독관
확인란

성명표기란

수험번호

(주민등록 앞자리 생년제외) 월일

수험생 유의사항

※ 답안은 반드시 컴퓨터용 사인펜으로 보기와 같이 바르게 표기해야 합니다.
  〈보기〉 ① ② ③ ❹ ⑤
※ 성명표기란 위 칸에는 성명을 한글로 쓰고 아래 칸에는 성명을 정확하게 표기하십시오. (맨 왼쪽 칸부터 성과 이름은 붙여 씁니다)
※ 수험번호/월일 위 칸에는 아라비아 숫자로 쓰고 아래 칸에는 숫자와 일치하게 표기하십시오.
※ 월일은 반드시 본인 주민등록번호의 생년월일을 제외한 월 두 자리, 일 두 자리를 표기하십시오.
  〈예〉 1994년 1월 12일 → 0112

※ 지원하는 직렬에 해당되는 문제를 풀어보시기 바랍니다.

1. 직무수행능력평가

문번	답란				
1	①	②	③	④	⑤
2	①	②	③	④	⑤
3	①	②	③	④	⑤
4	①	②	③	④	⑤
5	①	②	③	④	⑤
6	①	②	③	④	⑤
7	①	②	③	④	⑤
8	①	②	③	④	⑤
9	①	②	③	④	⑤
10	①	②	③	④	⑤

문번	답란				
1	①	②	③	④	⑤
2	①	②	③	④	⑤
3	①	②	③	④	⑤
4	①	②	③	④	⑤
5	①	②	③	④	⑤
6	①	②	③	④	⑤
7	①	②	③	④	⑤
8	①	②	③	④	⑤
9	①	②	③	④	⑤
10	①	②	③	④	⑤
11	①	②	③	④	⑤
12	①	②	③	④	⑤
13	①	②	③	④	⑤
14	①	②	③	④	⑤
15	①	②	③	④	⑤
16	①	②	③	④	⑤
17	①	②	③	④	⑤
18	①	②	③	④	⑤
19	①	②	③	④	⑤
20	①	②	③	④	⑤

2. 직업기초능력평가

문번	답란				
21	①	②	③	④	⑤
22	①	②	③	④	⑤
23	①	②	③	④	⑤
24	①	②	③	④	⑤
25	①	②	③	④	⑤
26	①	②	③	④	⑤
27	①	②	③	④	⑤
28	①	②	③	④	⑤
29	①	②	③	④	⑤
30	①	②	③	④	⑤
31	①	②	③	④	⑤
32	①	②	③	④	⑤
33	①	②	③	④	⑤
34	①	②	③	④	⑤
35	①	②	③	④	⑤
36	①	②	③	④	⑤
37	①	②	③	④	⑤
38	①	②	③	④	⑤
39	①	②	③	④	⑤
40	①	②	③	④	⑤

문번	답란				
41	①	②	③	④	⑤
42	①	②	③	④	⑤
43	①	②	③	④	⑤
44	①	②	③	④	⑤
45	①	②	③	④	⑤
46	①	②	③	④	⑤
47	①	②	③	④	⑤
48	①	②	③	④	⑤
49	①	②	③	④	⑤
50	①	②	③	④	⑤
51	①	②	③	④	⑤
52	①	②	③	④	⑤
53	①	②	③	④	⑤
54	①	②	③	④	⑤
55	①	②	③	④	⑤

기술능력

한국지역난방공사

6회 기출예상문제

※ 지원하는 직렬에 해당되도록 문제를 풀어보시기 바랍니다.

1. 직무수행능력평가

2. 직업기초능력평가

기술능력

감독관 확인란

성명표기란

수험번호

(주민등록 앞자리 생년제외) 월일

수험생 유의사항

※ 답안은 반드시 컴퓨터용 사인펜으로 보기와 같이 바르게 표기해야 합니다.
   〈보기〉 ① ② ③ ❹ ⑤
※ 성명표기란 위 칸에는 성명을 한글로 쓰고 아래 칸에는 성명을 정확하게 표기하십시오. (맨 왼쪽 칸부터 성과 이름은 붙여 씁니다)
※ 수험번호/월일 위 칸에는 아라비아 숫자로 쓰고 아래 칸에는 숫자와 일치하게 표기하십시오.
※ 월일은 반드시 본인 주민등록번호의 생년월일을 제외한 월 두 자리, 일 두 자리를 표기하십시오.
   (예) 1994년 1월 12일 → 0112

대기업 적성검사

저마다의 일생에는,

특히 그 일생이 동터 오르는 여명기에는

모든 것을 결정짓는 한 순간이 있다.

그 순간을 다시 찾아내는 것은 어렵다.

그것은 다른 수많은 순간들의 퇴적 속에

깊이 묻혀있다.

– 장 그르니에, 섬 LES ILES

NCS 직업기초능력평가

2023

필기시험
변경사항
완벽반영

직업기초능력
+
공사주요내용

6회

고시넷 공기업

한국지역난방공사
NCS 기출예상모의고사

동영상 강의 WWW.GOSINET.CO.KR

정답과 해설

NCS 직업기초능력평가

2023

필기시험
변경사항
완벽반영

직업기초능력
+
공사주요내용

6회

고시넷 공기업

한국지역난방공사
NCS 기출예상모의고사

동영상 강의 WWW.GOSINET.CO.KR

정답과 해설

1회 기출예상문제

1회 직무수행능력 　　문제 16쪽

| 01 | ④ | 02 | ⑤ | 03 | ② | 04 | ① | 05 | ⑤ |
| 06 | ④ | 07 | ① | 08 | ⑤ | 09 | ④ | 10 | ② |

01

|정답| ④

|해설| '정보 관리의 표준화 방안 제시'는 '6.2 정보 관리체계 구축·보안 방안'에 들어가는 것이 적절하다. ㉣에는 '효율적 정보 수집을 위한 방안 제시' 등이 들어가야 한다.

02

|정답| ⑤

|해설| 계약내용 변경에 상응하는 계약금 조정을 거치지 않거나 적정대가보다 현저히 낮은 대가를 기준으로 지급하는 사례는 '계약이행' 단계에서 발생할 수 있는 불공정 관행 및 문제 사례이다.

03

|정답| ②

|해설| ㄱ. 혁신적 안전시스템 강화와 관련이 있는 내용은 '근로자 중심 안전한 작업 환경 구축', '근로자 중심 안전한 작업 환경 조성'이다.
ㄴ. 안전문화 내재화 및 대국민 신뢰 회복과 관련이 있는 내용은 '대국민 맞춤형 홍보활동을 통한 신뢰 회복'이다.
ㅇ. 안전관련 사회적 책임 이행과 관련이 있는 내용은 '지역사회 안전책임 확대'이다.

04

|정답| ①

|해설| '지역난방 열요금 상한제(산업부 고시 제9조)'에 따라 시장기준요금의 110% 이하로 제한한다.

05

|정답| ⑤

|해설| 에너지 프로슈머란 아파트 단지나 대학 빌딩, 산업단지 내 태양광 설비 등을 통해 소비 전력을 직접 생산하는 이들을 일컫는 말이다. 빈칸 앞에서 '소비자와 ICT를 기반으로 서로 연결돼 신재생에너지 등 분산전원에서 생산된 미활용 잉여열을 상호 거래하는'이라고 언급하고 있으므로 빈칸에는 에너지 프로슈머가 들어간다.

|오답풀이|

① 체리피커 : 자신의 실속만 차리는 소비자를 말한다.
② 스마트 컨슈머 : 여러 가지 정보를 활용하여 합리적으로 구매하는 소비자를 말한다.
③ 스윙 프로듀서 : 글로벌 석유시장에서 자체적인 생산량 조절을 통해 전체 수급에 영향을 끼칠 수 있는 산유국이다.

06

|정답| ④

|해설| ㉣ 플랫폼에 대한 설명이다.

|오답풀이|

① ㉠ 디지털 전환(Digital Transformation) : 디지털 기술을 사회 전반에 적용하여 전통적인 사회 구조를 혁신하는 것이다.
② ㉡ 빅데이터 : 디지털 환경에서 생성되는 데이터로 그 규모가 방대하고 생성 주기도 짧고, 형태도 수치 데이터뿐 아니라 문자와 영상 데이터를 포함하는 대규모 데이터를 말한다.
③ ㉢ ICT : 정보를 주고받는 것은 물론 개발, 저장, 처리, 관리하는 데 필요한 모든 기술이다.

⑤ ㉤ IoT(사물인터넷) : 세상에 존재하는 유형 혹은 무형의 객체들이 다양한 방식으로 서로 연결되어 개별 객체들이 제공하지 못했던 새로운 서비스를 제공하는 것을 말한다.

07

| 정답 | ①

| 해설 | ㉠ 디지털 전환에 대한 설명이다.

08

| 정답 | ⑤

| 해설 | ㉤ 노후된 열수송관 교체는 재생열 공급 확대를 위한 세부계획으로 적절하지 않다.

09

| 정답 | ④

| 해설 | ㉢ 사후정산조건부로 계약을 체결하면서 정산 시 계약금액의 증액을 인정하지 아니하도록 하는 조건이 적절하다.
㉥ '설계변경에 따른 계약금액 조정'에 관련된 내용이 아니다.

10

| 정답 | ②

| 해설 | '3) 기대효과'에서 '강제적인 집행절차를 피해 당 기관 간의 원만한 협의를 이끌어'라고 제시되었으므로 법적 소송과 같은 강력한 집행절차는 해당 사례의 추진내용으로 적절하지 않다.

1회 직업기초능력 — 문제 25쪽

01	④	02	④	03	②	04	③	05	③
06	③	07	②	08	③	09	①	10	③
11	①	12	③	13	②	14	④	15	③
16	⑤	17	④	18	②	19	④	20	②
21	②	22	③	23	④	24	③	25	⑤
26	④	27	⑤	28	①	29	③	30	③
31	②	32	⑤	33	②	34	③	35	⑤
36	③	37	②	38	①	39	②	40	⑤
41	①	42	⑤	43	④	44	②	45	⑤
46	③	47	③	48	①	49	③	50	③

01 문서작성능력 빈칸 작성하기

| 정답 | ④

| 해설 | 소비자와 시장에서 가치가 높은 종을 선별하여 지원한다는 내용이 빈칸 뒤에 제시된 '해당 종의 산업적 활용도 제고'와 내용적으로 연결되고, 이러한 정책적 지원으로 앞서 언급된 애완곤충 시장의 저변도 확대할 수 있으므로 가장 적절하다.

02 문서작성능력 문단 배열하기

| 정답 | ④

| 해설 | 고려인에 대해 설명하며 20세기 중엽부터 이들이 사용하고 있는 언어를 중심으로 한민족 문화에 대한 연구들이 활발히 진행되기 시작했음을 언급하는 (다)가 가장 먼저 오며, 이들이 사용한 고려말이 언어학적 자료로서 갖는 가치를 설명하고 있는 (나)가 다음에 온다. 이어 국내에서 이루어진 고려말의 연구 가치를 설명한 (가)가 오고, 이러한 관심에도 불구하고 사멸할 위기에 놓인 오늘날의 고려말에 대해 말하고 있는 (라)가 마지막에 온다. 따라서 적절한 순서는 (다)-(나)-(가)-(라)이다.

03 문서이해능력 | 세부 내용 이해하기

| 정답 | ②

| 해설 | 고려말은 이주로 인해 모국어로부터 격리된 상태에서 함경도 지역 방언이 뒤섞이며 독자적으로 발전된 코이네 언어의 사례에 해당한다.

| 오답풀이 |

① 오늘날 고려말은 극소수의 고령층만이 구사하는 방언으로서 소멸을 길을 밟고 있다고 하였다.

③, ⑤ 구소련의 붕괴와 중공의 개방이 이루어질 때까지 국내에서 고려말은 문헌으로만 접할 수 있는 존재로서 단편적 연구만 이루어졌다고 하였다. 따라서 냉전기에도 고려말에 대한 연구가 제한적으로나마 이루어졌음을 알 수 있다.

④ 냉전 종식 이후 우리나라와 중앙아시아 지역의 교류가 늘어남에 따라 고려인 젊은이들이 고려말 대신 표준어를 사용하게 되었다고 하였다. 따라서 고려말의 특성과 오늘날 사용하는 표준어의 특성에는 차이가 존재함을 알 수 있다.

04 문서이해능력 | 글을 읽고 추론하기

| 정답 | ③

| 해설 | 제시된 글은 양력을 설명하기 위해 베르누이 방정식과 뉴턴의 법칙이 잘못 활용된 경우를 언급하면서 이들을 모두 고려할 때 양력을 보다 정확히 설명할 수 있다고 하였다.

| 오답풀이 |

① 베르누이 방정식에서 기체의 압력은 표면의 상대적인 속도와 관련이 있으므로 물체 주변의 속도가 변하면 압력 또한 변화한다고 하였다.

② 동시 통과 이론은 더 길게 디자인된 날개 윗면의 분자가 아랫면의 분자보다 더 빠르게 이동하여 아랫면의 압력이 윗면보다 높아져 양력이 발생한다고 하였다. 그러나 실제로 날개 윗면을 지나는 공기의 속도는 더 빠르므로 동시 통과 이론이 예측한 아랫면의 압력과 양력은 실제보다 더 작을 것이다.

④ 속도는 방향과 크기를 갖는 벡터라고 하였다.

⑤ 뉴턴의 제3법칙을 날개 아랫면에만 적용한 이론은 기체 흐름의 변화가 아랫면뿐만 아니라 윗면 모두에 영향을 미친다는 실제 물리적 현상을 무시한 것이다.

05 문서작성능력 | 문맥에 맞게 빈칸 넣기

| 정답 | ③

| 해설 | 동시 통과 이론에서는 위아래로 나뉜 공기의 흐름이 같은 시간 경과 후 날개 뒤쪽 끝에서 다시 만난다고 주장하면서, 날개 윗면이 더 길게 디자인되어 있으므로 윗면의 분자가 아랫면의 분자보다 더 빠르게 이동한다고 하였다. 그러나 실제 날개 윗면을 지나는 공기의 속도는 동시 통과 이론에서 적용하는 속도보다 더 빠르게 나타났다. 즉, 윗면의 분자가 아랫면의 분자보다 더 빨리 날개 끝부분을 통과하는 것이다. 따라서 ㉠에 들어갈 말로 '날개 끝에서 윗면과 아랫면의 공기가 동시에 만나야 한다는 설정부터가 잘못된 것이다.'가 적절하다.

06 문서작성능력 | 제목 작성하기

| 정답 | ③

| 해설 | 경로의존성의 개념에 대해 설명한 뒤 경로의존성이 발생되도록 만드는 세 가지 상황, 즉 최초의 선택이 갖는 영향력, 구체계의 익숙함, 구체계의 높은 안정성에 대해 자세히 설명하고 있다. 따라서 글의 제목으로 '경로의존성의 원인'이 적절하다.

07 문서이해능력 | 경로의존성의 예시 파악하기

| 정답 | ②

| 해설 | 경로의존성은 구시대적인 제도나 표준 따위가 존속하는 현상을 말한다. 온도의 국제단위인 켈빈(K)이 물의 삼중점에 따라 기본 단위가 정의되다가 2019년 5월 20일부터 변하지 않는 상수로 재정의 하게 된 것은 새로운 표준을 적용하는 것이므로 경로의존성의 예시에 해당되지 않는다.

08 문서작성능력 | 문장 배열하기

| 정답 | ③

| 해설 | 프랑스 탐험대가 석비를 발견했다는 내용의 (다)가 가장 먼저 오고, 석비의 생김새를 묘사한 (나)가 다음에 온다. 석비에서 발견한 쐐기문자의 기록 내용 중 일부가 손상되어 있었으며 이를 아시리아어학자가 복원하여 해석에 성

공했다는 내용의 (마)-(라)가 다음에 이어지고, 해석에 성공한 석비의 정체가 함무라비 법전이었음을 밝히는 (가)가 마지막에 온다. 따라서 적절한 순서는 (다)-(나)-(마)-(라)-(가)이다.

09 문서작성능력 문장 배열하기

|정답| ①

|해설| 멀미에 대한 정의를 설명하는 (나)가 가장 먼저 오고 교통수단 이용 외에도 멀미 증상이 나타날 수 있음을 덧붙이는 (가)가 다음에 이어진다. 이러한 멀미의 원인과 원인을 바탕으로 한 증상 완화 방법을 설명하는 (라)-(다)가 다음에 오며, (다)에 따른 예시를 언급하고 있는 (마)가 마지막에 온다. 따라서 적절한 순서는 (나)-(가)-(라)-(다)-(마)이다.

10 도표분석능력 자료의 수치 분석하기

|정답| ③

|해설| 1월과 3월의 매출 차이는 다음과 같다.
- A 부서 : $67,922-65,516=2,406$(천 원)
- B 부서 : $71,748-69,866=1,882$(천 원)
- C 부서 : $71,882-68,501=3,381$(천 원)
- D 부서 : $66,748-66,117=631$(천 원)
- E 부서 : $71,967-67,429=4,538$(천 원)

따라서 1월과 3월의 매출 차이가 가장 큰 부서는 E 부서이다.

|오답풀이|

① D 부서가 매출합계에서 차지하는 비중은 다음과 같다.
- 1월 : $\dfrac{66,748}{343,847}\times100 ≒ 19.4(\%)$
- 2월 : $\dfrac{67,958}{343,671}\times100 ≒ 19.8(\%)$
- 3월 : $\dfrac{66,117}{343,849}\times100 ≒ 19.2(\%)$

따라서 매월 증가하지 않는다.

② C 부서와 D 부서의 매출 격차는 다음과 같다.
- 1월 : $71,882-66,748=5,134$(천 원)

- 2월 : $70,217-67,958=2,259$(천 원)
- 3월 : $68,501-66,117=2,384$(천 원)

따라서 매월 줄어들고 있지 않다.

④ 매출합계가 가장 높은 달은 3월이고 가장 낮은 달은 2월이다.

⑤ 1 ~ 3월의 부서별 매출합계는 다음과 같다.
- A 부서 : $67,922+64,951+65,516=198,389$(천 원)
- B 부서 : $69,866+71,888+71,748=213,502$(천 원)
- C 부서 : $71,822+70,217+68,501=210,540$(천 원)
- D 부서 : $66,748+67,958+66,117=200,823$(천 원)
- E 부서 : $67,429+68,657+71,967=208,053$(천 원)

따라서 B 부서가 가장 높다.

11 도표분석능력 자료의 수치 분석하기

|정답| ①

|해설| A와 B 모두 도매가격이 가장 낮은 날은 1월 4일이다.

|오답풀이|

② B의 도매가격이 가장 높은 날은 1월 6일, C의 도매가격이 가장 높은 날은 1월 7일이다.

③ A 20kg의 평균 도매가격은 $(56,600+57,300+55,000+58,600+62,000+60,000)\div6=58,250$(원)이고, C 40kg의 평균 도매가격은 $(416,000+442,000+436,000+442,000+460,000+500,000)\div6≒449,333$(원)이다.

④ B의 1월 4일 도매가격은 1kg당 $\dfrac{206,000}{35} ≒ 5,886$(원), 1월 6일 도매가격은 1kg당 $\dfrac{228,000}{35} ≒ 6,514$(원)이다.

⑤ A, B, C를 각 1kg씩 살 때의 비용을 계산하면 다음과 같다.
- 1월 2일 : $(56,600\div20)+(207,000\div35)+(416,000\div40)≒19,144$(원)
- 1월 3일 : $(57,300\div20)+(213,000\div35)+(442,000\div40)≒20,001$(원)
- 1월 4일 : $(55,000\div20)+(206,000\div35)+(436,000\div40)≒19,536$(원)
- 1월 5일 : $(58,600\div20)+(225,000\div35)+(442,000\div40)≒20,409$(원)

- 1월 6일 : $(62,000 \div 20) + (228,000 \div 35) + (460,000 \div 40) \fallingdotseq 21,114$(원)
- 1월 7일 : $(60,000 \div 20) + (220,000 \div 35) + (500,000 \div 40) \fallingdotseq 21,786$(원)

따라서 1월 2일의 비용이 가장 낮았을 것이다.

12 기초통계능력 확률 계산하기

|정답| ③

|해설| 목적지까지의 거리는 4km이고 1km/h의 속도로 이동하므로 목적지로부터 2km 이내에 위치하려면 적어도 2시간 전에는 출발해야 한다. 즉, 적어도 오후 3시에는 출발해야 하므로 오후 5시에 민주와 혜정이가 모두 목적지로부터 2km 이내에 위치해 있을 확률은 $\frac{1}{2} \times \frac{1}{2} \times 100 = 25$ (%)이다.

13 기초통계능력 확률 계산하기

|정답| ②

|해설| 민주와 혜정이가 이동한 시간을 각각 x시간, y시간이라 하면 $0 \le x \le 4$, $0 \le y \le 4$이고 다음과 같은 식이 성립한다.

$|(4-x)+(4-y)| \le 2$

$|8-x-y| \le 2$

절댓값이 있으므로 다음과 같이 두 경우로 나누어 생각할 수 있다.

i) $8-x-y \ge 0$인 경우

$8-x-y \le 2$

$y \ge 6-x$

$\therefore 6-x \le y \le 8-x$

ii) $8-x-y < 0$인 경우

$x+y-8 \le 2$

$y \le 10-x$

$\therefore 3-x < y \le 10-x$

i), ii)를 그래프로 나타내면 다음과 같다.

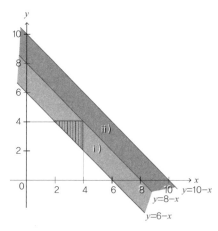

$0 \le x \le 4$, $0 \le y \le 4$의 범위에서 오후 4시에 민주와 혜정이 사이의 거리가 2km 이내인 경우는 위 그래프의 빗금 친 부분에 해당될 때이므로, 확률은 $\dfrac{\frac{1}{2} \times 2 \times 2}{4 \times 4} = \dfrac{1}{8}$, 즉 12.5%이다.

14 도표분석능력 자료의 수치 분석하기

|정답| ④

|해설| ⓒ 각 연도별 종사자 수와 사업체 수 각각의 총합은 다음과 같다.

- 20X0년

  총 종사자 수 : 9,941,200명

  총 사업체 수 : 1,224,800개

- 20X1년

  총 종사자 수 : 10,465,900명

  총 사업체 수 : 1,248,700개

- 20X2년

  총 종사자 수 : 10,721,500명

  총 사업체 수 : 1,293,500개

  총 종사자 수가 가장 많은 해는 20X2년으로, 총 사업체 수도 가장 많다.

ⓔ 20X2년 사업체 수에서 차지하는 비중이 두 번째와 세 번째로 큰 산업은 I 산업과 C 산업으로, 전체 사업체 수의 $\dfrac{358,700+280,200}{1,293,500} \times 100 \fallingdotseq 49.4$(%)이다.

| 오답풀이 |

㉠ 사업체 1개당 평균 종사자 수와 순위는 다음과 같다.

산업분류	20X0년 사업체 1개당 평균 종사자 수	순위	20X1년 사업체 1개당 평균 종사자 수	순위	20X2년 사업체 1개당 평균 종사자 수	순위
A	32,300÷2,900≒11.1(명)	8	35,800÷3,000≒11.9(명)	7	36,200÷3,400≒10.6(명)	8
B	14,200÷1,100≒12.9(명)	5	14,300÷1,100=13(명)	5	14,300÷1,000=14.3(명)	4
C	3,772,600÷265,000≒14.2(명)	4	3,838,400÷278,700≒13.8(명)	4	3,861,900÷280,200≒13.8(명)	5
D	61,400÷1,400≒43.9(명)	1	63,900÷1,400≒45.6(명)	1	66,800÷1,600≒41.8(명)	1
E	75,600÷6,600≒11.5(명)	6	78,200÷6,800=11.5(명)	8	79,300÷6,800≒11.7(명)	7
F	1,055,000÷94,600≒11.2(명)	7	1,268,800÷99,100≒12.8(명)	6	1,342,500÷100,700≒13.3(명)	6
G	2,229,800÷433,800≒5.1(명)	9	2,368,400÷453,200≒5.2(명)	9	2,424,600÷465,100≒5.2(명)	9
H	707,400÷41,600≒17.0(명)	2	754,400÷40,900≒18.4(명)	2	766,800÷42,700≒18.0(명)	2
I	1,514,000÷346,600≒4.4(명)	10	1,530,800÷330,900≒4.6(명)	10	1,611,900÷358,700≒4.5(명)	10
J	478,900÷31,200≒15.3(명)	3	512,900÷33,600≒15.3(명)	3	517,200÷33,300≒15.5(명)	3

따라서 사업체 1개당 평균 종사자 수의 순위는 매년 동일하지 않다.

㉢ G 산업의 경우 20X0년 $\frac{433,800}{1,224,800} \times 100 ≒ 35.4(\%)$,

20X1년 $\frac{453,200}{1,248,700} \times 100 ≒ 36.3(\%)$,

20X2년 $\frac{465,100}{1,293,500} \times 100 ≒ 36.0(\%)$로 전체의 35% 이상을 차지한다.

15 도표분석능력 빈칸에 들어갈 수치 계산하기

| 정답 | ③

| 해설 | ㉠ 자료에 나타나지 않은 타국과의 무역관계는 고려하지 않으므로 〈한국, 중국, 일본 3국 간 무역관계〉에서 각 연도별로 '수출액의 합=수입액의 합'이어야 한다. 따라서 다음과 같은 식이 성립한다.

867+1,215+1,456=㉠+1,705+943

∴ ㉠=890

㉡, ㉢ 제시된 표의 빈칸을 다음과 같이 각각 A ~ D라 한다.

〈한국, 중국, 일본 3국 간 무역관계〉

(단위 : 억 달러)

구분	한국		중국		일본	
	수출	수입	수출	수입	수출	수입
20X0년	797	812	965	1,473	1,307	784
20X1년	759	786	959	1,457	1,379	854
20X2년	814	802	1,021	1,557	1,421	897
20X3년	867	㉠	1,215	1,705	1,456	943
20X4년	845	865	1,164	1,633	1,478	989
20X5년	858	870	(A)	1,423	㉡	(B)

※ 무역수지=수출-수입

〈20X5년 국가 간 수입액〉

(단위 : 억 달러)

수입국 \ 수출국	한국	중국	일본
한국	-	㉢	484
중국	618	-	(D)
일본	(C)	841	-

- ㉢ : 20X5년 한국의 수입액이 870억 달러이므로 ㉢=870-484=386(억 달러)이다.

- A : 한국으로 386억 달러, 일본으로 841억 달러 수출했으므로 A=386+841=1,227(억 달러)이다.

- D : 20X5년 중국의 수입액이 1,423억 달러이므로 D=1,423-618=805(억 달러)이다.

- ㉡ : 한국으로 484억 달러, 중국으로 805억 달러 수출했으므로 ㉡=484+805=1,289(억 달러)이다.

- C : 20X5년 한국의 수출액이 858억 달러이므로 C=858-618=240(억 달러)이다.

- B : 한국으로부터 240억 달러, 중국으로부터 841억 달러 수입했으므로 B=240+841=1,081(억 달러)이다.

따라서 ㉠~㉢에 들어갈 숫자가 바르게 연결된 것은 ③이다.

16 도표분석능력 자료의 수치 분석하기

| 정답 | ⑤

| 해설 | ㄱ. 20X5년 한국, 중국, 일본 3국의 수출액의 합은 수입액의 합과 같다.

ㄷ. 20X0~20X5년 한국의 무역수지를 구하면 다음과 같다.

- 20X0년 : 797−812=−15(억 달러)
- 20X1년 : 759−786=−27(억 달러)
- 20X2년 : 814−802=12(억 달러)
- 20X3년 : 867−890=−23(억 달러)
- 20X4년 : 845−865=−20(억 달러)
- 20X5년 : 858−870=−12(억 달러)

따라서 한국의 무역수지 적자가 가장 큰 해는 20X1년 이다.

ㄹ. 20X5년 일본은 한국과의 교역에서 무역수지 흑자(484−240=244(억 달러)), 중국과의 교역에서 무역수지 적자(805−841=−36(억 달러))를 보이고 있다.

| 오답풀이 |

ㄴ. 20X0~20X5년 동안 매년 수입액이 수출액보다 많은 것을 통해 무역수지 적자를 기록하였음을 알 수 있다.

17 도표분석능력 자료의 수치 분석하기

| 정답 | ④

| 해설 | 20X4년 원자력과 가스 발전량의 전년 대비 증감률을 계산하면 다음과 같다.

- 원자력 : $\frac{145,910-133,505}{133,505} \times 100 = 9.3(\%)$
- 가스 : $\frac{144,355-152,924}{152,924} \times 100 = -5.6(\%)$

따라서 20X4년 원자력 발전량의 전년 대비 증감률의 절댓값은 가스 발전량의 전년 대비 증감률의 절댓값보다 크다.

| 오답풀이 |

① 20X3년 가스 발전량은 두 번째로 많았고, 20X4년 양수 발전량은 다섯 번째로 많았다.

② 원자력 발전량의 비중이 가장 높았던 해는 20X0년, 가장 낮았던 해는 20X3년이다. 계산을 하지 않아도 다른 연도와 비교해 20X0년에는 원자력 발전량이 가장 많지만 총 발전량은 가장 적고, 20X3년에는 원자력 발전량이 가장 적지만 총 발전량은 가장 많다는 것을 통해 알 수 있다.

③ 신재생 발전량의 비중을 계산하면 다음과 같다.

- 20X0년 : $\frac{19,464}{528,091} \times 100 = 3.7(\%)$
- 20X1년 : $\frac{25,836}{540,440} \times 100 = 4.8(\%)$
- 20X2년 : $\frac{30,817}{553,531} \times 100 = 5.6(\%)$
- 20X3년 : $\frac{35,598}{570,645} \times 100 = 6.2(\%)$
- 20X4년 : $\frac{36,392}{560,791} \times 100 = 6.5(\%)$

따라서 신재생 발전량이 차지하는 비중은 매년 증가하고 있고, 20X3~20X4년에는 6%를 초과하였다.

⑤ 20X1년 총 발전량에서 유류와 양수 발전량의 합이 차지하는 비중은 $\frac{14,001+3,787}{540,440} \times 100 = 3.3(\%)$로 3%를 넘었다.

18 도표분석능력 자료의 수치 계산하기

| 정답 | ②

| 해설 | ㉡ '(별표1) 7.'에 따르면 숙박비는 7만 원을 한도로 실비정산할 수 있다.

| 오답풀이 |

㉠ 제13조 제3항에 따르면 식비는 1일분의 3분의 2에 해당하는 금액을 지급한다고 하였으므로 식비는 3만 원 중 2만 원이 지급 가능하다.

㉢ 하중이 무거운 수하물 운반 등 부득이한 사유로 현지교통비가 일비 총액을 초과하는 경우에는 초과분에 대해 실비정산할 수 있다.

19 도표분석능력 자료의 수치 계산하기

| 정답 | ④

| 해설 | 고속도로와 국도의 비용을 계산하면 다음과 같다.

• 고속도로 : $110 \div 5 \times 1,500 + 6,500 = 39,500$(원)

• 국도 : $130 \div 5 \times 1,500 = 39,000$(원)

따라서 국도가 500원 더 저렴하다.

20 사고력 해독절차 적용하기

| 정답 | ②

| 해설 | 해독절차에 따라 암호를 해독하면 그 절차는 다음과 같다.

입력	1	2	3
판독	△	×	△

입력	3	4	1
판독	△	×	○

입력	5	3	1
판독	×	○	○

절차 2, 3을 반복해서 진행하므로 이를 첫 번째 숫자가 9가 될 때까지 반복하면 총 14번의 절차를 거쳐야 한다.

| 오답풀이 |

① 691

입력	1	2	3
판독	△	×	×

입력	4	5	1
판독	×	×	○

입력	6	7	1
판독	○	×	○

두 번째 숫자가 9가 될 때까지 반복하면 총 10번의 절차를 거쳐야 한다.

③ 398

입력	1	2	3
판독	×	×	△

입력	3	4	5
판독	○	×	×

입력	3	6	7
판독	○	×	×

입력	3	8	9
판독	○	△	△

두 번째와 세 번째 숫자의 위치를 바꾸어야 하므로 총 10번의 절차를 거쳐야 한다.

④ 759

입력	1	2	3
판독	×	×	×

입력	4	5	6
판독	×	○	×

입력	7	5	8
판독	○	○	×

세 번째 숫자가 9이므로 총 8번의 절차를 거쳐야 한다.

⑤ 917

입력	1	2	3
판독	△	×	×

입력	4	5	1
판독	×	×	△

입력	1	6	7
판독	△	×	○

입력	8	1	7
판독	×	○	○

첫 번째 숫자에 9가 올 때까지 진행하면 총 10번의 절차를 거치게 된다.

21 사고력 해독절차 적용하기

| 정답 | ②

| 해설 |

입력	1	2	3
판독	×	×	△

입력	3	4	5
판독	○	×	×

입력	3	6	7
판독	○	×	△

입력	3	7	8
판독	○	○	×

입력	3	7	9
판독	○	○	○

절차 2, 3을 반복해서 진행하므로 암호 379는 위와 같이 10번의 절차를 거치고 나머지는 8번의 절차를 거친다.

22 사고력 해독절차 적용하기

| 정답 | ③

| 해설 |

입력	1	2	3
판독	×	×	×

입력	4	5	6
판독	△	×	×

입력	7	8	4
판독	△	×	△

입력	4	9	7
판독	△	△	○

입력	9	4	7
판독	○	○	○

절차는 총 10번이다.

23 사고력 항상 거짓인 명제 추론하기

| 정답 | ④

| 해설 | 여섯 번째 조건에서 최 씨는 28세 혹은 29세가 아니라 하였고, 네 번째 조건에서 김 씨가 26세이므로 최 씨는 27세이다. 마지막 조건에서 이 씨가 박 씨보다 나이가 많다고 했으므로 이 씨는 29세, 박 씨는 28세이다.

일곱 번째 조건에 따라 E 대를 나온 직원은 H 대를 나온 직원보다 1살 많고, H 대를 나온 직원은 입사 순서가 마지막인 직원보다 1살 많다. 이를 두 가지 경우로 나누어 정리

하면 다음과 같다.

구분	김 씨(26)	최 씨(27)	박 씨(28)	이 씨(29)
경우 1	입사 마지막	H 대	E 대	
경우 2		입사 마지막	H 대	E 대

네 번째 조건에서 김 씨는 첫 번째로 입사했으므로 경우 1은 제외된다. 마지막 조건에서 이 씨는 박 씨보다 입사 순서가 빠르다고 했으므로 이 씨가 두 번째, 박 씨가 세 번째로 입사한 것이 된다. 다섯 번째 조건까지 고려하여 정리하면 다음과 같다.

구분	김 씨(26)	최 씨(27)	박 씨(28)	이 씨(29)
입사 순서	1	4	3	2
출신학교	K 대	S 대	H 대	E 대

따라서 김 씨 성의 마케팅팀 직원은 K 대 출신이다.

24 사고력 항상 참인 명제 찾기

| 정답 | ③

| 해설 | 세 번째 명제와 첫 번째 명제를 통해 항상 참이 되는 것을 알 수 있다.

| 오답풀이 |

① 세 번째 명제의 대우는 스키장에 가지 않는다면 겨울이 아니거나 휴가를 쓰지 않는 것이므로 항상 참인 것은 아니다.

② 제시된 명제와 그 대우로 확인할 수 없다.

③ 첫 번째 명제에서 겨울이 되었고 스키장에 간다면 스키복을 챙기는 것이므로 항상 참인 것은 아니다.

⑤ 세 번째 명제에서 겨울이 되었고 휴가를 써야 스키장에 가므로 반드시 참인 것은 아니다.

25 사고력 항상 참인 명제 찾기

| 정답 | ⑤

| 해설 | '채현이는 헬스를 한다'는 명제가 성립하기 위해서는 '헬스를 하지 않는 사람은 단백질 보충제를 먹지 않는다'는 조건이 있어야 한다.

26 사고력 게임 규칙 추론하기

|정답| ④

|해설| 게임에서 승리하기 위해서는 상대가 마지막 구슬을 가져갈 수밖에 없도록 만들어야 한다. 최소 1개, 최대 5개의 구슬을 가져갈 수 있다고 했으므로 단비가 마지막 구슬을 반드시 가져가도록 만들려면 수호가 10번째 구슬을 반드시 가져가야 한다. 이를 위해 단비가 최대로 구슬을 가져갈 때 9번째 구슬까지만 가져가야 하는데 단비가 5∼9번째 구슬을 가져가면 가능하다. 따라서 수호가 처음에 4개의 구슬을 가져가면 이길 수 있다.

27 사고력 게임 규칙 추론하기

|정답| ⑤

|해설| 게임에서 승리하기 위해서는 상대가 마지막 구슬을 가져갈 수밖에 없도록 만들어야 한다. 최소 1개, 최대 6개의 구슬을 가져갈 수 있다고 했으므로 단비가 마지막 구슬을 반드시 가져가도록 만들려면 수호가 20번째 구슬을 반드시 가져가야 한다. 이를 위해 단비가 최대로 구슬을 가져갈 때 19번째 구슬까지만 가져가야 하는데 단비가 14∼19번째 구슬을, 수호가 13번째 구슬을 가져가면 이길 수 있다. 마찬가지로 계속해서 역으로 올라가며 구하면 단비가 7∼12번째 구슬을, 수호가 6번째 구슬을 가져가면 이길 수 있다. 따라서 수호가 처음에 6개의 구슬을 가져가면 이길 수 있다.

28 정보처리능력 알고리즘 그래프 이해하기

|정답| ①

|해설| E의 모든 부분집합이 서로 연결되어야 한다.

|오답풀이|

② 아크 집합에 포함되어 있지 않은 (ㄴ, ㄱ) 아크가 그려져 있다.

③ 아크 집합에 포함되어 있지 않은 (ㄴ, ㄷ) 아크가 그려져 있다.

④, ⑤ 아크 집합에 포함되어 있지 않은 (ㄱ, ㄱ) 아크가 그려져 있다.

29 정보처리능력 아크 집합 구하기

|정답| ③

|해설| 두 노드를 연결하는 집합이 모두 들어가 있어야 한다.

|오답풀이|

① (ㄷ, ㄷ) 아크는 그래프에 포함되어 있지 않다.

② 그래프에 포함되어 있는 (ㄴ, ㄷ)을 포함하고 있지 않다.

④ 그래프에 포함되어 있는 (ㄷ, ㄹ)을 포함하고 있지 않다.

⑤ 그래프에 포함되어 있는 (ㄱ, ㄷ)을 포함하고 있지 않다.

30 정보처리능력 결괏값 오류찾기

|정답| ③

|해설| 월간지 종류의 코드명인 A6435의 출고량은 9,235가 아니라 1,235다.

31 정보처리능력 결괏값 오류찾기

|정답| ②

|해설| 음반·DVD 종류의 코드명인 K1890의 입고량은 477이 아니라 472다.

32 컴퓨터활용능력 피벗 테이블 작성법 이해하기

|정답| ⑤

|해설| 품목과 판매방식을 열 레이블에 설정해도 보고서에 추가할 필드 선택에서 지점별 매출액을 보이게 할 수 있다.

33 정보처리능력 알고리즘 이해하기

|정답| ②

|해설| Compile 단계에서 1328의 각 자리 수를 더한 값은 14로, 짝수기 때문에 Error 1에서 NO이다. Link 단계에서 나온 값은 $14 \times 3 = 42$로 두 자릿수에 해당하여 Error 2 단계에서도 NO이다. 마지막 Complete File 단계의 결괏값은 Error 2 결괏값의 각 자리 수를 더한 값이므로 최종 산출 값은 $4 + 2 = 6$이다.

34 정보처리능력 알고리즘 이해하기

| 정답 | ③

| 해설 | 79598을 Compile한 값은 38이며 이는 짝수이므로 Error 1에서 NO로 간다. 다음 Link 단계의 값은 38×3= 114이며 두 자릿수를 초과했기 때문에 Error 2의 YES로 간다. Modification 단계에서 114의 각 자리 수를 더한 값은 6이므로 다시 Compile부터 시작하면 Error 1에서 NO, Link에서 18, Error 2에서 NO가 되어 최종 산출 값은 18이 된다.

35 정보처리능력 인접행렬 이해하기

| 정답 | ⑤

| 해설 | E에 속하는 모든 집합의 노드가 서로 연결된 수를 인접행렬의 성분으로 바꾸어야 한다. 이때 (ㄴ, ㄷ)과 (ㄷ, ㄴ)은 같은 곳에 표시하므로 2로 적는다.

36 업무이해능력 메인비즈 제도 이해하기

| 정답 | ③

| 해설 | 마지막 문단을 보면 파견사업으로 단체전시회, 시장개척단, 수출컨소시엄이 있으며 업체당 1,000만 원 이내의 금액을 지원받을 수 있다고 하였다.

| 오답풀이 |

① 메인비즈 인정 기업은 신보매출채권보험료가 10억 원인 경우 15%, 즉 1억 5천만 원을 차감받을 수 있다.

② 메인비즈 인정 기업은 기본 보증료율 1.2%에 0.1%p를 차감받으며 협회 회원사 가입 시 0.1%p 추가 차감으로 총 0.2%p를 차감받을 수 있다.

④ 온라인 홈페이지를 통해서도 가능하다.

⑤ 제품 및 공정 분야의 기술혁신과는 달리 마케팅, 조직혁신의 비기술 분야 육성을 목표로 한다.

37 업무이해능력 주식과 주권 이해하기

| 정답 | ②

| 해설 | ㉠ 제335조 제3항에 따른다.

㉢ 제335조의2 제4항에 따른다.

| 오답풀이 |

㉡ 제335조의2 제3항에 따르면 거부의 통지를 하지 아니한 때는 승인이 있는 것으로 본다.

㉣ 제335조의3 제2항에 따르면 이사회에서 양도상대방을 기간 내 통지하지 않은 경우 이사회의 승인이 있는 것으로 본다.

38 경영이해능력 SWOT 전략 이해하기

| 정답 | ①

| 해설 | 직급 간 신뢰기반 소통문화 정착(W)으로 창의적·혁신적 조직역량을 극대화하고, 상호 배려하는 상생적 조직문화를 정착시켜 정책고객과 국민의 눈높이를 만족시키는 것(T)은 WT 전략에 해당한다.

| 오답풀이 |

② 국토분야 남북 산업협력 방안, 동북아의 초국경 협력 확대, 한반도 상생번영을 위한 경제협력(O)과 국토, 도시, 주택, 인프라 등 연구역량 활용 및 문화성대 회람 구축 연구(S)는 SO 전략에 해당한다.

③ 국민제안 연구과제 전담반 상시 운영 및 시민단체, 지역연구원 등과 협업(O)하여 현장 변화에 대응한 즉시적이고 선제적인 연구 수행체계를 구축하는 것(W)은 WO 전략에 해당한다.

④ 지식자산에 대한 정보공개, 자유로운 의사 개진이 가능한 경영개선관제 상시 운영(T), 혁신적 연구원 양성과 평가 프로그램 실태 점검 및 환류기능 강화(W)는 WT 전략에 해당한다.

⑤ 사회공헌을 위한 국토분야 자산 및 정보시스템 공유로 공공기관의 사회적 가치를 실현(S)하여 대내외 연구협력 네트워크를 공고화(T)하고자 하는 전략은 ST 전략에 해당한다.

39 조직이해능력 조직의 의미 이해하기

| 정답 | ②

| 해설 | 조직을 구성하는 인적 요소와 물적 요소는 목표달성을 위해 상호 연결되어 유기적인 역할을 수행한다.

| 오답풀이 |

① 조직은 개인이 단독으로 성취할 수 없는 공통의 목표나 목적을 달성하기 위하여 여러 가지 과업을 수행한다.

③ 조직은 외부환경으로부터 자원을 조달받고, 이를 통해 생산한 제품과 서비스를 외부에 공급함으로써 외부와의 긴밀한 관계를 가진다.

④ 조직은 사회라는 시스템 안에서 생긴 하위시스템이고, 이러한 조직 안에서도 하위시스템들이 나타난다.

⑤ 단순히 사람들이 모였다고 해서 조직이라고 할 수 없고, 공동의 목표나 목적을 가지고 있어야 한다.

40 경영이해능력 경영자의 직무 파악하기

| 정답 | ⑤

| 해설 | 경영자가 수행하는 직무로는 계획 수립, 조직 편성, 경영 지휘, 경영 통제, 목표 설정 등이 있다.

41 경영이해능력 고성과조직의 특징 알기

| 정답 | ①

| 해설 | 승자독식은 우수한 성과를 가진 일부가 이익을 모두 차지하는 형태의 문화를 가리킨다. 따라서 높은 성과를 내는 조직에서 확인할 수 있는 특징으로 적절하지 않다.

| 오답풀이 |

서로에 대해 믿는 상호신뢰, 조직의 업무를 통한 가치창출, 지식을 지혜로 바꾸는 학습경영, 최고경영자의 리더십 아래 품질을 최우선으로 하는 품질경영 등은 고성과조직에서 일반적으로 나타나는 특징이다.

42 업무이해능력 특허출원 업무 이해하기

| 정답 | ⑤

| 해설 | ⓒ 제3항에 따른다.

ⓒ 제2항에 따라 협의로 하나의 특허출원인을 정한다.

ⓔ 제1항에 따라 먼저 출원한 자가 받는다.

| 오답풀이 |

⊙ 제4항에 따르면 제2항 단서에 해당하는 경우 처음부터 없었던 것으로 하지 아니한다.

43 체제이해능력 기능별 조직 이해하기

| 정답 | ④

| 해설 | 제시된 조직구조는 기능별 조직으로, 상호 관련성 있는 업무를 동일 부서에 배치하는 설계 방식이다. 비슷한 기능끼리 묶어서 하나의 부서를 구성하고, 직급이 높아질수록 의사결정과 업무의 범위, 권한이 커지는 가장 단순하고 기본적인 조직구조의 형태이다. 기능별 조직은 기능별 목표의 관리와 달성에 유리하며 각 기능별 기술 개발이 용이하고 조직 분위기가 좋아진다는 장점을 지닌다. 반면 각 본부가 전체 조직목표에 대해 제한된 시각을 가지고, 조직 외부의 전문적인 지식이나 기술의 활용이 어렵다는 단점을 가진다.

전체 조직차원에서 기술의 통합과 전문화가 곤란하다는 단점을 지닌 것은 사업부별 조직이다.

44 조직이해능력 조직의 특징 구분하기

| 정답 | ②

| 해설 | ⊙은 공식조직이며 ⓒ은 비공식조직이다. 공식조직은 조직의 구조, 기능, 규정 등이 조직화되어 있는 조직으로 단일한 목표를 가지고 인위적으로 발생한 조직이다. 공식조직의 임무는 보통 공식화된 목표 달성을 위해 명확하게 설정된다.

45 업무이해능력 회의록 수정하기

| 정답 | ⑤

| 해설 | 형광등 교체 사안은 주요 안건 외 관련도가 낮은 내용이므로 삭제해야 한다. 따라서 '지원본부 협조 요청'을 기록하는 것은 적절하지 않다.

46 직업윤리 직업인의 윤리자세 이해하기

| 정답 | ③

| 해설 | A사는 미래를 내다봄으로써 친환경적 경영정책을 수행할 것에 서약하고 이를 위해 2040년까지 사업 전반에 걸쳐 탄소중립을 실천하기로 하였는데, 이는 더 나은 미래를 위해 기업적 차원에서 오랜 기간 끈기와 인내를 가지고 친환경 사업을 실천하기로 결정한 것이라 볼 수 있다.

47 직업윤리 직업윤리의 개념 이해하기

| 정답 | ③

| 해설 | 직업윤리에서 자신이 하고 있는 일이 사회나 기업을 위해 중요한 역할을 하고 있다고 믿고 자신의 활동을 수행하는 태도는 직업에 대한 직분의식에 대한 내용이다.

보충 플러스+

6가지 직업윤리
- 소명의식 : 자신이 맡은 일은 하늘에 의해 맡겨진 일이라고 생각하는 태도
- 천직의식 : 자신의 일이 자신의 능력과 적성에 꼭 맞다고 여기고 그 일에 열성을 가지고 성실히 임하는 태도
- 직분의식 : 자신이 하고 있는 일이 사회나 기업을 위해 중요한 역할을 하고 있다고 믿고 자신의 활동을 수행하는 태도
- 책임의식 : 직업에 대한 사회적 역할과 책무를 충실히 수행하고 책임을 다하는 태도
- 전문가의식 : 자신의 일이 누구나 할 수 있는 것이 아니라 해당 분야의 지식과 교육을 밑바탕으로 성실히 수행해야만 가능한 것이라 믿고 수행하는 태도
- 봉사의식 : 직업활동을 통해 다른 사람과 공동체에 대해 봉사하는 정신을 갖추고 실천하는 태도

48 공동체윤리 책임의식 이해하기

| 정답 | ①

| 해설 | 책임의식이란 직업에 대한 사회적 역할과 의무를 충실히 수행하고 자신의 행위에 대해 책임지려는 태도이다. 책임의식에는 어떤 상황에서든 누구의 책임인지에 상관없이 사명감과 책임감 그리고 스스로의 행동과 선택이 결과에 영향을 미칠 수 있다는 믿음이 필요하다. 또한 책임의식은 개인적 이익보다 조직 및 사회에 대한 공헌을 의미하며 나보다는 남을 생각하고 배려하는 자세가 필요하다. 따라서 ①의 태도는 책임의 의미로 적절하지 않다.

49 공동체윤리 직업인으로서 봉사의미 이해하기

| 정답 | ③

| 해설 | 봉사란 '국가나 사회 또는 남을 위하여 자신을 돌보지 아니하고 힘을 바쳐 애씀'이라는 의미를 가지며, 직업인에게 봉사란 일 경험을 통해 조직과 사회에 대해 봉사하는 정신을 갖추고 실천하는 태도를 말한다.

50 공동체윤리 직장 내 성희롱 판단 기준 이해하기

| 정답 | ③

| 해설 | 성희롱은 가해자의 의도성이 아니라, 피해자가 성적 수치심이나 굴욕감을 느꼈는지를 중요한 기준으로 삼아 피해자의 관점을 기초로 판단하여야 한다.

| 1회 | 기술능력[기술직] | 문제 61쪽 |

| 51 | ④ | 52 | ① | 53 | ④ | 54 | ③ | 55 | ② |

51 기술선택능력 벤치마킹의 종류 파악하기

| 정답 | ④

| 해설 | A 기업은 경쟁기업인 B 기업을 분석하여 벤치마킹을 실행하였다. 이는 동일 업종에서 고객을 공유하는 경쟁기업을 대상으로 하는 경쟁적 벤치마킹에 해당한다.

| 오답풀이 |
① 내부 벤치마킹 : 같은 기업 내의 다른 지역, 타 부서, 국가 간의 유사한 활용을 비교 대상으로 한다.
② 간접적 벤치마킹 : 인터넷 및 문서형태의 자료를 통해서 수행한다.
③ 글로벌 벤치마킹 : 프로세스에 있어 최고로 우수한 성과를 보유한 동일 업종의 비경쟁적 기업을 대상으로 한다.
⑤ 비경쟁적 벤치마킹 : 제품, 서비스 및 프로세스의 단위 분야에 있어 가장 우수한 실무를 보이는 비경쟁적 기업 내의 유사 분야를 대상으로 한다.

52 기술능력 위험요인 구분하기

| 정답 | ①

| 해설 | 개인적(비업무적) 위험요인으로는 유전, 성, 연령, 성격, 식습관, 흡연, 운동습관 등이 있다. 가 직원은 본인이 기존에 가지고 있는 병으로 인해 뇌심혈관 질환의 발병 위험이 있는 것으로 나타났다.

| 오답풀이 |

②는 사회심리적 요인, ③, ⑤는 정신적 요인, ④는 화학적 요인으로 모두 업무적 위험요인에 해당한다.

53 기술능력 저탄소 계획기법 이해하기

| 정답 | ④

| 해설 | 저탄소 녹색도시로 탈바꿈하기 위한 계획 중 하나인 녹색교통정책은 도로상의 에너지 절감과 도시환경 개선에 관한 정책으로, 대표적인 녹색교통수단으로는 보행, 자전거, 대중교통 등이 있다.

구분	계획지표	계획기법
탄소 저감	토지이용	바람길을 고려한 단지 배치, 복합적 토지 이용
	녹색교통	대중교통연계시스템, 친환경 교통수단, 자전거 활성화 시스템, 보행권 중심의 저탄소 녹색교통 수단 도입
	자원순환	우수유출 억제, 빗물 이용, 쓰레기·폐기물 재활용
	에너지 창출	태양광, 태양열, 지열시스템, 집단에너지공급시스템
탄소 흡수	공원녹지	저탄소 공원녹지 계획, 공원녹지의 네트워크 강화
	생태공간	자연형 하천조성

54 기술적용능력 4차 산업혁명 이해하기

| 정답 | ③

| 해설 | (A)는 기존 업체(제조업체)가 혁신을 주도하며 혁신의 성격은 존속적이라고 하였다. 따라서 (A)에 해당되는 디지털 전환 사례는 스마트공장이다.

| 오답풀이 |

①, ② (B)에 해당한다.

④, ⑤ (C)에 해당한다.

구분	유형 Ⅰ	유형 Ⅱ
혁신의 성격	존속성	파괴적 혹은 보완적
혁신의 주도	기존 업체(제조업체)	외부의 ICT 기업과 스타트업
주요 사례	산업인터넷, 스마트공장	파괴적 : 자율주행차, O2O, 핀테크
		보완적 : 디지털 헬스케어, 스마트 에너지, 리걸테크
혁신의 주안점	하드웨어 장비 제조역량과 소프트웨어의 결합	주로 소프트웨어적 혁신

55 기술능력 기술능력 향상 방법 이해하기

| 정답 | ②

| 해설 | 전문연수원을 통한 기술과정 연수를 실시할 경우 연수비가 자체적으로 교육을 하는 것보다 저렴하며 고용보험 환급을 받을 수 있어 교육비 부담이 적다.

2회 기출예상문제

2회 직무수행능력				문제 64쪽
01 ②	02 ⑤	03 ②	04 ①	05 ②
06 ③	07 ④	08 ②	09 ③	10 ②

01

| 정답 | ②

| 해설 | ①, ③, ④, ⑤의 내용은 모두 바이오연료의 사용을 위한 필자의 주장을 뒷받침할 수 있는 근거를 제공할 수 있다. 그러나 바이오연료의 탄생 배경은 이미 제시된 글에 언급되었으며 필자의 주장을 강조할 수 있는 요인도 아니다. 또한, 생산비용이 높고 에너지 효율이 낮다는 점은 바이오연료의 걸림돌이라고 언급하고 있으므로 타 에너지원과의 비용 분석은 필자의 주장을 강조하는 내용과 거리가 멀다.

02

| 정답 | ⑤

| 해설 | 세 번째 문단에서 탄소배출권 거래중개인은 "판매자와 구매자가 확보되면 협상을 체결하기 위해 적절한 매매 가격 산정이나 배출권 이전 및 발행의 보증 문제 등에 대해 조율한다."고 하였다. 따라서 공식적으로 정해진 탄소배출권 가격이 없으므로 가격을 정확히 파악하고 전달해야 한다는 추론은 적절하지 않다.

| 오답풀이 |

① 고객을 확보해야 하므로 많은 수의 잠재적인 판매자 혹은 구매자에 대한 정보를 확보하는 능력이 필요하다.

② 국내외 경제 동향 및 배출권 거래제도 이해, 배출권 수급 상태 분석 등 시장 추이를 정확하게 분석해 미래의 시장 수요를 예측할 수 있는 판단 능력이 필요하다.

③ 탄소 거래는 정부의 정책에 따라 변화가 많으므로 탄소 감축 목표 및 감축 시기 등에 대한 정부의 정책적 신호 등의 변화를 감각적으로 읽고 민감하게 대처할 수 있는 능력이 있어야 한다.

④ 탄소 거래 시장은 유럽, 호주, 미국, 영국 등 많은 국가에서 형성되어 운영되기 때문에 이들 중개인의 활동 무대는 매우 넓다. 따라서 국제무대에서 활동하는 이들에게 영어 등 외국어 구사 능력은 필수적이다.

03

| 정답 | ②

| 해설 | 스마트시티의 건축물은 온실가스 발생의 원인인 화력발전소를 대체한다고 언급되어 있다. 화력에너지의 사용이 감소하면 기상이변을 방지하여 도시의 열섬현상을 완화시킬 수 있게 된다.

| 오답풀이 |

① 스마트시티의 건축물은 건물의 벽면 및 창문 등에서 태양광 발전이 가능하도록 설계되며, 에너지저장장치를 통해 에너지를 축적할 수 있게 된다.

③ 두 번째 문단에서 스마트 건축물 리모델링, 소규모 분산전원을 모아 전력을 거래하는 전력중개사업 등을 통해 온실가스 감소를 위한 정책을 적극 시행할 방침이라고 언급되어 있다.

④ 조○○ 울산과학기술원 도시환경공학부 교수의 연구논문에서 밝혀진 사실이다.

⑤ 도시를 폭염 저감형으로 만드는 것이 기상이변을 막을 수 있는 하나의 방법이라고 하였으며, 폭염 저감형 도시가 되기 위해서는 온실가스 감소를 유도할 수 있는 스마트시티 건축물이 도움이 된다.

04

| 정답 | ①

| 해설 | '안심귀가를 위한 공공 드론 시스템 도입'은 화성시의 스마트시티 중장기 플랜에 해당된다.

05

| 정답 | ②

| 해설 | 두 번째 문단에서 도시재생 뉴딜사업에 생활 SOC를 추가 지원하는 방안도 검토해 나갈 계획이라고 하였다. 따라서 검토 완료했다는 설명은 적절하지 않다.

| 오답풀이 |

③ 세 번째 문단에서 전체 사업의 약 70%(69곳)를 시 · 도에서 선정하게 하여 지역의 권한과 책임을 강화했다고 언급하였으므로, 지난해에는 이보다 적은 비율이 시 · 도에서 선정되었다고 유추할 수 있다.

06

| 정답 | ③

| 해설 | 세 번째 문단에서 에너지소비효율등급 기준은 소비전력량 외에도 제품의 기술 개발 수준과 시장 점유율 등을 고려하여 정해진다고 서술하고 있으므로 기술 개발 수준이 높다고 해서 에너지소비효율등급이 항상 높은지는 알 수 없다.

07

| 정답 | ④

| 해설 | 연구진은 일반적으로 저소득 가구에 대한 현물지원은 발생한 비용 전액보다 조금 낮은 수준으로 지원하는 것이 적절하다고 평가했다. 따라서 발생 비용의 전부를 지원해야 한다는 의견은 적절하지 않다.

| 오답풀이 |

① 중위소득 50%와 최저주거기준보다 20% 넓은 면적을 기준으로 하면 가구별 에너지 비용 대비 지원액 수준이 지금보다 낮아지며 에너지바우처 지급액 조정을 통해 지원 부족 문제를 해결할 필요가 있다.

② 가구원 수가 늘어날수록 에너지 비용 대비 지원액 비율이 낮아지므로 2인 이상 가구에 대한 지원 규모 조정이 필요하다는 지적이 있다.

③ 현재 3인 이상 가구에 대해서는 가구원 수와 관계없이 동일한 금액을 지원하고 있으나 연구진의 제안에 따라 4인이나 5인 이상 가구로 구분을 확대하는 방안을 도입하면 가구원 수 증가에 따른 에너지바우처 지급액 증가 구간의 범위도 확대된다.

⑤ 연구진에 따르면 저소득 가구가 실제 쓰는 에너지(난방) 비용 대비 지원 수준이 50 ~ 80%에 그치는 것으로 분석되며 저소득 가구의 주거면적이 넓어지고 가구원 수가 늘어난 현실을 반영해 에너지바우처를 활용한 지원

수준을 확대해야 한다는 의견이 나왔다.

08

| 정답 | ②

| 해설 | 통영 리스타트 플랫폼은 폐조선소 부지 내 기존 건물을 활용하여 청년과 조선소 실직자들을 위한 창업 · 취업 교육을 지원하고, 지역주민과 관광객을 위한 문화 · 예술 관련 프로그램 등을 운영할 수 있는 창업지원센터 및 다목적 공유 공간으로 쓰일 계획이다.

| 오답풀이 |

① 통영은 과거 조선업이 주력산업이었다.

③ 민간투자 2,800억 원도 함께 투입되는 사업이다.

④ 기존 도크와 크레인을 보전 · 활용할 계획이다.

⑤ 국제음악당, 케이블카 · 루지 등의 문화 · 예술 · 관광 시설은 기존 통영의 관광 자원이다.

09

| 정답 | ③

| 해설 | 전공, 학력은 무관하다고 언급되어 있으나 4년제 대학졸업 수준의 능력을 보유할 것을 교육요건으로 명시하였다.

| 오답풀이 |

① 회계 분야 인재를 채용하는 것으로 한정하고 있다.

② 블라인드 채용이라고 명시되어 있지는 않으며 서류전형이 포함되어 있다.

④ 회계 및 세무 관련 자격증 보유자를 채용한다는 조건은 제시되어 있지 않다.

⑤ 회계 관련 경력을 요구하고 있지는 않다.

10

| 정답 | ②

| 해설 | TOEIC 점수 700점 이상이 필수자격 요건이므로 B 씨는 채용될 수 없다.

②회 직업기초능력   문제 74쪽

01 ①	02 ①	03 ②	04 ②	05 ③
06 ①	07 ④	08 ④	09 ①	10 ③
11 ②	12 ④	13 ③	14 ⑤	15 ①
16 ③	17 ④	18 ⑤	19 ①	20 ④
21 ②	22 ④	23 ⑤	24 ①	25 ③
26 ②	27 ②	28 ⑤	29 ③	30 ②
31 ③	32 ④	33 ②	34 ④	35 ⑤
36 ③	37 ①	38 ③	39 ④	40 ⑤
41 ④	42 ②	43 ④	44 ⑤	45 ①
46 ⑤	47 ③	48 ③	49 ④	50 ③

01   문서작성능력   글의 흐름에 맞는 단어 고르기

| 정답 | ①

| 해설 | 추출(抽出) : 전체 속에서 어떤 물건·생각·요소 따위를 뽑아냄.

| 오답풀이 |

② 차출(差出) : 어떤 일을 시키기 위해 사람을 골라 뽑아 냄.

③ 착취(搾取) : 누르거나 비틀어서 즙을 짜냄.

④ 체취(體臭) : 몸에서 나는 냄새

⑤ 채취(採取) : 땅에서 풀·나무 등을 베거나 뜯거나 따거나 캐어 냄.

02   문서작성능력   글의 흐름에 맞는 어휘 고르기

| 정답 | ①

| 해설 | ㉠ 이후 문장에서 '소득 불평등 해소를 위한 구체적 정책 방향을 모색해야 한다.'고 하였으므로 ㉠이 포함된 문장에서는 구체적이지 않은 이해 수준에서 벗어나야 한다고 언급하는 것이 가장 매끄럽다. 따라서 '구체적'과 가장 반대되는 뜻을 가진 '관념적'이 적절하다.

03   문서작성능력   문맥에 맞는 단어 사용하기

| 정답 | ②

| 해설 | '수동적(受動的)'은 '스스로 움직이지 않고 다른 것의 작용을 받아 움직이는 것'을 뜻하는 단어로, 양방향 정보통신기술의 발달로 전력의 소비량을 측정할 수 있고 그에 따라 에너지 생산량을 조절할 수 있다고 설명하는 내용에 사용할 단어로는 적절하지 않다. 따라서 ㉡에 들어갈 단어로는 '탄력적(彈力的)'이 적절하다.

04   문서이해능력   글과 일치여부 파악하기

| 정답 | ②

| 해설 | 두 번째 문단을 통해 전통적인 윤리 체계에서는 사람과 사람 사이의 갈등을 해소하기 위한 원칙만을 문제 삼았으며, 환경 문제는 20세기에 접어든 후 언급되기 시작하였다는 사실을 알 수 있다. 따라서 전통적인 윤리 체계에서는 자연물의 가치가 고려되지 않았음을 유추할 수 있다.

| 오답풀이 |

① 마지막 문단에서 동양 사상은 자연물의 내재적 가치를 강조한다고 하였으나 이것이 도구적 가치를 경시한다는 근거가 되지는 않는다.

③ 자신의 이익보다 타인의 이익을 우위에 놓는 것은 이타주의에 대한 설명이다.

④ 네 번째 문단에서 새로운 환경 윤리에 따르면 자연물의 도구적 가치뿐만 아니라 내재적 가치 또한 중시하고 있다고 하였다.

⑤ 네 번째 문단에서 새로운 환경 윤리에 따르면 자연물은 내재적 가치를 지니고 있다고 본다. 여기에는 자연계는 물질 대사를 통하여 상호 의존하고 있는 하나의 생태계를 이룬다는 것 등 현대의 생명과학이 밝혀낸 사실이 자연물 그 자체의 존재에 존엄한 가치가 포함되어 있다는 근거로써 사용되고 있다고 하였다.

05   문서이해능력   세부 내용 파악하기

| 정답 | ③

| 해설 | ㉠에서 말한 '세 요소'는 두 번째 문단에서 찾을 수 있는데 첫 번째는 미군의 암호해독력을 예로 들며 수집된 정보를 정밀하고 광범위하게 분석하는 것의 중요성을 설명

하고 있다. 두 번째는 의사결정단계에서 반대 의견을 자유롭게 개진할 수 있는 환경의 중요성을 '데블스 애드버킷'을 예로 들어 설명하고 있으며, 세 번째로는 파일럿이 현장에서 기지를 발휘해 작전을 수행할 수 있도록 재량권을 주고 사기를 북돋우는 환경의 중요성을 설명하고 있다. 따라서 이에 해당하는 요소들을 〈보기〉에서 고르면 ⓐ, ⓒ, ⓔ이다.

06 문서이해능력 세부 내용 파악하기

|정답| ①

|해설| '피의 순환 이론'은 하비의 주장에 모세혈관의 발견까지 겹쳐지면서 완전히 정립된 이론이다. 이는 오랫동안 아성을 지켜오던 의학적 정설을 뒤집으며 새로운 생리학 구축의 토대를 마련한 것이었다. 즉 '피의 순환 이론'이 성립되고 이와 관련된 내용들이 현실에 수용되면서 생리학은 새로운 국면을 맞기 시작한 셈이다. 이런 순서를 고려해볼 때, ①은 '피의 순환 이론'의 성립에 이어 일어날 수 있는 일일 뿐, '피의 순환 이론'의 성립이나 수용에 기여했다고 할 수 없다.

|오답풀이|

② 폐정맥이 공기의 통로가 아니라 피의 통로라는 베살리우스 발견과 부합하며 '피의 순환 이론'이 성립되었다.

③ 하비는 먹은 음식물보다 더 많은 양의 피가 만들어질 수는 없다는 생각을 바탕으로 가설을 세우며 문제를 해결하고자 하였다.

④ 새로운 현미경이 모세혈관을 발견하면서 '피의 순환 이론'이 널리 받아들여졌다.

⑤ 하비는 자신의 혈관을 직접 묶으며 실험한 결과를 가지고 피의 순환 이론의 토대를 마련하였다.

07 문서이해능력 세부 내용 파악하기

|정답| ④

|해설| 하비는 처음에 동맥과 정맥을 같이 압박하다가 동맥을 차단했던 끈을 풀자 차가워진 손은 생기를 회복했다. 그렇다면 손이 차가워졌던 것은 손(각 기관)에 혈액이 도달하지 못해서였을 것이고, 이것이 다시 생기를 회복한 것은 대동맥의 압박이 느슨해져서 손에 다시 혈액이 도달했기 때문일 것이다. 따라서 실험의 이 부분은 ⓛ의 차단과 관련이 있다. 그리고 손이 생기를 회복한 이후에 정맥의 말단 쪽

혈액이 부풀어 올랐으며, 이것은 각 기관의 혈액이 다시 대정맥을 타고 흐르지 못해 발생한 현상이었을 것이다. 따라서 실험의 이 부분은 ⓒ의 차단과 관련이 있다(정맥이 압박되어 있었으므로, 정맥을 타고 피가 흐를 수는 없다. 따라서 이것이 ⓔ을 차단한 결과였다고 보긴 어렵다).

08 문서이해능력 소제목과 단락 연결하기

|정답| ④

|해설| (가)의 핵심 내용은 온실가스 감축 수단인 온실가스 배출권 확보이다. (나)는 근로자의 근로 환경 개선을 통한 산업재해를 최소화하고자 하는 회사의 활동을 언급하고 있으므로 재난안전경영의 일환으로 볼 수 있다. (다)는 투자 계획을 구체적으로 언급하고 있으므로 '기술개발 투자'가 소제목으로 적절하다. (라)는 기후변화협약에 대응하기 위한 조직의 정비를 주된 내용으로 하고 있으며 이것은 기후변화에 대응하는 내부의 역량을 강화하는 방안이다.

따라서 소제목의 순서에 따라 재배열하면 (라)-(가)-(다)-(나)이다.

09 문서이해능력 조례안 개정 이유 파악하기

|정답| ①

|해설| ⓐ 제4조 신설 조항을 보면 "○○시에 주소를 두고 있는 ○○시민의 경우에는 우선 추첨 등의 편의를 제공할 수 있다."고 되어 있으므로 이는 ○○시민의 야영장 이용 기회를 확대하기 위함으로 볼 수 있다.

ⓒ 제4조를 보면 기존의 문서, 방문, 전화 등의 정보통신망 등으로 예약할 수 있는 것을 인터넷으로 통일하고 단서를 삭제하는 등 사용 예약과 관련한 현행 규정의 일부 미비점을 개선·보완하였다고 볼 수 있다.

|오답풀이|

ⓑ 사용자의 사전 예약 및 취소에 따른 손해배상의 범위를 명확히 하는 부분은 찾아볼 수 없다.

ⓓ 제11조 제3항을 보면 현행에서는 "관리자는 사용자의 부주의로 인하여 ~ 책임을 지지 아니한다."라고 하였고, 개정안에서는 "사용자는 ~ 책임을 질 수 있다."고 하였다. 따라서 관리자의 책임을 강화하기 위함이기보다는 사용자의 책임을 보다 강화하기 위한 조치로 볼 수 있다.

10 [문서이해능력] 세부 내용 이해하기

| 정답 | ③

| 해설 | 외적 중개는 주체와 모델이 서로 같은 사회적 환경에 있는 것이 아닌 관계를 말하는데 이때 주체는 그의 모델이 소유하거나 욕망하는 대상을 소유할 수 없으며 따라서 상호성을 가질 수 없게 된다.

11 [문서이해능력] 글에 내용에 맞는 사례 파악하기

| 정답 | ②

| 해설 | 내적 중개는 주체와 모델이 가까운 이웃이거나 같은 사회적 환경에 있으면서 같은 것을 소유하고 욕망할 수 있는 관계를 말하는 것이며 이와 반대인 것이 외적 중개이다. ②의 '유명 연예인'은 나오는 가까운 이웃이거나 같은 사회적 환경에 있는 사람이라고 볼 수 없으므로 외적 중개의 관계라고 할 수 있다.

12 [기초연산능력] 단위 변환하기

| 정답 | ④

| 해설 | $1ha = 10,000m^2$

보충 플러스+

넓이의 단위 변환
$1cm^2 = 100mm^2$
$1m^2 = 10,000cm^2$
$1km^2 = 1,000,000m^2$

13 [기초연산능력] 부피 구하기

| 정답 | ③

| 해설 | 원뿔의 부피를 구하는 공식은 '$\frac{1}{3} \times$ 밑넓이 $\times$ 높이'이므로 밑넓이를 먼저 구해야 한다.

밑넓이는 $\pi \times 2^2 = 4\pi(cm^2)$가 된다.

그 후 원뿔의 높이를 알기 위해서는 모선의 길이(R)를 구해야 하는데 부채꼴의 호의 길이는 원의 둘레 길이와 같다.

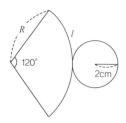

호의 길이(l)는 $2\pi R \times \dfrac{\theta}{360} = 2\pi r$이므로

$$2\pi R \times \frac{\overset{1}{120}}{\underset{3}{360}} = 2\pi \times 2$$

$$\frac{\overset{}{2\pi R}}{3} = \overset{2}{\cancel{4\pi}} \qquad \therefore R = 6(cm)$$

마지막으로 '피타고라스의 정리'를 이용하여 높이를 구하면

$$6^2 = 2^2 + h^2 \qquad h^2 = 36 - 4$$

$$h^2 = 32$$

$$h = \sqrt{32} = 4\sqrt{2}\,(cm)$$

따라서 원뿔의 부피는 $\dfrac{1}{3} \times 4\pi \times 4\sqrt{2} = \dfrac{16\sqrt{2}}{3}\pi(cm^3)$ 이다.

14 [기초연산능력] 공약수 활용하기

| 정답 | ⑤

| 해설 | 경호원 사이의 간격이 모두 동일하므로 120과 72의 공약수 간격으로 경호원을 배치하면 된다.

```
8 ) 120    72
3 )  15     9
      5     3
```

120과 72의 최대공약수는 24이므로 공약수는 1, 2, 3, 4, 6, 8, 12, 24이다. 〈조건〉에서 경호원 사이의 간격이 5m 미만이라고 했으므로 4m일 때 경호원 수는 최소가 되며, 그 수는 $(120+72) \times 2 \div 4 = 96$(명)이다.

15 기초연산능력 수의 규칙 찾기

| 정답 | ①

| 해설 | 제시된 숫자퍼즐은 다음과 같은 규칙이 있다.

$$e = a^2 + d^2 - b^2 - c^2$$

표: a / b / e / c / d

- $1^2 + 7^2 - 5^2 - 2^2 = 1 + 49 - 25 - 4 = 21$
- $4^2 + 5^2 - 2^2 - 6^2 = 16 + 25 - 4 - 36 = 1$

따라서 '?'에 들어갈 숫자는 $7^2 + 8^2 - 5^2 - 2^2 = 49 + 64 - 25 - 4 = 84$이다.

16 도표분석능력 그래프 해석하기

| 정답 | ③

| 해설 | ⓒ 에너지원별 점유율 대비 전력생산비율은 다음과 같다.

- 유연탄 : $\dfrac{69.13}{47.95} ≒ 1.44$

- 가스 : $\dfrac{22.01}{43.07} ≒ 0.51$

- 무연탄 : $\dfrac{6.14}{4.79} ≒ 1.28$

- 유류 : $\dfrac{2.5}{3.42} ≒ 0.73$

- 신재생 : $\dfrac{0.21}{0.77} ≒ 0.27$

에너지원별 점유율 대비 전력생산비율이 가장 높은 에너지원은 유연탄이고, 가장 낮은 에너지원은 신재생이다.

| 오답풀이 |

㉠ 가스와 유연탄의 점유율은 $43.07 + 47.95 = 91.02(\%)$로 90% 이상이다.

㉡ 유연탄의 점유율과 전력생산비율의 폭은 $69.13 - 47.95 = 21.18(\%)$로 에너지원 중 가장 크며, 가스의 점유율과 전력생산비율의 폭은 $43.07 - 22.01 = 21.06(\%)$로 두 번째로 크다.

17 도표분석능력 자료의 수치 분석하기

| 정답 | ④

| 해설 | 20X0년 세종의 총 연구개발비는 $3,562 × 13,154 = 46,854,548$(만 원)으로 4,500억 원을 넘는다.

| 오답풀이 |

① 경기도의 연구원 수는 20X0년에 166,737명, 20X1년에 172,583명으로 두 해 모두 가장 많다.

② 서울, 대전, 세종의 전년 대비 20X1년 연구원 수 증가량을 구하면 다음과 같다.

- 서울 : $118,541 - 110,080 = 8,461$(명)
- 대전 : $35,745 - 34,509 = 1,236$(명)
- 세종 : $4,109 - 3,562 = 547$(명)

따라서 서울이 가장 많이 증가하였다.

③ 20X1년에 전년보다 연구원 수가 감소한 지역은 부산, 광주, 충남, 전북으로 4개이다.

⑤ 20X0년 강원의 총연구개발비가 $5,886 × 6,662 = 39,212,532$(만 원)으로, 20X0년과 20X1년을 통틀어 총연구개발비가 가장 적은 지역이다.

18 도표분석능력 자료 해석하기

| 정답 | ⑤

| 해설 | 인력 부족으로 인한 미실시 횟수는 주간점검이 7회로 월간점검 4회보다 많다.

| 오답풀이 |

① 점검 횟수는 주간점검 30회, 월간점검 8회이다.

② 월간점검을 실시한 경우는 총 3회(1월, 3월, 6월 둘째 주)이다.

③ 주간점검 미실시 사유 중 '사유 모름'은 4회(1월 넷째 주, 3월 첫째 주, 3월 다섯째 주, 4월 첫째 주)이다.

④ 주간점검 총 30회 중 미실시한 횟수는 11회이며, 월간점검 총 8회 중 미실시한 횟수는 총 5회이다.

19 도표분석능력 자료의 수치 분석하기

‖정답‖ ①

‖해설‖ 주간점검 미실시율 : $\frac{11}{30} \times 100 ≒ 36.7(\%)$

월간점검 미실시율 : $\frac{5}{8} \times 100 = 62.5(\%)$

따라서 두 비율의 차이는 62.5-36.7=25.8(%p)이다.

20 도표분석능력 비율 구하기

‖정답‖ ④

‖해설‖ 전체 조사대상자 중 몇 퍼센트인지 묻고 있으므로 0.654×0.53=0.34662, 약 34.7%이다. 〈자료 2〉 노후 준비 방법 그래프의 53%는 노후를 준비하고 있는 사람들 중에서 차지하는 비율임에 주의해야 한다.

21 문제해결능력 참인 문장 파악하기

‖정답‖ ②

‖해설‖ 세 번째 문장과 첫 번째 문장을 연결하면 '우드칩 영업 → 신재생에너지팀 근무 → 소각스팀 생산 and 소각열 관리'가 된다. 따라서 대우 명제인 '소각열을 관리하지 않는 사람은 우드칩 영업을 하지 않는다'가 참임을 알 수 있다.

22 사고력 반드시 지각한 사람 추론하기

‖정답‖ ④

‖해설‖ E의 지각 여부에 대한 발언이 B, C와 반대되는데 거짓을 말하는 사람이 한 명이라고 했으므로 E가 거짓을 말하고 있다. 이를 바탕으로 A~E의 지각 여부를 보면 다음과 같다.

구분	A	B	C	D	E
지각 여부	×	○	○	알 수 없음.	○

따라서 반드시 지각한 사람은 B, C, E이다.

23 사고력 정보를 바탕으로 추론하기

‖정답‖ ⑤

‖해설‖ A. 일미가 보를 내고 이현이 게임에서 이겼다면 이현은 가위를 냈다. [정보 3]에 따라 삼순이 주먹을 내면 이 게임은 무승부가 되므로 [정보 1]이 참일 때 [정보 3]은 거짓이다.

B. 이현이 가위를 내고 삼순이 주먹을 냈다면 삼순이가 이현이를 이긴 것이므로 [정보 2]는 거짓이다.

C. 일미는 보를 냈고 삼순이 게임에서 지고 이현이가 이겼다면 일미와 삼순은 보, 이현은 가위를 낸 것이므로 [정보 4]는 참이다.

D. 이현은 가위, 삼순이와 일미가 같이 주먹을 냈다면 이현은 게임에서 지고 삼순이와 일미가 이겼으므로 [정보 1, 2]는 모두 참이 될 수 없다.

따라서 올바른 추론은 A, B, C, D이다.

24 사고력 항상 참인 추론 고르기

‖정답‖ ①

‖해설‖ A. 〈정보〉에서 대중교통>도보>자가용 순서로 출근하는 사람이 많다고 하였고 자가용으로 출근하는 사람은 1명 이상이라고 하였으므로 도보로 출근하는 사람이 2명이라면 자가용으로 출근하는 사람은 1명이 된다. 따라서 A는 항상 참이다.

‖오답풀이‖

B. 자가용으로 출근하는 사람이 3명이라면 대중교통으로 출근하는 사람은 6명이라고 하였는데, 이때 도보로 출근하는 사람은 3명이 되므로 B는 참인 추론이라고 볼 수 없다.

C. 대중교통으로 출근하는 사람이 6명일 때 도보로 출근하는 사람이 5명일 경우, 자가용으로 출근하는 사람은 1명이 될 수 있으므로 C는 항상 참인 추론이라고 볼 수 없다.

25 사고력 조건에 따라 추론하기

| 정답 | ③

| 해설 | 업무 시작 시점의 주근무자는 A이고, 기사 자격증 보유자이면서 경력 5년 이상인 사람은 먼저 주근무를 해야 하므로 B는 첫 번째 부근무자가 될 수 없다. 따라서 첫 번째 부근무자가 될 수 있는 사람은 D뿐이다. 3시간 후, 두 번째 주근무자가 될 수 있는 사람은 B 또는 C이다. D는 연속 근무를 할 수 없고, 세 번째 주근무자는 C 또는 B가 되어야 하기 때문에 4시간 후, 두 번째 부근무자가 될 수 있는 사람은 A뿐이다. 정리하면 다음과 같다.

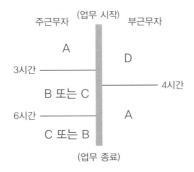

26 문제처리능력 조건을 바탕으로 추론하기

| 정답 | ②

| 해설 | ㉠ 화요일에는 사과를 제공할 수 없으므로 사과를 최대로 제공하는 경우는 다음과 같다.

일	월	화	수	목	금	토
			1	2	3	4
5	6	7	8	9	10	11
12	13	14	15	16	17	18
19	20	21	22	23	24	25
26	27	28	29	30	31	

따라서 사과는 최대 14일 제공할 수 있다.

㉢ 8일부터 16일 사이에 사과가 한 번도 제공되지 않는 경우는 다음과 같다.

일	월	화	수	목	금	토
			1	2	3	4
5	6	7 (오렌지)	8 (감)	9 (오렌지)	10 (감)	11 (오렌지)

12 (감)	13 (오렌지)	14 (감)	15 (오렌지)	16 (감)	17	18
19	20	21	22	23	24	25
26	27	28	29	30	31	

이때 오렌지와 감은 그 순서를 바꿔도 동일하다.

㉣ 6일에 감이 제공된다면 화요일인 7일에는 사과가 제공될 수 없으며, 동일한 과일인 감도 제공될 수 없다. 따라서 7일에는 오렌지가 제공되어야 한다.

| 오답풀이 |

㉡ 한 달 동안 오렌지를 최대로 제공하는 경우는 다음과 같다.

일	월	화	수	목	금	토
			1	2	3	4
5	6	7	8	9	10	11
12	13	14	15	16	17	18
19	20	21	22	23	24	25
26	27	28	29	30	31	

따라서 최대 16일 제공할 수 있다.

27 문제처리능력 조건을 바탕으로 추론하기

| 정답 | ②

| 해설 | 감을 최소로 제공하기 위해서는 사과와 오렌지를 최대로 제공해야 한다. 13일에 사과를 제공하는 조건에 따라 사과와 오렌지를 최대로 제공하는 경우는 다음과 같다.

일	월	화	수	목	금	토
			1 (오렌지)	2 (사과)	3 (오렌지)	4 (사과)
5 (오렌지)	6 (사과)	7 (오렌지)	8 (사과)	9 (오렌지)	10 (사과)	11 (오렌지)
12 (감)	13 (사과)	14 (오렌지)	15 (사과)	16 (오렌지)	17 (사과)	18 (오렌지)
19 (사과)	20 (오렌지)	21 (감)	22 (오렌지)	23 (사과)	24 (오렌지)	25 (사과)
26 (오렌지)	27 (사과)	28 (오렌지)	29 (사과)	30 (오렌지)	31 (사과)	

일	월	화	수	목	금	토
			1 (사과)	2 (오렌지)	3 (사과)	4 (오렌지)
5 (사과)	6 (오렌지)	7 (감)	8 (오렌지)	9 (사과)	10 (오렌지)	11 (사과)
12 (오렌지)	13 (사과)	14 (오렌지)	15 (사과)	16 (오렌지)	17 (사과)	18 (오렌지)
19 (사과)	20 (오렌지)	21 (감)	22 (오렌지)	23 (사과)	24 (오렌지)	25 (사과)
26 (오렌지)	27 (사과)	28 (오렌지)	29 (사과)	30 (오렌지)	31 (사과)	

따라서 최소로 감을 제공하는 날은 총 2일이다.

28 사고력 참인 내용 판별하기

| 정답 | ⑤

| 해설 | B, C, D의 경우만 고려할 때, 세 사람이 제품을 접한 경로에서 유일한 공통점은 '전문 블로거의 리뷰'이므로 이 요인이 구매에 영향을 미쳤다고 볼 수 있다.

| 오답풀이 |

① A, C의 경우만 고려할 때, 구매에 영향을 미치는 요인이 SNS 광고인지 신문 기사인지 확실히 알 수 없다.

② B, E의 경우만 고려할 때, 구매에 영향을 미치는 요인은 지인 소개이다.

③ D, E의 경우만 고려할 때, 구매에 영향을 미치는 요인은 지인 소개이다.

④ A, B, D의 경우만 고려할 때, D는 TV 광고를 통해 제품을 접하지 않았으므로 TV 광고가 반드시 구매에 영향을 미친다고 볼 수 없다.

29 문제처리능력 자료 분석하기

| 정답 | ③

| 해설 | 두 번째 문단에 "할리우드 영화 제작자가 장르 영화를 만드는 가장 중요한 이유는 상업적 안정성 때문이다."라는 내용이 제시되어 있다. 이를 통해 제작자가 장르 영화를 만드는 가장 큰 이유는 미학적 이유가 아닌 상업적 이유임을 알 수 있다.

30 문제처리능력 자료 분석하기

| 정답 | ②

| 해설 | 필자는 영화 비평에서 주요한 과제는 감독이 자신의 영화적 경험을 작품에 어떻게 반영하는가에 대한 분석이라고 했다. 반면 〈보기〉는 작품 『아리랑』은 나운규가 처음으로 쓴 작품이며, 이에 대해 '우리의 영화 사상 획기적이며 ~ 이후 많은 무성영화의 제작을 가능하게 만든 작품'이라고 설명할 뿐 장르적인 통찰이나 비평은 나타나지 않는다. 따라서 필자는 〈보기〉의 관점을 가진 이에게 ②와 같은 반론을 제기할 수 있다.

31 정보능력 빅데이터 분석법 이해하기

| 정답 | ③

| 해설 | ㉠ 빅데이터의 하향식 접근법은 제시된 문제를 해결하기 위한 목적으로 데이터를 수집하고 해법을 찾는 전통적인 분석법을 의미한다.

㉡ 빅데이터의 상향식 접근법은 불확실한 문제에 대해 데이터 수집으로 발견된 패턴을 기준으로 문제를 재정의하고 해결방안을 탐색하는 방식으로, 문제해결을 위한 계속되는 시행착오의 과정에서 기존에는 없던 새로운 접근법을 도출하기도 한다.

㉢ 프로토타이핑(Prototyping) 접근법은 문제의 정의와 수집해야 할 데이터가 모두 불명확할 때, 우선 데이터를 분석하고 결과를 확인하는 과정을 반복하며 개선하는 상향식 접근법의 한 방법이다.

32 컴퓨터활용능력 엑셀 함수 적용하기

| 정답 | ④

| 해설 | '부서(2)'와 '성명'을 합치려 하므로 문자열을 결합하는 함수인 CONCATENATE를 활용해야 한다. 해당 함수식은 '=CONCATENATE(문자열1, 문자열2, …)'로 쓰이는데, [D4] 셀과 [E4] 셀 사이에 '+'라는 문자도 포함하고자 하므로 '=CONCATENATE(D4, "+", E4)'라고 입력해야 한다.

| 오답풀이 |

①, ② SUM 함수는 인수들의 합을 구할 때 활용된다.

⑤ '+'는 문자이므로 큰따옴표를 사용해야 한다.

33 컴퓨터활용능력 인터넷의 보안 위협 형태 이해하기

| 정답 | ②

| 해설 | 백 도어(A)는 다, 피싱(B)은 라, 서비스 거부(C)는 가, 스푸핑(D)은 나에 해당한다.

34 컴퓨터활용능력 전자상거래의 특징 이해하기

| 정답 | ④

| 해설 | • B2B는 기업과 기업 간의 전자상거래를 의미한다.
• B2C는 일반 쇼핑몰과 같이 기업이 개인 고객을 대상으로 하는 전자상거래이며, C2C는 개인과 개인이 서로 거래할 수 있는 전자상거래이다.
• C2C에는 없는 상품이 없을 정도로 다양한 상품이 유통되며 가격도 매우 저렴한 특징이 있으나, 제품의 품질이 보장되지 않는 경우가 많다는 단점이 있다.

35 컴퓨터활용능력 파워포인트 기능 파악하기

| 정답 | ⑤

| 해설 | [도형 효과]는 도형에 그림자, 반사, 네온, 입체효과, 3차원 회전 등 새로운 그래픽 효과를 적용하는 기능이다. 〈자료 2〉에서는 B 제품의 도형에 색이 채워져 있으므로 [도형 채우기] 기능을 사용하였다.

| 오답풀이 |

① 〈자료 2〉에 범례가 생성된 것으로 보아 [범례] 기능을 사용했음을 알 수 있다.

② 〈자료 2〉에 가로축 눈금선이 생성된 것으로 보아 [눈금선] 기능을 사용했음을 알 수 있다.

③ 〈자료 1〉의 세로축의 주 단위는 500으로 설정되어 있으며, 〈자료 2〉의 세로축의 주 단위는 1000으로 설정되어 있다. 따라서 [축 서식] 기능을 사용해 주 단위를 변경했음을 알 수 있다.

④ 〈자료 2〉의 그림 영역 테두리에 실선이 형성된 것으로 보아 [그림 영역] 기능을 사용했음을 알 수 있다.

36 컴퓨터활용능력 파워포인트 기능 파악하기

| 정답 | ③

| 해설 | 연도별 각 제품의 '수치'를 '그래프 바로 위'에 표시하기 위해서는 레이블 내용은 [값], 레이블 위치는 [바깥쪽 끝에]를 선택해야 한다.

37 정보능력 개인정보 유형 이해하기

| 정답 | ①

| 해설 | 개인정보란 살아있는 개인에 관한 정보로서 성명, 주민등록번호 및 영상 등을 통하여 개인을 알아볼 수 있는 정보(해당 정보만으로는 특정 개인을 알아볼 수 없더라도 다른 정보와 쉽게 결합하여 알아볼 수 있는 것을 포함)를 말한다.
성격 테스트결과 직무태도는 직무 수행과 관련된 정보이므로 '고용 정보'에 해당하는 항목이다.

38 정보능력 개인정보처리방침 이해하기

| 정답 | ③

| 해설 | • 하윤 : 〈자료 2〉의 'No.2'를 보면 에너지복지요금 감면 대상자의 경우 세대주 성명, 세대주 주민등록번호, 세대주 휴대폰, 주소, 지원대상 종류, 입금은행 및 계좌번호, 예금주명 등을 필수 입력해야 한다고 나와 있다.
• 태형 : 〈자료 2〉의 'No.1'를 보면 지역난방 공급지역 거주여부 및 사보신청 여부는 선택 사항이라고 나와 있다. 따라서 가입 시 사보를 신청하지 않더라도 홈페이지 가입에는 문제가 없다.

| 오답풀이 |

• 재영 : 〈자료 2〉의 'No.1'를 보면 가입자 정보는 회원 탈퇴 시까지 보유한다고 나와 있다.

• 지훈 : 〈자료 2〉의 단서조항을 보면 홈페이지 이용에 따른 채권·채무관계가 잔존할 경우에는 해당 채권·채무관계를 정산할 때까지 개인정보를 보유한다고 나와 있다.

39 경영이해능력 | 액션러닝 이해하기

| 정답 | ④

| 해설 | ㉠ 마지막 문단의 '팀원들은 직급과 무관하게 서로 영향을 주고받으며 문제를 해결해 나가게 된다'를 통해 신입사원과 숙련된 직원들은 함께 역량이 개발될 수 있음을 알 수 있다.

㉡ 두 번째 문단의 '액션러닝을 실행할 만한 적절한 상황은 시도해 볼 명확한 해결방법이 없거나'를 통해 해결책이 있는 경우 액션러닝을 사용하기에 적절한 상황이 아님을 알 수 있다.

㉢ 세 번째 문단을 통해 알 수 있다.

㉤ 마지막 문단의 '팀의 중심과제는 계획된 지식과 학습에 초점이 맞춰져 있는 동시에 개개인이 그룹에 가져오는 현실적 문제들이 중심이 된다'는 내용을 통해 알 수 있다.

| 오답풀이 |

㉣ 액션러닝은 교육과 업무가 분리되지 않고 이루어지며 당면한 문제에 대해 직원들이 스스로 해결하는 방법이므로 실제로 창출하는 성과에 비해 매우 적은 비용이 발생한다.

40 체제이해능력 | 조직구조 이해하기

| 정답 | ⑤

| 해설 | 기능별 조직은 가장 일반적인 조직 형태로서 내용이 유사하고 관련성이 있는 업무를 결합시키는 조직 설계 방법으로 주로 단일 제품이나 서비스를 생산 판매하는 소규모 조직에 적합한 구조이다. 사업부 조직은 급변하는 환경 변화에 효과적으로 대응하고 제품, 지역, 고객별 차이에 신속하게 적응하기 위해 분권화된 의사결정이 가능하도록 조직을 구조화한 조직 설계 방법이다. 현재 가장 많이 나타나는 조직구조는 사업부 조직 형태이지만 기업의 초기 단계에 많이 나타나는 조직구조는 기능별 조직 형태이다. 따라서 박 과장의 설명은 틀린 설명이다.

41 체제이해능력 | 자율관리팀의 특징 이해하기

| 정답 | ④

| 해설 | 자율관리팀에서 팀 기능은 조직구성원 사이에서 의

사소통과 조정이 얼마나 잘 이루어지는가, 갈등이나 문제 해결을 얼마나 잘 해결하는가, 과업 관련한 의사를 얼마나 잘 결정하는가 등을 의미한다고 했다. 업무의 효율성을 높이기 위해 서로 간의 업무에 대해 거의 개입하지 않는다는 것은 팀 기능의 역할과 반대된다.

42 체제이해능력 | 7S 모형 이해하기

| 정답 | ②

| 해설 | 맥킨지의 7S 모형에서 구조(Structure)는 조직의 전략을 수행하는 데 필요한 틀로서 구성원의 역할과 그들의 상호관계를 지배하는 공식 요소로 기계적 구조와 유기적 구조로 구분할 수 있다. 이 중 주어진 상황이 확실하고 안정된 상황에서는 유기적 구조보다 기계적 구조가 더 적합하다.

43 경영이해능력 | 조직성장을 위한 원칙 알기

| 정답 | ④

| 해설 | 제시된 글은 회사를 무조건적으로 성장시키기보다는 내면을 들여다보는 시간을 통해 성장에 대해 결정해야 한다고 주장한다. 따라서 '스스로에게 자문하면서 성찰해야 한다'는 원칙을 강조하고 있다고 볼 수 있다.

44 경영이해능력 | 홉스테드의 문화 차원 이론 이해하기

| 정답 | ②

| 해설 | 집단주의는 자신이 속해 있는 집단인 내집단의 이익에 도움이 되는 의사결정을 내리는 경우가 종종 있으므로 자신의 이익과 집단의 이익을 별개로 구분하지 않을 것이다.

| 오답풀이 |

① 권력거리가 크면 직위가 높은 사람의 의사결정을 따르는 경우가 많으므로 상사의 잘못된 의사결정에 부하 직원이 동등하게 의견을 제기하기는 쉽지 않을 것이다.

④ 불확실성을 수용하는 문화는 높은 목표를 추구하므로 기업에 긍정적인 영향을 줄 수 있다.

⑤ 남성과 여성이 모두 육아를 담당하는 것과 업무의 생산성에 대한 상관관계는 제시되지 않았다.

45 경영이해능력 본원적 경영전략 이해하기

| 정답 | ①

| 해설 | 원가우위 전략은 원가절감을 통해 해당 산업에서 우위를 점하는 전략으로 원가절감을 위해 새로운 생산기술을 개발할 필요가 있기 때문에 신기술 개발을 지향한다.

46 경영이해능력 사례 속 경영전략 파악하기

| 정답 | ⑤

| 해설 | (가) L 전자는 1인 가구라는 특정 고객을 대상으로 새로운 시장 수요를 만들어 내는 집중화 전략을 사용하였다.
(나) N사는 자사 의류의 고급화를 통해 브랜드 이미지를 개선하고 고객에게 자사 제품이 가치가 있고 독특하게 인식되도록 하는 차별화 전략을 이용하였다.

47 직업윤리 콜버그의 도덕성 발달이론 이해하기

| 정답 | ③

| 해설 | 콜버그는 피아제의 도덕성 발달이론을 심화 발전시켜 도덕적 사고의 수준을 크게 세 가지로 제시했다. 그 중 첫 번째 수준인 인습 이전 수준에서 인간은 외부적 보상이나 처벌과 같은 외부 요인에 근거하여 도덕적 판단을 내린다. 이 수준을 지나 인습 수준에서는 타인, 관습 등의 외부 요인에 의해 정해진 도덕관을 내면화하기 시작하고, 인습 이후 수준에 이르러 도덕적 가치를 완전히 내면화하여 내면의 기준에 따라 도덕적 판단과 행동을 할 수 있게 된다.

48 직업윤리 콜버그의 도덕성 발달이론 이해하기

| 정답 | ③

| 해설 | 상대적 쾌락주의 단계에서는 형평의 법칙에 따라 행동하여 자신의 이익을 극대화하는 것을 목적으로 도덕적 사고를 한다. 즉, 자신이 타인에게 어떠한 행동을 함으로써 그 행동이 자신에게도 돌아오기 바라며 도덕적 행동을 하는 것이다.

| 오답풀이 |

① 인습 이후 수준의 보편적 원리 지향 단계에 해당한다.
② 인습 수준의 착한 어린이 지향 단계에 해당한다.
④ 인습 이후 수준의 민주적 법률의 수용 단계에 해당한다.
⑤ 인습 이전 수준의 복종과 처벌 지향 단계에 해당한다.

49 직업윤리 윤리규범의 형성요인

| 정답 | ④

| 해설 | 윤리의 형성은 '공동생활'과 '협력'을 필요로 하는 인간생활에서 형성되는 '공동행동의 규범'을 기반으로 윤리적 규범이 형성된다. '사적 욕구 추구'는 윤리규범 형성과 관련 있지 않다.

50 직업윤리 직업의 속성

| 정답 | ③

| 해설 | 직업의 속성 중 계속성은 주기적으로 일을 하거나, 명확한 주기가 없어도 계속 행해지며 계속할 의지와 가능성을 의미한다.

2회 기술능력[기술직] 문제 114쪽

| 51 | ③ | 52 | ① | 53 | ① | 54 | ④ | 55 | ③ |

51 기술능력 산업재해 사례 분석하기

| 정답 | ③

| 해설 | P 역 스크린도어 사고는 2인 1조 작업 원칙을 지키지 않고 혼자서 스크린도어 정비 작업을 하다 발생한 사건이므로 예측 가능한 재해로 예방이 가능했다.

52 기술이해능력 기술시스템의 발전 단계 알기

| 정답 | ①

| 해설 | 기술시스템의 발전 단계는 다음과 같다.
- 1단계 : 발명 · 개발 · 혁신의 단계
- 2단계 : 기술 이전의 단계
- 3단계 : 기술 경쟁의 단계
- 4단계 : 기술 공고화 단계

4단계인 기술 공고화 단계에서는 경쟁에서 승리한 최종 기술시스템의 관성화가 일어난다.

53 기술선택능력 제품 설명서 파악하기

| 정답 | ①

| 해설 | 전기요금이 많이 나오는 경우에 대한 설명은 〈사용 시 주의사항〉에 나와 있다. 공기 청정 운전은 에어컨 내부의 습기와 곰팡이를 제거하는 방법으로, 〈장시간 사용하지 않을 때 제품 보관 방법〉에 제시되어 있다.

54 기술선택능력 문제 원인 파악하기

| 정답 | ④

| 해설 | 〈A/S 신청 전 확인사항〉 중 정상보다 시원하지 않을 때 해야 하는 확인 항목을 살펴보면, 네 번째 항목에 햇빛이 실내로 직접 들어오는지 확인해 보라는 지침이 있다.

55 기술선택능력 제품 설명서 이해하기

| 정답 | ③

| 해설 | 〈A/S 신청 전 확인사항〉 중 실내기에 물이 넘쳤을 때 해야 하는 확인 항목을 살펴보면, 무거운 물건이 호스를 눌렀는지, 배수 호스 끝이 물받이 연결부보다 높게 설치되었는지, 호스가 꼬여있는지를 확인해야 함을 알 수 있다.

3회 기출예상문제

3회 직무수행능력   문제 118쪽

| 01 | ① | 02 | ③ | 03 | ⑤ | 04 | ② | 05 | ④ |
| 06 | ④ | 07 | ⑤ | 08 | ⑤ | 09 | ② | 10 | ⑤ |

01

| 정답 | ①

| 해설 | '추진내용'을 보면 정보격차 해소를 위한 에너지 복지 구현이 아니라 에너지 사각지대 해소를 위한 정보 공유 확대임을 알 수 있다.

| 오답풀이 |

② '기대효과'에 정보 공유를 통한 에너지 복지 사각지대 해소 등으로 국민체감형 행정서비스 제공 및 사회안전망 강화라고 명시되어 있다.

③ '추진내용'에 시민, 중소물류기업 수익창출 및 사회취약계층 지원을 위한 민 · 관 협력으로 태양광 발전사업 추진이 명시되어 있다.

④ '기대효과'에 사회적 약자 지원 및 중소기업과의 동반성장 강화가 명시되어 있다.

⑤ '추진내용'에 크라우드 펀딩과 연계한 에너지 취약계층 지원이 명시되어 있다.

02

| 정답 | ③

| 해설 | 민관협력사업 REC 구매량 성과목표는 2018년 11,543, 2019년 26,043, 2020년 29,043, 2021년 32,043, 2022년 35,043이므로 ③은 옳지 않은 그래프이다.

03

| 정답 | ⑤

| 해설 | '수위탁 기업 간 네트워크형 공동사업'은 과제 수행을 통해 창출된 부가가치로 원가경쟁력을 확보하고 그 성과를 공정하게 배분하는 사업으로, 지원금은 최대 7개월간 1억 원이다.

| 오답풀이 |

① 기타기관(중소기업이 주관하는 컨소시엄에 구성원으로 참여하는 기관)도 참여할 수 있다.

② 정부와 1 : 1 매칭펀드 방식으로 지원하는 과제 유형은 '구매조건부 신제품개발사업'으로 기간에 상관없이 수시 공모한다.

③ 중소기업의 연구비 구성 비율은 '수위탁 기업 간 네트워크형 공동사업'이 20%로 가장 낮다. 공사 자체 사업인 '협력 연구개발사업'은 중소기업의 연구비 구성 비율이 25%이다.

④ 유형2와 유형3 모두 우리공사의 구매를 전제로 한다.

04

| 정답 | ②

| 해설 | 12월 5일 23:00부터 12월 6일 08:00까지는 1시간에 기본요금 1일분을 감면해 주고, 12월 6일 08:00부터 14:00까지는 3시간에 기본요금 1일분을 감면해 주므로 기본요금 9+2=11(일분)을 감면받을 수 있다.

05

| 정답 | ④

| 해설 | 에너지 바우처 대상자로 선정되었으나 쪽방촌, 고시원, 원룸 등 월세에 전기 및 난방요금이 합산 청구돼서 에너지 바우처를 사용하지 못하였다면 미사용 금액은 절차에 따라 현금으로 환급받을 수 있다.

| 오답풀이 |

① 에너지 바우처는 난방비 부담을 경감시켜 소외계층이 원하는 난방에너지를 구입할 수 있도록 에너지이용권을 지급하는 제도이다.

② 에너지 바우처는 거동 불편 등으로 본인이 신청하기 어

려운 경우 대리인의 신청이 가능하다.

③ 가구원 수가 증가할수록 에너지 바우처 지원금의 가구원 1인당 평균액은 감소한다.

⑤ 전기, 가스, 지역난방 등 네트워크에너지를 주 에너지원으로 사용한다면 가상카드가 권장된다.

06

| 정답 | ④

| 해설 | '2. 에너지 바우처 지원 제외 대상'의 1)을 보면 보장시설에서 생계급여를 지급받는 경우 지원 대상에서 제외된다고 명시되어 있다.

07

| 정답 | ⑤

| 해설 | 2문단을 보면 '개별냉방 대신 지역냉방 도입 시 전체 에너지 사용량의 약 30%를 절감'할 수 있다고 제시되어 있으므로 개별냉방을 사용하기보다는 지역냉방을 도입하여야 에너지 효율성을 높일 수 있음을 알 수 있다. 이에 따라 지역냉방 도입 및 활성화를 추진할 것임을 파악할 수 있고 3문단에서 ㉠을 통해 '압둘라 스마트시티의 지역냉방 조기 도입 및 활성화에 기여하고 국내 일자리 창출과 관련기업의 쿠웨이트 진출기회 제공' 등 다양한 사회적 가치를 실현할 것으로 기대된다고 하였으므로 ⑤는 옳지 않다.

08

| 정답 | ⑤

| 해설 | 상생결제시스템 적용 기준 확대 시행 기준일은 계약체결일 기준으로 2019년 1월 1일이다. 즉 2018년에 70억 원의 계약을 했다면 변경된 상생결제시스템을 적용받을 수 없다.

09

| 정답 | ②

| 해설 | 적격심사에 적용되는 세부기준으로 결격사유가 있다는 것은 알 수 있으나 결격사유에 대한 구체적인 내용은 알 수 없다.

| 오답풀이 |

① 최저가격으로 입찰한 업체가 선정되는 것이 아닌 '5. 낙찰자 결정방법－가.'에 따라 최저가격 입찰자순으로 적격심사를 하여 종합평점이 85점 이상인 업체로 결정한다는 것을 알 수 있다.

③ 입찰마감일 전일까지 발급받은 확인서는 제출해도 된다.

④ 소상공인의 경우 중소기업현황 정보시스템 공공구매 종합정보에서 확인서를 발급받을 수 있으므로 이를 통해 소상공인임을 확인할 수 있다.

⑤ '물품구매 적격심사 세부기준'은 나라장터 입찰공고 및 우리공사 전자계약시스템 홈페이지에서 열람할 수 있다.

10

| 정답 | ⑤

| 해설 | 신재생에너지와 우드칩 발전설비, 폐기물고형연료 등을 활용한 발전사업을 추진 중에 있으며 더불어 신재생에너지원 개발 및 도입 사업 등 세부 과제를 수립하였다. 이를 통해 '지구를 생각하고 환경을 보전하는 미래 에너지'가 홍보문구로 가장 적절함을 알 수 있다.

3회 직업기초능력

문제 128쪽

01	③	02	①	03	⑤	04	④	05	①
06	④	07	③	08	④	09	③	10	④
11	⑤	12	②	13	④	14	①	15	③
16	①	17	①	18	①	19	②	20	④
21	②	22	⑤	23	③	24	⑤	25	③
26	③	27	⑤	28	②	29	④	30	③
31	③	32	③	33	④	34	①	35	④
36	③	37	⑤	38	⑤	39	③	40	④
41	③	42	②	43	④	44	①	45	①
46	④	47	②	48	④	49	②	50	④

01 문서작성능력 유의어 파악하기

| 정답 | ③

| 해설 | '명시(明示)'는 '분명하게 드러내 보임'이라는 뜻으로, '어떤 목표물에 주의를 집중하여 봄' 또는 '어떤 일에 정신을 모아 살핌'이라는 뜻을 가진 '주시(注視)'와는 바꿀 수 없다.

02 문서작성능력 글의 흐름에 맞는 어휘 고르기

| 정답 | ①

| 해설 | 갈피는 '겹치거나 포갠 물건의 하나하나의 사이나 그 틈, 또는 일이나 사물의 갈래가 구별되는 어름'이라는 뜻을 가진 단어이다. 따라서 ㉠에 들어갈 단어로 적절하지 않다.

| 오답풀이 |

② 궤도(軌道) : 일이 발전하는 본격적인 방향과 단계

③ 궤적(軌跡) : 어떠한 일을 이루어 온 과정이나 흔적

④ 방향(方向) : 어떤 뜻이나 현상이 일정한 목표를 향하여 나아가는 쪽

⑤ 행보(行步) : 일정한 목적지까지 걸어서 가거나 다녀옴. 어떤 목표를 향하여 나아감.

03 문서작성능력 오탈자 찾기

| 정답 | ⑤

| 해설 | ⓒ 전셋방 → 전세방 : 한자어(전세)와 한자어(방) 사이에는 원칙적으로 사이시옷을 붙이지 않는다.

ⓔ 피잣집 → 피자집 : 합성어에 외국어가 있으면 사이시옷을 붙이지 않는다.

| 오답풀이 |

ⓐ 예삿일 : 순우리말과 한자어로 된 합성어로서 앞말이 모음으로 끝나고 뒷말의 첫소리가 'ㄴ', 'ㅁ'일 때 'ㄴ' 소리가 덧나는 것은 사이시옷을 붙인다.

ⓑ 등굣길 : 한자어(등교)와 순우리말(길)로 된 합성어에서 앞말이 모음으로 끝나고 뒷말의 첫소리가 된소리로 나면 사이시옷을 붙인다.

04 문서작성능력 글의 흐름에 맞는 어휘 고르기

| 정답 | ④

| 해설 | ⓐ 계획 따위를 이룩하여 세운다는 뜻으로 '수립'이 적절하다. '설립'은 기관이나 조직체 따위를 만들어 일으킨다는 의미이다.

ⓑ 물건을 마련하여 갖추어 둔다는 뜻으로 '비치'가 적절하다. '배치'는 배정과 유사한 단어로 일정한 자리에 알맞게 나누어 둔다는 뜻이다.

ⓒ 낮추어 줄인다는 뜻이므로 '저감'이 적절하다. '절감'은 아끼고 절약하여 줄이다는 의미가 있어야 한다.

ⓓ 마련할 수 있는 모든 준비를 갖춘다는 의미이므로 '만반'이 적절하다. '만발'은 불교용어로 아주 많은 바리때를 의미한다.

ⓔ 쌓인 눈을 치운다는 뜻이므로 '제설'이 적절하다. '재설'은 이미 한 이야기를 다시 한다는 뜻이다.

05 문서작성능력 글의 흐름에 맞게 내용 추가하기

| 정답 | ①

| 해설 | 다음 문장에서 비용 절감을 위해 모노 방식의 카메라를 고수한다고 하였으므로 스테레오 방식의 카메라는 가격이 비싸다(ⓐ)는 것을 알 수 있다. 또한 스테레오 방식을 사용하면서 영상신호데이터 처리 속도를 높이기 위한 칩을 사용한다 했으므로 스테레오 방식의 카메라는 처리해야 할 데이터 양이 많아 속도가 느리다(ⓐ)는 것을 알 수 있다.

06 문서이해능력 필자의 견해 · 의도 파악하기

| 정답 | ④

| 해설 | 필자는 오늘날 기술발전으로 인해 전화와 전신, 컴퓨터 등 다양한 의사소통 방식이 보편화되었고 이와 같은 변화는 과학 기술자들의 역할 및 연구 개발 활동에 큰 영향을 미치고 있다고 하였으며 이에 따라 21세기 과학 기술자들은 반드시 의사소통 능력을 갖추어야 한다고 주장하고 있다. 따라서 제시된 글을 통해 필자가 강조하고자 하는 내용이 포함된 문장은 ⓑ, ⓒ, ⓔ이다.

07 문서이해능력 이어질 내용 파악하기

| 정답 | ③

| 해설 | 제시된 글에서는 과학 기술의 발전은 축적된 지식과 경험을 효과적으로 전달할 수 있는 도구와 시스템의 존재로 인해 가능해졌음을 설명하며 오늘날 전화, 컴퓨터 등과 같은 다양한 의사소통의 방식을 통해 과학 기술의 발전이 이루어졌으므로 과학 기술자들은 의사소통 능력을 길러야 한다고 주장하고 있다. 또한 과학자들은 자신이 속한 집단에서만 활동하는 것이 아니라 다른 영역의 전문가들과 소통하여야 하며 이러한 다양한 학문 간 협력을 바탕으로 한 융합 연구의 중요성을 언급하고 있다. 따라서 이와 관련이 없는 내용은 ③이다.

08 문서작성능력 문단 구조 파악하기

| 정답 | ④

| 해설 | (가), (나), (다)는 예절을 숭상하기 때문에 일어나게 된, 외형적인 것을 중시하는 우리나라의 모습을 설명하고 있으며 외형적인 것을 중시함으로써 나타나는 문제점이나 부정적 측면을 강조하고 있다. 이와는 반대로 (라), (마)에서는 형식과 외형적인 것을 존중함으로써 얻을 수 있는 이점들을 설명하면서 외형적인 것을 존중하는 것의 긍정적 측면을 설명하고 있다. 마지막으로 (바), (사)는 본질을 잊은 채 외형적인 것만 존중한다면 심각한 문제를 일으킬 수 있음을 다시 한번 언급하며 결론을 맺고 있다.

09 문서이해능력 필자의 견해·의도 파악하기

|정답| ③

|해설| (바)에서 필자는 형식이 참된 가치를 갖는 것은 충실한 내용이 뒷받침될 때에 국한되며, 예절을 진정으로 존경하고 아끼는 마음이 있을 때 의미가 있다고 하였다. 따라서 실질적인 것과 형식의 조화가 잘 이루어져야만 비로소 진정한 예절임을 강조하고 있음을 알 수 있다.

10 문서이해능력 세부 내용 이해하기

|정답| ④

|해설| 네 번째 문단을 보면 바닷새는 험악한 기상 환경과 척박한 환경에 노출되어 있지만, 상대적으로 풍부한 먹이와 정보소통의 힘으로 멸종위기의 환경에서 버티며 살아갈 수 있다고 나와 있다. 따라서 부족한 먹이를 선점하기 위한 경쟁력을 확보했다는 설명은 옳지 않다.

11 문서이해능력 필자의 견해·의도 파악하기

|정답| ⑤

|해설| 다섯 번째 문단을 보면 각종 쓰레기의 증가와 기후변화에 따른 먹이 자원의 변화, 섬의 공생 시스템과 외래종의 침입 장벽 와해 등과 같은 문명 발전으로 인한 문제점들을 제시하고 있다. 마지막 줄에는 이러한 짧고 강력한 위협요인들은 바닷새에게 적응할 시간을 주지 않고 있다고 언급하고 있다. 따라서 문명 발전은 섬에 사는 생물들이 환경에 적응하여 생존하는 것을 어렵게 만들었다는 내용의 ⑤가 필자의 관점으로 가장 적절하다.

12 체제이해능력 자율관리팀 이해하기

|정답| ②

|해설| ㉠은 과업자율화를 통해서 자율관리팀의 규모를 유추하는 문제로 '대면접촉을 통해 조정과 의사결정이 이루어질 수 있도록 가능한 한'으로 미루어 소규모라는 것을 알 수 있다. ㉡에는 경계통제를 향상시키기 위해서 '명료화된 과업하에 변화하는 환경에 유연하게 대처하고'에서 알 수 있듯이 '명확하게'가 들어가야 한다.

13 체제이해능력 자율관리팀 이해하기

|정답| ④

|해설| 네 번째 문단을 보면 과업통제는 구성원이 작업방법 선택이나 활동계획 수립 등의 권한을 갖는 것을 말하며 이를 위해서는 팀 구성원이 과업수행과 관련된 장비나 원재료 등을 관리할 수 있는 권한을 지니고 있어야 한다고 하였다. 이때 구성원이 과업수행에 대한 책임을 수용하게 만들려면 그들에게 작업 권한을 부여하여야 한다고 하였으므로 과업수행에 대한 책임도 권한을 가진 구성원에게 있음을 알 수 있다.

14 업무이해능력 성과관리 이해하기

|정답| ①

|해설| 목표설정은 바람직한 성과의 유형을 명확히 하는 것이라고 하였으며 ㉠은 목표설정과 관련된 결과를 평가하는 것이라고 하였으므로 '유형평가'가 들어가야 한다. ㉡은 개인의 역량을 구축하는 것이라고 하였으므로 '교육 및 개발'이 들어가야 한다. 마지막으로 ㉢은 바람직한 결과가 지속되도록 긍정 또는 부정적인 강화요인을 제공하는 것이라 하였으므로 '보상시스템'이 들어가야 한다.

15 업무이해능력 성과관리 이해하기

|정답| ③

|해설| 성과관리제도에서 성과관리는 조직과 개인의 성과를 제고하기 위한 체계적인 절차로 조직 구성원에게 자극을 주어 변화를 유도하려는 목적으로 시행한다. 따라서 개인보다 조직의 성과에 더 큰 영향을 준다고 볼 수 없다.

16 업무이해능력 업무에 따라 부서 파악하기

|정답| ①

|해설| (가)는 총무부, (나)는 인사부, (다)는 기획부, (라)는 회계부가 하는 업무에 대한 내용이다. 이 중 영업부는 (가)~(라) 어느 곳에도 속하지 않는다.

17 조직이해능력 | 권력의 유형 이해하기

| 정답 | ①

| 해설 | 강압적 권력은 여러 제제나 처벌 혹은 부정적인 결과 등을 통해 영향력을 행사하는 힘이다. 공포에 기반을 두고 무력이나 위협, 감봉, 해고, 처벌 등 리더가 부하에게 부정적 보상을 행사하는 권력으로, 저항을 유발하지만 위기 상황과 같은 때에는 필요할 수도 있다.

| 오답풀이 |

② 보상적 권력에 해당한다.

③ 준거적 권력에 해당한다.

④ 전문적 권력에 해당한다.

⑤ 합법적 권력에 해당한다.

18 체제이해능력 | 조직 구조 이해하기

| 정답 | ①

| 해설 | (가)는 기계적 조직, (나)는 유기적 조직에 해당한다. 기계적 조직의 대표적인 예로는 군대 조직을 들 수 있다.

| 오답풀이 |

② 기계적 조직은 상급자 의사결성으로 갈등을 해결하고, 유기적 조직은 토론과 상호작용으로 갈등을 해결한다.

③ 기계적 조직은 정보의 흐름이 제한적이고 하향적이며, 유기적 조직은 정보의 흐름이 상하 자유롭다.

④ 기계적 조직은 공식화 정도가 높으며, 유기적 조직은 공식화 징도가 낮다.

⑤ 기계적 조직은 안정적인 환경에 적합하고, 유기적 조직은 동태적 환경에 적합하다.

19 기초연산능력 | 손익분기점 구하기

| 정답 | ②

| 해설 | 제작비용과 판매가격이 같아질 때의 판매 대수를 구하면 된다.

건조기 겸용 세탁기는 1대당 1,250,000원이고 총 제작비용은 370,000,000+145,000,000=515,000,000(원)이므로

$\dfrac{515,000,000}{1,250,000}=412$(대)를 판매했을 때가 손익분기점이다.

20 기초연산능력 | 배차간격 구하기

| 정답 | ④

| 해설 | A 노선, B 노선, C 노선의 배차간격인 8, 12, 15의 최소공배수를 구하면 120이다. 각 노선은 동일하게 오후 4시 50분에 출발한다고 했으므로 120분 후, 즉 오후 6시 50분에 다시 동시에 출발한다.

21 기초연산능력 | 근속년수 구하기

| 정답 | ②

| 해설 | A 씨의 근속년수를 x년, B 씨의 근속년수를 y년이라고 하면 다음과 같은 식이 성립한다.

$x+y=21$ ·········· ㉠

$(x-3) \times 4 = y-3$

$4x-y=9$ ·········· ㉡

㉠+㉡을 하면,

$5x=30$이므로 $x=6$, $y=15$이다.

B 씨의 근속년수가 A 씨의 두 배가 될 때를 z년 후라고 하면

$(6+z) \times 2 = 15+z$

$z=3$

따라서 3년 후에 B 씨의 근속년수가 A 씨의 두 배가 된다.

22 도표분석능력 | 자료의 수치 분석하기

| 정답 | ⑤

| 해설 | 대중교통을 이용하는 사원 중 환승 횟수가 한 번 이상인 사원은 전체 사원의 27+23+8=58(%)이다.

| 오답풀이 |

① 자가용을 이용하는 사원은 60×0.25=15(명)이다.

② 버스를 이용하는 사원은 대중교통을 이용하는 사원 60×0.75=45(명)인 31%인 45×0.31≒14(명)이다.

③ 환승 횟수가 3번 이상인 사원은 60×0.08≒5(명)이다.

④ 대중교통을 이용하는 사원 중 한 번도 환승을 하지 않는 사원은 60×0.42≒25(명) 가운데 자가용 이용 사원 15명을 뺀 10명이다.

23 도표분석능력 자료의 수치 분석하기

| 정답 | ③

| 해설 | 단위 총량당 수입금액은

20X6년이 $\dfrac{212,579}{30,669}$ ≒6.9(천 불/톤),

20X7년이 $\dfrac{211,438}{31,067}$ ≒6.8(천 불/톤)으로

20X7년의 단위 총량당 수입금액은 20X6년에 비해 감소하였다.

| 오답풀이 |

① 무역수지는 수출금액에서 수입금액을 뺀 값이다(무역수지=수출금액－수입금액).

② 수출입 주요 6개국의 수출금액 평균은

$\dfrac{518+6,049+275+61+0+0}{6}$＝1,150.5(천 불)이다.

③ 20X6년에는 20X5년에 비해 수출총량이 감소하였지만 수출금액은 증가하였다.

⑤ 20X9년 우리나라의 수출총량에서 중국으로의 수출총량은 $\dfrac{900.0}{2,500}$ ×100＝36(%)를 차지한다.

24 도표분석능력 자료의 수치 분석하기

| 정답 | ⑤

| 해설 | 13～49세 연령층에서 가정 내 대기전력 감소를 위해 전혀 노력하지 않는다고 응답한 비율은 20X8년에 3.4+4.3+2.7+2.0＝12.4(%), 20X9년에 3.9+5.2+2.9+1.8＝13.8(%)로 20X8년에 비해 20X9년에 늘어났다.

| 오답풀이 |

① 여성 인구수와 남성 인구수가 제시되지 않았으므로 조사기간 동안 가정 내 대기전력 감소를 위해 노력하는 여자가 남자보다 많았는지는 알 수 없다.

② 20X8년 20～29세 집단에서 '가정 내 대기전력 감소를 위해 노력'한다고 응답한 비율은 19.7+50.2＝69.9(%)로 70%를 넘지 못하였다.

③ 가정 내 대기전력 감소를 위해 노력한다고 응답한 비율이 가장 높은 연령층은 20X8년의 경우 65세 이상 집단으로 43.6+43.9＝87.5(%)였으며, 20X9년의 경우 60~64세 집단으로 41.4+44.3＝85.7(%)였다.

④ 여성 인구수와 남성 인구수가 제시되지 않았으므로 응답자 수는 알 수 없다.

25 도표분석능력 자료의 수치 분석하기

| 정답 | ③

| 해설 | 〈자료 1〉에 따르면 한석봉 씨는 5급이므로 〈자료 2〉에서 '4급 이하 팀원'의 출장비로 계산한다.

〈자료 2〉에 따르면 식비의 경우 실비를 기준으로 하되 1일 한도가 존재하므로 12일과 13일의 식비를 각각 계산해야 한다.

10월 12일 : 12,000+10,000+7,000＝29,000(원), 10월 13일 : 13,000+10,000＝23,000(원)으로 각각 1일 한도인 30,000원 이하이다. 따라서 29,000+23,000＝52,000(원)을 정산받을 수 있다. 숙박비의 경우 70,000원을 한도로 실비로 정산하므로 실제 사용한 80,000원 중 70,000원만 정산받을 수 있다. 또한 업무용 차량을 이용 시 교통비는 별도로 지급하지 않으며 일비는 절반을 지급한다고 하였으므로 이틀간의 일비는 $20,000×\dfrac{1}{2}×2＝20,000$(원)이다.

따라서 한석봉 씨가 정산받을 출장비는 52,000+70,000+20,000＝142,000(원)이다.

26 도표분석능력 자료의 수치 분석하기

| 정답 | ③

| 해설 | 〈자료 2〉에 근거하면 교통비 중 자동차운임은 실비를 기준으로 하며 연료비와 통행료를 지급한다. 이몽룡 팀장이 사용한 연료비는 650(km)×1,500(원/L)÷10(km/L)＝97,500(원)이다. 따라서 이몽룡 팀장이 정산받을 출장비는 통행료 20,000원을 합친 117,500원이다.

27 컴퓨터활용능력 엑셀 단축키 이해하기

| 정답 | ⑤

| 해설 | 동일한 셀에서 여러 줄을 입력(줄 바꿈)하려면 Alt+Enter를 누르면 된다.

| 오답풀이 |

① 현재 선택되어 있는 셀에서 한 행 위로 이동하려면 Shift+Enter를 누르면 된다.

② 현재 선택되어 있는 셀에서 한 행 아래로 이동하려면 Esc+Enter를 누르면 된다.

③ 현재 선택되어 있는 셀에서 오른쪽 셀로 이동하려면 Tab키를 누르면 된다.

④ 현재 작성중인 문서를 저장하려면 Alt+Shift+F2를 누르면 된다.

28 　정보처리능력 　개인정보 이해하기

| 정답 | ②

| 해설 | ⓒ 택시 블랙박스(CCTV)에 촬영된 승객의 얼굴은 해당 정보만으로는 특정 개인을 알아볼 수 없더라도 다른 정보와 쉽게 결합하여 알아볼 수 있으므로 개인정보에 해당한다.

| 오답풀이 |

㉠, ㉣ '나.'를 보면 개인정보는 '살아 있는 개인'에 관한 정보라 하였으므로, 돌아가신 할아버지의 주민등록번호나 회사의 사업자 등록번호와 같은 법인·단체의 정보는 개인정보에 해당하지 않는다.

ⓒ '다.'를 보면 여럿이 모여서 이룬 집단의 통계값 등은 개인정보에 해당하지 않는다고 하였으므로, 설문 조사를 통해 얻은 정보는 개인정보에 해당하지 않는다.

29 　정보처리능력 　문의사항 이해하기

| 정답 | ④

| 해설 | 7번 문의사항을 보면 비밀번호 분실에 대해 문의를 하고 있다. 따라서 비밀번호 분실 시 찾는 방법에 대해 알려주는 것이 적절한 답변이다. 아이디 분실에 대한 문의사항은 올라와 있지 않다.

| 오답풀이 |

① 1, 2번 문의사항에 대한 답변 내용이다.

② 8번 문의사항에 대한 답변 내용이다.

③ 4번 문의사항에 대한 답변 내용이다.

⑤ 6번 문의사항에 대한 답변 내용이다.

30 　정보처리능력 　정보 분석하기

| 정답 | ③

| 해설 | 내부품의서 상단에 제시된 주소를 통해 B 연구소의 소재지는 서울임을 알 수 있다. 그러나 B 연구소의 연구과제가 주로 정부의 의뢰를 받아 수행하는 것인지는 품의서를 통해서는 알 수 없다.

| 오답풀이 |

① 내부품의서를 보면 이몽룡, 봉준호, 홍길동, 송강호, 마동석 5명의 이름을 확인할 수 있다.

② 발전시스템그룹, 청정발전연구부서 모두 B 연구소 산하 조직이다.

④ 등록일이 20X2년 7월 10일이고 보관연한이 5년이므로 본 내부품의서는 20X7년 7월 9일까지 보존된다.

⑤ 내부품의서의 '5. 수행업무'를 통해 발전시스템그룹이 수행하는 업무를 알 수 있다.

31 　컴퓨터활용능력 　엑셀 수식 이해하기

| 정답 | ③

| 해설 | ROUND는 숫자를 반올림하여 설정한 자릿수까지 표시하는 함수이고, ROUNDUP은 숫자를 올림하여 설정한 자릿수까지 표시하는 함수이다. 주어진 자료를 백의 자리까지 올림한 값으로 구해야 하므로 ROUNDUP 함수를 이용하면 된다.

G 아파트에서 사용한 월별 발전사용량의 평균을 AVERAGE 함수를 이용하여 나타내면 AVERAGE(B9:F9)가 되고, 이를 백의 자리까지 올림해야 하므로 자릿수는 −3으로 설정한다. 따라서 함수식을 정리하면 =ROUNDUP(AVERAGE(B9:F9),−3)이 되어야 한다.

32 　컴퓨터활용능력 　운영체제 업데이트 문제 해결하기

| 정답 | ②

| 해설 | 부팅 USB를 이용하여 윈도우를 설치하는 경우 BIOS에 들어가 부팅옵션에서 부팅순서 1순위를 USB로 변경해 주어야만 한다. 그렇지 않을 경우 부팅 USB를 부팅 장치로 인식하지 못하여 제시된 상황과 같은 문제가 생긴다.

| **오답풀이**

① Windows 운영체제의 기능 중 하나인 '시스템 복원 기능'을 수행하는 방법이다. 시스템 복원 기능은 Windows를 특정 시점으로 복원하는 기능으로서, 제시된 상황에서의 적절한 해결책이 아니다.

③ C드라이브에 위치한 Windows 폴더는 Windows와 관련된 핵심 파일들이 저장된 폴더로서, Setup 폴더를 삭제하는 것은 제시된 상황에서의 적절한 해결책이 아니다.

④ '다시 시작' 기능은 제시된 상황에서의 적절한 해결책이 아니다.

⑤ 명령 프롬프트 명령어 'start'는 프로그램이나 명령을 별도의 창에서 시작하는 것으로, 제시된 상황에서의 적절한 해결책이 아니다.

33 | 컴퓨터활용능력 | 파일 확장자 이해하기

| **정답** | ④

| **해설** | K 사원의 파일 목록 중 문서 작성과 관련된 것은 pptx, txt 파일로 총 7개이다. pdf는 문서 파일이나, 문서 작성은 할 수 없으므로 포함되지 않는다.

| **오답풀이**

① 파일 목록 중 소리 및 영상과 관련된 파일은 wma, mp3, mp4, wme 파일로 총 5개이다.

② File02는 pptx 파일로 문서 파일이며, File04는 jpg 파일로 이미지 파일이다. 둘은 실행 프로그램과 파일의 종류가 모두 다르다.

③ 파일 목록은 이미지, 문서, 소리/영상 총 3개 종류로 분류할 수 있다.

⑤ 파일 목록 중 이미지 파일과 관련된 것은 File01.png, File04.jpg, File05.jpg, File09.png, File13.bmp로 총 5개이며, 모두 홀수 번호가 매겨져 있지는 않다.

34 | 사고력 | 반드시 참인 것 고르기

| **정답** | ①

| **해설** | (가) [정보 1]과 [정보 2]가 참일 경우 적어도 반려견 6마리는 이날 방문한 것이 되므로 [정보 3]도 참이 된다.

(나) [정보 2]가 참이라 하더라도 최소 2마리 이상이라고 하였기 때문에 이날 방문한 반려견의 수가 짝수인지는 확실히 알 수 없다.

(다) [정보 1]과 [정보 3]이 참일 경우 반려인 3명이 각각 1마리, 1마리, 4마리 또는 1마리, 2마리, 3마리의 반려견과 함께 방문했을 수도 있으므로 [정보 2]가 반드시 참인 것은 아니다.

따라서 반드시 참인 것은 (가)뿐이다.

35 | 사고력 | 조건에 맞게 추론하기

| **정답** | ④

| **해설** | 자리가 고정되어 있는 A와 세 번째 조건을 토대로 나타내면 다음과 같다.

네 번째 조건을 보면 E는 C의 왼쪽 바로 옆에 앉아 있다고 했으므로 C는 3번 자리에 앉아 있지 않음을 알 수 있다. 따라서 C는 1번 또는 5번 또는 6번, F는 5번 또는 1번 또는 3번 자리에 앉아있음을 유추할 수 있다. 또한 마지막 조건을 보면 F는 B의 오른쪽 바로 옆에 앉아 있다고 했으므로 F는 3번 자리에 앉아 있지 않음을 알 수 있다. 정리하면 다음과 같은 경우가 가능하다.

1)

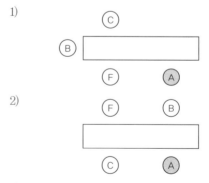

2)

다섯 번째 조건을 보면 B의 왼쪽 바로 옆에는 D가 앉아 있다고 했는데 1)일 경우 B는 C와 F의 사이에 앉게 되어 조건에 맞지 않으므로, B는 2번 자리에 앉아 있음을 유추할 수 있다. 종합해보면 A와 친구들의 자리는 다음과 같다.

따라서 ④가 옳은 설명이다.

36 문제처리능력 자료 읽고 추론하기

| 정답 | ③

| 해설 | 지급제한 기준에서 판매를 목적으로 하는 에너지 공급사업자는 장려금 지급대상에서 제외된다고 명시하고 있으므로, 발전 시스템을 설치하여 전기를 판매할 경우에는 장려금을 지급받을 수 없다.

| 오답풀이 |

① 지급제한 기준에서 시험용 · 연구용 설비는 장려금 지급대상에서 제외된다고 명시하고 있다.

② 지급제한 기준에서 기존에 설치되었던 설비는 장려금 지급대상에서 제외된다고 명시하고 있다.

④ 지급제한 기준에서 기계설비와 전기설비 부분의 설계를 서로 다른 설계사무소에서 시험한 경우, 열병합 발전 시스템의 원동기 계통을 설계한 설계사무소에 장려금을 지급한다고 명시하고 있다. 즉 A, B 설계사무소 모두가 아닌, 그중 원동기를 설계한 설계사무소에만 장려금이 지급된다.

⑤ 천연가스 열병합 발전 시스템이 설치되어 있는 건축물에 설비 증설하는 경우에도 그 증설 용량에 한해 장려금을 지급받을 수 있다.

37 문제처리능력 자료 읽고 추론하기

| 정답 | ⑤

| 해설 | 신청 방법에서 장려금은 설비가 설치된 지역을 관할하는 ○○공사 관할지역본부에 신청할 것을 명시하고 있다. 따라서 A와 B 모두 발전시스템을 설치한 사업장이 위치한 ○○공사 □□지역본부에 장려금 지급을 신청해야 한다.

| 오답풀이 |

① 장려금신청공문은 공통제출 서류에 해당하나 법인인 신청자에 한해 제출해야 하는 서류이므로, 개인사업자인 B는 제출하지 않아도 된다.

② 발전 시스템이 설치된 건물등기부등본은 공통제출 서류에 해당한다.

③ 신청 방법에서 설치 완료된 설비가 소재하는 관할지역본부에 신청할 것을 명시하고 있는 점과 제출서류로 설비 설치 사진과 설비완성검사필증 사본을 요구하는 점 등을 통해 설비가 설치 완료된 이후에 장려금을 신청할 수 있음을 유추할 수 있다.

④ 신청 방법에서 장려금 신청자가 직접 신청할 것을 요구하고 있으므로, 열병합 발전 시스템의 소유주인 A는 설치장려금만을 신청할 수 있고, 설계장려금은 시스템을 설계한 B가 신청해야 한다.

38 문제처리능력 자료 읽고 추론하기

| 정답 | ⑤

| 해설 | 어린 아이는 태어나면서 어머니로부터 분리된 하나의 생물학적인 존재가 되지만 그 이후로도 상당 기간 어머니와 기능적인 일체를 이루고 있다고 서술하고 있다. 즉, 어린 아이와 어머니와의 육체적인 분리와 정신적인 분리는 동시에 이루어지지 않는다는 것을 추론할 수 있다.

| 오답풀이 |

① 개체화가 완전한 단계에 도달하여 개인이 일차적 관계로부터 자유롭게 되면 자유는 이전과는 다른 의미를 지니게 된다고 서술하고 있다. 이는 즉 개체화가 완료된 상태의 사람에게 의미하는 자유는 개체화 이전의 상태의 사람에게 의미하는 자유와는 질적 차원으로 다른 형태로 변화된 형태의 모습을 가지게 된다고 추론할 수 있다.

② 인간의 사회적 역사는 자신을 둘러싸고 있는 자연이나 다른 사람들과는 구분되는 별개의 존재를 인식하게 됨으로써 시작되었다고 서술하고 있다.

③ 개체화가 완전한 단계에 도달한 개인은 그 전과는 다른 방식으로 안전을 찾는 새로운 과제에 직면하게 된다고 서술하고 있다. 개체화는 곧 자신의 안전을 도모하고 안정감과 미래를 제시해 주던 일차적 관계와의 연결이 끊어지는 것이므로, 개체화가 완료된 개인은 그 전과는 다른 방식으로 자신의 안전을 찾아야 한다는 의미이다.

④ 개체화란 개인이 완전하게 출현하기 이전에 존재하는 관계인 일차적 관계로부터 벗어나는 과정을 의미한다. 따라서 개체화가 완전한 단계에 도달하게 되면 개인은 일차적 관계에 속한 대상들로부터 자유롭게 되는 것이다.

39 문제처리능력 | 자료 읽고 추론하기

| 정답 | ③

| 해설 | (나) 문단에서 근대인은 외적인 속박으로부터 자유롭게 되었지만, 익명의 권력에 협조하여 자기의 것이 아닌 자신을 받아들이고, 무력감을 느끼고 순종을 강요당하게 된다고 서술하고 있다. 즉 근대인은 자기 의지에 따라 자유롭게 행동할 수 있지만, 익명의 권력에 협조하면서 개체성을 상실하게 된다는 의미이다.

| 오답풀이 |

①, ② (가) 문단에서 인간 존재는 행동양식이 유전적인 메커니즘에 의해 더 이상 고착화되지 않을 때 시작한다고 서술하고 있다. 즉 인간은 본능적으로 유전적인 메커니즘에 따라 자유를 지향하는 방향으로 나아간다는 전제를 하고 있다. 하지만 여기서 말하는 자유는 본능적 행동으로부터의 자유, 즉 소극적 의미의 자유로 개체성을 확보한 인간의 자유와는 다르다. 근대인이 획득한 개체성을 확보한 인간의 자유는 적극적 의미의 자유로, 외적인 속박으로부터 자유롭게 행동하며, 자기가 성찰하고 느끼는 것을 알기만 하면 자기 의사에 따라 자발적으로 행동할 수 있다.

④ 개체화가 완전한 단계에 도달하여 일차적 관계로부터 자유로워진 개인에게 자유는 그 전과는 다른 의미를 가지게 된다. 유전적인 메커니즘에 의한 개체화의 과정으로 획득한 것은 본능적인 결정으로부터의 자유, 즉 소극적 의미의 자유이며 개체화를 이룩한 개인에게는 그 전과는 다른 새로운 과제를 수행해야 적극적 의미의 자유를 얻을 수 있는 것이다.

⑤ 개체화가 이루어진 상태에서의 사랑은 일체를 이끄는 역학적인 성질을 가지면서도 상대를 소유하지 않고 개체성을 배제하지 않는다. 그러나 일차적 관계는 개인에게 안정감과 아울러 나아갈 방향을 제시하지만, 완전한 개체와 이전으로서 서로의 자발성을 동등한 위치에서 인정하지 않고, 한 편이 다른 한 편을 더 소유하거나 의존하는 관계에 있다.

40 문제처리능력 | 자료 읽고 추론하기

| 정답 | ④

| 해설 | 필자의 답변을 통해 A 씨와 필자의 주장을 정리하면 다음과 같다.

A 씨의 주장	필자의 주장
'네이션(Nation)'은 '국민'으로 번역해야 한다.	'네이션'은 '민족'과 '국민'의 개념을 모두 내포하고 있으나, 굳이 선택해야 한다면 '민족'이 더 타당할 것이다.
'에스닉(Ethnic)'은 우리말 '민족'의 사전적 의미에 가깝다.	
'민족'은 혈연적, 문화적 공동체라는 의미를 가지고 있다.	'민족'은 혈연적 공동체, 문화적 공동체라는 사전적 의미 외에 정치적 공동체라는 의미를 동시에 포괄하고 있다.
'에스닉'은 '민족'으로 번역해야 한다.	'에스닉'을 '민족'으로 번역하면 '민족'에 포함된 정치적 개념이 희석되므로 이를 일대일로 대응시킬 수 없다.
필자의 주장은 '종족'은 나쁜 것, '시민'은 좋은 것이라는 이분법적 함정에 빠져 있다.	'네이션'을 '국민'으로 번역한다고 해서 이분법적 함정에서 벗어날 수는 없다.
'네이션'을 '민족'으로 번역하게 되면 단어가 배타성을 갖게 된다.	'네이션'을 '민족'으로 번역하더라도 배타성을 갖지는 않는다.

A 씨는 '민족'은 혈연적 공동체라는 의미이며, '네이션'을 '국민'으로, '에스닉'은 '민족'으로 번역해야 한다고 주장하고 있으므로 A 씨의 주장에서 혈연 공동체의 관념을 더 잘 표현한 단어는 '네이션'이 아닌 '에스닉'에 해당한다.

| 오답풀이 |

① A 씨는 '네이션'을 '민족'으로 번역하게 되면 단어가 배타성을 갖게 되므로 적절하지 않다고 주장하고 있다.

② A 씨는 '민족'은 혈연적 공동체의 의미를 내포하고 있다고 주장한다. 이를 통해 A 씨는 '민족'이라는 단어는 혈연적 공동체와 문화적 공동체의 범주 밖에 있지만 한국 국적을 가진 타 인종의 사람을 포함하지 않는 개념으로 보고 있음을 추론할 수 있다.

③ A 씨와 필자 모두 '에스닉'이 '민족'의 사전적 의미에 가까운 단어임을 주장하고 있고, A 씨는 '네이션'을 '민족'으로 번역하는 것을 반대하고 있다.

⑤ '네이션'을 '민족'으로 번역하더라도 배타성을 갖지는 않는다는 필자의 주장을 통해 A 씨는 '네이션'을 '민족'으로 번역하게 되면 단어에 배타성을 가지게 된다고 주장했음을 추론할 수 있다.

41 문제처리능력 자료 읽고 추론하기

| 정답 | ③

| 해설 | 필자는 다문화적으로 변모하는 오늘날의 현실에서 '에스닉'이라는 단어는 한 국가와 국민 내에서 존재하는 다양한 문화적 정체성들을 범주화하는 데 유용한 개념으로 부각되고 있으나, '민족'이라는 단어에 담긴 정치적 개념을 포함하고 있지 않아 '에스닉'을 '민족'에 일대일로 대응하는 단어라고 볼 수 없다고 주장하고 있다.

| 오답풀이 |

② 필자는 '민족'의 사전적 정의인 혈연적 공동체와 문화적 공동체는 일상생활에서 통용되는 최소한의 정의에 불과하며, 실제로 '민족'이라는 단어에는 여기에 한국사의 맥락에서의 정치적 공동체적 의미를 같이 포함하고 있다고 보고 있다.

42 문제처리능력 자료 읽고 추론하기

| 정답 | ②

| 해설 | 종전 구제품 판매 전략과 차별화된 전략을 세우고, 미디어를 활용한 홍보 방법을 구체화하는 것은 팀 운영 계획 중 영업부 담당의 업무에 해당한다.

| 오답풀이 |

① To Do List에 기념일 특별 이벤트 행사 건의 분석을 위해 지난 3년간의 국내 성공 사례 조사가 있으나 여기에 실패 사례까지 모두 조사할 것을 요구하고 있지는 않다.

③ 국내외 미디어별 홍보 성공사례 조사 업무는 콘텐츠부에 협력 요청할 예정이다.

④ 신제품의 국내 홍보 방안 기획을 목적으로 하는 회의이므로 해외 홍보를 위한 아이디어 제안은 적절하지 않다.

⑤ 홍보부 H 사원의 업무는 국내의 미디어 홍보 성공 사례 조사를 직접 담당하는 것이 아닌 콘텐츠부에 협력을 요청하는 것이다.

43 문제처리능력 적절한 의견 파악하기

| 정답 | ④

| 해설 | 〈보기〉는 명절에 홀로 지내는 소비자가 증가함에 따라 이들을 대상으로 하는 홍보 기획에 대한 예시이다. 기념일을 활용한 프로모션이라는 내용은 적절하나, 해당 기념일이 가진 본래의 의미를 상기하는 기획은 〈보기〉에 제시된 사회적 변화와 관련성이 없는 내용이다.

44 사고력 조건에 맞게 추론하기

| 정답 | ①

| 해설 | ㉠을 보면 A는 새우 알레르기를 가지고 있음을 알 수 있다. 이때 ㉡에서 A가 새우와 복숭아를 먹고 두드러기가 난 것이 새우 알레르기 때문인지, A가 복숭아 알레르기도 함께 가지고 있어 둘 다로 인해 두드러기가 난 것인지 알 수 없다. 따라서 A가 새우와 복숭아 알레르기를 모두 가지고 있다는 진술은 확실히 참인 진술이 아니다.

| 오답풀이 |

② ㉣을 통해 C는 땅콩 알레르기를 가지고 있음을 알 수 있으며, ㉤에서 C가 알레르기 약을 먹고 난 뒤 두드러기가 나지 않았다고 했으므로 알레르기 약은 땅콩 알레르기에 효과가 있다.

③ ㉢에서 복숭아 알레르기가 있는 B는 알레르기 약을 먹고 두드러기가 가라앉았다고 했으므로 약은 복숭아 알레르기에 효과가 있다. 그러나 새우 알레르기가 있는 A는 ㉡에서 새우와 복숭아를 먹고 알레르기 약을 먹었으나 여전히 두드러기가 났다고 했으므로 알레르기 약이 새우 알레르기에는 효과가 없었음을 짐작할 수 있다.

④ B는 복숭아 알레르기를 가지고 있고, C는 땅콩 알레르기를 가지고 있다. 둘은 알레르기 약을 먹고 두드러기가 가라앉았으므로 알레르기 약은 복숭아와 땅콩 알레르기 모두에 효과가 있다.

⑤ 제시된 조건을 모두 고려하였을 때 A는 새우, B는 복숭아, C는 땅콩 알레르기를 가지고 있음이 확실하므로, 세 사람은 모두 최소한 한 가지 이상의 알레르기가 있다.

45 사고력 조건에 맞게 추론하기

| 정답 | ①

| 해설 | 제시된 대화에서 한 명이 거짓을 말하고 있다. B와 C는 둘 다 ㉡에서 오류가 나지 않았다고 말하고 있으므로 둘은 진실을 말하고 있는 것이 되며 A와 D 둘 중 한 명이 거짓말을 하고 있음을 알 수 있다.

1) A의 증언이 거짓말일 경우 : B, C, D의 증언이 진실이
되며 이들의 증언은 서로 상충하지 않는다. A의 증언이
거짓이므로 ㉢에서는 오류가 발생한 것이 아니게 되고
B, C, D의 증언에 따라 ㉡과 ㉣에도 오류가 발생하지
않았으므로, 오류가 있는 실험은 ㉠이다.

2) D의 증언이 거짓말일 경우 : A, B, C의 증언이 진실이
된다. D의 증언이 거짓임에 따라 ㉣에 오류가 발생한
것이 되는데 이 경우 ㉢에서 오류가 있었다는 A의 진술
에 의해 오류가 있는 실험은 2개가 되므로 조건이 상충
된다. 따라서 D는 거짓말을 하지 않았다.

즉, 거짓을 말한 사람은 A이고 오류가 있는 실험은 ㉠이다.

46 사고력 논리적 오류 이해하기

| 정답 | ④

| 해설 | ㉠은 무지에 호소하는 오류를 범하고 있다. 이와 동
일한 오류를 범하고 있는 것은 ④이다.

| 오답풀이 |

① 성급한 일반화의 오류이다.

② 잘못된 유추의 오류이다.

③ 결합(합성)의 오류이다.

⑤ 근시안적 귀납의 오류이다.

47 직업윤리 비윤리적 행위 요인 파악하기

| 정답 | ②

| 해설 | 도덕적 태만에 대한 사례로, 비윤리적인 결과를 피
하기 위하여 일반적으로 필요한 주의나 관심을 기울이지
않는 것을 말한다. 한국사회에서 나타나는 도덕적 태만의
경우는 자기 기만적 요소가 강하게 나타난다.

48 직업윤리 윤리적 가치 판단 이해하기

| 정답 | ④

| 해설 | 통합성에 대한 설명이다. 상호성은 '만일 당신이라
면 어떻게 하겠는가?'에 대한 가치 판단이다.

49 직업윤리 직장 내 괴롭힘 구분하기

| 정답 | ②

| 해설 | 직장 내 괴롭힘이란 사용자 또는 근로자가 직장에서
의 지위 또는 관계 등의 우위를 이용하여 업무상 적정범위
를 넘어 다른 근로자에게 신체적·정신적 고통을 주거나 근
무환경을 악화시키는 행위이다. ②는 업무를 처리하는 과
정에서 필요한 요구이므로 직장 내 괴롭힘으로 볼 수 없다.

50 직장예절 이메일 예절 이해하기

| 정답 | ④

| 해설 | 포스터 용지 사이즈의 영문 철자는 바르게 기입되었
다. 따라서 적절하게 평가하지 못한 것은 ④이다.

| 오답풀이 |

① A는 인쇄물 완료 시점을 요일만 제시하고 정확한 시간
까지는 제시하지 않았다. 방문 등 약속을 잡을 때에는
약속시간을 정확히 제시해야 한다.

② 김 대리가 자신을 메일에 참조해달라고 한데다가 김 대
리는 인쇄 관련 직원이 아니다. 메일을 직접적으로 받
아야 하는 대상은 인쇄소이므로 받는 사람과 김 대리가
서로 바뀌어야 맞다.

③ 메일의 제목에는 메일 내용의 요점을 작성해야 한다.

⑤ 메일 내용에 연락처를 기재하지 않았다.

3회 기술능력[기술직]

문제 166쪽

| 51 | ② | 52 | ④ | 53 | ③ | 54 | ⑤ | 55 | ② |

---

51 기술능력 산업재해의 예방과 대책 이해하기

| 정답 | ②

| 해설 | 작업중지 결정 시 관리자의 권한을 강화하는 것보다 근로자의 의견을 적극 청취하는 것이 적절한 산업재해 예방의 방안이다. 현장의 개선상황과 작업계획의 안정성 등에 관한 근로자의 의견을 바탕으로 외부전문가를 포함하는 심의위원회에서 결정하는 방향의 방안이 요구된다.

| 오답풀이 |

① 원청의 안전관리 책임 범위를 확대하는 방안이다.

③ 영세사업자, 특수형태근로종사자 등을 포함하는 산재보험 보호대상 확대 방안이다.

④ 감정노동 등 정신건강까지 보호하는 방안이다.

⑤ 사업장 산재예방 감독 강화 방안이다.

---

52 기술적용능력 스위치 적용하기

| 정답 | ④

| 해설 | 기호의 위치가 시계 방향으로 세 칸 이동하였으므로 스위치 3이 사용되었다. 또한 더하기와 빼기의 색 반전이 있으므로 스위치 5가 사용된 것을 알 수 있다.

---

53 기술적용능력 스위치 적용하기

| 정답 | ③

| 해설 | 기호가 시계 방향으로 세 칸 이동하였으므로 스위치 3이, 곱하기와 나누기의 색이 달라진 것으로 보아 스위치 4가 사용된 것을 알 수 있다.

---

54 기술선택능력 산업재산권의 종류 이해하기

| 정답 | ⑤

| 해설 | 화물 물동량 증가를 유도하기 위한 M사의 인센티브 지급 계획은 아직 계획 단계에 있는 것이며, 무형의 전략 자체가 반드시 산업재산권으로 보호받을 수 있다고 단정할 수는 없다

| 오답풀이 |

① 특허권에 해당한다.

② 상표권에 해당한다.

③ 디자인권에 해당한다.

④ 실용신안권에 해당한다.

---

55 기술선택능력 산업재산권의 특징 이해하기

| 정답 | ②

| 해설 | 특허의 가장 기본적인 목적은 독점권을 보장받는 것에 있다. 나만이 가지고 있는 독창적인 기술에 대한 보호이며, 이러한 기술을 제3자가 무단으로 따라하지 않도록 하는 힘을 가지고 있는 것이 특허이다.

| 오답풀이 |

⑤ 상표권의 가장 중요한 내용은 지정상품에 대하여 그 등록상표를 사용하는 것인데, 그 외에도 상표권은 재산권의 일종으로서 특허권 등과 같이 담보에 제공될 수 있으며, 지정상품의 영업과 함께 이전할 수도 있다.

4회 기출예상문제

4회 직무수행능력				문제 170쪽

01	⑤	02	④	03	⑤	04	④	05	①
06	④	07	③	08	④	09	④	10	①

01

| 정답 | ⑤

| 해설 | 협력업체가 계약상 의무의 이행을 지체한 경우 국가계약·지방계약법령 등에서 정한 수준의 지체상금을 부과할 수 있으며, 그 이상으로 지체상금을 부과해서는 안 된다.

| 오답풀이 |

① 사업계획, 입찰단계부터 '저가 계약'을 유발하는 관행을 차단하기 위하여 최저가격이 아닌 적정가격을 적용해야 한다.

② 공정의 특성, 작업환경 등 제반 여건을 고려하지 않고 간접비 금액이나 비중을 일률적으로 제한해서는 안 된다.

③ '공공기관의 손해배상 책임을 관계법령 등에 규정된 기준에 비해 과도하게 경감해주거나 협력업체의 손해배상 책임, 하자담보 책임 등을 과도하게 가중하여 정한 약정'을 거래조건에서 제한하여야 한다고 하였으나, 이것이 반드시 공공기관의 책임이 가중되고 협력업체의 책임이 경감되어야 함을 의미하지는 않는다. 오히려 두 기관 및 업체 사이의 책임 분배가 적절해야 한다고 보는 것이 타당하다.

④ '계약내용 해석에 당사자 간 이견이 있는 경우 공공기관의 해석에 따르도록 하는 약정'을 거래조건에서 제한하여야 한다. 즉 이견이 있을 경우 협력업체의 해석도 함께 반영되어야 한다.

02

| 정답 | ④

| 해설 | 사업 수행 또는 그 준비 과정에서 협력업체가 취득한 정보·자료·물건 등의 소유·사용에 관한 권리를 부당하게 공공기관에게 귀속시키는 약정은 바람직하지 않다. 따라서 사업 종료 이후 양도되는 것 또한 부적절하다고 볼 수 있다.

| 오답풀이 |

① 기존 관행에 따르면 최저가인 780,000원을 원가로 책정하나, 최저가격이 아닌 적정가격으로서 평균 가격인 843,000원을 적용하는 것이 바람직하다.

② 공공기관이 입찰참가 업체의 적격성을 심사할 때 적용하는 내부기준에서 품질·기술력에 관한 배점을 최대한 높이고 가격에 관한 배점을 축소하여야 한다.

③ 공공기관이 당초 예정에 없던 사항을 요구하는 과정에서 발생하는 비용을 협력업체에게 일괄 부담시키거나 협력업체가 그런 비용을 공공기관에게 지급해 달라고 청구할 수 없다는 내용의 약정은 삭제되어야 한다.

⑤ 사업 수행기간을 정할 때에는 (사전) 준비기간, (사후) 정리기간, 휴일 등을 협력업체에게 충분히 보장해 주어야 한다.

03

| 정답 | ⑤

| 해설 | 제6조 제5항에 따라 산업통상자원부장관은 제1항 또는 제2항에 따른 허가 또는 변경허가를 받지 아니하고 공급대상지역에서 열생산시설을 신설·개설 또는 증설한 자에게 원상회복을 명할 수 있다. 즉 이는 집단에너지 공급보다는 열생산시설의 신설 또는 개설에 관한 내용이며, 과징금에 대한 언급은 없다.

| 오답풀이 |

① 제4조에 따라 개발사업에 관한 계획을 수립하려면 산업통상자원부령으로 정하는 바에 따라 산업통상자원부장관과 집단에너지의 공급 타당성에 관한 협의를 하여야 한다.

② 제5조 제2항에 따라 산업통상자원부장관은 공급대상지역을 지정하려면 미리 공급대상지역 지정에 관한 주요 내용을 30일 이상 공고하여야 하며, 해당 지역 주민 등 이해관계인과 개발사업을 시행하는 자의 의견을 듣고 관계 중앙행정기관의 장과 특별시장·광역시장·특별자치시장·도지사 또는 특별자치도지사와 협의하여야

한다.

③ 제6조 제1항, 제2항에 따라 열생산시설을 신설·개설 또는 증설하려는 자는 산업통상자원부장관의 허가를 받아야 하며 허가받은 사항을 변경할 때에는 대통령령으로 허가를 받을 수 있다면 산업통상자원부장관의 허가는 불필요하다.

④ 제6조 제4항에 따라 공급대상지역의 집단에너지 수요가 공급용량을 초과하는 경우, 공공단체의 장은 열생산시설의 신설 등의 허가 또는 변경허가 신청을 할 수 있으며 산업통상자원부장관은 이를 허가하여야 한다.

04

| 정답 | ④

| 해설 | 우리나라 1인당 CO_2 배출량은 11.86으로 미국의 약 73%$\left(\dfrac{11.86}{16.15} \times 100\right)$이므로 70% 이상이다.

| 오답풀이 |

② 우리나라 에너지소비는 264백만 TOE이고 인도 에너지소비의 $\dfrac{1}{3}$은 275백만 TOE이므로 $\dfrac{1}{3}$ 이하이다.

③ 우리나라 CO_2 배출량은 568로 미국 CO_2 배출량의 약 9.1배$\left(\dfrac{5,176}{568}\right)$이므로 9배 이상 적다.

⑤ 중국은 CO_2 배출량은 9,135로 가장 많다.

05

| 정답 | ①

| 해설 | 첫 번째 자료에서 우리나라에 비해 1인당 에너지소비량은 적지만 에너지소비는 우리나라의 3배[264×3= 792(백만 TOE)] 이상인 국가는 중국과 인도이며, 두 번째 자료에서 우리나라보다 1인당 CO_2 배출량이 적고, CO_2 배출량은 우리나라의 4배 이해[568×4=2,272(백만 TOE)]인 국가는 인도뿐이다.

06

| 정답 | ④

| 해설 | 에너지복지사업 수혜자들의 만족도 및 인식에 대한 내용이며 사업의 혜택을 받는 사람의 수가 늘어나야 한다는 것에 대한 언급은 없다.

| 오답풀이 |

② 에너지복지제도에 대한 인지여부 조사결과 이를 알게 된 경로(복수응답)는 사회복지사(46%), 공무원(40%), 경로당(17%) 순으로 나타났으므로, 사회복지사와 공무원을 통한 홍보를 강화하는 것이 방안이 될 수 있다.

③ 복지카드를 통한 보조금 지급 형태로 인해 사용내역이나 잔액 조회 등에 어려움이 있다는 의견이 있었으므로 옳은 방안이 될 수 있다.

⑤ 동절기 에너지바우처 제도는 하절기 에너지바우처에 비해 만족도가 낮았으며 동절기 주요 난방 중 하나인 가스 요금 지원 부족에 대한 응답이 있었으므로 옳은 방안이 될 수 있다.

07

| 정답 | ③

| 해설 | 「공공기관 에너지이용합리화 추진에 관한 규정」에 따라 공공기관에 의무적으로 설치한 경우에는 지원대상에서 제외되나, 의무 조항에 해당되지 않는 경우에는 보조금을 지급받을 수 있다.

| 오답풀이 |

① 하절기 전력피크 완화 및 에너지이용합리화를 위해 지역냉방설비를 설치하는 건물에 대해 보조금을 지원해 주는 것으로 미루어 보아, 지역냉방의 사용은 에너지 이용 효율 증가에 도움이 된다고 유추할 수 있다.

② 다른 지역에서 설치·사용하던 지역냉방설비를 이전 설치한 경우는 지원대상에서 제외되므로 새로운 설비를 설치해야 보조금을 지급받을 수 있음을 유추할 수 있다.

④ 지역냉방 공급개시일 1년 이내 기기에 한하여 신청할 수 있다.

⑤ 고효율에너지기자재일 경우 한도금액 없이 지급 가능하다.

08

| 정답 | ④

| 해설 | $\frac{2,112}{3.52} = 600$(usRT)이므로, 일반제품이라면 지급액은 200(usRT)×10(만 원/usRT)+300(usRT)×7.5(만 원/usRT)+100(usRT)×5(만 원/usRT)=4,750(만 원)이어야 한다. 고효율제품일 때 200(usRT)×12(만 원/usRT)+300(usRT)×9(만 원/usRT)+100(usRT)×6(만 원/usRT)=5,700(만 원)의 지급액이 발생한다.

| 오답풀이 |

① 200(usRT)×12(만 원/usRT)+100(usRT)×9(만 원/usRT)=3,300(만 원)이다.

② $\frac{453,600}{3,024}=150$(usRT)이므로, 지급액은 150(usRT)×10(만 원/usRT)=1,500(만 원)이다.

③ $\frac{1,209,600}{3,024}=400$(usRT)이므로, 지급액은 200(usRT)×12(만 원/usRT)+200(usRT)×9(만 원/usRT)=4,200(만 원)이다.

⑤ $\frac{633.6}{3.52}=180$(usRT)이므로, 지급액은 180(usRT)×12(만 원/usRT)=2,160(만 원)이다.

09

| 정답 | ④

| 해설 | '혁신 어벤져스'는 2030 밀레니얼 세대의 혁신참여를 유도하기 위해 만들어진 사내 그룹으로, 해당 세대가 아닌 리더급 직원들이 함께 참여하게 될 경우 취지에 어긋난다.

| 오답풀이 |

①, ② 동절기 특별 안전점검과 관련하여 적절한 추가 보완책을 제시하였다.

③ ISO 45001의 성과에 대한 사내 설명회를 제안하고 있으므로 적절하다.

⑤ 혁신 어벤져스의 선발 과정 공정성에 대한 아이디어를 적절히 제시하고 있다.

10

| 정답 | ①

| 해설 | '[1] 동절기 특별 안전점검 실시 완료'에서 '상시 운영중인 24시간 비상 대응체계를 강화'한다는 표현이 등장하므로 24시간 비상 대응체계는 동절기 한시적 운영이 아님을 확인할 수 있다.

4회 직업기초능력   문제 180쪽

01	③	02	②	03	③	04	①	05	④
06	④	07	④	08	②	09	①	10	③
11	②	12	③	13	②	14	④	15	①
16	③	17	④	18	④	19	③	20	⑤
21	④	22	③	23	⑤	24	③	25	①
26	④	27	③	28	④	29	①	30	⑤
31	③	32	③	33	②	34	②	35	⑤
36	②	37	③	38	②	39	①	40	⑤
41	③	42	②	43	①	44	①	45	③
46	④	47	①	48	④	49	③	50	③

01   문서작성능력   오탈자 찾기

| 정답 | ③

| 해설 | ㉠ '오랜만'은 '오래간만'의 준말로 하나의 단어이다. '오랜만' 뒤에 조사 '에'가 붙으면 띄어쓰지 않고 '오랜만에'로 적는다.

㉡ '몇일'이 아닌 '며칠'이라 써야 옳다.

㉢ 부인하거나 금지하는 뜻으로 사용할 때는 '일체'가 아니라 '일절'이라고 해야 한다.

㉣ 자격을 나타내는 '로서'가 옳다.

02 문서작성능력 글의 흐름에 맞지 않는 어휘 고르기

| 정답 | ②

| 해설 | ② 전진 → 진전

ⓜ 성각 → 성곽

03 문서이해능력 글의 주제 파악하기

| 정답 | ③

| 해설 | 첫 번째 문단에서는 고대 중국에서 주역을 탄생시킨 그림인 하도 낙서를 언급하면서 이에 견줄만한 윷의 상징성에 대해 언급하였다. 또한 두 번째와 세 번째의 문단에서도 신채호의 주장과 북두칠성의 모형 등을 통해 윷의 상징성을 언급하였으며 마지막 문단에서도 우리 겨레의 고유한 천문 우주관을 통해 윷의 상징성을 드러내고 있으므로 제시문의 중심 주제는 윷의 상징성임을 알 수 있다.

04 문서이해능력 단어의 문맥적 의미 파악하기

| 정답 | ①

| 해설 | ⓛ ~ ⓜ은 모두 윷판의 상징으로 추측되는 것들이라는 공통점이 존재한다. 'ⓐ 하도'는 고대 중국의 주역을 탄생시킨 그림으로 윷과는 연관성이 없다.

05 문서작성능력 유의어 파악하기

| 정답 | ④

| 해설 | 부족(部族)은 '필요한 양이나 기준에 미치지 못해 충분하지 않은 상태'를 말한다. '기입되어야 할 것이 기록에서 빠짐'을 의미하는 누락(漏落)은 글의 맥락상 어울리지 않는다.

06 문서이해능력 세부 내용 이해하기

| 정답 | ④

| 해설 | 마지막 문단에 '인구구조 변화가 오프라인 매장의 미래를 좌우할 것으로 내다봤다'고 언급되기는 했으나 구체적으로 연령별 인구 비율에 대한 내용은 없으므로 오프라인 매장의 실패 요인으로 볼 수 없다.

| 오답풀이 |

①, ③ 첫 번째 문단에서 소비 패턴이 온라인 중심으로 바뀌고 고급 상권의 임대료가 크게 오르면서 백화점 바니스뉴욕이 영업을 중단했다고 언급되었다.

② 첫 번째 문단에서 아마존 같은 온라인 쇼핑몰의 성장이 백화점 시어스의 파산에 영향을 미쳤다고 언급되었다.

⑤ 마지막 문단에서 인구절벽에 가까운 지역인구 감소가 백화점의 구조조정을 부채질할 가능성이 높다고 언급되었다.

07 문서이해능력 세부 내용 이해하기

| 정답 | ④

| 해설 | 지역인구 감소는 해당 지역을 근거지로 하는 오프라인 매장에 타격을 주는 요인으로 언급되었으며 온라인 쇼핑몰은 지역인구 감소와 연관성이 없다.

08 문서작성능력 문단 구조 파악하기

| 정답 | ②

| 해설 | (가), (나), (다)에서는 'AD'와 'BC'의 용어에 대한 유래와 그것에 대해 그동안 필자가 가지고 있던 궁금했던 점과 필자의 생각 등을 나열하고 있으며 이를 통해 독자의 호기심을 유발하고 있다. 다음으로 (라)에서는 'BC'의 개념과 함께 언제부터 사용되기 시작했는지 등을 설명하고 있으며 (마)에서는 'AD'를 사용했던 시기와 의미 등을 설명하고 있다. 따라서 이 글을 문맥에 따라 세 부분으로 나누면 (가), (나), (다) / (라) / (마)가 된다.

09 문서이해능력 필자의 견해·의도 파악하기

| 정답 | ①

| 해설 | (다)에서 '그래서 서기전(西紀前), 그러니까 서양에서 사용하는 기원 이전이라는 명칭이 더 옳다고 생각한다'라고 명확하게 의견을 전달하고 있다.

10 문서이해능력 세부 내용 이해하기

| 정답 | ③

| 해설 | 두 번째 문단의 '스테인드글라스는 로마네스크 양식에서 시작해 고딕 양식에서 절정을 이룬다'는 문장에서 스테인드글라스의 기원이 고딕 양식이 아닌 로마네스크 양식이라는 것을 확인할 수 있다.

11 문서작성능력 글의 흐름에 맞는 어휘 고르기

| 정답 | ②

| 해설 | '고딕'이라는 이름의 유래를 통해 고딕 양식에 대한 비판적 여론을 소개했던 내용이 바로 앞 문단이므로, ㉠에는 '폄하'가 들어가야 한다. 이후 프랑스에서는 고딕 양식을 '폄하'하는 대신 받아들였다고 하였으므로 ㉡에는 '수용'이 들어가야 한다.

12 기초통계능력 경우의 수 구하기

| 정답 | ③

| 해설 | A ~ F의 사원 중 임의의 세 명을 고를 경우의 수는 $_6C_3$=20(가지)이다. A ~ F 중 신입사원은 3명이고, 신입사원들로만 또는 기존 사원들로만 팀을 구성하는 경우의 수는 2가지이므로(B, D, F 또는 A, C, E), 신입사원이 한 명 이상이고 모든 인원이 신입사원이 아닌 경우의 수는 20−1−1=18(가지)이다. 또한 A, B 사원을 모두 제외하고 팀을 구성하는 경우의 수는 $_4C_3$=4(가지)이므로 A, B 두 사원 중 최소 한 명을 배정하는 경우의 수는 18−4=14(가지)이다.

13 기초통계능력 평균 활용하기

| 정답 | ②

| 해설 | 먼저 세 자연수의 평균이 그 자연수 중 두 번째로 큰 자연수보다 커야 하므로 ⑤는 제외하고, 서로 다른 세 자연수가 아닌 ③도 제외한다. 나머지 선택지에서 가장 큰 자연수와 가장 작은 자연수의 곱과 두 번째로 큰 자연수의 제곱을 3으로 나눈 값을 차례대로 구하면 아래와 같다.

① 9, 3

② 27, 27

④ 81, 27

이 중 두 값이 같은 것은 ②이다.

14 기초연산능력 사칙연산하기

| 정답 | ④

| 해설 | 제품을 12,000개 생산하기 위해서는 X는 450(g)×12,000=5.4(ton), Y는 600(g)×12,000=7.2(ton)이 필요하다. 따라서 X는 최소 0.5(ton)×11=5.5(ton), Y는 최소 1(ton)×8=8(ton)을 구매해야 한다. 따라서 제조 비용은 (11×35,000)+(8×80,000)=1,025,000(원)이다.

15 기초연산능력 증감률 계산하기

| 정답 | ①

| 해설 | 20X1년 전체 에너지 발전량을 a라고 할 때 문제의 내용을 정리하면 다음과 같다.

- 20X1년 신재생 에너지 발전량 : $0.35a$
- 20X2년 신재생 에너지 발전량 : $1.35 \times 0.35a$
- 20X2년 전체 에너지 발전량 : $\dfrac{1.35 \times 0.35}{0.378}a = 1.25a$

즉 20X2년 전체 에너지 발전량의 전년 대비 증가율은 25%이다. 또한 20X1년과 20X2년 전체 에너지 발전량의 차이 133,500(GWh)=(1.25−1)a=$0.25a$이므로, 20X1년 전체 에너지 발전량 $a = \dfrac{133,500}{0.25} = 534,000$(GWh)이다.

따라서 20X1년 전체 에너지 발전량과 20X2년 전체 에너지 발전량의 전년 대비 증가율의 합은 534,000+25=534,025이다.

16 도표분석능력 자료의 수치 분석하기

| 정답 | ③

| 해설 | 20X9년 하반기 경기 공장의 제품 A의 생산량은 14.5백만 개로, 생산량을 25% 더 늘리면 14.5×1.25≒18.1(백만 개)가 되어 충북 공장의 생산량을 뛰어넘는다.

| 오답풀이 |

① 제품 B는 경남 공장이 가장 많이 생산하였다.

② 경남 공장은 제품 B를 전체의 약 37.4% 생산하였다.

④ 20X9년 하반기 제품 B의 전체 생산량은 137.2백만 개로, 이는 1억 4천만 개보다 적다.

⑤ 제품 A와 제품 B의 생산원가는 주어지지 않았으므로 직접 비교할 수 없다.

17 　도표분석능력　자료의 수치 분석하기

| 정답 | ④

| 해설 | 1분기 운수업의 국내 카드승인실적은 468백억 원으로 1분기 교육서비스업의 국내 카드승인실적인 339백억 원의 약 138%를 기록하였다. 따라서 1월, 2월, 3월 중 적어도 하나의 달은 운수업의 월별 국내 카드승인실적이 교육서비스업의 140% 미만임을 알 수 있다.

18 　도표분석능력　자료의 수치 분석하기

| 정답 | ④

| 해설 | 맞벌이에서 아내가 남편보다 많이 가사 분담을 한다는 응답은 75.9%로 부부 모두 비취업에서의 같은 응답의 비율인 75.2%보다 높다.

| 오답풀이 |

① 응답에 참여한 39세 이하의 부부가 전체의 35% 이상이라고 가정하자. 아내가 남편보다 훨씬 더 많이 가사 분담을 한다는 응답은 39세 이하 부부에서 50.2%로 최저를, 50대 부부에서 67.7%로 최대를 기록하였다. 39세 이하를 제외한 나머지 응답자가 모두 50대라고 가정하면, 아내가 남편보다 훨씬 더 많이 가사 분담을 한다는 응답의 전체 비율은 $50.2 \times 0.35 + 67.7 \times 0.65 ≒ 61.6(\%)$ 이하가 된다. 이는 전체 응답 비율인 62%에 못 미치므로 응답에 참여한 39세 이하는 전체의 35% 미만이다.

19 　도표분석능력　자료의 평균 구하기

| 정답 | ③

| 해설 | $(739.64 + 110 + 33.94 + 32.4 + 27.35 + 5.46 + 1.51 + 1.05 + 0.97 + 0.55 + 0.2) \div 11 ≒ 86.6$

20 　도표분석능력　미활용 열량의 합 구하기

| 정답 | ⑤

| 해설 | 미활용 열량이 10Gcal/h 이상인 발전소의 미활용 열량의 합은 $(739.64 + 110 + 33.94 + 32.4 + 27.35 ≒ 943.3 (Gcal/h)$이다. 신기술을 적용했을 때 사용 가능한 에너지는 $943.3 \times 0.6 ≒ 566(Gcal/h)$이고, 이 중 도시로 온전히 수송된 에너지는 $566 \times 0.7 = 396.2(Gcal/h)$이다. 따라서 수도권 전체 발전소의 미활용 열량의 합 953.1Gcal/h 중 신기술에 의해 396.2Gcal이 사용 가능한 에너지로 바뀌었으므로, 신기술 적용 후 수도권 내 전체 발전소의 미활용 열량의 합은 $953.1 - 396.2 = 556.9(Gcal/h)$이다.

21 　정보이해능력　저작권법 이해하기

| 정답 | ④

| 해설 | ㉠ 1번 항목에 해당한다.

㉢ 4번 항목에 해당한다.

㉣ 5번 항목에 해당한다.

22 　컴퓨터활용능력　엑셀 수식 구하기

| 정답 | ③

| 해설 | VLOOKUP은 배열의 첫 열에서 값을 검색하여 지정한 열의 같은 행의 데이터를 출력하는 함수이다. 이때 VLOOKUP에 입력하는 첫 번째 값은 찾고자 하는 문자, 두 번째 값은 전체 데이터의 범위, 세 번째 값은 출력하는 데이터가 위치한 열, 네 번째 값은 정확하게 일치하는 값을 찾거나(FALSE 또는 0), 유사한 값을 찾기 위해(TRUE 또는 1) 지정하는 값을 의미한다. 코드 번호가 E5505인 책의 재고량을 찾기 위해서는 E5503과 정확하게 일치하는 값이 위치한 같은 행의 3번째 열의 값을 출력해야 한다. 따라서 =VLOOKUP("E5503", A2:C6, 3, 0)을 입력해야 한다.

| 오답풀이 |

① '호밀밭의 파수꾼'이 출력된다.

② '하늘과 바람과 별과 시'가 출력된다.

④, ⑤ HLOOKUP은 배열의 첫 행에서 값을 검색하여, 지정한 행의 같은 열의 데이터를 출력하는 함수이다.

23 | 컴퓨터활용능력 | 엑셀 값 계산하기

| 정답 | ⑤

| 해설 | 다음과 같이 자료가 정렬된다.

▲	A	B	C
1	사원명 ▼	근속연수 ▼	1분기 실적 평가 ▾
2	김혜은	7	92
3	이주원	10	89
4	김우진	5	87
5	박나연	3	80
6	문동수	12	75

24 | 컴퓨터활용능력 | 파일 디렉터리 이해하기

| 정답 | ⑤

| 해설 | "JeongMinKim"이라는 Windows 계정의 디렉터리는 "C:\Users\JeongMinKim\"이다. "TODO.txt" 파일은 "JeongMinKim" 계정의 디렉터리의 하위 디렉터리인 "Desktop"(바탕화면)의 하위 디렉터리인 "Work" 폴더에 있다. 따라서 "C:\Users\JeongMinKim\Desktop\Work\"로 표현된다.

25 | 컴퓨터활용능력 | ASCII 문자 코드 이해하기

| 정답 | ①

| 해설 | 각 문자를 ASCII 코드로 나타내면 다음과 같다.

- S : 1010011
- q : 1110001
- u : 1110101
- A : 1000001
- r : 1110010
- E : 1000101

26 | 컴퓨터활용능력 | ASCII 문자 코드 이해하기

| 정답 | ④

| 해설 | 문장에 사용된 문자를 ASCII 코드로 나타내면 다음과 같다.

I : 1001001, J : 1001010, a : 1100001, c : 1100011,
d : 1100100, e : 1100101, h : 1101000, l : 1101100,
n : 1101110, u : 1110101

전체 문장을 ASCII 코드로 변환하면 다음과 같다.

1001010 1100001 1101110 1100101 1100001 1101110
1100100 1001001 1101000 1100001 1100100 1101100
1110101 1101110 1100011 1101000

따라서 6번째(n), 8번째(I), 마지막(h) 문자에서 총 3비트가 잘못되었다.

27 | 정보이해능력 | 정보 관련 용어 이해하기

| 정답 | ④

| 해설 | 키오스크(Kiosk)는 업무의 무인·자동화를 통해 공공장소에 대중들이 이용할 수 있도록 설치한 단말기를 의미한다.

| 오답풀이 |

③ POS(Point of Sale)는 제품이 판매되는 장소에서의 기기를 통해 판매 데이터를 실시간으로 관리하고 고객정보를 수집하는 시스템을 의미한다.
⑤ OTT(Over the Top) 서비스는 인터넷을 통해 방송 프로그램, 영화 등의 각종 미디어 콘텐츠를 제공하는 서비스 산업을 의미한다.

28 | 컴퓨터활용능력 | 아래한글 활용하기

| 정답 | ④

| 해설 | 아래한글의 계산 기능은 계산하고자 하는 셀에 커서를 놓고 Ctrl+N+F를 눌러 다음과 같은 계산식 창을 열 수 있다.

함수란에서 원하는 함수를 선택하여 계산식란에 엑셀과 같은 방식으로 계산식을 입력할 수 있다. 따라서 설비용량의 합계인 '=SUM(C2 : C6)'와 발전량의 합계인 '=D2+D3+D4+D5+D6' 모두 입력 가능하다. 또한 창의 하단에서와 같이 합계 결과에 대하여 세 자리마다 쉼표로 자리를 구분할 수 있다.

그러나 '쉬운 범위'를 눌러 '현재 셀의 위쪽 모두'를 선택하면 ABOVE를 입력할 수 있으며, 이때의 계산식은 '=ABOVE'가 아닌 '=SUM(ABOVE)'로 입력해야 한다.

29 사고력 항상 참인 진술 고르기

| 정답 | ①

| 해설 | (가) [정보 1]과 [정보 2], [정보 3]이 참일 경우 2마리의 암탉이 최소 2개씩 알을 낳았을 것이므로 오늘 새로 낳은 알의 수는 최소 4개이다.

| 오답풀이 |

(나) [정보 1], [정보 3]에 따르면 알을 낳을 수 있는 암탉의 수는 2마리이다. 이때 알을 낳을 수 있는 암탉이 하루에 낳을 수 있는 알의 개수를 알 수 없으므로 최소 개수를 타당하게 추정할 수 없다.

(다) 알을 낳을 수 있는 암탉은 하루에 최소 2개 이상의 알을 낳으므로 3개, 4개 혹은 그 이상의 알을 낳는 것이 가능하다. 따라서 새로 낳은 알의 총개수가 홀수일 수도 있다.

30 사고력 조건에 맞게 추론하기

| 정답 | ⑤

| 해설 | 제시된 보고 내용에 따르면 갑과 병의 증언이 모순되고, 을과 병의 증언 또한 서로 모순된다. 이때 갑과 을은 서로 모순되지 않으므로 병이 거짓을 말하였다 가정하면 모든 진술이 옳게 성립된다. 따라서 거짓을 말한 사람은 병이고, 오류가 있는 단계는 3단계이다.

31 사고력 조건을 참고하여 자리 배정하기

| 정답 | ③

| 해설 | 우선 첫 번째 ~ 네 번째 조건을 반영해 보면 다음과 같다.

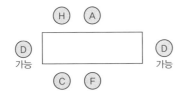

이때 다섯 번째 조건에 따르면 E는 D와 마주 보지 않으므로 E는 4번 또는 6번 자리에 앉는다. 그리고 여섯 번째 조건에 따라 B는 A, F와 나란히 앉지 않으므로 1번 또는 5번 자리에 앉는다. 이때 마지막 조건에 따라 E는 F와 나란히 앉지 않으므로 E가 앉는 자리는 4번이 되고, 마지막으로 남은 사람인 G가 6번에 앉음을 알 수 있다. 유추한 것을 토대로 정리하면 다음과 같다.

32 사고력 조건에 맞게 추론하기

| 정답 | ③

| 해설 | ㉠에 따르면 A 약품을 단독 복용하면 효과가 있었으나 ㉺에 따라 D 약품과 함께 복용하면 효과가 사라졌으므로 A 약품과 D 약품은 상호작용한다. 그러나 C 약품의 효과성에 대한 정보가 없으므로 A 약품과 C 약품의 상호작용에 대한 판단은 어렵다.

| 오답풀이 |

① ㉣에 따르면 C 약품을 단독 복용하면 효과가 있었으나 ㉢에 따라 B 약품과 함께 복용하면 효과가 없었다. 따라서 B 약품은 C 약품의 치료효과를 상쇄시킨다고 볼 수 있다.

② ㉠에 따르면 A 약품을 단독 복용하면 효과가 있었으나 ㉺에 따라 D 약품과 함께 복용하면 효과가 없고 ㉡에 따라 B 약품과 복용하면 A 약품의 효과가 유지되므로 옳은 진술이다.

④ ㉣에 따르면 C 약품을 단독 복용하면 효과가 있었으나 ㉢에 따라 B 약품과 함께 복용하면 효과가 없고 ㉲에 따라 C 약품의 효과가 유지되므로 옳은 진술이다.

⑤ ㉠, ㉣에 따르면 A, C 약품은 단독 복용 시 효과가 있는데, ㉲에서 C 약품의 효과는 유지되고 ㉺에서 A 약품의 효과가 사라졌으므로 옳은 진술이다.

33 사고력 논리적 오류 파악하기

| 정답 | ②

| 해설 | ㉠은 어떤 사람의 직책, 직업, 나이, 행적 등의 정황을 논리적 판단에 이용함으로써 발생하는 '정황에 호소하는 오류'를 범하고 있다. 이와 동일한 오류를 범하고 있는 것은 ②이다.

| 오답풀이 |

① 제한된 정보, 대표성을 결여한 사례를 근거로 일반화하는 '성급한 일반화의 오류'이다.

③ 전체가 가지고 있는 속성을 그 전체의 부분들도 가진다고 판단하는 오류인 '분할의 오류'이다.

④ 논증하는 주장과 동의어에 불과한 명제를 논거로 삼을 때 범하는 오류인 '순환 논증의 오류'이다.

⑤ 공통 원인 때문에 일어나는 두 결과들 중 어느 하나를 다른 것의 원인이라고 단정하는 데서 발생하는 '공통 원인의 오류'이다.

34 문제처리능력 자료 읽고 내용 추론하기

| 정답 | ②

| 해설 | 스마트오피스에서 근로자는 장소에 대한 자율권을 부여받는다. 따라서 필요에 따라 좌석을 예약하여 여러 자리를 옮겨 다닐 수 있다.

| 오답풀이 |

① 대안적인 업무공간 전략은 사무실 외의 공간을 이용하는 것이며 근무자들의 자발적인 참여가 요구된다.

③ 비용 절감은 사무실 외 공간을 이용하는 스마트워크에만 해당하며 이는 원격관리가 어렵고 근무자들 사이 또는 사무실 간 커뮤니케이션이 어렵다는 단점이 있기 때문에 비용 절감만으로 적극적인 도입이 필요하다고 추론하는 것은 적절하지 않다.

④ 결근율·지각·이직률 감소, 생산성 증가 등을 통해 장기적으로 이윤 증가도 기대할 수 있다. 또한 네 번째 문단을 통해 스마트워크는 기업의 이익을 가져올 수 있는 방법임을 알 수 있다.

⑤ 스마트오피스에서는 개인고정 업무공간이 축소되고 협업공간이 중시됨을 알 수 있으나 직원들 간 일상적 의사소통용 공간에 대해서는 언급이 없다.

35 문제처리능력 스마트워크 업무공간 이해하기

| 정답 | ⑤

| 해설 | 개인 집중 업무공간은 업무특성에 따라 적절한 고정 좌석으로 구성하여 업무의 집중도를 높이고 효율적인 업무 수행을 할 수 있다. 따라서 타 직원과 교감하는 업무를 수행하지 않을 때를 위한 자리이며, 고정 좌석으로 배치해야 하므로 좌석 이용 시간을 제한하면 안 된다.

36 문제처리능력 회의록을 바탕으로 업무 분담하기

| 정답 | ②

| 해설 | 인사관리팀은 절전 문제를 인사 점수로 반영할 수 있는지를 점검하고 절전 성과에 따라 인센티브를 제공할 수 있는 방안을 마련해야 한다. ②는 전기 사용 수치를 공개하는 방향을 검토하는 업무를 맡은 온라인개발팀이 준비해야 할 사항이다.

| 오답풀이 |

① 온라인개발팀은 절전용 보안프로그램을 개발하는 업무를 맡았다.

③ 인사관리팀은 절전 문제를 직원 인사 점수로 반영할 수 있는지를 점검하는 업무를 맡았다.

④ 자원관리팀은 여름철 에어컨 온도에 대한 의견을 조사하는 업무를 맡았다.

⑤ 자원관리팀은 퇴근 후 전기시설 점검을 위해 협조를 구하는 업무를 맡았다.

37 문제처리능력 보고할 내용 파악하기

| 정답 | ④

| 해설 | 회의에서 형식적인 보고서로 종이가 낭비된다는 지적이 나왔고, 자원관리팀은 종이 사용에 대한 문제 조사 업무를 맡았다. 따라서 상사들이 전자보고서보다 종이보고서를 더 선호하는 경향이 있음을 원인으로 지적하며 전자보고서라는 해결책을 제시하고 있다.

| 오답풀이 |

①, ②, ③ 자원 낭비 문제의 근본적인 해결책이 될 수 없다.

⑤ 에어컨의 설정온도가 낮아 낭비의 원인이 되고 있다고 하였다. 따라서 에어컨의 온도를 그대로 둔 채 겉옷을 가져오는 것은 해결책이 될 수 없다.

38 경영이해능력 경영활동 이해하기

|정답| ②

|해설| 경영활동을 구성하는 요소는 경영목적, 인적자원, 자본, 경영전략이다. 따라서 (나)의 경우와 같은 종교 단체를 전략적인 집단으로 규정하는 것은 적절치 않다.

39 체제이해능력 팀의 특성 이해하기

|정답| ①

|해설| 제시된 자료는 종업원에게 업무목표만을 지시하고 그 달성방법은 종업원에게 맡기는 관리방법인 목표관리 (MBO ; Management By Objectives)에 대한 내용이다. 목표관리는 목표를 명확하고 체계 있게 설정하고 활동의 결과를 평가하므로 조직과 역할의 구조를 명확히 할 수 있다. 단기목표를 강조하는 경향이 있으며 더불어 성과를 강조하기 때문에 지나친 경쟁을 유발할 수 있다. 목표관리의 단점은 환경 변화에 대한 목표의 신축성이 결여된다는 점이다.

40 체제이해능력 조직문화의 기능 이해하기

|정답| ⑤

|해설| 조직문화는 조직 구성원들에게 일체감과 정체성을 부여하고 조직 몰입을 향상시킨다. 또한 조직 구성원들의 행동지침으로 작용하여 사회화 및 일탈행동 통제의 기능을 하고 조직의 안정성을 가져오는 등의 기능을 한다.

41 체제이해능력 조직문화 표현 방법 파악하기

|정답| ③

|해설| '의례와 의식'이란 조직에서 업무를 처리해 가는 과정에서 모든 조직 구성원들이 규칙적으로 준수하는 행동, 절차, 양식 또는 관습을 말하며 조직의례, 통과의례, 명예실추의례, 명예고양의례, 개혁의례, 갈등감소의례, 통합의례 등이 있다.

|오답풀이|

①, ② '상징물'과 '인공물'이란 가시적인 형태의 문화 양식으로 조직 구성원들이 만든 사회적 환경이고 구조화된 외형적 · 물리적 형태이다.

④ '이야기와 전설'이란 조직에서의 문화적 의미를 전달하는 데 사용되는 설화를 말한다.

42 경영이해능력 경영전략 이해하기

|정답| ②

|해설| • 나 : 강력하고 견고한 유통망이 있을 경우, 고객을 세분화하여 제품 차별화 전략을 활용할 수 있다.

• 라 : 차별화를 이루게 되면 경험과 노하우에 따른 더욱 특화된 제품이나 서비스가 제공되므로 신규기업 진입에 대한 효과적인 억제가 가능하게 된다.

|오답풀이|

• 가, 다 : 차별화에는 많은 비용이 소요되므로 반드시 비용 측면을 고려해야 하며 일정 부분의 경영상 제약이 생길 수 있다.

• 마 : 지역별, 연령별, 성별 특성 등의 선호체계 구분이 뚜렷할 경우 맞춤형 전략 수립이 용이하다.

43 경영이해능력 사업성 분석하기

|정답| ①

|해설| ㉠ 부문을 보완하기 위해서 소비자들이 호응을 일으켜 매출로 연결시킬 수 있는 방안이 요구된다고 하였으므로 ㉠에는 시장성이 들어가는 것이 적절하다.

|오답풀이|

② 원가 대비 가격 면에서도 가치가 있음을 언급하고 있다.

④ 사회적 가치를 충분하게 갖추고 있음을 언급하고 있다.

⑤ 기술상에서 매우 뛰어남을 언급하고 있다.

44 체제이해능력 단계별 조직문화혁신 이해하기

|정답| ①

|해설| 가장 빨리 개선해야 할 조직문화는 위계질서에 입각한 권위적 문화이다.

| 오답풀이 |

② 조사 결과에 따르면 '조직 건강도'를 해치는 근본적인 원인으로는 '불명확한 업무 지시와 권위적인 분위기'를 가장 큰 문제로 꼽았다. 따라서 일방적이고 불명확한 업무 지시는 조직문화의 시급한 개선항목으로 적절하다.

45 업무이해능력 사내 제도 이해하기

| 정답 | ③

| 해설 | 자녀 학비 보조수당은 수업료와 학교운영지원비를 포함하며 입학금은 제외된다고 명시되어 있다.

| 오답풀이 |

① 위험근무 수당은 위험한 직무에 상시 종사하는 직원에게 지급된다.

② 육아휴직 수당은 휴직일로부터 최초 1년 이내에만 지급된다.

④ 자녀 학비 보조수당은 부부 중 한쪽에만 지급된다.

⑤ 위험근무 수당 부분 중 지급 기준을 보면 직무의 위험성은 각 부문과 등급별에서 정한 내용에 따른다고 하였다.

46 업무이해능력 사내 제도 이해하기

| 정답 | ④

| 해설 | 월 봉급액이 200만 원이므로 총지급액은 200만 원의 40%인 80만 원이며, 이는 50 ~ 100만 원 사이의 금액이므로 80만 원의 15%에 해당하는 금액인 12만 원이 복직 후에 지급된다.

| 오답풀이 |

① 3월 1일부로 복직을 하였다면, 6개월을 근무하고 7개월째인 9월에 육아휴직 수당 잔여분을 지급받게 된다.

② 육아휴직 수당의 총지급액은 80만 원이다. 휴직 중에는 15%에 해당하는 금액을 뺀 68만 원이 지급된다.

③ 복직 후 3개월째에 퇴직을 할 경우, 복직 후 지급받을 15%가 지급되지 않으며 휴가 중 지급받은 육아휴직 수당을 회사에 반환할 의무규정은 없다.

⑤ 위험근무 수당과의 관련성은 제시되지 않았으므로 알 수 없다.

47 직업윤리 인간의 본질 이해하기

| 정답 | ①

| 해설 | ㄱ. 인간의 이성은 경험적 욕망을 통제 및 규정하는 보편적인 원칙을 제공하기 때문에 인간은 이성적 사고를 통하여 사회화를 습득하고 그들이 만든 사회적 규칙 및 규범의 질서 속에서 살아갈 수 있다.

ㅁ. 윤리학은 인간 행위에 대한 도덕적 가치판단과 규범을 연구하는 학문이고, 철학은 인간과 세계의 근본적 원리와 인간 삶의 본질을 연구하는 학문이다. 즉, 두 학문의 목적은 인간 삶의 본질적 문제를 다루는 것에 있다.

| 오답풀이 |

ㄴ. 제시된 내용은 인간이 사회적 존재라는 의미를 사회적 측면에서 파악한 것이다. 개인적 측면에서는 다른 사람과 구별되는 자기만의 독특한 자아를 형성해 가는 과정을 의미한다.

ㄷ. 인간은 인간으로서의 삶의 즐거움을 찾으려는 존재이다. 이때, 유희의 추구는 일상에서의 생산적 활동을 벗어나 재미를 위해 의도적, 목적적 활동을 수행하는 것이다.

ㄹ. 문화는 일시적인 현상이 아니라 오랜 기간에 걸쳐 형성되고 시대의 사회 현상 또는 문화적 상황의 영향을 받으면서 다음 세대로 전승되는 것이다.

48 근로윤리 근면의 의미 이해하기

| 정답 | ④

| 해설 | 거짓이나 꾸밈없이 행동하는 것은 근면이 아닌 정직에 의미에 가깝다.

49 공동체윤리 기업의 사회적 책임

| 정답 | ③

| 해설 | 기업의 사회적 책임은 경제적인 이윤 추구만을 목적으로 하지 않고 기업 활동에 있어서 영향을 서로 주고 받는 직·간접적 이해관계자에 대해 윤리적 책임까지 다하는 경영 기법이다. 제시된 모든 기업들은 직접적인 소비자들로부터의 단순한 이윤 추구가 아닌 사회적으로 윤리적인 책임을 지는 모습을 보이고 있다.

50 직업윤리 플라톤의 직업관 이해하기

| 정답 | ③

| 해설 | 플라톤은 국가의 국민들이 모두 계급별로 나누어진다고 주장한다. 그리고 계급별로 지켜야 할 의무도 나누어지며 각 계급에 해당하는 사람들은 자신의 역할에 충실해야 한다며 사회적 분업의 필요성을 주장한다. 또한 분업의 목표는 인간의 욕망을 충족시켜 구성원들 간 원활한 상호협조를 위함이라고 한다. 따라서 이 모든 내용이 들어가 있는 ②가 적절하다.

4회 기술능력[기술직] 문제 214쪽

| 51 | ③ | 52 | ⑤ | 53 | ④ | 54 | ② | 55 | ③ |

51 기술이해능력 기술 시스템 이해하기

| 정답 | ③

| 해설 | 인간의 욕구와 창의성을 무시한 기술은 오히려 조직의 유효성과 성과를 떨어뜨리는 결과를 초래할 수 있으며, 기술의 진보는 조직과 근로자에게 관심과 몰입을 유도할 때 효과적이다. 따라서 제시글의 가장 큰 시사점은 바로 '사회기술 시스템은 기술과 사람의 혼합, 조정이 중요하다'라고 볼 수 있다.

52 기술적용능력 지능정보사회에 대한 대책 파악하기

| 정답 | ⑤

| 해설 | 인공지능 사고에 의한 책임을 명확히 규정하고 인공지능 창작물의 권리를 보호하는 일은 AI 오작동에 따른 역기능에 대응하는 방안이라 보기 어렵다. 인공지능의 오작동에 대응하기 위한 방안으로는 '사람과 사물' 지능형 통합인증 등을 통해 오작동으로 인한 피해를 최소화하고, 인증체계 강화로 제시글에서 언급된 프라이버시 침해 등의 정보 유출 사고를 방지하는 일이 주요한 대안이 될 것이다.

| 오답풀이 |

① 미래교육의 혁신에 관한 내용으로 지능정보 핵심인재

배출을 위한 과제로 볼 수 있다.

② 자동화와 고용 형태 다변화에 따른 신산업 탄생에 대응하기 위한 전략으로 볼 수 있다.

③ 지능정보기술을 통해 누구나 불편 없이 안정적 삶을 누리는 사회를 구현하고자 하는 방안으로 볼 수 있다.

④ 법제 정비를 추진해 안전하고 활발하게 지능정보기술을 활용할 수 있게 해주는 방안으로 볼 수 있다.

53 기술능력 지속가능한 기술의 선정 및 적용 이해하기

| 정답 | ④

| 해설 | A ～ D에서 언급한 토지 관리의 기술 적용 시 고려할 사항은 다음과 같다.

A. 물리적 수용능력

B. 토지 관리의 지속성

C. 토지 관리의 생태성

D. 토지 관리의 효율성

54 기술선택능력 제품 설명서 이해하기

| 정답 | ②

| 해설 | 표에 제시된 청소 방법에 따르면 멀티세이버가 오염되면 성능이 저하되고 이상 소음이 발생할 수 있으므로 1개월에 한 번씩 세척해 주어야 한다.

55 기술선택능력 제품 설명서 이해하기

| 정답 | ③

| 해설 | ⓒ 일체형 필터를 물로 세척하면 안 되며, 평소 제품 사용 중에도 물에 닿지 않도록 주의해야 한다.

ⓒ 일산화탄소(CO)는 필터로 제거할 수 없는 유해가스이며 주로 실외에서 유입된다.

| 오답풀이 |

㉠ 기기에서 비정상적인 소리가 발생하여 멀티세이버를 세척하였는데도 소리가 그치지 않으면 이온 발생 중에 나오는 소리이므로 정상이다.

㉣ 먼지 및 가스센서는 청소기를 이용하여 수시로 청소해 주어야 한다.

5회 기출예상문제

5회 직무수행능력 (문제 220쪽)

01	①	02	⑤	03	④	04	④	05	④
06	⑤	07	⑤	08	③	09	④	10	③

01

| 정답 | ①

| 해설 | 지역난방 이용률이 20%일 때 에너지 소비비용 절감액과 CO_2 배출비용 절감액은 10,334+526=10,860(억 원)이고, LNG중앙난방 이용률이 35%일 때 에너지 소비비용 절감액과 CO_2 배출비용 절감액은 26,460+1,573=28,033(억 원)이다. 10,860+28,033=38,893(억 원)으로 4조 원(=40,000억 원)보다 적다.

| 오답풀이 |

② 대기오염물질의 감소율은 $\frac{12,086-4,203}{12,086} \times 100 ≒ 65(\%)$ 이고 온실가스의 감소율은 $\frac{19,610-9,604}{19,610} \times 100 ≒ 51(\%)$ 이다.

③ 일반발전의 손실은 50.1%이고 열병합발전의 손실은 19.3%이므로 50.1-19.3=30.8(%p) 낮아졌다.

④ 이용률이 35%에서 40%로 증가함에 따른 CO_2 배출비용 절감액의 증가율은 지역난방의 경우 $\frac{2,668-1,240}{1,240}$ $\times 100 ≒ 115(\%)$ 이고, LNG중앙난방의 경우 $\frac{3,231-1,573}{1,573}$ $\times 100 ≒ 105(\%)$ 이므로 지역난방이 LNG중앙난방에 비해 크다.

⑤ LNG중앙난방의 연간난방비는 1,204천 원이고, LNG개별난방의 연간난방비는 1,082천 원이므로 $\frac{1,082-1,204}{1,204}$ $\times 100 ≒ -10(\%)$ 로 약 10% 더 적음을 알 수 있다.

02

| 정답 | ⑤

| 해설 | 최종 선정된 두 팀은 202X. 05. 15. ~ 07. 31.에 걸쳐 78일 동안 과제를 수행하므로 옳다.

| 오답풀이 |

① 제안서를 제출한 이들 중 서면심사를 통과한 이들만이 발표심사를 받게 된다.

② 산업보안과 관련한 자유주제이므로 제한이 전혀 없는 것은 아니다.

③ 전공제한 없이 산업보안 관련 논문 작성이 가능한 대학 및 대학원 재학생 또는 학력제한 없이 산업보안 관련 분야 종사자 및 관심 있는 자이면 참가 가능하다.

④ 공모는 온라인과 오프라인 두 가지 방식으로 진행되나 참여 신청은 이메일 제출만 가능하다.

03

| 정답 | ④

| 해설 | 2박 3일을 다녀온 출장팀의 숙박비는 2박을 기준으로, 일비는 3일을 기준으로 지급한다. 따라서 숙박비는 (60,000+50,000+50,000)×2(명)×2(박)=640,000(원)이고, 일비는 (30,000+20,000+20,000)×2(명)×3(일)=420,000(원)이다.

식비는 일을 기준으로 지급하므로 (35,000+30,000+30,000)×2(명)×3(일)=570,000(원)이 지급된다.

교통비는 항공운임과 자동차운임의 합이므로 $200,000 \times 6 + (500 \times 1,500 \div 10) + 15,000$ $=1,290,000(원)$ 이다.

따라서 출장비 총합은 640,000+420,000+570,000+1,290,000=2,920,000(원)이다.

04

| 정답 | ④

| 해설 | 20X9 파크콘서트는 20X9년 7월 6일까지 매주 토요일에 열린다. 보도자료가 나간 시점은 20X9년 6월 24일이므로 20X9 파크콘서트는 오는 6월 29일과 7월 6일에 2번 더 열릴 예정이다.

| 오답풀이 |

① 보도자료에 대한 문의는 감사실의 김감사 차장을 통해 할 수 있다.

② 22일에 열린 20X9 파크콘서트 현장에서 지역주민과 함께하는 청렴캠페인이 실시되었다.

③ 파크콘서트는 20X2년부터 한국지역난방공사가 지속 후원 중이므로 보도자료가 나간 20X9년까지 8년째 지속 후원 중이다.

⑤ 이번 캠페인은 한국지역난방공사가 지역사회에 청렴문화를 전파하고 지역주민과 함께 청렴생태계를 조성하기 위한 취지로 시행되었다.

05

| 정답 | ④

| 해설 | 보장시설에서 생계급여를 지급받는 경우 제외 대상이나 생계급여를 지급받지 않는 일반 보호시설에 거주하고 있는 경우는 지원대상이 되며, 1955년 이전 출생인 노인 가구이므로 동절기에 지급받는 금액은 86,000원이다.

| 오답풀이 |

① 가구원 모두가 3개월 이상 장기 입원 중인 것이 확인된 수급자는 에너지 바우처 지원 제외 대상이다.

② 2017년생 자녀는 주민등록기준 2015. 01. 01. 이후 출생자로 영유아에 해당하므로 가구원 특성기준을 만족한다.

③ 분만 후 6개월 미만인 여성은 가구원 특성기준을 만족하고 생후 3개월 자녀를 키우고 있는 부부는 3인 가구이므로 동절기에 지급받은 금액은 145,000원이다.

⑤ 「국민건강보험법 시행령」에 따른 희귀질환자는 가구원 특성 기준을 만족한다.

06

| 정답 | ⑤

| 해설 | 제시된 글은 에너지 비용부담이 큰 사회복지시설 및 일반 가구 등 에너지 취약계층을 대상으로 에너지 사용환경 개선을 통해 삶의 질 향상을 지원해 주는 에너지 효율개선 사업을 시행함을 알리고 있다. 따라서 글의 제목으로 가장 적절한 것은 ⑤이다.

07

| 정답 | ⑤

| 해설 | 첫 번째 문단에서 공사는 에너지 취약계층을 위해 창호, 단열 공사 등을 통해 에너지 취약계층의 삶의 질을 향상시키는 '에너지효율 개선사업'을 추진한다고 하였다. 또한 마지막 문단에서 공사는 '3대 핵심가치인 희망에너지 · 나눔에너지 · 녹색에너지 분야별 다양한 사회공헌사업 시행을 통해 사회적 책임을 적극 이행하고 있다.'고 하였다. 따라서 사회적 책임을 이행하는 친환경에너지공기업으로서 사회공헌사업의 일환으로 에너지 취약계층을 지원하는 에너지효율 개선사업을 시행한다는 내용이 가장 적절하다.

08

| 정답 | ③

| 해설 | ㉠ 제3조 제1항을 보면 "환경영향평가서 등의 작성 대행 용역을 발주하려고 하는 발주청은 법 제54조 및 영 제68조에 따라 환경영향평가업을 등록한 자가 참가하도록 하여야 하며, 다른 법률에서 정하는 업의 면허 · 허가 · 등록 · 신고 등의 요건을 추가하여 참가자격을 제한하여서는 아니 된다."라고 규정하고 있다.

㉣ 제6조 제2항에서 "발주청은 업무여유도 평가를 위해 참여업체로부터 제출받은 평가자료의 오류나 누락사항에 대한 의견을 수렴하여야 한다."고 했고, 제3항에서 "발주청은 제2항에 따라 제시된 의견과 진행 중인 용역의 참여기술자에 대한 오류, 누락사항 등을 확인하여야 한다. 다만, 법에 환경영향평가기술자의 근무경력 등에 관한 기록의 관리 등을 위한 정보화시스템이 구축된 이후에는 동 시스템을 통해 확인한다."고 규정하고 있다.

| 오답풀이 |

㉡ 제4조 제2항에서 "발주청은 관계법령 등에서 규정하는 사항에 따라 필요하다고 인정하는 경우 별표의 평가요소별 배점을 ±20퍼센트 범위 내에서 조정할 수 있다."고 했으므로 평가요소별 배점을 조정하는 것은 가능하다.

㉢ 제5조 제2항에서 "발주청은 공고된 세부평가기준을 변경하거나 당해용역의 특성을 고려하여 일시적으로 기준을 변경할 경우에도 제1항과 동일한 절차를 거쳐야 한다."고 했으므로 ㉢의 경우에도 홈페이지를 통해 일반에 공개하여 의견수렴 과정을 거쳐야 한다.

09

| 정답 | ④

| 해설 | 제5조 제3항에서 "특별시, 광역시, 특별자치시, 도, 특별자치도에서 정한 세부평가기준을 소속 자치단체가 그대로 준용하는 경우에는 제1항의 절차를 생략할 수 있다."고 하였으므로 경상남도에서 정한 세부평가기준을 준용하는 경우에는 홈페이지 공개, 의견수렴, 협회통보 등의 절차를 생략할 수 있다.

10

| 정답 | ③

| 해설 | 지원대상은 한국지역난방공사와 계약된 고객(공동주택)으로서 장기수선계획에 의한 난방배관 개체 공사 예정 단지이되, 지역난방 열공급개시 1년 이상 경과하고, 2022년도에 착공하여 준공하는 단지에 한하며 임대주택은 지원대상에서 제외된다고 되어있다.

5회 직업기초능력
문제 232쪽

01	②	02	①	03	③	04	③	05	④
06	④	07	④	08	①	09	⑤	10	③
11	②	12	②	13	①	14	⑤	15	①
16	④	17	③	18	⑤	19	①	20	③
21	④	22	⑤	23	④	24	④	25	③
26	④	27	②	28	④	29	④	30	①
31	④	32	④	33	④	34	①	35	⑤
36	②	37	③	38	⑤	39	④	40	②
41	④	42	⑤	43	②	44	④	45	③
46	②	47	②	48	⑤	49	②	50	①

---

01 [문서작성능력] 글의 흐름에 맞는 어휘 고르기

| 정답 | ②

| 해설 | '조장'은 바람직하지 않은 일을 더 심해지도록 부추

긴다는 의미이므로 글의 흐름에 적절하지 않다.

02 [문서작성능력] 유의어 파악하기

| 정답 | ①

| 해설 | '재현'은 다시 나타나거나 다시 나타내는 것을 의미한다. 연극이나 영화 따위를 다시 상연하거나 상영하다, 또는 한 번 하였던 행위나 일을 다시 되풀이한다는 의미의 '재연'은 글의 흐름에 맞지 않다.

03 [문서작성능력] 글의 흐름에 맞는 어휘 고르기

| 정답 | ③

| 해설 | ㉠ '개괄'은 중요한 내용이나 줄거리를 대강 추려냄 또는 어떤 개념의 외연을 확대하여 보다 많은 사물을 포괄하는 개념으로 만드는 일을 의미한다. 일정한 대상이나 현상 따위를 어떤 범위나 한계 안에 모두 끌어넣는다는 의미의 '포괄'이 더 적절하다.

ㄷ '축척'은 지도에서의 거리와 지표에서의 실제 거리와의 비율을 의미한다. 지식, 경험, 자금 따위를 모아서 쌓음, 또는 모아서 쌓은 것이라는 의미의 '축적'이 적절한 표현이다.

ㄹ '초연'은 어떤 현실 속에서 벗어나 그 현실에 아랑곳하지 않고 의젓하다, 또는 보통 수준보다 훨씬 뛰어나다는 의미이다. 어떠한 한계나 표준을 뛰어넘는다는 의미의 '초월'이 적절한 표현이다.

| 오답풀이 |

ㄴ '명징'은 사실이나 증거로 분명히 한다는 의미로, 적절히 사용되었다.

ㅁ '기반'은 기초가 되는 바탕 또는 사물의 토대를 의미하며, 적절히 사용되었다.

04 [문서작성능력] 오탈자 찾기

| 정답 | ③

| 해설 | ㄴ 단위를 나타내는 명사는 띄어 써야 하므로 '한 벌씩'이 옳은 표현이다.

ㄷ '쓸쓸한'이 옳은 표현이다.

| 오답풀이 |

㉠ '하늬바람'은 옳은 표현이다. 틀린 표현의 예로 '하니바람'이 있다.

㉣ 종결형에서 사용되는 어미 '-오'는 '요'로 소리 나는 경우가 있더라도 그 원형을 밝혀 '오'로 적으나, 연결형에서 사용되는 '이요'는 '이요'로 적는다.

05 문서작성능력 글의 흐름에 맞게 내용 추가하기

| 정답 | ④

| 해설 | 제시된 글 전반에서 일반 소비자들은 작은 단서 하나로 기업 전체를 평가하고, 부정적 평가는 많은 사람들에게 쉽게 퍼져나가는 경향이 있다고 하였다. 특히 마지막 문장에서 한 조직의 총체적인 위기는 조그만 실수와 방치에서 비롯되는 법이라 하였으므로, ㉠에는 기업은 작고 세세한 것에 신경을 써야 한다는 문장이 들어가야 한다.

| 오답풀이 |

① 작은 실수를 쉽게 고칠 수 있다는 언급은 없다.

② 제시된 글의 논지에 따르면 고객은 항상 불만을 갖는 것이 아니라, 작은 실수가 두드러졌을 때 그에 대하여 불만을 가지고 확대 해석하는 경향이 있다.

③ 제시된 글에서는 이미 나타난 위기를 관리하는 것보다 예방하는 것에 초점을 두고 있다.

⑤ 고객의 불평이 쉽게 많은 사람들에게 퍼진다는 내용은 ㉠ 바로 뒤에 '더구나'라는 접속어와 함께 처음 등장하므로, 빈칸에 발생한 문제가 기업 외부로 알려지는 것을 막아야 한다는 내용이 오는 것은 자연스럽지 않다.

06 문서이해능력 글의 주제 파악하기

| 정답 | ④

| 해설 | 세 번째 문단을 보면 가우디는 자연의 관계성의 차원을 한 단계 확장하고 자연의 요소들을 표현이 아닌 원리적으로 활용함으로써 이전에 존재하지 않던 새로운 가능성을 모색하고자 하였음을 알 수 있다. 또한 마지막 문단을 보면 가우디 건축은 식물이나 동물의 표면적 형태를 모티프로 장식화하는 아르누보 건축과는 달리 건축에 내재된 질서를 자연에 근접시키고자 하였음을 알 수 있다. 따라서 중심 주제로 ④가 적절하다.

07 문서이해능력 단어의 문맥적 의미 파악하기

| 정답 | ④

| 해설 | ㉠, ㉡, ㉢, ㉤은 모두 자연 그 자체를 의미하지만 ㉣은 구엘 공원 한쪽에 있는 산책로의 기둥을 의미한다.

08 문서이해능력 세부 내용 이해하기

| 정답 | ①

| 해설 | 구로수출산업공업단지는 국내 최초의 '내륙' 공업단지이므로, '내륙'이라는 조건이 포함되지 않은 ①은 정확하지 않은 표현이다.

| 오답풀이 |

② 첫 번째 문단 "정부는 1964년 9월 14일 수출산업에 사용하는 공업단지를 조성·운영하여 수출산업의 획기적인 발전을 도모하기 위하여 「수출공업단지개발조성법」을 제정하는 등 행정적 지원책을 총동원하였다."에서 확인할 수 있다.

③ 두 번째 문단 "이렇게 구로공단은 탄생하였으며 정식 명칭은 한국수출산업공업 제1단지였다."에서 확인할 수 있다.

④ 세 번째 문단 전반부에서 구로공단의 유리한 입지 조건을 다각적으로 분석하고 있다.

⑤ 세 번째 문단 후반부에서 당시 구로공단의 생산 제품을 언급하고 있다.

09 문서작성능력 글의 흐름에 맞는 어휘 고르기

| 정답 | ⑤

| 해설 | ㉠ '접근'은 '가까이 다가감'이라는 의미로, 다가가는 행위에 초점이 맞춰진 단어이다. 구로공단은 움직일 수 없는 무생물이므로, '이웃하여 있음. 또는 옆에 닿아 있음'의 상태를 표현하고 있는 '인접'이 더 적절하다.

㉡ 뒤에 '토했다'는 표현이 이어지므로, 함께 관용적으로 사용하는 단어가 들어가야 한다. '기염'은 '불꽃처럼 대단한 기세'를 의미하는 단어로 보통 '기염을 내뿜다', '기염을 토하다'는 관용적 표현으로 사용된다. '강세'는 '강한 세력이나 기세'를 의미하고, '기세'는 '기운차게 뻗치는 모양이나 상태'를 의미하여 '기염'과 유사한 뜻을 갖지만

'토했다'라는 표현과 어울리지 않으므로 ⓛ에 적절하지 않다.

10 문서이해능력 세부 내용 이해하기

| 정답 | ③

| 해설 | 총 3번의 노화 부스터를 연구 결과로 발표한 곳은 댄 벨스키 교수팀이 아닌 스탠퍼드대 연구진이다.

| 오답풀이 |

① 첫 번째 문단 "노화는 직접적인 질병은 아니지만 질병에 걸리는 위험을 증가하게 하는 특징이 있다."에서 언급되었다.

② 첫 번째 문단에서 텔로미어로 인한 수명의 한계를 설명하고 있다.

④ 네 번째 문단에서 스탠퍼드대 연구진의 연구 방법을 설명하고 있다.

⑤ 세 번째 문단에서 연구를 통해 '노인으로 들어선다'는 의미의 나이인 60세 환갑의 과학적 증거도 확보하게 되었다는 내용을 설명하고 있다.

11 문서이해능력 세부 내용 이해하기

| 정답 | ②

| 해설 | 스탠퍼드대 연구진은 인간의 나이에 따른 '노화'의 진행 속도를 확인하는 실험을 진행하였으므로, 가설 및 결과는 이에 부합하는 것이어야 한다. 여섯 번째 문단에서 스탠퍼드 연구진의 실험 전 예상과 다섯 번째 문단에서 실제 실험 결과가 언급되고 있으므로, 이를 가장 잘 반영한 ②가 적절하다.

| 오답풀이 |

① '사람에게 설계된 수명은 약 120년이다'는 내용은 실험 주제와 부합하지 않으므로 실험 가설로 적절하지 않다.

③, ④, ⑤ '급격하게 달라지는 단백질 수치는 생체활동의 변화를 초래할 가능성이 크다'는 연구진의 노화 관련 연구 결과 중 하나이므로 적절한 실험 가설이라고 할 수 없다. 또한 '혈액 속 단백질 대부분은 다른 장기 조직에서 옮겨진 것이다'는 실험 결과를 설명하기 위한 내용이므로 주제에 부합하는 실험 결과라고 할 수 없다.

12 기초연산능력 거리 · 속력 · 시간 활용하기

| 정답 | ②

| 해설 | 박 사원이 출발하기 전 6분 동안 김 사원이 걸어간 거리는 $4(\text{km/h}) \times \frac{6}{60}(\text{h}) = \frac{2}{5}(\text{km})$이다. 이 위치에서 거래처까지 남은 거리는 $\frac{2}{3} - \frac{2}{5} = \frac{4}{15}(\text{km})$이고, 김 사원이 걷는 속력으로 $\frac{4}{15} \div 4 = \frac{1}{15}(\text{h})$, 즉 4분 더 걸어가면 김 사원은 거래처에 도착한다. 따라서 박 사원이 김 사원을 따라잡으려면 4분 내에 거래처까지의 거리인 $\frac{2}{3}$ km 이상을 갈 수 있으면 된다. 이때 박 사원이 달려가야 할 최소의 속력은 $\frac{2}{3} \div \frac{1}{15} = 10(\text{km/h})$이다.

13 기초연산능력 이익 계산하기

| 정답 | ①

| 해설 | A 기업이 상품 Y의 가격을 8천 원 인하하면, B 기업은 그 즉시 상품 Y의 가격을 4천 원 인하한다. 따라서 이번 달부터 A 기업은 22,000원, B 기업은 26,000원에 상품 Y를 판매한다. 가격을 인하하기 전에는 두 기업에서의 Y의 가격이 같았으므로 각 기업의 상품 판매량도 1:1로 동일하다. 그러나 이번 달에는 A 기업의 상품 판매량과 B 기업의 상품 판매량의 비가 $26,000 : 22,000 = 13 : 11$이므로 이번 달의 A 기업의 상품 판매량은 전체의 $\frac{13}{13+11} = \frac{13}{24}$이다. 매달 X 도시에서 소비되는 상품 Y의 양이 일정하므로 지난달에 전체 판매량의 $\frac{1}{2}$을 판매한 A 기업은 이번 달 판매량이 지난달의 $\frac{13}{24} \div \frac{1}{2} = \frac{13}{12}(\text{배})$로 증가하였다.

반면, A 기업이 상품 Y로부터 얻는 이익은 지난달 개당 10,000원에서 이번 달 개당 2,000원으로 개당 $\frac{1}{5}$배 감소하였다. 따라서 이번 달 A 기업이 상품 Y로부터 얻을 이익은 지난달의 $\frac{13}{12} \times \frac{1}{5} = \frac{13}{60}(\text{배})$이므로 $6,000 \times \frac{13}{60} = 1,300(\text{만 원})$이다.

14 기초통계능력 평균과 분산 구하기

| 정답 | ⑤

| 해설 | 80점 초과 90점 이하의 사원 수를 x명, 90점 초과 100점 이하의 사원 수를 y명이라고 하면, 평균은

$$\frac{55 \times 3 + 65 \times 5 + 75 \times 9 + 85x + 95y}{30} = 77$$이므로

$17x + 19y = 229(\bigcirc)$이다. 또, 전체 사원 수는 30명이므로 $x + y = 30 - 3 - 5 - 9 = 13(\bigcirc)$이다.

$\bigcirc$과 $\bigcirc$을 연립하면 $x = 9$, $y = 4$를 얻는다. 따라서 분산은

$$\frac{(55-77)^2 \times 3 + (65-77)^2 \times 5 + (75-77)^2 \times 9 + (85-77)^2 \times 9 + (95-77)^2 \times 4}{30}$$

$= 136$이다.

15 도표분석능력 자료의 수치 분석하기

| 정답 | ①

| 해설 | 서울에서 지하철을 탄 사람이 환승할 때 지하철노선 간 환승 또는 지하철 → 버스 환승인 경우가 가능하다. 수단 간 환승은 59.3%이므로 지하철 → 버스 환승의 비율은 최대 59.3%, 최소 0%로 볼 수 있다. 따라서 이 사람이 다시 서울에서 지하철을 탈 확률은 최소 $\frac{26.2}{26.2 + 59.3} \times 100$ ≒ 30.6(%)이다.

| 오답풀이 |

④ 전국에서 1회 환승 시 수단 간 환승의 비율이 52.8%이므로, 버스와 지하철을 모두 이용했을 확률 또한 52.8%이다.

⑤ 서울 내에서 1회 환승 시 버스노선 간 환승의 비율이 14.5%이므로, 2회 환승 시의 비율은 $0.145^2 ≒ 0.021$이다. 따라서 서울 내에서만 환승을 두 번 한 사람이 버스만 이용했을 확률 또한 약 2.1%이다.

16 도표분석능력 자료의 수치 분석하기

| 정답 | ④

| 해설 | 5개 해외 주요기업의 20X8년 수출물량 1ton당 수출액은 다음과 같다.

구분	수출액 (억 달러)	수출물량 (천 ton)	수출물량당 수출액 (만 달러/ton)
A사	443	5.81	762
B사	389	5.5	707
C사	278	4.31	645
D사	148	2.03	729
E사	93	0.96	969

따라서 20X8년 수출물량 1ton당 수출액이 가장 낮은 기업은 C사이다.

| 오답풀이 |

① 총수출액이 최대인 20X8년 총수출물량 1ton당 총수출액은 약 728만 달러이다.

② 20X9년의 총수출물량은 전년 대비 약 2% 감소했다.

③ 표에 제시된 주요 해외기업의 수출액을 모두 더해도 총수출액에 못 미친다. 따라서 표에 제시되지 않은 해외기업들이 있으며, 이 기업들에 대해서는 전년 대비 수출액을 알 수 없다. 따라서 A사만이 20X9년 전년 대비 수출액이 30% 이상 감소했다고 말할 수 없다.

⑤ 20X9년 C사의 수출물량은 총수출물량의 약 21%를 차지한다.

17 도표분석능력 자료의 수치 분석하기

| 정답 | ③

| 해설 | 김치냉장고의 수급계층과 저소득계층의 필요 응답 비율 차이는 11.2%p이며, 나머지 생활용품 항목은 필요 응답 비율 차이가 9%p 미만이다.

| 오답풀이 |

① 스마트폰을 제외한 휴대폰 항목은 일반계층이 다른 계층에 비해 필요 응답 비율이 낮았다.

② 응답에 참여한 수급계층이 전체 응답자의 10% 이상이라고 가정한다. 스마트폰을 제외한 휴대폰 항목에서 전체 계층의 필요 응답 비율은 20.3%이고, 일반계층의 필요 응답 비율은 17.4%이다. 수급계층을 제외한 나머지 응답자가 모두 일반계층이라고 가정하면 전체 계층의 필요 응답 비율은 최소가 된다. 이때의 전체 계층의 필요 응답 비율은 $49.1 \times 0.1 + 17.4 \times 0.9 = 20.57(\%)$이다. 이는 20.3%보다 크므로 모순이다.

④ 일반계층을 제외한 계층의 자동차 필요 응답 비율은 수급계층과 저소득계층에서의 필요 응답 비율 값의 사이에 있다.

⑤ 전체 계층에서 필요 응답 비율이 다섯 번째로 높은 생활용품 항목은 유선방송 또는 위성방송이다.

18 도표분석능력 자료의 수치 분석하기

|정답| ⑤

|해설| 냉수의 부하시간대는 7월 1일부터 8월 31일까지의 기간과 이에 속하지 않은 기간으로 구분되며 속한 기간은 다시 정해진 시간대로 양분되어 차등 요금이 적용된다. 따라서 사계절로 구분되는 것은 아니다.

19 도표분석능력 자료의 수치 계산하기

|정답| ①

|해설| 공동난방비를 고려하지 않으므로 기본요금과 사용요금을 계산하면 다음과 같다.

• A 씨

기본요금 : $52.40 \times 100 = 5,240$(원)

사용요금 : 66.23(동절기)$\times 500 = 33,115$(원)

합계 : 38,355원

• B 씨

기본요금 : 3,822원(0 ~ 1,000Mcal/h)

사용요금 : 135.41×200(첨두부하시간) $+ 104.16 \times 200$

(중간부하시간)$= 47,914$(원)

합계 : 51,736원

따라서 A 씨의 요금 합계와 B 씨의 요금 합계를 합하면 90,091원이 된다.

20 기초연산능력 교통비 계산하기

|정답| ③

|해설| A 사원이 정산받을 교통비는 택시요금과 KTX 요금을 합한 값이다. 먼저 택시요금은 택시를 한 번만 승차하였으므로 기본요금은 3,800원이 부과된다. 기본 거리를 제외하면 35km를 이동하였고 100m당 100원씩 오르므로 350

$\times 100 = 35,000$(원)이 가산된다. 여기에 서울에서 벗어나 운행한 10km에는 택시요금이 20% 할증되어 부과되므로 할증된 부분을 계산하면 $100 \times 100 \times 0.2 = 2,000$(원)이 가산된다. 따라서 택시요금을 모두 계산하면 $3,800 + 35,000 + 2,000 = 40,800$(원)이다. 여기에 유료도로 이용료와 KTX 왕복요금을 더하면 $40,800 + 18,700 + 5,000 = 64,500$(원)이다. 따라서 A 사원이 정산받을 교통비는 64,500원이다.

21 컴퓨터활용능력 오픈 소스 이해하기

|정답| ④

|해설| 오픈 데이터는 누구나 사용, 배포 등을 할 수 있는 무상으로 공개된 데이터를 말한다.

|오답풀이|

① 오픈 소스는 소프트웨어의 설계 과정을 알 수 있도록 무상으로 공개된 소스 코드를 말한다.

②, ③ 오픈 소스는 일반적으로 누구나 사용, 복제, 배포, 수정할 수 있다.

⑤ 오픈 소스의 기능을 개선하여 이를 상용화할 수 있다. 그러나 오픈 소스마다 다른 라이선스의 요구 사항이 있으며, 이를 어기지 않는 조건하에서 이루어져야 한다.

22 컴퓨터활용능력 Powepoint 활용하기

|정답| ⑤

|해설| 제시된 설명과 같이 두 조직 사이에 직할 조직을 삽입하고자 할 경우, '보조자 추가'를 선택해야 한다. 주어진 그림에서 '아래에 도형 추가'를 누를 경우 또 하나의 팀 조직이 생기게 된다.

|오답풀이|

① 조직도는 SmartArt 그래픽을 선택하여 작성한다.

② 전체 조직 단위의 색을 동일하게 원하는 색으로 지정할 수도 있으며, 도형 서식을 통하여 각 조직 단위별로 다른 색을 지정할 수도 있다.

③ 조직 단위를 위, 아래 조직으로 변경할 때에는 '수준 올리기'와 '수준 내리기' 기능을 적용하여 간단하게 바꿀 수 있다.

④ 서열을 그대로 유지한 채 조직도의 형태만 바꿀 때 조직도 레이아웃을 사용한다.

23 컴퓨터활용능력 파일형식 이해하기

| 정답 | ④

| 해설 | 360×480의 해상도를 가진 이미지는 360×480＝172,800(픽셀)로 이루어져 있다. 하나의 픽셀은 4바이트이고 1바이트는 8비트이므로, 하나의 픽셀은 32비트로 이루어져 있다. 따라서 172,800×32＝5,529,600(비트)로 이루어져 있다.

24 컴퓨터활용능력 엑셀 수식 구하기

| 정답 | ④

| 해설 | SUMIF 함수는 주어진 조건을 만족하는 값을 더하는 함수이다. 이때 SUMIF 함수에 입력하는 첫 번째 값은 조건을 확인할 범위, 두 번째 값은 조건, 그리고 세 번째 값은 더하는 데이터가 위치한 범위이다(세 번째 값을 생략할 시 첫 번째 값의 범위에 해당하는 데이터를 더함). 높이가 20cm 이상인 목재들의 부피를 더하기 위해서는 [D2] ~ [D8] 셀의 값이 20 이상이 되는 [E2] ~ [E8] 셀의 값들을 더해야 한다. 따라서 "=SUMIF(D2:D8, ">=20", E2:E8)"이 올바른 수식이며, 이때 출력되는 값은 190이다.

25 컴퓨터활용능력 엑셀 값 구하기

| 정답 | ③

| 해설 | [B3] 셀의 수식에서 "$" 기호는 절대참조를 의미한다. 절대참조 기호가 붙은 주소는 수식을 복사할 때 변경되지 않는다. 따라서 아래 왼쪽 그림과 같은 값이 출력되며, 오른쪽 그림에는 각 셀에 복사된 수식을 나타내었다.

	A	B
1	1	1
2	1	1
3	2	2
4	3	3
5	5	4
6	8	5
7	13	6

	A	B
1	1	1
2	1	1
3	=A1+A2	=B$1+$B2
4	=A2+A3	=B$1+$B3
5	=A3+A4	=B$1+$B4
6	=A4+A5	=B$1+$B5
7	=A5+A6	=B$1+$B6

따라서 [A7] 셀과 [B7] 셀에 출력되는 값의 합은 13＋6＝19이다.

26 정보처리능력 도서분류법 이해하기

| 정답 | ④

| 해설 | ④를 제외한 나머지 도서는 예술(600)으로 분류되지만, "의지와 표상으로서의 세계"는 철학(100)으로 분류된다.

27 정보처리능력 도서분류법 이해하기

| 정답 | ②

| 해설 | 각 도서는 다음으로 분류된다.

㉠ 북아메리카역사(940)

㉡ 아시아역사(910)

㉢ 독일문학(850)

㉣ 한국문학(810)

㉤ 중국문학(820)

㉥ 지리(980)

따라서 도서와 KDC에 의한 분류에서 앞의 두 자리가 옳게 짝지어진 것은 ㉠, ㉡, ㉢으로 총 3개이다.

28 정보처리능력 정보통신망법 이해하기

| 정답 | ④

| 해설 | ㉠ 2번 항목에 해당한다.

㉢ 1번 항목에 해당한다.

㉣ 3번 항목에 해당한다.

| 오답풀이 |

㉡ 리눅스 운영체제는 오픈 소스로 개인 또는 기업이 소스 코드를 수정하여 배포할 수 있다.

29 사고력 항상 거짓인 진술 고르기

| 정답 | ④

| 해설 | A가 참이라면 C도 참이어야 하고, A가 거짓이라면 C도 거짓이어야 한다. 따라서 A, C가 거짓인 경우와 B, D가 거짓인 경우 두 가지만 확인해 보면 된다.

1) A와 C가 거짓말한 경우 : B에 따르면 A, C는 외부에 있었고, D에 따르면 B와 D는 회사에 있었다. 그러나 C가 거짓말했다고 가정하면 C는 회사에 있었을 것이므로 B와 C의 진술이 서로 배치되어 이 경우는 성립하지 않는다.

2) B와 D가 거짓말한 경우 : A와 C에 따르면 A와 B는 회사에 있었고, C는 외부에 있었다. 이는 B와 D가 거짓말한 경우와 서로 모순되지 않는다.

30 사고력 조건에 맞게 위치 선정하기

| 정답 | ①

| 해설 | 먼저 첫 번째 조건에 따라 인사팀을 901호로 확정시킨다. 다음으로 세 번째, 다섯 번째 조건을 고려하면 영업팀-총무팀-구매팀 순서로 서로 연이은 사무실을 이용하고 있음을 알 수 있다. 이때 네 번째 조건에 따라 생산팀과 마케팅팀의 사무실은 서로 이웃하고 있어야 하고, 두 번째 조건에 따라 마케팅팀은 영업팀보다 앞의 사무실을 사용하므로 가능한 경우의 수는 다음과 같다.

901	902	903	904	905	906	907	908
인사팀	생산 or 마케팅	마케팅 or 생산	영업팀	총무팀	구매팀		

901	902	903	904	905	906	907	908
인사팀	생산 or 마케팅	마케팅 or 생산		영업팀	총무팀	구매팀	

901	902	903	904	905	906	907	908
인사팀		생산 or 마케팅	마케팅 or 생산	영업팀	총무팀	구매팀	

마지막으로 일곱 번째 조건에 따라 구매팀 바로 뒤 사무실은 비어 있으면서 여섯 번째 조건에 따라 영업팀 뒤에 경영팀 사무실이 있어야 하므로 최종적으로는 다음과 같다.

901	902	903	904	905	906	907	908
인사팀	생산 or 마케팅	마케팅 or 생산	영업팀	총무팀	구매팀		경영팀

따라서 905호에는 총무팀이 있다.

31 문제처리능력 자료를 기반으로 판단하기

| 정답 | ④

| 해설 | 안전대책 5번째 항목에서 동결로 인해 콘크리트 강도가 현저히 저하되어 붕괴 위험이 높아지므로 혼화제를 적극 사용하고 한중콘크리트 사용, 재료의 가열, 보온 또는 급열 양생 등의 조치도 실시해야 한다고 언급되어 있다.

32 문제처리능력 자료를 기반으로 판단하기

| 정답 | ④

| 해설 | 우레탄폼은 화재 및 폭발사고의 요인이 되는 물질이다. 우레탄폼의 난연성 여부를 확인하고 화기 사용 등의 관리상태를 확인한다는 것은 글에서 언급된 동절기 토사 및 거푸집동바리 붕괴 사고와 관련된 대비사항으로 보기 어렵다.

33 사고력 논리적 오류 파악하기

| 정답 | ④

| 해설 | 단순히 시간상으로 선후 관계에 있는 것을 인과 관계가 있는 것으로 추리하는 '인과적 오류'에 해당된다.

| 오답풀이 |

① 어떤 논리를 뒷받침하기 위해 제시한 논거가 실제적으로 다른 논지를 뒷받침하는 '논점 일탈의 오류'이다.

② 제한된 정보, 불충분한 통계 자료, 대표성이 결여된 사례 등을 근거로 하여 일반화하는 '성급한 일반화의 오류'이다.

③ 논지와 직접적인 관련이 없는 권위자의 견해를 근거로 자신의 주장을 정당화하려는 '부적절한 권위에 호소하는 오류'이다.

⑤ 가치 판단을 근거로 사실 판단을 긍정 혹은 부정하는 '도덕주의 오류'이다.

34 문제처리능력 마찰력 이해하기

| 정답 | ①

| 해설 | 땀이 난 손과 병뚜껑 사이의 마찰력은 마른 손일 때보다 마찰력이 작다. 땀이 마찰력을 작게 하기 때문에 마른

손으로 병뚜껑을 열 때보다 더 힘들어진다.

| 오답풀이 |

② 얼음은 마찰력이 작아서 미끄러지기 쉽고 울퉁불퉁한 흙은 마찰력이 커서 신발을 신고 걷거나 뛰는 데 불편함이 없다.

③ 유리는 도화지보다 마찰력이 작아서 그림을 그릴 때 도화지보다 그리기 어렵다.

④ 운동화 바닥을 울퉁불퉁하게 하면 지면과의 마찰력이 높아져 잘 미끄러지지 않는다.

⑤ 자기부상열차는 열차의 바닥과 레일이 직접 맞닿지 않고 떠 있으므로 마찰력이 거의 없어 빠른 속도로 달릴 수 있다.

35 [문제처리능력] 마찰력의 특성 유추하기

| 정답 | ⑤

| 해설 | 마찰력은 접촉하는 면의 성질이나 상태에 따라 크기가 다르다. 접촉하는 면이 거칠수록 마찰력이 크며, 마지막 문단을 통해 접촉면 면적과 마찰이 관계가 있음을 알 수 있다. 그러나 무게에 대한 내용은 없으므로 ⓒ은 유추할 수 없다.

36 [사고력] 항상 참인 조건 찾기

| 정답 | ②

| 해설 | 우선 첫 번째 ∼ 네 번째 조건에 따라 확실하게 알 수 있는 직업 및 성별은 다음과 같다.

구분	A	B	C	D	E	F
출신지						
직업	의사		기술자		회사원	
성별		여자				여자
나이						

또한 동일한 조건으로부터 A는 대전 출신이 아니고, E는 강릉 출신이 아니고, C는 전주 출신이 아니고, B와 F도 전주 출신이 아님을 역추론할 수 있다. 마찬가지로 다섯 번째 ∼ 일곱 번째 조건으로 A는 부산 출신이 아니고, C는 인천 출신이 아니고, B는 대전 출신이 아니고, C는 부산 출신이 아님을 역추론한다.

구분	A	B	C	D	E	F
출신지	대전× 부산×	전주× 대전×	전주× 인천× 부산×		강릉×	전주×
직업	의사		기술자		회사원	
성별		여자				여자
나이						

세 번째 조건을 보면 전주 출신 사람은 기술자인데, 아직 직업이 확정적이지 않은 사람 중 전주 출신 사람으로 가능한 것은 D뿐이므로 D가 전주 출신이다. 그리고 첫 번째 조건에 따라 A와 대전 출신 사람은 의사이므로, 직업이 확정적이지 않은 사람 중 대전 출신으로 가능한 사람은 F이다. 그렇다면 두 번째 조건은 B가 강릉 출신의 회사원인 것으로 해결되고, 네 번째 조건은 D가 남자인 것으로 해결된다. 이어서 출신지를 보면 A가 가능한 지역은 제주 또는 인천, C가 가능한 지역은 제주, E가 가능한 지역은 제주, 부산, 인천이다. 따라서 C의 출신지는 제주, A는 인천, E는 부산이 된다. 이를 이용하여 나머지 조건들을 최대한 채우면 다음과 같다.

구분	A	B	C	D	E	F
출신지	인천	강릉	제주	전주	부산	대전
직업	의사	회사원	기술자	기술자	회사원	의사
성별		여자		남자		여자
나이	C, E보다 적음		A, E보다 많음		A보다 많고 C보다 적음	
관계	C와 지인	F와 지인	A와 지인			B와 지인

따라서 항상 옳은 것은 ②이다.

37 [사고력] 조건에 맞게 물품 구입하기

| 정답 | ③

| 해설 | 키보드와 모니터 중 한 가지만을 반드시 사야 하므로, 키보드 또는 모니터를 산 경우로 나누어 모든 상황을 고려해 보면 다음과 같다.

1) 키보드를 산 경우 : 세 번째 조건에 따라 스피커도 함께 사고, 두 번째 조건에 따라 마우스는 구입하지 않는다. 그런데 다섯 번째 조건에 따라 마우스를 사지 않으면 키보드도 살 수 없다는 모순점이 발생한다.

2) 모니터를 산 경우 : 네 번째 조건에 따라 멀티탭도 함께
사고, 여섯 번째 조건에 따라 마우스는 사지 않는다. 이
어서 다섯 번째 조건에 따라 키보드를 살 수 없고, 세
번째 조건에 따라 스피커도 살 수 없게 된다. 따라서 A
가 최종적으로 구입한 물품은 모니터, 멀티탭이다.

---

38 체제이해능력 조직문화의 기능 이해하기

|정답| ⑤

|해설| 조직문화는 조직구성원들에게 일체감, 정체성을 부
여하고, 조직몰입을 향상시켜 주며, 조직 구성원들의 행동
지침으로서 사회화 및 일탈행동을 통제하는 기능을 하고,
조직의 안정성을 유지시켜 준다고 볼 수 있다. 그러나 강한
조직문화는 다양한 조직 구성원들의 의견을 받아들일 수
없거나 조직이 변화해야 할 시기에 장애요인으로 작용하기
도 한다.

---

39 경영이해능력 경영전략 이해하기

|정답| ④

|해설| 버거킹과 맥도날드는 서로의 경쟁에만 치중하느라
가장 중요한 고객 만족을 간과하고 말았다. 변화하는 고객
의 니즈를 파악하는 데에 소홀했던 점이 두 기업이 실패한
가장 큰 이유이다.

---

40 체제이해능력 조직의 특징 이해하기

|정답| ②

|해설| 개인들이 각자 자신의 욕구를 충족하기 위해 하는
행동들이 중앙집권적인 권위의 개입 없이도 궁극적으로 거
대한 협력을 이루어낸 위키피디아의 사례를 언급하고 있으
므로, 이를 정리하는 마지막 문장으로는 분권화된 행동에
서 자연 발생한 협력 사례를 언급하고 있는 ②가 가장 적절
하다.

---

41 경영이해능력 외부환경의 변화 이해하기

|정답| ④

|해설| 기업경영은 외부환경에 영향을 받으므로 경영전략
을 수립할 때 외부환경을 필수적으로 분석해야 한다.

---

42 조직이해능력 인턴제도 개선하기

|정답| ⑤

|해설| 청년인턴제에 관한 문제점들이 사회적, 내부적으로
이슈가 되고 있으므로 전사적으로 고민하여 로드맵을 수립
하는 것이 바람직하다.

---

43 업무이해능력 업무처리 절차 이해하기

|정답| ②

|해설| 결정사항 항목을 보면 '제철 음식재료 확보'가 금일
부터 이루어져야 함을 알 수 있다. 즉, 회의 후 가장 우선순
위가 된다.

---

44 업무이해능력 결재처리 과정 및 절차 이해하기

|정답| ④

|해설| 회의록의 회의내용 '3. 식자재 정리 및 재고 파악 방
법(주 1회)'을 보면, 식재료 주문은 식재료 담당, 조리부 매
니저, 총괄 매니저 순으로 서류 결재가 이루어진 후 식재료
를 주문할 수 있다.

---

45 업무이해능력 부서의 업무 파악하기

|정답| ③

|해설| R&D 부서는 연구를 기초로 하여 상품을 개발하는
부서이다. 자사 핵심고객층 이탈의 경우 고객에 대한 전반
적인 현상을 분석하는 마케팅 부서에서 해야 할 일이다.

---

46 업무이해능력 부서의 업무 파악하기

|정답| ②

|해설| 제품 기술력 향상에 대한 해결방안 연구는 마케팅
부서가 아닌 R&D 부서에서 해야 할 업무이다.

47 직업윤리 직업윤리의 원칙 이해하기

| 정답 | ②

| 해설 | 같은 제품임에도 불구하고 특정 지역에는 외국인 관광객들이 많아서 가격을 비싸게 책정했다는 것은 정직과 신용의 원칙에 어긋난다. 외국인 관광객들은 한국물가를 잘 모르는 경우가 많기에 이 점을 악용해 이윤을 남기려는 것이므로 정직하지 못하고, 이 사실을 안 소비자는 가게에 대한 신뢰가 하락할 것이기에 신용을 깨뜨릴 것이다.

보충 플러스+

직업윤리의 5대 원칙
- 전문성의 원칙 : 전문가로서 능력과 의식을 가지고 책임을 다해야 한다는 원칙이다.
- 객관성의 원칙 : 업무의 공공성을 바탕으로 공사를 구분하고 투명하게 업무를 처리해야 한다는 원칙이다.
- 공정경쟁의 원칙 : 법규를 준수하고 경쟁원리에 따라 공정하게 행동해야 한다는 원칙이다.
- 정직과 신용의 원칙 : 업무와 관련된 모든 것을 정직하게 수행하며 본분과 약속을 지켜 신뢰를 유지해야 한다는 원칙이다.
- 고객중심의 원칙 : 고객봉사를 최우선으로 하며 현장중심, 실천중심을 내세워야 한다는 원칙이다.

48 직업윤리 사례 이해하기

| 정답 | ②

| 해설 | 제시된 사례의 K 씨와 E 씨는 자신에게 명시화된 업무가 아님에도 불구하고 코로나19로 어려움을 겪고 있는 사람들을 위해 자신을 희생하여 조직과 사회에 기여하는 태도를 보이고 있다.

49 근로윤리 근로윤리 관련법률 파악하기

| 정답 | ②

| 해설 | 제시된 글에 공직자의 부정부패를 방지하고 청렴한 직무수행에 관한 내용이 제시되어 있으므로 「부정청탁 및 금품등 수수에 관한 법률」이 가장 근접하다.

| 오답풀이 |

① 공무원 징계령 시행규칙 : 공무원의 징계와 징계부가금 부과에 관한 사항을 규정하는 「공무원 징계령」에서 위

임된 사항과 시행에 필요한 사항을 규정하는 규칙이다.
③ 국가공무원법 : 국가공무원에 관한 인사행정의 근본 기준을 정해 놓은 법률이다.
④ 근로기준법 : 근로자의 기본적인 생활을 보장 및 향상하기 위하여 근로조건의 기준을 정한 법률이다.
⑤ 직업안정법 : 근로자에게 각자의 능력에 맞는 취업의 기회를 부여하여 근로자의 직업안정을 도모하기 위한 법률이다.

50 공동체윤리 직장 내 성희롱 이해하기

| 정답 | ①

| 해설 | 사업주는 직장 내 성희롱 발생이 확인된 경우 지체 없이 행위자에 대하여 징계나 그 밖에 이에 준하는 조치를 해야 한다. 그러나 사업주는 직장 내 성희롱과 관련하여 피해를 입은 근로자나 성희롱 피해를 주장하는 근로자에게 해고나 그 밖의 불리한 조치를 해서는 안 된다.

5회 기술능력[기술직] 문제 268쪽

| 51 | ③ | 52 | ④ | 53 | ④ | 54 | ② | 55 | ④ |

51 기술적용능력 네트워크 혁명 이해하기

| 정답 | ③

| 해설 | 정보의 중앙 집권은 개인의 정보를 감시하고 통제하는 역기능이 있으나 행정적 측면에서는 효율성이 제고된다는 이점도 있다. 또한 반사회적 사이트의 단속은 사회적 측면에서는 이점이 있을 수 있겠으나 온라인에서 이루어지는 의견 교환의 자유는 위축될 수 있다. 이는 인터넷을 통한 네트워크 혁명은 역기능과 순기능이 동전의 양면처럼 함께 존재하므로 쉽게 분리할 수 없고 해결책을 마련하기가 어렵다는 점을 시사한다고 볼 수 있다.

52 기술선택능력 기술 습득의 다양한 방법 알기

| 정답 | ④

| 해설 | 나, 마의 내용은 OJT를 이용한 기술교육의 특징이다.

| 오답풀이 |

가. 상급학교 진학을 통한 기술교육

다. e-learning을 활용한 기술교육

라. 전문 연수원을 통한 기술과정 연수

53 기술선택능력 벤치마킹 이해하기

| 정답 | ④

| 해설 | 벤치마킹은 기업에서 경쟁력을 제고하기 위해 타사에서 배워 오는 혁신 기법을 말한다. 이는 단순히 제품을 복제하는 것이 아니라 장단점을 분석하여 자사 제품의 품질을 높여 시장 경쟁력을 높이는 것이다. 따라서 경쟁 기업의 품질 수준이 뛰어나다면 그것이 인적 자원이 뛰어나서인지, 정보 시스템이 탁월해서인지 그 요소를 밝혀내고 그것을 자사 제품과 비교하여야 한다.

54 기술이해능력 명령어의 의미 파악하기

| 정답 | ②

| 해설 | 먼저 〈보기〉에 있는 두 명령어와 그래프를 통해 명령어에 있는 각 알파벳과 숫자의 의미를 파악해야 한다. 이때 그래프의 특성상 명령어 안에 있는 괄호 안의 숫자가 좌표일 것이라고 추측할 수 있고, 그 위치에 있는 도형을 보면 다음과 같다.

〈위쪽 그래프〉

명령어	도형
Q(1, 3) : A2	■
P(2, 1) : B1	○
R(3, 2) : A3	◣

〈아래쪽 그래프〉

명령어	도형
Q(3, 1) : B3	□
P(1, 4) : A2	●
R(1, 2) : B1	◢

이를 통해 괄호 앞에 있는 알파벳은 도형의 모양, 괄호 뒤에 있는 알파벳은 도형의 색깔, 그 뒤에 있는 숫자는 도형

의 크기를 의미함을 알 수 있다. 또한, 규칙을 발견할 수 있어 괄호 안의 숫자가 좌표가 맞다는 사실도 알 수 있다. 따라서 Q는 사각형, P는 원, R은 삼각형이며 A는 검정색, B는 흰색이고 숫자가 작을수록 작은 도형이다. 그리고 위쪽 그래프는 가로축이 4, 세로축이 4까지 있고, 아래쪽 그래프는 가로축이 5, 세로축이 4까지 있어 W는 가로축, L은 세로축을 의미함을 알 수 있다.

위 규칙을 통해 문제의 그래프를 명령어로 나타내면 W5 / L4 P(3, 4):A3 / Q(2, 1):B2 / R(1, 4):B2이다.

55 기술이해능력 명령어의 오류 파악하기

| 정답 | ④

| 해설 | W6 / L4 P(4, 3):B3, Q(1, 1):A3, R(6, 1):A1이 오류가 발생하지 않았다면 아래와 같은 그래프가 나오게 된다. 따라서 삼각형의 크기에 오류가 있음을 알 수 있으며, R(6, 1):A1에서 오류가 발생하였다.

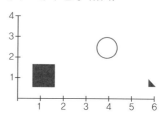

6회 기출예상문제

6회 직무수행능력   문제 272쪽

| 01 | ④ | 02 | ② | 03 | ④ | 04 | ④ | 05 | ② |
| 06 | ③ | 07 | ③ | 08 | ④ | 09 | ④ | 10 | ② |

(단위 : %)

구분	서울	인천	경기남부	경기북부	전국 평균
중앙난방	22.3	13.5	6.3	11.8	14.4
개별난방	64.3	78.7	26.2	60.8	58.2
지역난방	13.4	7.8	67.5	27.4	27.4

전국 평균에 가장 가까운 수도권 지역은 경기북부이며, 가장 먼 지역은 경기남부이다.

01

|정답| ④

|해설| 난방사용 열요금은 사용요금을 Mcal로 전환하여 계산되며 공동난방비 발생분을 포함하여 청구된다.

|오답풀이|

① 급탕온수 사용량은 세대 수도계량기의 검침유량에 합산하여 수도요금으로 부과된다.

② 온수와 시수를 섞은 사용온도는 40℃ 전후로 사용된다.

⑤ 일률적으로 10%가 적용되는 것이 아니며 공동주택의 사용 상황에 따라 다르게 부과된다.

02

|정답| ②

|해설| 급탕열요금의 항목과 급탕공급온도에 대한 설명이 제시되고 난방사용 열요금의 계산법과 공동난방비 분배에 대한 안내를 하고 있으므로 글 '가 ~ 다'를 모두 포함하는 안내의 내용은 '지역난방의 공동주택 열요금 세대 분배방법 안내'로 보는 것이 가장 적절하다.

03

|정답| ④

|해설| 각 지역별 난방방식 현황을 표로 정리하면 다음과 같다.

04

|정답| ④

|해설| 화이트리스트 기반 이상 징후 탐지시스템에 대한 설명으로 표준·비표준 제어 프로토콜 분석을 통해 화이트리스트를 구성, 비정상 트래픽을 탐지한다.

|오답풀이|

① 국내 ICS 환경에 최적화된 보안제품으로 외산 제품을 대체할 목적으로 개발하였으므로 기존의 외산 제품은 국내 환경에 다소 부합하지 않는다는 한계가 있었음을 유추할 수 있다.

② 우수한 현장 기술과 중소기업 혁신적 보안기술을 상호 결합한 사례이다.

③ ICS는 발전·가스·철도·항만·정유 등 사회기반 시설 분야에서 원격 설비를 측정·계측·감시하고 이를 제어한다. 해커들은 사회 혼란을 일으키기 위해 ICS를 주공격 표적으로 삼고 있다.

⑤ ICS의 보안성을 향상시킬 수 있고, 전체 ICS에 대한 통합 관제 기능을 제공하기도 한다.

05

|정답| ②

|해설| 포상을 받는 작품의 수가 28점이며, 출품된 총 작품의 수는 공개되지 않았다.

|오답풀이|

⑤ 수상작들은 향후 공사를 홍보하는 콘텐츠로 활용될 예정이라고 보도되었으므로 공모작들 일부가 한국지역난방공사에 귀속됨을 알 수 있다.

06

|정답| ③

|해설| ㉠ 입찰 공고 개요 하위 항목의 자격제한에 해당 내용이 명시되어 있다.

㉣ '[3] 계약상대자 선정기준'에 해당 내용이 명시되어 있다.

|오답풀이|

㉡ 암호화된 파일의 비밀번호는 파일 제출기한 이후에 제출하여야 한다.

㉢ 최저가격을 제출한 자가 2인 이상일 경우 희망공급량이 많은 사업자를 선정하며, 희망공급량까지 같은 경우 추첨을 통해 결정한다.

07

|정답| ③

|해설| 제6호에 의하면 입찰서에 기재한 중요부분에 착오가 있음을 이유로 개찰현장에서 입찰자가 입찰의 취소의사를 표시하고, 계약담당자가 이를 인정해야 입찰이 무효가 된다.

08

|정답| ④

|해설| • 계약보증금＝계약 공급량×계약 단가×0.1×1.1
＝30,000(REC)×45,000(원/REC)×0.1×1.1＝148.5 (백만 원)

• 지체상금＝미인도 수량×계약 단가×$\frac{0.75}{1,000}$×지체일수
＝15,000(REC)×45,000(원/REC)×$\frac{0.75}{1,000}$×8＝405 (만 원)

09

|정답| ④

|해설| 각 경우 보조금을 계산하면 다음과 같다.

• ㉠ : 200(usRT)×10(만 원/usRT)＋300(usRT)×7.5(만 원/usRT)＋100(usRT)×5(만 원/usRT)＝4,750(만 원)

• ㉡ : 200(usRT)×12(만 원/usRT)＋200(usRT)×9(만 원/usRT)＝4,200(만 원)

• ㉢ : 1,760(kW)×$\frac{1(usRT)}{3.52(kW)}$＝500(usRT)이므로
200(usRT)×12(만 원/usRT)＋300(usRT)×9(만 원/usRT)＝5,100(만 원)

• ㉣ : 1,512(Mcal/h)×$\frac{1000(kcal)}{1(Mcal)}$×$\frac{1(usRT)}{3,024(kcal/h)}$＝500(usRT)이므로 200(usRT)×10(만 원/usRT)＋300(usRT)×7.5(만 원/usRT)＝4,250(만 원)

따라서 ㉢＞㉠＞㉣＞㉡이다.

10

|정답| ②

|해설| '지역난방공사는 대외적으로 센터를 개방, 운영할 방침이다.' 부분에서 새롭게 구축한 국내 열수송관 성능 시험 센터를 외부 기관에게도 개방하여 운영한다는 점을 밝히고 있다.

|오답풀이|

① 해외에 위탁해 왔던 열수송관 성능시험 전문기관을 개관했으므로 적절한 홍보 내용이 아니다.

③ 연평도 내 통합학교 부지를 새롭게 매입한 것이 아니라 유휴부지를 활용하였다.

④ 정부의 수소경제 활성화 로드맵을 토대로 '수소경제 활성화 추진방안'을 마련하였다.

⑤ 동탄지사 연료전지발전소는 분산형 전원으로 기존의 대규모 중앙집중식 시스템과 다른 형태로 운영된다.

6회 기출예상

6회 직업기초능력

문제 282쪽

01	①	02	④	03	④	04	①	05	③
06	③	07	④	08	③	09	②	10	②
11	⑤	12	②	13	②	14	③	15	②
16	④	17	②	18	②	19	⑤	20	④
21	②	22	④	23	④	24	②	25	④
26	④	27	③	28	③	29	④	30	⑤
31	④	32	⑤	33	②	34	③	35	③
36	③	37	⑤	38	②	39	③	40	①
41	③	42	④	43	②	44	②	45	①
46	④	47	②	48	②	49	④	50	③

01 문서작성능력 글의 흐름에 맞는 어휘 고르기

|정답| ①

|해설| 외재는 어떤 사물이나 범위 안에 있지 않고 밖에 있는 것 또는 그런 존재를 의미한다. 인간의 활동이 인간에 속하지 않는 외적인 것이기에 인간의 본질은 인간의 밖에 존재하는 것이라 할 수 있다. 따라서 ㉠에 들어갈 단어로 '외재(外在)'가 적절하다.

|오답풀이|

② 모순(矛盾) : '창과 방패'라는 뜻으로 말이나 행동의 앞뒤가 서로 일치하지 아니함을 뜻한다.

③ 타성화(惰性化) : 오랫동안 변화나 새로움을 꾀하지 않아 습성이 나태하게 굳어지다.

④ 제명(除名) : 구성원 명단에서 이름을 빼어 구성원 자격을 박탈함. 또는 그런 행위를 나타낸다.

⑤ 협력(協力) : 힘을 합쳐 서로 도우다.

02 문서작성능력 글의 흐름에 맞게 내용 추가하기

|정답| ④

|해설| 젊은 층은 짧은 이동시간 또는 쉬는 시간에 모바일 기기를 통해 5 ~ 15분의 영상물을 시청하는 것을 선호한다는 점에서 ㉠에는 ⓒ가 적절하다. 또한 웹드라마는 제작 특

성상 거대자본과 배급사의 간섭으로부터 자유로워 표현의 자유를 보호할 수 있고 누구나 크리에이터가 될 수 있다는 점에서 기회의 평등이 부여되기에 ㉡에는 ⓑ가 적절하다.

03 문서작성능력 유의어 파악하기

|정답| ④

|해설| ㉠ 받을 몫에서 일정한 금액이나 수량을 뺀다는 뜻으로 '공제'가 적절하다(공제보험은 보험자가 부담할 최고액만을 정해 놓고 일정한 기간에 보험 금액이 결정됨에 따라 그 금액을 공제해 가는 방식의 보험을 의미한다). '공조'는 여러 사람이 함께 또는 서로 도와준다는 뜻이다.

㉡ 액체나 기체 따위의 흐름 또는 통로를 막거나 끊어서 통하지 못하게 한다는 뜻으로 '차단'이 적절하다. '차폐'는 가려 막고 덮는다는 뜻이다.

㉢ 여러 부품을 하나의 구조물로 짜 맞춘다는 뜻의 '조립'이 적절하다. '조성'은 무엇을 만들어서 이루거나 분위기를 만든다는 뜻이다.

㉣ 물건이나 영역, 지위 따위를 차지한다는 의미이므로 '점유'가 적절하다. '공유'는 두 사람 이상이 한 물건을 공동으로 소유한다는 뜻이다.

㉤ 조직이나 기구, 사업체 따위를 운용하고 경영한다는 뜻의 '운영'이 적절하다. '운용'은 무엇을 움직이게 하거나 부리어 쓴다는 뜻이다. 둘 다 무엇인가를 움직여 나간다는 점에서 의미가 유사하지만, 운영은 대상을 관리하면서 움직여 감을 의미하는 데 비해 운용은 대상을 움직여 가면서 사용함을 의미한다. 또한 운영은 학교, 당, 기업, 학회 등과 어울려 사용되지만 운용은 기금, 예산, 물품 등과 어울려 사용된다.

04 문서이해능력 세부 내용 이해하기

|정답| ①

|해설| 승진기회 확대를 통한 동기부여는 국가경찰제의 일반적인 장점으로 볼 수 있으나 제시문에 언급되지 않았다.

05 문서이해능력 세부 내용 이해하기

| 정답 | ③

| 해설 | 도입단위별 자치경찰제는 광역자치경찰제, 기초자치경찰제를 의미하며 자치경찰제의 유형별 기대효과 및 한계는 제시문에 언급되어 있지 않다.

| 오답풀이 |

① 국가경찰의 개념은 두 번째 문단에, 자치경찰의 개념은 다섯 번째 문단에 제시되어 있다.

② 자치경찰제가 도입되면 경찰의 요직이 정권의 변동에 따라 바뀌지 않기에 정권의 하수인 역할에서 벗어나 정치적 중립성이 향상되는 측면이 존재하나 자치경찰과 지방 세력이 밀착해 정치적 중립성이 훼손되는 측면도 존재한다.

④ 자치경찰 도입을 찬성하는 측이 두 번째 논거로 제시하고 있다.

⑤ 마지막 문단에서 2021년에 전국 확대 시행을 목표로 한다고 언급하고 있다.

06 문서작성능력 문단 구조 파악하기

| 정답 | ③

| 해설 | 인간 게놈 프로젝트에 관한 제시문이기 때문에 인간 게놈 프로젝트에 관한 정의가 나오는 (다)가 첫 문단으로 적절하다. 그 다음은 프로젝트 조기 종료 후, 분석의 한계점에 관한 (나)가 등장하며, 이후 유전체 염기서열 분석 비용의 하락을 예상하며 분석 정보를 어떻게 활용하느냐가 중요함을 언급하는 (바)가 와야 한다. (가)는 앞서 말한 인간 게놈 프로젝트를 통해 생물의 유전정보 활용이 가능해진 사회의 모습(기대 효과)을 제시한다. (라)는 기대 효과 외에 우려해야 할 점을 언급하며 (마)에서 이런 우려에 대한 부작용으로 새로운 인종주의의 등장을 제시하고 있다.

07 문서이해능력 글의 주제 파악하기

| 정답 | ④

| 해설 | 제시된 글은 게놈 프로젝트가 무엇인지 설명하고 게놈 프로젝트로 인해 도래할 사회의 모습, 우려되는 점을 언급하고 있다. 따라서 염기서열 분석 프로젝트인 게놈 프로젝트의 기대효과 및 한계가 주제로 적절하다.

| 오답풀이 |

① (바) 문단에만 언급된 내용이다.

② 유전체 정보의 방대함 때문에 생물정보학이 등장했으며 이는 (나) 문단에만 언급된다.

③ (가) 문단에서 게놈 프로젝트 발전에 따른 미래 사회의 변화를 나타내기 위해 언급된 사례 중 하나이다.

⑤ (마) 문단에만 언급된 내용으로 우려해야 할 미래 사회 모습 중 하나이다.

08 문서이해능력 세부 내용 이해하기

| 정답 | ③

| 해설 | 장자는 사후세계가 존재한다는 이야기를 하려는 것이 아니라 삶이 좋고 죽음이 싫다는 단순한 생각을 깨고자 하였다. 또한 사후세계가 존재하거나 부재한다는 입장 모두를 비판하였으며 우리는 사후세계를 알지 못한다고 보는 것이 옳은 태도라고 하였다. 따라서 '장자는 죽은 뒤 즐거운 세계가 존재하기 때문에 죽음을 피하지 않아도 된다고 본다'는 설명은 적절하지 않다.

| 오답풀이 |

② 정신은 생각하고 물질은 공간을 차지한다.

⑤ 유학자들은 사후세계에 대한 장자의 불가지론적 태도는 우둔한 사람들을 속이는 것이라 비판한다.

09 문서이해능력 글의 중심 내용 이해하기

| 정답 | ②

| 해설 | 제시문은 소설 『혼불』과 장자, 데카르트 등을 통해 영혼론에 관한 철학적 논의를 소개하고 있다.

| 오답풀이 |

① 장자와 데카르트의 죽음에 대한 견해가 각각 소개되어 있을 뿐 주장을 비교한 것이 아니다.

③ 제시문의 첫 번째 문단에만 해당하는 내용이다.

④ 제시문의 두 번째 문단에만 해당하는 내용이다.

⑤ 마지막 문단에만 해당하는 내용이다.

10 문서작성능력 | 글의 흐름에 맞는 어휘 고르기

| 정답 | ②

| 해설 | 다운사이징은 조직 규모를 줄이는 것으로 경쟁력 회복을 위해 도입된 혁신기법이다. 따라서 비효율적인 조직의 효율성을 향상시켜야 하기에 ㉠에는 '비효율적인'이 들어가야 한다. 리엔지니어링은 기존의 기업 활동을 무시하고 모든 기업 활동과 업무 프로세스를 완전히 백지상태에서 새롭게 구성하는 경영혁신 기법이기에 ㉡에는 '근본적으로'가 들어가야 한다.

11 문서이해능력 | 세부 내용 이해하기

| 정답 | ⑤

| 해설 | 다운사이징은 조직구조 유형이 아니라 조직구조조정 방법 중 하나이다.

| 오답풀이 |

① 조직구조 유형 중 프로세스 구조에 해당하는 설명이다.

② 조직구조 조정 방법 중 리엔지니어링에 해당하는 설명이다.

④ 조직구조 유형 중 부문별 구조에 해당하는 설명이다.

12 기초연산능력 | 손익분기점 구하기

| 정답 | ②

| 해설 | 손익분기점은 제작비용과 판매가격이 같아질 때의 판매 대수를 구하면 된다.

노트북의 정가는 1대당 2,000,000원이나 현재 프로모션 중으로 15%를 할인하여 1,700,000원에 팔고 있다. 총 제작비용은 $220,000,000 + 115,100,000 + 32,100,000 = 367,200,000$(원)이므로 $\dfrac{367,200,000}{1,700,000} = 216$(대)를 판매했을 때가 손익분기점이다.

13 기초연산능력 | 연립방정식 풀기

| 정답 | ②

| 해설 | 십의 자리 숫자를 x, 일의 자리 숫자를 y라고 하면 다음과 같은 식이 성립한다.

$y = 2x + 1$ ⟶ ㉠

$2(10x + y) + 2 = 10y + x$ ⟶ ㉡

(처음 수 : $10x + y$, 자리를 바꾼 수 : $10y + x$)

㉡을 정리하면 $19x + 2 = 8y$ ⟶ ㉢

㉠을 ㉢에 대입하면 $19x + 2 = 8(2x + 1)$

$3x = 6$이므로 $x = 2$, $y = 5$이다.

따라서 처음의 수는 25가 된다.

14 기초연산능력 | 최소공배수 구하기

| 정답 | ③

| 해설 | 난방 설비 센터와 난방 서비스 센터는 9와 12의 배수마다 세워지게 된다. 따라서 두 센터는 9와 12의 최소공배수인 36의 배수마다 동시에 세워지게 된다. 244 이하의 수 중 36의 배수는 6개이므로 총 6곳에 설비 센터와 서비스 센터가 동시에 세워지게 된다.

15 도표분석능력 | 자료의 수치 분석하기

| 정답 | ②

| 해설 | ㉡ (나) 품목의 중국, 인도, 미국 수출액의 합은 $1,665 + 2,061 + 306 = 4,032$(천 달러)이고, 일본 수출액은 9,431천 달러이므로 일본으로의 수출액이 더 크다. (마) 품목도 중국, 인도, 미국 수출액의 합은 $7,328 + 26,594 + 1,324 = 35,246$(천 달러)이고, 일본 수출액은 68,494천 달러이므로 일본으로의 수출액이 더 크다.

㉢ (가) 품목과 (나) 품목의 수출액을 보면 미국으로 수출하는 (가) 품목의 금액이 눈에 띄게 큰 것을 알 수 있다. 따라서 계산을 하지 않아도 수출액의 합이 가장 큰 국가는 미국이라고 예상할 수 있다.

정확한 수치를 계산하면 다음과 같다.

- 중국 : $21,489 + 1,665 = 23,154$(천 달러)
- 일본 : $24,858 + 9,431 = 34,289$(천 달러)
- 인도 : $24,533 + 2,061 = 26,594$(천 달러)
- 미국 : $90,870 + 306 = 91,176$(천 달러)

오답풀이

㉠ (가) 품목을 수출액이 큰 국가부터 순서대로 나열하면 미국>일본>인도>중국이고, (다) 품목을 수출액이 큰 국가부터 순서대로 나열하면 중국>일본>미국>인도이다.

㉣ (나), (마) 품목은 미국, (다) 품목은 인도로 수출하는 금액이 가장 적다.

16 도표분석능력 자료의 수치 분석하기

| 정답 | ④

| 해설 | 셔틀버스와 자가용을 이용하는 사원의 수가 전체 사원의 4%, 5%라고 하면 지하철을 이용하는 사원은 기타 비율(12%)에서 4%와 5%를 뺀 3%임을 알 수 있다. 따라서 전체 사원의 3%는 $120 \times 0.03 ≒ 3.6$(명)으로 약 4명이다.

오답풀이

① 자전거를 이용하는 사원은 $120 \times 0.2 = 24$(명)이다.

② 버스를 이용하는 사원 중 환승을 1번 하는 사원의 수는 $120 \times 0.23 \times 0.25 = 6.9$(명)이므로 약 7명이다.

③ 기타 12%가 모두 지하철을 이용한다고 가정하면 $120 \times 0.12 = 14.4$(명)이므로 반올림하면 최대 14명이 가능하다. 따라서 지하철을 이용하는 사원이 16명 이상일 수는 없다.

⑤ 출퇴근시 도보를 이용하는 사람은 전체 사원의 45%이고 버스(23%)와 자전거(20%)를 이용하는 사원은 전체 사원의 43%이므로 도보 이용자가 더 많다.

17 도표분석능력 자료의 수치 분석하기

| 정답 | ②

| 해설 | 연구 인력과 지원 인력의 평균 연령 차이를 살펴보면 20X5년 1.7세, 20X6년 2세, 20X7년 4.9세, 20X8년 4.9세, 20X9년 5.7세이므로 전년 대비 계속 커지는 것은 아니다.

오답풀이

① 20X8년의 지원 인력 정원은 20명이고 현원은 21명이므로 충원율은 $\frac{21}{20} \times 100 = 105$(%)로 100을 넘는다.

③ 매년 지원 인력은 늘어나지만 박사학위 소지자 수는 동일하므로 그 비율은 줄어든다.

④ 20X6년 이후 지원 인력의 평균 연봉 지급액은 20X9년까지 계속 연구 인력보다 적었다.

⑤ 20X5년 대비 20X9년의 정원 증가율은 $\frac{120-95}{95} \times 100 ≒ 26.3$(%)이다.

18 도표분석능력 자료의 수치 분석하기

| 정답 | ②

| 해설 | 계절별 차등요금제도를 적용하면 하절기(6~8월)에 Mcal당 요금이 가장 적다.

오답풀이

① 업무용, 공공용 사용자 중 시간대별 차등요금을 선택한 경우에서 계약용량 1,000Mcal/h 이상인 사용자에 한한다.

③ 계약면적에서 제외된 부분에 열을 사용하는 경우 그때부터 계약면적에 산입한다.

④ 5~9월을 제외한 나머지 기간에 온수 냉방용 사용요금에 난방용 사용요금 체계가 적용된다.

⑤ 온수를 난방과 냉방용으로 함께 사용할 경우에는 온수 냉방용에 대한 기본요금은 제외된다.

19 도표분석능력 자료의 수치 계산하기

| 정답 | ⑤

| 해설 | 단일요금이 적용되고 11월이므로 냉방용 온수에도 난방용 온수의 요금체계가 적용되므로 계산 결과는 다음과 같다.

$1,200 \times 361.98 + 800 \times 76.14 + 600 \times 76.14 = 540,972$(원)

오답풀이

① 수요관리시간대는 07:00~10:00이므로, 주어진 정보로는 정확한 계산을 할 수 없다.

② 10월에는 냉방용에도 난방용 요금체계가 적용되므로 다음과 같이 계산된다. 이때 온수를 난방용과 냉방용으로 함께 사용할 경우에는 냉방용 온수에 대한 기본요금은 제외된다는 점에 유의한다.

$120 \times 52.40 + 150 \times 65.78 + 100 \times 65.78 = 22,733$(원)

③ 단일요금을 적용받고 있고 8월이므로 다음과 같이 계산된다.

$100 \times 52.40 + 50 \times 67.14 + 100 \times 25.11 = 11,108$(원)

④ 기본요금과 부하시간대를 고려하여 계산하면 다음과 같다.

$3,822 + 700 \times 135.41 + 250 \times 104.16 = 124,649$(원)

---

20 도표분석능력 자료의 수치 분석하기

| 정답 | ④

| 해설 | 5월의 부가가치세는 $1018.8 - (768.9 + 114.3 + 16.3 + 26.7) = 92.6$(원)이므로 94원 미만이다.

| 오답풀이 |

① 제시된 자료에서 판매가격은 2월 1051.8원부터 6월 1125.1원까지 계속해서 상승하였다.

② 4월의 유가보조금은 전달 대비 $195.8 - 175.8 = 20$(원) 하락하여 제시된 자료 내에서 가장 큰 유가보조금 증감액을 기록하였다.

③ 4월의 세전가격은 $996.2 - (114.3 + 19.4 + 26.7 + 90.6) = 745.2$(원)이므로 740원 이상이다.

⑤ 3월의 구입가격은 $1067.9 - 195.8 = 872.1$(원)이다. 따라서 제시된 자료에서 구입가격이 가장 낮은 달은 862.2원을 기록한 2월이면, 해당 해의 공장도가격은 979.2원, 판매가격은 1051.8원으로 모두 각각 가장 낮은 수치를 기록하였다.

---

21 정보처리능력 네티켓 이해하기

| 정답 | ②

| 해설 | ㉠ 온라인 대화(채팅)에서의 네티켓에 대한 내용이다. 온라인 대화에서는 다양한 대화방에서 다양한 사람들과의 대화가 실시간으로 진행된다는 점에서 그에 맞는 네티켓에 각별히 신경을 써야 한다.

㉡ 인터넷 게시판에서의 네티켓에 대한 내용이다. 인터넷 게시판의 게시물은 회원이나 불특정 다수의 사용자들에게 공개되는 글인 만큼, 많은 사람들이 게시물을 활용하는 곳임을 명심하고 그에 맞는 네티켓을 지켜야 한다.

---

22 정보처리능력 정보전송 방식 이해하기

| 정답 | ④

| 해설 | 단방향 전송의 예시로는 라디오, TV 등이 있으며, 반이중 전송의 예시로는 무전기, 모뎀을 이용한 데이터 통신 등이 있다. 전이중 전송의 예시로는 전화, 전용선을 이용한 데이터 통신 등이 있다.

---

23 컴퓨터활용능력 엑셀 단축키 이해하기

| 정답 | ③

| 해설 | 행을 전체 선택하려면 Shift+Space bar를 누르면 된다.

| 오답풀이 |

① 열을 전체 선택하려면 Ctrl+Space bar를 누른다.

② 열을 숨기려면 Ctrl+0을 누른다.

④ 행을 숨기려면 Ctrl+9를 누른다.

⑤ 새 시트를 삽입하려면 Shift+F11을 누른다.

---

24 정보처리능력 비공개정보 이해하기

| 정답 | ②

| 해설 | ㉢ 주민들의 전화번호, 학력사항은 개인에 관한 사항으로서 공개될 경우 사생활의 비밀 또는 자유를 침해할 우려가 있으므로 공개할 수 없다.

| 오답풀이 |

㉠ 제9조 제1항에 따르면 공공기관이 보유, 관리하는 정보는 원칙적으로 공개대상이다.

㉡ 직무를 수행한 공무원의 성명과 직위는 공개할 수 있으나 전화번호는 공개할 수 없다.

㉣ 법률, 법률에서 위임한 명령(대통령령 및 조례)에서 비공개 대상으로 규정한 정보만 비공개대상이 될 뿐, XX시 의회에서 비공개 사항으로 규정한 정보는 비공개대상이 되지 않는다.

25 정보처리능력 정보 이해하기

|정답| ④

|해설| 총비용은 430,000원이나 부가세로 전체 금액의 15%가 더해지므로 430,000×1.15=494,500(원)이 총 비용이다.

|오답풀이|

① 내부품의서를 보면 김사원, 이선임, 박대표, 홍사원 4명의 이름을 확인할 수 있다.

② 기안일이 20X8년 1월 1일이고 보존연한이 2년이므로 본 내부품의서는 20X9년 12월 31일까지 보존된다.

③ 결정된 단가가 430,000원이므로 동일한 금액을 제시한 '국제기획'이 채택되었음을 알 수 있다.

⑤ 건물외벽정면 우측 끝에 설치되는 현수막은 2개에 130,000원이므로 개당 65,000원임을 알 수 있다.

26 정보처리능력 정보 이해하기

|정답| ④

|해설| 미성년자 성폭력의 경우 고의성이 인정된다면 반드시 파면되거나 해임된다.

|오답풀이|

① 성희롱의 경우 고의성이 있었더라도 비위의 도가 가벼운 경우 해임 또는 강등 처리되므로 반드시 파면되거나 해임되는 것은 아니다.

② 성희롱의 비위의 도가 무겁고 경과실인 경우 정직 또는 감봉 처리된다.

③ 성폭력의 비위의 도가 가볍고 경과실인 경우 감봉 또는 견책 처리되므로 반드시 견책되는 것은 아니다.

⑤ 미성년자 성폭력의 경우, 비위의 도가 무겁고 경과실인 경우 해임 또는 강등 또는 정직 처리되므로 감봉된다는 설명은 옳지 않다.

27 컴퓨터활용능력 엑셀 수식 이해하기

|정답| ③

|해설| LOOKUP은 배열이나 한 행 또는 한 열 범위에서 값을 찾는 함수이다. HLOOKUP은 배열의 첫 행에서 값을 검색하여 지정한 행의 같은 열에서 데이터를 추출하는

함수이고, VLOOKUP은 반대로 배열의 첫 열에서 값을 검색하여 지정한 열의 같은 행에서 데이터를 돌려주는 함수이다.

LOOKUP 함수는 꼭 첫 번째 행이나 첫 번째 열이 아니더라도 자료를 찾을 수 있다는 장점이 있다.

LOOKUP 함수식의 첫 번째 항목으로는 찾으려는 값이 들어가는데, RIGHT 함수를 이용하여 주어진 도서번호의 오른쪽 숫자 2개(코드번호)를 추출하고자 하면 RIGHT(B6, 2)가 된다. 두 번째 항목에는 값을 찾는 범위(B3:E3)를 절대화한 $B$3:$E$3가 들어간다. 세 번째 항목에는 결과값을 가진 범위(B2:E2)를 절대화한 $B$2:$E$2가 들어간다. 따라서 "=LOOKUP(RIGHT(B6,2),$B$3:$E$3,$B$2:$E$2)"이 적절하다.

28 컴퓨터활용능력 단축키 이해하기

|정답| ③

|해설| 단축키 [Tab+I]의 경우 글자에 취소선을 긋는 것이며, [Shift+B]는 글자 크기를 3pt 증가시키는 것이다. 그 결과는 다음과 같다.

> ## 인생은 ~~반짝반짝~~ 빛난다.

|오답풀이|

① 단축키 [Tab+I]는 글자에 취소선을 긋는 것이므로 옳은 설명이다.

② 단축키 [Tab+I]는 글자에 취소선을 긋는 것이나, 단축키 [Space+Z]는 이전으로 되돌리는 것이므로 원래의 문장으로 되돌아간다.

④ 단축키 [Enter+B+I]는 글자에 밑줄을 긋는 것이므로 옳은 설명이다.

⑤ 단축키 [Tab+B]는 글자를 지우는 것이므로 원래 문장에서 '반짝반짝'을 지우면 옳은 설명이다.

29 사고력 반드시 참인 것 고르기

|정답| ④

|해설| 각 정보들을 기호로 나타내면 다음과 같다.

p : 웃긴 사람, q : 인기 있는 사람, s : 재밌는 사람, r : 성공한 사람

[정보 1] : q → p

[정보 2] : s → p

[정보 3] : q → r

[정보 4] : r → s

[정보 5] : p → r

(가) [정보 1]과 [정보 5]가 참인 경우 q → p → r이 도출된다. 따라서 q → r인 [정보 3]은 참이다.

(다) [정보 1]과 [정보 3]만 가지고서는 어떠한 논리적 관계도 도출되지 않는다. 따라서 p → r이 참인지는 알 수 없다.

| 오답풀이 |

(나) [정보 2]와 [정보 4]가 참이면 r → s → p가 도출된다. r → p는 참이지만 역의 관계인 p → r이 참인지는 알 수 없다.

30 사고력 조건에 맞게 추론하기

| 정답 | ⑤

| 해설 | 문제의 조건을 정리하면 다음과 같다.

(ㄱ) B=C

(ㄴ) A=F+D

(ㄹ) E=C+A+D

(ㅁ) B=A+D

(ㅂ) D=3F

ⅰ. (ㄴ)과 (ㅂ)에 의해 A=4F 임을 알 수 있다.

ⅱ. ⅰ과 (ㅁ), (ㅂ)에 의해 B=7F 임을 알 수 있다.

ⅲ. ⅰ, ⅱ와 (ㄱ), (ㄹ), (ㅂ)에 의해 E=7F+4F+3F=14F 임을 알 수 있다.

따라서 A=4F, B=C=7F, D=3F, E=14F로 난방비가 적은 순서대로 정리하면 G<F<D<A<B=C<E이다.

31 사고력 조건에 맞게 추론하기

| 정답 | ④

| 해설 | 동료 2와 동료 3의 증언이 모순이므로(동료 3의 말이 참이면 동료 2의 말은 거짓, 동료 3의 말이 거짓이면 동료 2의 말은 참) 한 명만 참말을 했다는 조건에 의할 때 동

료 1의 증언은 반드시 거짓임을 알 수 있다. '최소한 1번은 거짓말을 했다'가 거짓이므로 A 씨는 '거짓말을 하지 않았다'가 참이 된다.

32 사고력 논리적 오류 파악하기

| 정답 | ⑤

| 해설 | (가), (다), (라)는 순환 논증의 오류를, (나)는 흑백 논리의 오류를 범하고 있으며 (마)는 물과 액체를 혼동하고 있어 언어적 오류에 해당한다.

33 문제처리능력 여행트렌드의 특성 파악하기

| 정답 | ④

| 해설 | 푸드 트럭, 플리마켓, 경주 황리단길은 모두 R(Re-generation)에 해당되는 여행트렌드이다.

| 오답풀이 |

① 일상화(S), 나홀로(A), 휘게라이프(A)

② TV 속 여행(T), 구도심(R), 테마여행(T)

③ 국내 여행(S), 전통시장(R), 소비자 맞춤형 여행(T)

⑤ 당일치기(S), 힐링(A), 식도락(R)

34 문제처리능력 적절한 사례 판단하기

| 정답 | ③

| 해설 | S(Staycation, 여행의 일상화, 근거리여행)는 일상 중 틈틈이 짧은 시간으로도 즐길 수 있는 여행을 의미한다.

| 오답풀이 |

① T(Tourist sites in TV programs, 여행예능, 드라마 촬영지)

② A(Alone, 혼행, 휘게라이프)

④ T(Travelgram, 여행스타그램)

⑤ A(Alone, 혼행, 휘게라이프)

35 문제처리능력 자료에 맞게 정리하기

| 정답 | ③

| 해설 | 38,190대는 조기폐차의 추진 대수가 아니라 조기폐차, 매연저감장치 부착, LPG엔진 개조, 미세먼지─질소산화물 저감장치 부착 보조금 지원대상의 수이다.

36 문제처리능력 자료에 맞는 사례찾기

| 정답 | ③

| 해설 | ⓒ 2005년 이전에 등록한 2.5톤 이상 경유 차량에 매연저감장치를 부착하면 비용의 약 90%를 지원받아 자기부담은 10% 내외가 된다.

| 오답풀이 |

⊙ 조기폐차 지원금은 차종 규모별 최대 770만 원까지 지원받을 수 있다.

ⓒ 이번 지원대상은 수도권에 2년 이상 연속 등록된 차량에 한하므로 대전시에 등록한 차량은 지원대상이 아니다.

37 사고력 조건에 맞게 추론하기

| 정답 | ⑤

| 해설 | 주어진 조건을 표로 정리하면 다음과 같다.

디저트 순서	딸기 케이크	망고 무스	레몬 마카롱	딸기 젤리	흑임자 아이스크림
첫 번째	수영			미정	우진
두 번째	미정	수영	우진	가희	아영
세 번째	아영	미정	수영	우진	가희
네 번째	가희		미정		수영
다섯 번째	우진			수영	미정

지금까지 딸기 젤리를 먹은 사람은 우진, 미정, 가희일 때 (ⓑ) 2코스로 미정은 딸기 케이크를 먹었으므로(ⓜ) 2코스 때 딸기 젤리는 가희가 먹게 된다. 따라서 첫 번째 코스에서 딸기 젤리를 먹은 사람은 미정이다. 따라서 미정은 딸기 젤리─딸기 케이크─망고 무스─레몬 마카롱을 각각 순서대로 먹게 되므로 5코스 때는 흑임자 아이스크림을 먹게 된다. 수영은 4, 5코스에 딸기 젤리 또는 흑임자 아이스크림을 먹

으므로(ⓔ) 1, 2코스에는 딸기 케이크 또는 망고 무스를 먹음을 알 수 있다. 그러나 미정이 2코스에 딸기 케이크를 먹었기 때문에(ⓜ) 수영은 2코스에 딸기 케이크를 먹을 수 없다. 따라서 수영은 1코스에 딸기 케이크, 2코스에 망고 무스를 맛보았고 우진은 5코스에 수영이 첫 번째로 먹은 딸기 케이크를 먹게 된다(ⓒ).

또한 미정이 5코스에 흑임자 아이스크림을 먹으므로 수영은 5코스에 딸기 젤리를 먹고 4코스에 흑임자 아이스크림을 먹게 된다(ⓔ). 아영은 2코스에 미정이 4코스에 먹게 되는 레몬 마카롱을 먹지 않는다(ⓢ). 따라서 2코스 때 아영은 흑임자 아이스크림을 먹게 되며 우진은 레몬 마카롱을 먹는다.

38 경영이해능력 경영 전략 파악하기

| 정답 | ④

| 해설 | 'Ⅲ. 현장중심 HRD 인프라 구축' 항목에서의 자격의 효용성을 강화하기 위해서는 채용 시 자격증 보유를 우대해야 한다. 따라서 채용 시 자격증 보유자와 비보유자 간 차등을 해소하는 것은 자격의 효용성을 강화하기 위한 실행계획으로 적절하지 않다.

39 경영이해능력 조직관리 전략 이해하기

| 정답 | ③

| 해설 | 마지막 문장에서 비전은 실현이 가능하다고 생각되어야 하며 조직이 실행할 수 있는 변화를 장려해야 한다고 설명하고 있다.

40 체제이해능력 조직문화의 유형 이해하기

| 정답 | ①

| 해설 | • 관계지향 문화 : 조직 내 가족적인 분위기의 창출과 유지에 가장 큰 역점을 두며, 조직의 상호 신뢰와 소속감을 강조함.
• 혁신지향 문화 : 조직의 적응을 위한 유연성과 조직성장을 뒷받침할 수 있는 적절한 자원획득이 중요하고, 구성원들의 창의성 및 기업가 정신이 핵심 가치로 강조됨.

- 위계지향 문화 : 분명한 위계질서와 명령계통, 그리고 공식적인 절차와 규칙을 통한 통합과 안정을 중시함.
- 과업지향 문화 : 명확한 조직목표의 설정을 강조하며, 합리적 목표 달성을 위한 수단으로서 업무의 효율성과 구성원들의 전문능력을 중시하며, 구성원들 간의 경쟁을 주요 자극제로 활용함.

따라서 관계지향 문화는 D, 혁신지향 문화는 C, 위계지향 문화는 B, 과업지향 문화는 A에 해당한다.

---

41 업무이해능력 회의 내용 이해하기

| 정답 | ③

| 해설 | 〈20XX년 12월 19일〉 회의는 정부의 부정청탁금지법에 대비하기 위해서 새로운 선물세트를 구성하는 것에 대한 회의다.

| 오답풀이 |

①, ② 키워드 설정에 대하여 논하고 있다.

④ 신규 선물세트 홍보가 아닌 개발에 대한 논의를 하고 있다.

⑤ 직원 교육 일정보다는 인사이동에 대한 조치를 논하고 있다.

---

42 업무이해능력 회의 내용 이해하기

| 정답 | ④

| 해설 | 〈20XX년 12월 16일〉의 회의에서 나온 키워드는 윤리, 나눔, 고객 서비스이지만, 이미 윤리경영을 강조하여 중복되지 않도록 하였으므로 회의 주제로는 나눔과 서비스가 강조되어야 한다.

---

43 업무이해능력 인사개편에 맞게 외부강사 섭외하기

| 정답 | ②

| 해설 | 송영훈 강사의 '효과적인 경영 전략의 이해'는 경영팀에게 적절한 강의이다. 그러나 경영팀으로 개편된 사람들은 경영1팀 → 경영2팀(장승진), 경영2팀 → 경영1팀(현승욱)으로, 모두 경영팀에서 경영팀으로 이동하였다. 1, 2팀으로 나누어진 팀 간의 업무 내용은 동일하다고 하였으

므로 경영 전략 강의는 적합하지 않다.

| 오답풀이 |

① '총무업무일지 작성법'은 총무팀으로 이동한 이현수 사원에게 필요하다.

③ '성과 분석 및 전략 수립 방법론'은 기획2팀으로 이동한 박소진 사원에게 필요하다.

④ '감성 마케팅의 응용과 실천사례'는 마케팅팀으로 이동한 정성은, 김준석 사원이 수강하기에 필요하다.

⑤ '인사관리와 사내 복지의 기초'는 인사팀으로 이동한 김은아, 한정훈 사원에게 필요하다.

---

44 체제이해능력 조직의 형태 파악하기

| 정답 | ②

| 해설 | ⓒ 인사 담당은 인적자원관리라는 기능 단위로 분화된 기능별 구조의 조직 형태에서 나타난다.

---

45 체제이해능력 조직 형태의 특징 이해하기

| 정답 | ①

| 해설 | 기능별 구조는 특정 전공 출신의 전문가들을 하나의 집단으로 묶어 관리하므로 전문성의 고도화를 꾀할 수 있으나, 서로 다른 전공 간에는 집단 간 장벽에 막혀 소통이 활발하지 못하고 제한된 관점으로 갇힌 사고를 할 수 있는 단점이 있다.

---

46 체제이해능력 유연근무제의 유형별 특징 이해하기

| 정답 | ④

| 해설 | 시차출퇴근형은 1일 8시간 근무체제를 유지하면서 출퇴근시간을 자율 조정하는 제도이다.

| 오답풀이 |

①, ② 재택근무형과 재량근무형은 미시행 중이다.

③ 집약근무형은 1일 4 ~ 12시간 근무에 주 3.5 ~ 4일을 근무하는 제도이며 아직 미시행 중이다.

⑤ 근무시간 선택형은 1일 4 ~ 12시간 근무하면서 주 5일 근무하는 제도이다.

47 근로윤리 직업인의 기본자세

| 정답 | ②

| 해설 | 각자 맡은 업무를 충실히 수행해야하는 것은 맞지만 개인의식을 발휘하는 태도는 자칫 상호협력적인 관계를 어긋나게 만들 수 있기에 옳지 않다.

48 직업윤리 개인윤리와 직업윤리의 조화 이해하기

| 정답 | ②

| 해설 | 새해 기업의 목표는 무조건적인 이익추구보다 기업의 사회적 책임 역할까지 함께 고려하여 추진해야한다고 제시되었다. 따라서 기업의 사회적 책임을 다해야 한다는 ②가 가장 적절하다.

49 공동체윤리 공동체윤리의 요소 이해하기

| 정답 | ④

| 해설 | 사람을 괴롭히고 희롱하거나 갑질 등의 행위는 궁극적으로 직업윤리의 결여와 관련된 것이다.

50 공동체윤리 AI 윤리 10대 원칙 이해하기

| 정답 | ③

| 해설 | 핵심요건 중 책임성은 모든 AI 개발과 활용이 이와 관련된 개발자, 서비스 제공자, 사용자 간의 책임 소재를 명확히 해야 하고 명백한 오류가 발생할 경우 사용자가 작동을 제어할 수 있어야 한다는 내용을 담고 있다.

| 오답풀이 |

① AI 윤리의 핵심요건 중 연대성에 관한 내용이다.

② AI 윤리의 핵심요건 중 인권보장에 관한 내용이다.

④ AI 윤리의 핵심요건 중 다양성 존중에 관한 내용이다.

⑤ AI 윤리의 핵심요건 중 침해 금지에 관한 내용이다.

6회 기술능력[기술직]　　문제 321쪽

| 51 | ④ | 52 | ② | 53 | ③ | 54 | ① | 55 | ④ |

51 기술능력 미래 기술변화 예측하기

| 정답 | ④

| 해설 | (라)는 환경 리스크에 의한 변화라기보다 다변화된 사회가 더 복잡해지면서 나타나는 현상이라 볼 수 있다. 즉, 경제적·사회적 불평등 심화와 문화의 다양성 확대도 복잡해지는 사회상의 반영으로 볼 수 있다.

52 기술선택능력 상표권의 특징 이해하기

| 정답 | ②

| 해설 | 타인의 상표권이 소멸하면 식별력을 상실한 경우로 간주되기 때문에 동일하거나 유사한 상표를 사용한 경우에도 상표권을 인정받을 수 있다.

| 오답풀이 |

① 구성 자체가 그 지정상품이 본래 가지고 있는 성질과 다른 성질을 가지는 것으로 수요자를 오인하게 할 가능성이 있는 경우를 의미한다.

③ 지정상품이 '포장용 필름'일 경우 상표가 '랩', '복사기'일 경우 상표가 'COPYER' 등인 경우로 식별력이 없어 등록이 거절된다.

④ '백두산 식당', '한라산 등산용품점' 등인 경우가 해당된다.

⑤ 공공질서와 미풍양속을 해칠 우려가 있는 상표는 인정받을 수 없다.

53 기술적용능력 스위치 적용하기

| 정답 | ③

| 해설 | 제시된 도형을 변환 조건에 따라 변환시키면 다음과 같다.

①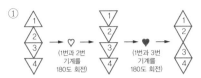

②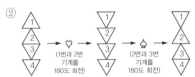

③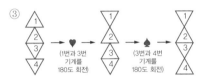

④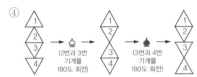

③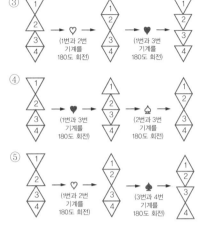

④

⑤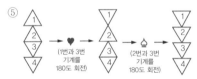

따라서 화살표 후 도형이 나오기 위해서는 ③과 같은 과정을 거쳐야 한다.

⑤

따라서 화살표 후 도형이 나오기 위해서는 ①과 같은 과정을 거쳐야 한다.

55 기술적용능력 스위치 적용하기

| 정답 | ④

| 해설 | 제시된 도형을 변환 조건에 따라 변환시키면 다음과 같다.

①

54 기술적용능력 스위치 적용하기

| 정답 | ①

| 해설 | 제시된 도형을 변환 조건에 따라 변환시키면 다음과 같다.

①

②

③

④

따라서 화살표 후 도형이 나오기 위해서는 ④와 같은 과정을 거쳐야 한다.

Memo

미래를 창조하기에 꿈만큼 좋은 것은 없다.
오늘의 유토피아가 내일 현실이 될 수 있다.

There is nothing like dream to create the future.
Utopia today, flesh and blood tomorrow.
빅토르 위고 Victor Hugo

고시넷 공기업

한국지역난방공사
NCS 기출예상모의고사
6회

고시넷 초록이
모듈형 ① 통합기본서